Burckhardt, Jacob

Der Cicerone

Burckhardt, Jacob

Der Cicerone

Inktank publishing, 2018

www.inktank-publishing.com

ISBN/EAN: 9783747775011

DER CICERONE

EINE ANLEITUNG ZUM GENUSS DER KUNSTWERKE ITALIENS

VON

JACOB BURCKHARDT

NEUDRUCK DER ERSTEN AUFLAGE

Hæc est Italia Diis sacra.
PLIN. H. N.

1907

VERLAG VON E. A. SEEMANN IN LEIPZIG

Jacob Burckhardt.

„Albanvorstadt 64“, so wiederholte vor sich hinsprechend ein junger Kunstbeflissener die Adresse, die er sich aus dem Basler Wohnungsanzeiger gemerkt hatte, indem er die enge Straße immer weiter hinaufging, bis er in einem niedrigen Hause mit Bäckerladen die gesuchte Nummer gefunden hatte. Zögernd betrat er den kleinen Vorplatz. Da er aber nur die Bäckerauslage sah und die steile, schmale Stiege ihm wenig einladend schien, so richtete er an ein paar mehlbestaubte Männer, die müßig in Hemdsärmeln umhersaßen, die Frage, ob er hier zum Professor Jacob Burckhardt recht käme. „Ja, müssen Sie ihn denn selbst sprechen“? erwiderte der älteste unter ihnen, ein Mann von breiter Gestalt mit offenem, starkem Hals, ohne Kravatte, den Kopf mit kurz geschorenem Haar, glattem Gesicht, bis auf einen kleinen kurz gehaltenen Schnurrbart, kleinen Augen unter buschigen Brauen: der Typus eines braven Bäckermeisters, wie der Fremde meinte. Auf die bejahende Antwort erhob er sich und führte den Ankömmling mit einem halb verlegenen, halb mißtrauischen Seitenblick die Treppe hinauf in das behagliche, aber äußerst einfache Gelehrtenzimmer, in dem die Stiche und Photographien an den Wänden den Freund Italiens und der italienischen Kunst verrieten. „Wenn Sie Jacob Burckhardt sprechen wollen, so müssen Sie schon mit mir vorlieb nehmen“, sagte der vermeintliche Bäckermeister, während er verlegen einen Rock anzog und den Mangel der Halsbinde mit der abscheulichen Hitze zu entschuldigen suchte. Der Fremde, nicht wenig verdutzt, — und wie ihm, so ist es manchem unter uns bei ihrer ersten Bekanntschaft mit dem berühmten Baseler Kunstforscher ergangen — stellte sich als Kollege des Professors vor, dessen Werken er zu höchstem Dank verpflichtet und dessen persönliche Bekanntschaft zu machen ihm ein Herzensbedürfnis sei; auch habe er noch einen besonderen Wunsch: ein paar Vorlesungen des Herrn Professors anhören zu dürfen. „Auch das noch!“ Schlimmer hätte sich der Kollege allerdings nicht einführen können; denn Burckhardt, der frisch und frei unter seinen jungen Zuhörern vortrug, geriet in die größte Verlegenheit, wenn er unter ihnen ein fremdes älteres Gesicht entdeckte. Erst durch ein bindendes Versprechen, nicht in die Vorlesungen kommen zu wollen, konnte der Besucher den Professor wieder etwas beruhigen. Wenn es ihm dann gelang, durch die zahlreichen Berührungspunkte in Kunst und Wissenschaft, durch Beziehungen zu gemeinsamen Bekannten und Freunden das Mißtrauen zu beseitigen, das Eis zum Tauen zu bringen, dann belebte sich die anscheinend schwerfällige Gestalt, dann wurden jene hellen kleinen Augen leuchtend und lebendig, der Mund mit seiner volltönenden, fließenden Sprache erhielt feine ausdrucksvolle Formen und in den Zügen wechselte rasch der Ausdruck von feinsinniger Denkarbeit mit dem Abglanz echter Begeisterung und kindlicher Herzensgüte. Das war der Burckhardt, wie die große Zahl seiner dankbaren Schüler sein Bild im Herzen trägt; das war der Burckhardt, wie ihn Albert Krüger in seinem Farben-Holzschnitt den Lesern des Pan einst vor Augen geführt hat. Freilich gab er das schon abgemagerte Gesicht der letzten Jahre und den ruhigen Blick bei stiller Beobachtung, nicht wie wir ihn zu sehen gewohnt waren: mit den beim Sprechen lebhaft erregten Mienen oder mit dem feinen wohlwollenden Lächeln, wenn er der Rede eines Dritten zuhörte. Lag dem Künstler für seine Arbeit doch nur eine mäßige Dilettantenphotographie zugrunde, denn Jacob Burckhardt hatte in seiner grenzenlosen Bescheidenheit eine unüberwindliche Abneigung gegen das Photographiertwerden. Einmal jedoch, in einer schwachen Stunde, hatten seine Freunde und Schüler ihm das Versprechen abgerungen, einem Photographen zu sitzen. Sie hatten alles vorbereitet, eine Zeit verabredet, zu der sich der Photograph ganz frei hielt. Pünktlich erschien Jacob Burckhardt, in seinem schlichten Anzug, den kleinen Filz zusammengedrückt in der Hand haltend. Auf seine Frage, ob er photographiert werden könne, erhielt er zur Antwort, das sei leider jetzt ganz unmöglich, da gerade ein berühmter Professor zur Aufnahme erwartet werde. „So, so“, antwortete Burckhardt und schlich von dannen, glücklich dieser Gefahr, der Eitelkeit fröhnen zu müssen, entronnen zu sein. —

Jacob Burckhardt weilt seit zehn Jahren nicht mehr unter den Lebenden. Als 79jähriger ist er in Basel am 8. August 1897 verschieden. In kurzen Zwischenräumen sind unsre großen Lehrer in der Geschichte der italienischen Kunst aus dem Leben geschieden, sämtlich hochbejahrt. Vorangegangen ist der älteste von ihnen, Karl Eduard von Liphart, ein Livländer, der seine Heimat in Florenz gefunden hatte; nur einem kleineren Kreise bekannt, der aber mit größter Verehrung an ihn zurückdenkt. In seiner Bildung wohl der vielseitigste von allen, hatte er auf den verschiedensten Gebieten in langer Zeit ein außerordentliches Wissen aufgespeichert, aus dem er, da er schriftstellerisch ganz unproduktiv war, nur durch persönlichen Umgang abgeben konnte. Dies tat er mit der größten Bereitwilligkeit und Hingabe, durch die Schärfe seiner Kritik, durch sein Wissen und seinen Eifer, durch die Ehrlichkeit und Herzlichkeit seines Charakters ein Lehrer wie wenige, unermüdlich vor den Kunstwerken selbst oder durch Nachbildungen den Kreis seiner jungen Verehrer zu Genuß und Kritik anleitend. Wenige Jahre nach Liphart starb Giovanni Morelli, ein deutscher Schweizer nach Herkunft und Erziehung, aber durch Geburt und durch die Revolution von 1848 an Italien gekettet; der jüngste in der Reihe dieser Lehrer, ja ein ganz Moderner, da er als Dilettant und als Sammler von italienischen Bildern erst spät dazu gekommen war, von seinen reichen praktischen Erfahrungen im Gebiete der älteren italienischen Malerei einem Kreise befreundeter Sammler und Liebhaber im Umgange dieses oder jenes mitzuteilen. Dadurch erhielt er bei natürlicher Lust und Begabung zum Dozieren die Anregung zu einer sehr ausgiebigen schriftstellerischen Tätigkeit in seinen letzten Jahren. Ohne besondere historische oder kunstgeschichtliche Vorbildung hielt er, als Mediziner von Fach, bei der Betrachtung der alten Bilder sein Augenmerk hauptsächlich auf die anatomische Bildung der Gestalten gerichtet und hatte sich aus diesem bedeutsamen Hilfsmittel der Kritik eine besondere „Methode" zur Beurteilung der Gemälde konstruiert, für deren Unfehlbarkeit er durch ebenso rücksichtslose wie einseitige Kritik aller bisherigen Forschung und mit Hilfe einer für ihren Propheten begeisterten Schar von Jüngern Propaganda machte. Ein paar Jahre nach Morelli starb sein „Opfer", der mehrere Jahre ältere Italiener Giovanni Battista Cavalcaselle.

Eine stille, in sich gekehrte, fanatische Künstlernatur, durch die Revolution von 1848 aus seiner Heimat und aus seinem Berufe als Maler gedrängt und rastlos von Ort zu Ort reisend, hatte Cavalcaselle im Studium der alten Kunst, vor allem der italienischen Malerei seine Lebensaufgabe gefunden, die er in späteren Jahren als Konservator der Kunstdenkmäler Italiens auch praktisch verwerten konnte. Sein großes Werk über die ältere italienische Malerei, ohne größere Gesichtspunkte und inneren Zusammenhang, ist doch durch die nüchterne und unbestechliche vergleichende Kritik die Grundlage für die Forschung nach dieser Richtung geworden und hat auch nach anderen Seiten anregend gewirkt. Sie besteht trotz der Angriffe Morelli's, der selbst aus ihr hervorgegangen ist und dieselbe nur hie und da zu verbessern und zu erweitern vermochte.

Völlig selbständig und eigenartig steht diesen bahnbrechenden Männern der kritischen Forschung auf dem Gebiete der italienischen Malerei Jacob Burckhardt, geboren am 25. Mai 1818, gegenüber, der als der letzte 1897 aus dem Leben schied. Burckhardt war in gewissem Sinne weniger als seine Genossen und doch unendlich viel mehr. Er war kein Kunstkritiker von Fach und wollte es auch nicht sein. Als Historiker betrachtete er auch die Kunstgeschichte, der er sich allmählich mit Vorliebe zuwandte, als etwas Gewordenes, als ein Ganzes und im Zusammenhange mit der gesamten Kulturentwicklung. Nicht die Fragen, ob dieses oder jenes Werk nach der Eigentümlichkeit der Technik, nach der Färbung und Zeichnung, nach Bildung von Ohren und Fingern, nach der Form der Falten u.s.f. die Arbeit dieses oder jenes Meisters oder vielmehr das Werk eines Schülers oder gar eine alte Kopie sei, standen für ihn im Vordergrund seiner Forschung: sondern was dieser oder jener Meister an Neuem und Bedeutendem der Kunst und Kultur gewonnen hat, wie sein Werk sich der Entwicklung der Kunst einordnet, wie sich der einzelne Künstler zu der ganzen Schule, die eine Richtung der Kunst zu einer anderen verhält, wie sie von der Geschichte bedingt werden und welche Bedeutung sie innerhalb der gesamten Kulturentwicklung besitzen: diese und ähnliche Fragen beschäftigten Jacob Burckhardt neben seinen allgemeinen geschichtlichen und kulturgeschichtlichen Studien. In seinem scharfen, klaren Verstande und aus der Fülle seines Wissens fand er die mannigfachsten, stets präzisen Antworten auf diese Fragen. So entstanden bei seinem außerordentlichen Schaffensdrange und bei seiner Leichtigkeit im Gestalten meist in kurzer Zeit seine bekannten Werke: der „Cicerone", die „Geschichte der Renaissance", die „Kultur der Renaissance", die seit einem halben Jahrhundert die Grundlage unserer Kunstgeschichte bilden. Es war ihm Bedürfnis, das, was sich ihm im Geiste als klares Bild eingeprägt hatte, in fester Form auszuprägen: im mündlichen Vortrag wie in schriftstellerischen Arbeiten. Wie der echte Künstler arbeitete er nur für sich und für seine Schüler; vor allem, um sich selbst klar zu werden und seinen Schülern nur ganz Durchdachtes vorzutragen. Bei seinem großen Darstellungstalent gelang ihm dies in einfacher und doch echt künstlerischer Weise. Er verschwendete seine Kraft nicht an kleinere Aufgaben, an Aufsätze oder gar an Kritiken; es sind vielmehr die schwierigsten und umfassendsten Probleme, die er sich stellte und die er nicht in breiter selbstgefälliger Weise, sondern knapp und skizzierend behandelt hat, sodaß er den Leser anregt und befähigt, selbständig seine Gedanken weiter auszuspinnen.

Von den Werken, die zu Burckhardts Lebzeiten erschienen, waren eigentlich nur „Das Zeitalter Constantins“ und der „Cicerone“ von ihm zur Veröffentlichung bestimmt; die „Geschichte der Renaissance“ wie die „Kultur der Renaissance“ sind nur Aufzeichnungen zum Behufe von Vorlesungen, deren Publikation ihm von Freunden abgerungen wurde. Aus seinem Nachlasse sind noch einige Werke der Öffentlichkeit übergeben worden, aber mit Ausnahme der „Griechischen Kulturgeschichte“ und der „Erinnerungen aus Rubens“ nur kleinere Arbeiten; die Mehrzahl und die wichtigeren seiner Manuskripte, u. a. eine Geschichte der Malerei und eine Geschichte der Plastik hatte Burckhardt selbst auf den Index gesetzt, und er hat sie entweder noch selbst verbrannt oder es ist dies auf sein Verlangen durch seine Erben geschehen. Wie ängstlich er diese und andere seiner Arbeiten hütete, habe ich selbst erfahren. Angeregt durch ein kurz vorher von mir veröffentlichtes Handbuch der italienischen Plastik hatte mir Burckhardt bei einem Besuch in Basel sein Manuskript einer „Geschichte der Plastik“ zur Durchsicht mit in mein Hotel gegeben. Ich hatte eben im Bett die Lektüre begonnen, als — lange nach Mitternacht — ein Hausknecht am Zimmer pochte; Herr Professor Burckhardt habe noch Einlaß verlangt und lasse den Herrn dringend bitten, ihm doch die Schriften gleich wieder zu geben, die er mitgenommen habe. Ich beauftragte den Hausknecht natürlich, dem Herrn Professor zu sagen, daß er mich durch alles Pochen nicht habe wach machen können; auf diese Weise verschaffte ich mir den Genuß, diese wertvolle und nach vielen Richtungen höchst anregende Arbeit, die leider auch der Vernichtung anheim gefallen ist, bis zum anderen Morgen durchzustudieren.

Neben dem Kulturhistoriker ist es der Ästhetiker, der sich in seiner Behandlung der Kunst geltend macht. Als solchen fesselt ihn das Schöne, das Bedeutende in Form und Komposition, während er sich ebensowenig für das Gewaltsame wie für das sinnlich Reizende oder für das genrehaft Niedliche zu erwärmen vermag. Dem Recken Michelangelo steht er daher kühl gegenüber, die nervös weibliche Natur eines Correggio ist ihm sogar zuwider, die niederländischen Kleinmeister interessieren ihn nicht; und doch weiß er ihre Kunst auf das Treffendste zu charakterisieren, wie denn gerade er, der Schwärmer für die klassische Hochrenaissance, zum Verständnis und zur Würdigung der Barockkunst am meisten beigetragen hat.

Durch seine Bücher hat Jacob Burckhardt einen Einfluß ausgeübt wie kein Zweiter in der Kunstgeschichte; auch denen, die seinen Namen kaum gehört haben, sind seine Anschauungen doch durch seine Nachfolger und nicht am wenigsten durch Baedeker und Gsell-Fells vermittelt worden. Aber mehr als durch die Schrift liebte es Burckhardt durch das Wort zu wirken; in der Tat war er ein gottbegnadeter Lehrer. Seine klare einfache Ausdrucksweise, seine fließende Sprache, seine sonore Stimme, seine Wärme und Begeisterung mußten jeden Zuhörer ergreifen und ihn in die Gedankensphäre des Vortragenden einführen. Und wie im Vortrag, so war er durch Demonstrationen und im persönlichen Verkehr rastlos bemüht, seinen Schülern Verständnis und Sinn für wahre Kunst beizubringen. Wenn Burckhardt dennoch aus seiner bescheidenen Stellung als Lehrer an der Selecta des Baseler Gymnasiums und an der Universität seiner Heimatstadt nicht herausgetreten ist, wenn er jede noch so ehrenvolle Berufung nach auswärts abgelehnt hat, so lag der Grund dafür nicht nur in seiner Liebe zur Heimat: vor allem war es die angeborene Anspruchslosigkeit, eine gewisse Schüchternheit und Furcht vor aller Form und Gebundenheit, die ihm die alten Gewohnheiten zu angenehmen Fesseln machte und ihn von jeder Änderung, von jedem Heraustreten aus seinem engen heimischen Kreise zurückhielt. Sein kindlich reines Gemüt voller Herzensgüte und ganz erfüllt von Liebe zur Natur und zur Kunst wie von dem Drang zu ihrer Erforschung hatte ihm jene eigentümliche Scheu vor jedem Umgang und die Blödigkeit bewahrt, wie sie Kindern eigen ist. Lebhaft erinnere ich mich noch der argen Verlegenheit, in die Jacob Burckhardt geriet, als wir im Frühjahr 1875 in einem engen Antiquitätenladen in Florenz plötzlich mit dem deutschen Kronprinzen und seiner hohen Gemahlin zusammentrafen, sodaß seine Vorstellung nicht zu vermeiden war. Er, der gute Republikaner und eingefleischte Großdeutsche, mußte den ganzen Tag und den folgenden den Cicerone des preußischen Fürstenpaares machen; und doch geschah dies schließlich zu beiderseitiger größter Genugtuung, denn Burckhardt erklärte hinterher, daß er gar nicht begreife, wie ein preußischer Prinz so menschlich und liebenswürdig und so voll Interesse für Kunst sein könne! Diese Begegnung trug nicht wenig dazu bei, ihn in seiner Schwärmerei für Österreich wankend zu machen; sie verschaffte uns auch im folgenden Jahre seinen Besuch in Berlin, wo er seit seiner Universitätszeit nicht wieder gewesen war.

Diese zurückhaltende schüchterne Art war wohl zum Teil eine Folge der Verhältnisse, in denen Burckhardt aufgewachsen war, zum guten Teil war sie aber tief begründet in seinem Wesen. Er hatte etwas, ich möchte sagen Unpersönliches in seinem Verkehr, selbst in dem Verhältnis zu seinen Schülern und zu seinen Freunden. Wie der Schüler ihn nur solange interessierte, als er ihn vom Katheder, vor den Kunstwerken und abends beim Gläschen Wein für Kunst und Wissenschaft erwärmen konnte, während er im späteren Leben nur noch ein allgemeines Wohlwollen für ihn behielt, so war er mit den Freunden, deren Kreis sich fast auf die nahen Jugendbekannten beschränkte, am wärmsten im brieflichen Verkehr, in der Aussprache über wissenschaftliche Fragen, die er noch in der Form unsrer klassischen Briefsteller aus der ersten Hälfte dieses Jahrhunderts behandelte. Er ließ sich in seiner wissenschaftlichen und in seiner Lehrtätigkeit ungern stören. Auch den Kunstgenuß wie die Freude an Land und Leuten auf Reisen teilte er nicht gern mit dritten; daher war er in Sammlungen, war er auf Reisen am liebsten allein. Und doch war er gerade hier so frisch und kindlich heiter, so lebendig und belehrend, vor allem wenn man mit ihm in Italien, in seinem Italien zusammentraf, dem Lande seiner Sehnsucht, dessen Volk er so unendlich liebte, „diese großen Kinder in Lumpen mit der grandezza eines principe oder einer principessa“, zwischen dessen Kunstwerken ihm das Herz erst recht aufging. Welcher Genuß mit ihm durch die Straßen von Rom zu wandern, wo er unter den Römern ein Römer wurde, mit ihm zum Fischessen zur Annita hinter das Pantheon zu eilen, um rechtzeitig in der Küche noch einen leckeren Fisch auszuwählen, beim Cesare an der Ecke Apfelsinen einzuhandeln, abends den Tag draußen in einer Osteria beim Falerner oder einer Flasche Castelli zu beschließen, und zu sehen, wie er hier unter den Leuten des Volkes wie ihresgleichen verkehrte, in ihre Interessen sich einlebte, mit ihnen in seiner volltönenden Stimme und echt italienischer Lebhaftigkeit sich unterhielt, in wahrer „lingua toscana in bocca romana“. Und dazwischen vom frühen Morgen bis in die sinkende Nacht die Besuche in den Kirchen, in den Museen und Palästen, wo die Gestalten der Künstler unter seiner fließenden Rede lebendig wurden, wo aus der Fülle seines Wissens und dank einem glänzenden Gedächtnis die Toten von ihren Monumenten auferstanden, wo selbst ein bescheidener Kandelaber, ein Bilderrahmen oder sonst ein anscheinend nebensächlicher Gegenstand ihm Gelegenheit bot, den Stil und die Entwicklung dieses oder jenes Zweiges der Kunst oder des Kunsthandwerks, das Verhältnis des einen zum andern und ihre Bedeutung für Kunst und Kultur überhaupt klar zu machen.

In Jacob Burckhardt verlor das Deutschtum einen jener genialen schöpferischen Geister, welche die freie deutsche Schweiz aus dem Wetteifer mit den übrigen Nationalitäten und im Drang des internationalen Treibens hervorgebracht hat, Geister, für welche Deutschland der Schweiz zu größtem Dank verpflichtet ist. Gottfried Keller, sein Altersgenosse, der ihm im Tode vorangegangen ist, hat durch seine scharfe naturwahre Beobachtung, durch seinen Humor und die abgerundete Form seiner Novellen der deutschen Literatur einen Schatz gegeben, wie kein Zweiter nach ihm. Der jüngere Arnold Böcklin, Burckhardts engerer Landsmann, der in der Fülle seiner Schöpfungen ein Lebenswerk aufweist wie wenige vor ihm, ragte in das zwanzigste Jahrhundert wie eine ganz moderne Erscheinung, da das Verständnis seiner Werke erst jetzt den rechten Boden gefunden hat. So wird auch die Saat, die Jacob Burckhardt ausgestreut hat, noch durch lange Jahre reiche Frucht tragen. W. Bode.

AN FRANZ KUGLER IN BERLIN.

Die Frucht eines abermaligen längern Aufenthaltes in Italien, welche ich Dir, liebster Freund, hier überreiche, gehört Dein von Rechtes wegen. Ich könnte sie Dir widmen, weil ich vier Jahre in Berlin als ein Kind Deines Hauses gelebt und grosse Arbeiten von Dir anvertraut erhalten habe, oder weil ich überhaupt den besten Theil meiner Bildung Dir verdanke; am liebsten aber soll diese Widmung Dich erinnern an unsere friedlichen Spaziergänge durch den sommerlichen Flugsand wie durch die Winternässe und den Schnee Eurer Umgegend. Ich weiss, dass mir nichts mehr die geistige Mittheilung ersetzen wird, deren ich damals theilhaftig wurde.

Auch in diesem Buche ist das Gute, was man finden mag, eine Frucht Deiner Anregung. Für das Übrige wünsche ich selber verantwortlich gemacht zu werden. Du siehest, wie ich mit unserer schon etwas bejahrten ästhetischen Sprache gekämpft habe, um ihr ein eigenthümliches Leben abzugewinnen, wie aber die Nothwendigkeit des gedrängten Aufzählens und die Gleichartigkeit der Kunstwahrnehmungen mich zu manchen leblosen Stellen und zu einigen stereotypen Ausdrücken ge-

II

zwungen hat. Dafür weisst auch Du allein, wo und wie oft hier Gedanken und Betrachtungen, die mir am Herzen liegen, dem Zweck und der Kürze des Buches zu Gefallen unterdrückt oder nur in flüchtiger Andeutung gegeben worden sind. Ebenso erräthst Du hinwiederum am Besten die wirklichen Lücken, welche in der Befangenheit meines Urtheils und in dem anfänglichen Schwanken über den Plan des Werkes ihren Grund haben. Jetzt, da es fertig vor mir liegt, empfinde ich deutlich, dass ein solches Unternehmen nicht bloss einen Schreibenden, sondern einen teilnehmenden Reisegefährten verlangen würde, mit welchem Thatsachen und Urtheile durchgesprochen und darauf hin geprüft werden müssten, ob sie genau richtig und ob sie an der betreffenden Stelle nothwendig sind. Zwar hatte ich mannigfach das Glück, in der Unterredung mit geistvollen und strebenden Künstlern Aufklärung und Ermunterung zu finden; in welchen Partien ich denselben am meisten verdanke, kann Dir am wenigsten ein Geheimniss bleiben. Aber es verging kein Tag, da ich nicht empfunden hätte, welche ganz andere Gestalt eine fortdauernde Berathung mit Dir dem Geschriebenen geben würde.

Mögest Du, liebster Freund, wenn Dich Dein Weg noch einmal nach Italien führt, in diesem Stationenbuch wenigstens Deine Schule gerne wiedererkennen.

VORREDE.

Die Absicht des Verfassers ging dahin, eine Übersicht der wichtigern Kunstwerke Italiens zu geben, welche dem flüchtig Reisenden rasche und bequeme Auskunft über das Vorhandene, dem länger Verweilenden die nothwendigen Stylparallelen und die Grundlagen zur jedesmaligen Local-Kunstgeschichte, dem in Italien Gewesenen aber eine angenehme Erinnerung gewähren sollte. Absichtlich ausgeschlossen blieb alles bloss Archäologische. Im Einzelnen wird man sehr verschiedene Gesichtspunkte befolgt finden; oft durfte ich nur eine erläuternde Bemerkung, eine geschichtliche Notiz, oft auch nur Inhalt und Ort angeben; das Beschreiben war nur in so weit meine Aufgabe, als es dazu dienen konnte, auf wesentliches Detail aufmerksam zu machen, oder die Auffindung und Erkennung der betreffenden Gegenstände zu erleichtern; sonst rechnete ich durchgängig darauf, dass der Leser das in Rede Stehende gesehen habe oder sehen werde. In den Ortsbestimmungen suchte ich so deutlich und vollständig zu sein, als bei dem Umfang des Werkes möglich war [1]).

Nun ist es meine erste Pflicht, die wesentlichsten Lücken des Werkes zu bezeichnen. Diejenigen Orte und Gegenden, welche ich entweder gar nicht, oder nur auf flüchtiger Durchreise, oder in unreifem Alter besucht habe, sind folgende:

Turin und ganz Piemont.

Cremona, Lodi, Pavia.

---

[1]) Die Ausdrücke „rechts" und „links" sind immer im Sinne des Kommenden gebraucht, also z. B. in Kirchen nicht vom Hochaltar, sondern vom Portal aus verstanden. Das Portal ist immer das der Hauptfronte, wo das Gegentheil nicht ausdrücklich bemerkt wird.

Mantua, Treviso, Udine.
Imola, Faenza, Cesena, Rimini.
Pesaro, Urbino, Loreto.
Volterra, S. Gimignano, Monte oliveto, Pienza.
Subiaco, Palestrina.

Vom Königreich Neapel alles, was südlich über Pästum, östlich über Capua und Nola hinaus liegt.

Sodann sind ganze Gattungen von Kunstgegenständen übergangen, entweder weil das Interesse daran ein allzu specielles ist (die etruskischen Alterthümer), oder weil nordische Sammlungen für das betreffende Fach ungleich wichtiger erscheinen (die ägyptischen Sculpturen), oder weil die Gegenstände sehr beweglich, oder schwer sichtbar und nur für ein besonderes Studium ergiebig sind (Sammlungen von Kupferstichen, Gemmen und Münzen; auch viele Privatsammlungen von Gemälden). Die Miniaturen der Handschriften liess ich weg, weil deren häufige Besichtigung ihren Untergang beschleunigt. Endlich wird es nicht befremden, dass die ganze Darstellung nicht über das Ende des vorigen Jahrhunderts herabreicht. Für die moderne Kunst bringt fast Jedermann feste Massstäbe mit.

Die Anordnung des Buches, an welche sich der Leser mit Hülfe des sorgfältigen Registers bald gewöhnen wird, war die einzig mögliche, wenn der Hauptzweck, die Behandlung der Denkmäler nach ihrem Kunstgehalt und ihren Bedingungen, auf so engem Raum erreicht werden sollte. Für schnelle Orientirung sorgen die Reisehandbücher, deren trefflichstes, von Ernst Förster, auch mir an manchen Stellen von grossem Nutzen gewesen ist. — Das Raisonnement des „Cicerone" macht keinen Anspruch darauf, den tiefsten Gedanken, die Idee eines Kunstwerkes zu verfolgen und auszusprechen. Könnte man denselben überhaupt in Worten vollständig geben, so wäre die Kunst überflüssig, und das betreffende Werk hätte ungebaut, ungemeisselt, ungemalt bleiben dürfen. Aber auch bis an die erlaubten Grenzen bin ich nicht gegangen; schon die nothwendige Kürze verbot diess. Das Ziel, welches mir vorschwebte, war vielmehr: Umrisse vorzuzeichnen, welche das Gefühl des Beschauers mit lebendiger Empfindung ausfüllen könnte.

Mit mancherlei Ungleichheiten der Darstellung wird man Nachsicht üben bei einem Buche, welches zu zwei Drittheilen während der Reise geschrieben wurde. Den Styl gebe ich Preis. Mancher Satz wurde überfüllt, damit der Band nicht um ein paar Bogen dicker und schwerer gerathe, als er leider schon ist. — Wenn ich etwas häufig in der ersten Person rede, so geschieht diess fast ausschliesslich, um zu bekennen, dass ich dieses oder jenes Kunstwerk nicht gesehen habe, oder um irgend eine von der Tradition abweichende Ansicht pflichtgemäss zu vertreten.

Bei der Architektur habe ich mich nur im seltensten Fall der Kupferwerke und Abbildungen bedient. (Z. B. bei Anlass der Kirche von Montepulciano.) Es bleibt bedenklich, auch nach den besten Abbildungen auf den Eindruck zu schliessen, den das Nichtgesehene vermuthlich machen müsse. Gerne hätte ich z. B. aus den Werken von Percier und Fontaine eine Nachlese gehalten, namentlich für das Capitel von den römischen Villen, wo dann jene verführerische kleine Villa Sassetti jenseits Monte Mario einzureihen gewesen wäre. Allein es hätte mir begegnen können, von Anlagen zu sprechen, deren eine Hälfte schon vom Zeichner ergänzt, deren andere Hälfte aber jetzt ohnediess nicht mehr vorhanden ist.

Die Decoration des Renaissancestyls hat hier einen eigenen Zwischenabschnitt erhalten, damit nicht die Darstellung der sämmtlichen drei Künste beständig durch dieses vierte Element unterbrochen würde. Wen dasselbe nicht interessirt, der braucht nur im Register die mit D. bezeichneten Citate zu überschlagen.

In dem Abschnitt über Sculptur sind die Antiken vorherrschend nach demjenigen System geordnet, welches dem zweiten Theil von Ottfried Müllers „Archäologie" zu Grunde liegt. Das betreffende Stück ist hauptsächlich für die Vielen geschrieben, welche zwar mit genussfähigem Auge begabt, allein nur auf ganze, harmonische Eindrücke vorbereitet und dem Fragmentarischen und Bedingten (das hier so sehr vorherrscht) abgeneigt sind [1]). — Bei der neuern Sculptur ist

[1]) Das Werk Braun's: „Die Ruinen und Museen Roms" ist nur für wenige Stellen benützt worden, welche ohne Ausnahme mit der Chiffre [Br.] bezeichnet sind. Ich halte es für Unrecht, ein neues Buch dieser Art umständlich auszubeuten, vollends wenn diess ohne Nennung des Verfassers geschieht. — An das Schicksal eines gewissen Autors in per Viola del pensiero, Jahrgang 1839, will ich gar nicht erinnern.

der Abschnitt über den Barockstyl (wie die entsprechenden Abschnitte der beiden andern Künste) etwas lang ausgefallen. Allein es erscheint mir als Thatsache, dass eine genaue und besonnene Mitbetrachtung dieser Epoche den Genuss der vollkommenen Werke der goldenen Zeit wesentlich steigern hilft. Allerdings gilt diess nur für uns Laien, denn der Künstler soll eigentlich nur das Beste anschauen.

Bei der Malerei konnte es am wenigsten meine Aufgabe sein, den geistigen Inhalt erschöpfen zu wollen, der ja quantitativ unendlich reich sein kann; ich durfte nur der Betrachtung hie und da die Wege weisen und auf die Voraussetzungen hindeuten, unter welchen das einzelne Werk zu Stande kam. In den Namengebungen, deren Kritik überhaupt nicht Sache dieses Buches ist, folge ich den gewöhnlichen Annahmen, wo nicht meine besondere Ansicht als solche gegeben wird. — Für diejenigen endlich, welchen nur das Rarste und Unzugänglichste Freude macht, ist hier wenig gesorgt. Solche suchen im Grunde nicht die Kunst, sonst würde ihnen das vermeintlich Allbekannte mehr zu denken geben.

Möge dieses kleine dicke Buch mit seinem bunten Inhalt als ein nicht unerwünschter Reisebegleiter erscheinen. Wenn es, weit entfernt alle Wünsche zu befriedigen, wenigstens Vielen Etwas gewährt, so wird der Verfasser glauben, nicht umsonst gearbeitet zu haben.

ÜBERSICHT DES INHALTES.

ARCHITEKTUR MIT INBEGRIFF DER DECORATION.

SCULPTUR.

MALEREI.

DER CICERONE

VON

JACOB BURCKHARDT

NEUDRUCK DER ERSTEN AUFLAGE

ERSTER TEIL

ARCHITEKTUR

ARCHITEKTUR.

Die Baukunst beginnt in Italien viel früher als bei den *Tempeln von Pästum*, mit welchen wir hier den Anfang machen.

Schon die Urvölker, dann das durch Einwanderung entstandene Mischvolk der Etrusker haben Bauten hinterlassen, welche nicht bloss durch Massenhaftigkeit, sondern auch schon durch Anfänge eines höhern Formgefühles ausgezeichnet sind. Allein in ihrem jetzigen Zustande gehören sie doch mehr der Archäologie an; sie liegen meist seitab von den üblichen Strassen und sind auch dem Verfasser dieses Buches grösstentheils unzugänglich geblieben. Ueberdiess ist zwischen ihnen und den Bauten der vollendeten antiken Kunst eine grosse Lücke. Der Zweck unseres Buches verlangt, dass wir sie übergehen, um uns auf solche Denkmäler zu beschränken, in welchen die höhere Kunstform das Wesentliche, der Hauptausdruck der monumentalen Absicht ist. Welchem Gebäude des italischen Festlandes hier die erste Stelle gebührt, darüber wird wohl kein Zweifel herrschen.

Von den drei erhaltenen Tempeln der alten Poseidonia sucht das Auge sehnsüchtig den *grössten*, mittlern. Es ist Poseidon's Heiligthum; und durch die offenen Trümmerhallen schimmert von fern das blaue Meer.

Ein Unterbau von drei Stufen hebt das Haus des Gottes über die Fläche empor. Es sind Stufen für mehr als menschliche Schritte. An den Resten des alten dorischen Heraklestempels in Pompeji sieht man, dass für den Gebrauch eine Treppe von gewöhnlichen Stufen vorgesetzt wurde.

DER CICERONE

VON

JACOB BURCKHARDT

NEUDRUCK DER ERSTEN AUFLAGE

ERSTER TEIL

ARCHITEKTUR

ARCHITEKTUR.

Die Baukunst beginnt in Italien viel früher als bei den Tempeln von Pästum, mit welchen wir hier den Anfang machen.

Schon die Urvölker, dann das durch Einwanderung entstandene Mischvolk der Etrusker haben Bauten hinterlassen, welche nicht bloss durch Massenhaftigkeit, sondern auch schon durch Anfänge eines höhern Formgefühles ausgezeichnet sind. Allein in ihrem jetzigen Zustande gehören sie doch mehr der Archäologie an; sie liegen meist seitab von den üblichen Strassen und sind auch dem Verfasser dieses Buches grösstentheils unzugänglich geblieben. Ueberdiess ist zwischen ihnen und den Bauten der vollendeten antiken Kunst eine grosse Lücke. Der Zweck unseres Buches verlangt, dass wir sie übergehen, um uns auf solche Denkmäler zu beschränken, in welchen die höhere Kunstform das Wesentliche, der Hauptausdruck der monumentalen Absicht ist. Welchem Gebäude des italischen Festlandes hier die erste Stelle gebührt, darüber wird wohl kein Zweifel herrschen.

Von den drei erhaltenen Tempeln der alten Poseidonia sucht das Auge sehnsüchtig den grössten, mittlern. Es ist Poseidon's Heiligthum; a d
durch die offenen Trümmerhallen schimmert von fern das blaue Meer.

Ein Unterbau von drei Stufen hebt das Haus des Gottes über die Fläche empor. Es sind Stufen für mehr als menschliche Schritte. An den Resten des alten dorischen Heraklestempels in Pompeji sieht man, dass für den Gebrauch eine Treppe von gewöhnlichen Stufen vorgesetzt wurde.

Den ältesten griechischen Tempeln, wie z. B. demjenigen von Ocha auf Euböa, genügte ein Bau von vier Steinmauern. Als aber eine griechische Kunst erwachte, schuf sie die ringsum gehende Säulenhalle mit dem Gebälk, zuerst vielleicht von Holz, bald von Stein. Diese Halle ist, abgesehen von ihren besondern Zwecken, nichts als ein idealer, lebendig gewordener Ausdruck der Mauer selbst. In wunderbarer Ausgleichung wirken strebende Kräfte und getragene Lasten zu einem organischen Ganzen zusammen.

Was das Auge hier und an andern griechischen Bauten erblickt, sind eben keine blossen Steine, sondern lebende Wesen. Wir müssen ihrem innern Leben und ihrer Entwicklung aufmerksam nachgehen. Die dorische Ordnung, welche wir hier in ihrer vollen alterthümlichen Strenge an einem Gebäude des VI. Jahrhunderts v. Chr. vor uns haben, lässt diese Entwicklung reiner und vollständiger erkennen als ihre jüngere Schwester, die ionische.

Der Ausdruck der dorischen Säule musste hier, dem gewaltigen Gebälke gemäss, derjenige der grössten Tragekraft sein. Man konnte möglichst dicke Pfeiler oder Cylinder hinstellen, allein der Grieche pflegte nicht durch Massen, sondern durch ideale Behandlung der Formen zu wirken. Seine dorische Ordnung aber ist eine der höchsten Hervorbringungen des menschlichen Formgefühls.

Das erste Mittel, welches hier in Betracht kam, war die Verjüngung der Säule nach oben. Sie giebt dem Auge die Sicherheit, dass die Säule nicht umstürzen könne. Das zweite waren die Cannelirungen. Sie deuten an, dass die Säule sich innerlich verdichte und verhärte, gleichsam ihre Kraft zusammennehme; zugleich verstärken sie den Ausdruck des Strebens nach oben. Die Linien aber sind wie im ganzen Bau nirgends, so auch in der Säule nicht mathematisch hart; vielmehr giebt eine leise Anschwellung das innere schaffende Leben derselben auf das Schönste zu erkennen.

So bewegt und beseelt nähert sich die Säule dem Gebälk. Der mächtige Druck desselben drängt ihr oberes Ende auseinander zu einem Wulst (Echinus), welchen hier das Capitäl bildet. Sein Profil ist in jedem dorischen Tempel der wichtigste Kraftmesser, der Grundton des Ganzen. Nach unten zu ist er umgeben von drei Rinnen, gleich als verschöbe sich hier eine zarte, lockere Oberhaut der Säule. Ihnen entsprechen und antworten etwas weiter unten, an der Säule selbst, drei Einschnitte ringsum. — Eine starke viereckige Deckplatte isolirt die Säule vom Gebälk.

(An vielen Stellen dieses Tempels scheinen die Säulen auf viereckigen Untersätzen zu stehen, allein nur weil Steine dazwischen weggenommen worden sind. Die dorische Säule, als erdgeborne Kraft, bedarf der Basis nicht; unmittelbar aus der obersten Tempelstufe steigt sie empor.)

Es folgt zunächst ein Band von hier sehr mächtigen Quadern, der sog. Architrav, ganz glatt und schmucklos. Es sind die Balken, welche über die Säulen hingehen. Was aber von Bewegung übrig ist, setzt sich fort in dem darauf folgenden Gliede, dem Fries. Die von innen kommenden Querbalkenenden sind in der Mitte zweimal und an beiden Seiten senkrecht eingekerbt zu „Triglyphen", die Zwischenräume (Metopen) aber ausgefüllt mit Steinplatten, die ohne Zweifel mit Gemälden oder Reliefs geschmückt werden sollten. Wir wissen nämlich nicht, ob dieser Tempel je ganz vollendet wurde. — Im Architrav entspricht jeder Triglyphe ein kleines Band mit sechs daran hängenden sog. Tropfen.

Ein hier besonders weit vorragendes Kranzgesimse deckt das Ganze. Von unten erkennt man daran eine ideale Darstellung der schrägen Dachsparren, deren jeder drei Reihen von je sechs Nägeln aufweist. An den beiden Hauptseiten des Tempels ragen darüber die Giebel empor, die zwar jetzt (und vielleicht von jeher) leer stehen, ohne jene Gruppen von Statuen, welche einst die attischen Tempel zierten, dabei aber durch das schönste, gerade für diesen Bau passendste Verhältniss der Höhe den Blick erfreuen. Der stumpfe Winkel des Giebels nämlich ist das Schlussergebniss jener ganzen idealen Rechnung zwischen Kräften und Lasten; er deutet genau an, wie viel von strebender Kraft am Ende übrig geblieben ist.

Eine ganze Anzahl feinerer Gliederungen, welche man an den dorischen Bauten Athens vorfindet, fehlen hier entweder ursprünglich oder durch die Verwitterung. Der Eindruck des Strengen und Mächtigen wird dadurch noch gesteigert.

Vom Innern fehlt fast die ganze Mauer, welche das längliche Haus, die Cella des Gottes ausmachte. Wahrscheinlich lockten die glatten

1*

Quadern den kirchenbauenden Normannen zum Raub. Doch ist die innere Vorhalle, zwei Säulen zwischen zwei Mauerpfeilern (Anten), erhalten. Diese letztern sind als Theil der Mauer behandelt, also weder cannellirt, noch verjüngt, noch geschwellt, doch deutet ein eigenes Capitäl, welches bedeutsam mit dem Echinus der Säulen contrastirt, auf ihre Theilnahme am Tragen hin.

Von den Steinbalken und deren vertieften viereckigen Zwischenfeldern (Cassetten), welche den Raum zwischen Säulenhalle und Tempelmauer bedeckten, ist nichts mehr erhalten. Das Gebälk der Säulenhalle scheidet sich, auch von innen gesehen, in Architrav und Fries, nur dass letzterer hier glatt ist. Am Gebälk der Cella dagegen, soviel davon vorhanden ist, hat der Fries seine Triglyphen und Metopen, nur niedriger als am Aussenbau.

Das Innere des Heiligthums erhielt einst sein Licht durch eine grosse Dachöffnung, ohne welche die fensterlosen griechischen Tempel durchaus dunkel gewesen wären. An den bedeutendern Tempeln wurde gleichsam als Einfassung und Stütze dieses offenen Daches eine innere Säulenordnung angebracht, und zwar eine doppelte, weil einfache dorische Säulen allzu gross und dick hätten gebildet werden müssen im Verhältniss zu dem so beschränkten Raum. Die Bauten der höchsten Blüthezeit scheinen meist eine untere dorische und eine obere ionische Ordnung gehabt zu haben, zu deutlicher Scheidung der in einander überleitenden Kräfte. Hier dagegen ist auch die obere Ordnung dorisch und dabei noch von etwas ungeschickter Bildung, als wäre die kleine obere Säule unmittelbar die durchs Zwischengesims hindurchgehende Fortsetzung der grössern untern; überdiess wirkt der breit auseinander gehende Echinus der kleinen Säule nicht gut[1]).

Nur in dürftigen Andeutungen haben wir das, was die Seele die-

---

[1]) Ausserdem ist zu bemerken: An der Aussenseite kommt jede zweite Triglyphe mitten über eine Säule zu stehen, gegen die Ecken hin aber werden die Metopen breiter, so dass die Triglyphe auf die Ecke rücken kann. Im Innern besteht das Gesimse zwischen den beiden Ordnungen aus einem blossen Architrav mit Hohlkehle, da ein Fries, als Sinnbild des Decken-Randes, hier nicht am Platze wäre. Das Gesimse über der obern Ordnung besteht ebenfalls aus einem ähnlichen Gliede, allein wir wissen nicht, was einst noch darüber lag und wie der Dachrand ansetzte.

ses wunderbaren Baues ausmacht, bezeichnen können. Obwohl eines von den besterhaltenen Denkmälern seiner Art, verlangt er doch ein beständiges geistiges Restauriren und Nachfühlen dessen was fehlt und dessen, was nur für die aufmerksamste Pietät noch sichtbar ist. Wie ganz anders würde er auch zum äussern Auge sprechen, wenn er noch mit allen Sculpturen seiner Giebel und Metopen, mit den Dachzierden (Akroterien) von Laubwerk und Statuen, mit den Löwenköpfen des Kranzgesimses, mit dem jetzt so fraglichen Farbenschmuck, innen aber mit dem Bild Poseidon's und den Weihgeschenken geretteter Seefahrer geschmückt wäre! Unsere Vorstellung von Kunstvermögen der Griechen steigert er aber schon in seinem jetzigen Zustande auf das höchste.

Vielleicht blickt ein scharfes Auge die einzelnen Seiten im Profil entlang und findet, dass keine einzige mathematisch gerade Linie an dem ganzen Bau ist. Man wird zunächst an ungeschickte Vermessung, an die Wirkung der Erdbeben und Anderes der Art denken. Allein wer z. B. sich der rechten Ecke der Vorderseite gegenüberstellt, so dass er das obere Kranzgesimse der Langseite verkürzt sieht, wird eine Ausbeugung desselben von mehrern Zollen entdecken, die nur mit Absicht hervorgebracht sein kann. Und Ähnliches findet sich weiter. Es sind Äusserungen desselben Gefühls, welches die Anschwellung der Säule verlangte und auch in scheinbar mathematischen Formen überall einen Pulsschlag innern Lebens zu offenbaren suchte.

Die beiden andern dorischen Tempel von Pästum sind aus einer viel spätern, ausgearteten Epoche der dorischen Baukunst, die man der Zeit nach vielleicht in das III. Jahrhundert v. Chr. verlegen kann. Der Eindruck ist indess immer ein solcher, dass sie ohne die Nachbarschaft des Poseidontempels zu den herrlichsten Bauten des italischen Festlandes gehören würden. Sie sind weniger gut erhalten, besitzen aber wenigstens den ganzen äussern Säulenkranz und Architrave ohne Unterbrechung.

An dem sog. Cerestempel fällt zunächst eine abweichende Bildung der Säule auf, welche wie aus weicherm, minder elastischem Stoffe geschaffen scheint. Dies drückt sich aus in der viel stärkern Ausbauchung des Schaftes und in der breitwulstigen Bildung des Echinus, welche letztere durch eine ganz eigenthümliche Zusammenziehung (Hohlkehle) am Oberende des Schaftes zwar erklärt, aber auch durch das Grelle des Überganges um so viel fühlbarer wird. Diese gewaltige Breite des Echinus zieht dann eine verhältnissmässige Vergrösserung der Deckplatte nach sich. (Die Intervalle der Deckplatten sind etwa gleich der Hälfte ihres Durchmessers.) Zu der geringern innern Kraft der Säule passt dann ganz gut der schmalere Architrav. Statt der Triglyphen und Metopen, welche von besserm Stein eingesetzt waren, sieht man jetzt fast bloss deren leere Lücken. An den einst herabgestürzten und in neuerer Zeit wieder aufgesetzten Giebeln ist das Obergesimse mit vertieften Cassetten verziert, die das Alter zum Theil sogar durchlöchert hat. Von der Cella ist wenig mehr erhalten, als die Grundmauern.

Noch deutlicher erscheint die Ausartung des dorischen Styles in
a der sog. Basilica. Trotz auffallender Abweichungen, wie z. B. die ungerade Neunzahl der Säulen an den beiden Fronten, ist dies Gebäude ebenfalls ein Tempel gewesen; Gestalt, Lage, Stufen, Enge des Raumes im Innern lassen den Gedanken an eine andere Bestimmung, wie z. B. die der Basiliken war, gar nicht aufkommen. Wiederum sind die Säulen stark geschwellt und von dem sehr weichen und runden Echinus durch eine ähnliche Hohlkehle getrennt wie am Cerestempel. Von dem Gebälke ist ein schmaler Architrav ganz erhalten, theilweise auch ein stark zurücktretender Fries, an welchem ohne Zweifel sculpirte Triglyphen und Metopen aus besserm Stein angenietet waren (oder werden sollten; denn mit der Vollendung solchen Tempelschmuckes verhielt es sich nur zu oft wie mit dem Ausbau unserer gothischen Kathedralen). — Innen beginnt die Cella mit einer Vorhalle von drei Säulen und zwei Mauerpfeilern (Anten), welche letztere, als stärkstes Merkmal der Entartung, die Verjüngung sowohl als die Anschwellung der Säulen mitmachen; auch ihr Capitäl — eine Hohlkehle — ist von gefühlloser Bildung. — Im Innern steht auffallender Weise eine Säulenreihe der mittlern Axe des Gebäudes entlang; drei Säulen sind ganz, von zweien die Capitäle erhalten. Welchen Zweck und welche Bedachung man sich dabei vorzustellen habe, lässt sich um so weniger entscheiden, da dieser Innenbau vielleicht nicht einmal der ursprüngliche ist.

Neben der dorischen Ordnung entwickelte sich als deren schönstes Gegenbild die i o n i s c h e ; anfänglich in andern Gegenden entstanden, auch wohl für gewisse Zwecke vorzugsweise angewandt, wurde sie doch mit der Zeit ein völlig frei verwendbares Element der griechischen Gesammtbaukunst. Leider ist in den griechischen Colonien Italiens kein irgend beträchtlicher Ueberrest echter ionischer Ordnung erhalten, und die römischen Nachahmungen geben bei aller Pracht doch nur ein dürftiges, erstarrtes Schattenbild von dem Formgefühl und dem feinen Schwung des griechischen Vorbildes. — Die Grundlage ist im Wesentlichen dieselbe, wie bei der dorischen Ordnung, die Durchbildung aber eine verschiedene. Die ionische Säule ist ein zarteres Wesen, weniger auf den Ausdruck angestrengten Tragens als auf ein reiches Ausblühen angelegt. Sie beginnt mit einer Basis von zwei Doppelwulsten, einem weitern und einem engern, deren inneres Leben sich durch eine schattenreiche Profilirung verräth. (An den römischen Überresten entweder glatt oder mit reichen, aber beziehungslosen Ornamenten bekleidet.) Ihr Schaft ist viel schlanker und weniger stark verjüngt, als der dorische; seine Ausbauchung ein ebenso feiner Kraftmesser als bei diesem. Die Cannelirungen nehmen nicht die ganze Oberfläche des Schaftes ein, sondern lassen schmale Stege zwischen sich, zum Zeichen, dass sich die ionische Säule nicht so anzustrengen habe, wie die dorische. (An den römischen Ueberresten fehlen hier wie bei allen Ordnungen die Cannelirungen oft, ja in der Regel; mit grossem Unrecht, indem sie kein Zierrath, sondern ein wesentlicher Ausdruck des Strebens sind und auf die bewegte Bildung des Capitäls und Gesimses nothwendig vorbereiten.) Das ionische Capitäl, an den alten athenischen Bauten von unbeschreiblicher Schönheit und Lebendigkeit, setzt über einem verzierten Hals mit einem Echinus an; dann aber folgt, wie aus einer weichen, ideal-elastischen Masse gebildet, ein oberes Glied, gleichsam eine Blüthe des Echinus selbst, die auf beiden Seiten in reich gewellten Voluten (Schnecken) herniederquillt und sich, von vorn gesehen, in zwei prächtigen Spiralen aufrollt. Die Deckplatte, welche bei einer ernsten, dorischen Bildung dieses ganze reiche Leben tödten würde, ist nur als schmales, verziertes, ausgeschwungenes Zwischenglied zwischen das Capitäl und das Gebälk hineingeschoben. (An den römischen Überresten: Hals und Echinus schwer und mässig verziert, die Voluten auf den Seiten mit schuppenartigem Blattwerk bedeckt, ihre Spiralen schwunglos und mathematisch, die Deckplatte überreich.)[1] — Das Gebälk ist leicht und der Säule gemäss gestaltet; der Architrav in drei übereinander hervortretende Riemen getheilt; der Fries ohne Unterbrechung durch Triglyphen zu fortlaufenden Reliefs eingerichtet; alle Zwischenglieder und alle Theile des Obergesimses zart und reich gebildet. (An den römischen Überresten wohl ebenso prachtvoll, aber lebloser.)[2]

Endlich schuf noch die griechische Kunst das korinthische Capitäl. An den Bauten Griechenlands selbst können wir dasselbe nur in seinen Anfängen nachweisen, Anfänge, die freilich Grösseres verheissen, als es später unter römischer Hand wirklich erfüllt hat. (Die sog. Laterne des Demosthenes, richtiger: das choragische Denkmal des Lysikrates in Athen.)

Indess haben die Römer diese Ordnung mehr geliebt und richtiger verstanden und behandelt als die beiden andern; ja wenn man die Trefflichkeit der korinthischen Formen am Pantheon und am Tempel des Mars Ultor neben der sonstigen Thätigkeit so zahlreicher griechischer Künstler im damaligen Rom in Erwägung zieht, so wird auch wohl der Gedanke erlaubt sein, dass hier noch eine ziemlich unmittelbare griechische Tradition, wenigstens stellenweise, zu uns spricht.

Form, Verhältnisse, Dichtigkeit der Stellung hat die korinthische Säule im Ganzen mit der ionischen gemein; Basis und Cannelirungen, wo diese sich vorfinden, sind dieselben. Das Capitäl aber bildet einen runden Kelch, der mit zwei Reihen von Akanthusblättern ringsum bekleidet ist. Aus diesen Blättern spriessen Stengel hervor, aus welchen

---

[1]) In Rom, z. B. an der späten und sehr schlechten Restauration des Vespasiantempels, und in Pompeji an vielen Bauten begegnet man einem ionischen Capitäl, welches statt der beiden Seitenvoluten vier Eckvoluten hat; gewiss eine secundäre und nicht eben glückliche Schöpfung.

[2]) Da zu wenige römisch-ionische Bauten erhalten sind, so urtheilen wir hier nach Fragmenten, welche allerdings auch von korinthischen Bauten herstammen mögen; allein beide Ordnungen stimmen mit Ausnahme des Capitäls bei den Römern überein.

sich mächtig gerollte Voluten entwickeln; diese, je zwei sich aneinander drängend, bilden die weit vorspringenden vier Ecken des Capitäls. Ihnen folgt die ausgeschwungene Deckplatte, deren einwärtsgehende Rundungen in der Mitte durch eine Blume unterbrochen sind.

Wer an den bessern römischen Bauten ein wohlerhaltenes Capitäl mit der nöthigen Geduld verfolgt, wird über die Fülle idealen Lebens erstaunen, die sich darin ausdrückt. Der Akanthus ist wohl ursprünglich die bekannte Pflanze Bärenklau; man pflücke sich aber, z. B. auf den Wiesenhöhen der Villa Pamfili, ein Blatt derselben und überzeuge sich bei der Vergleichung mit dem architektonischen Akanthus, welch ein Genius dazu gehörte, um das Blatt so umzugestalten. In einem neuen, plastischen Stoff gedacht, gewinnt es eine Spannkraft und Biegsamkeit, einen Reichthum der Umrisse und der Modellirung, wovon im grünen Bärenklau nur die halbversteckten Elemente liegen. Die Art, wie die Blätter über- und nebeneinander folgen, ist ebenfalls der Bewunderung werth, und so auch ihre höchste und letzte Steigerung in Gestalt der Eckvoluten; diese, als (scheinbarer) Hauptausdruck der Kraft, sind mit Recht freier, d. h. weniger vegetabilisch gebildet, haben aber ein Akanthusblatt, das mit ihnen aus dem gleichen Stengel spriesst, zur Unterlage und Erklärung mit sich. Und jeder einzelne Theil dieses so elastisch sprechenden Ganzen hebt sich wieder klar und deutlich von den übrigen ab; reiche Unterhöhlungen, durch welche der Kelch als Kern des Capitäls sichtbar wird, geben zugleich dem Blattwerk jene tiefen Schatten zur Grundlage, durch welche es erst völlig lebendig wirkt.

Eine blosse Spielart des korinthischen ist das sog. C o m p o s i t a - c a p i t ä l , erweislich zuerst an dem Titusbogen angewandt. (Der Drususbogen bei Porta S. Sebastiano in Rom ist wahrscheinlich falsch benannt; sonst wäre er ein noch älteres Beispiel.) Die Mischung aus den zwei untern Blattreihen des korinthischen Capitäls und einem darübergesetzten unecht ionischen mit vier Eckvoluten (demselben etwa, welches oben, in der Anmerkung zu Seite 8 beschrieben wurde) ist eine unschöne, mechanische. Es liesse sich schwer begreifen, wie man gerade den glänzend lebendigen obern Theil des korinthischen Capitäls opfern mochte, wenn die Mode nicht stärker wäre als Alles.

Bei der nun folgenden Übersicht der römischen Bauwerke in Italien möge man ja im Auge behalten, dass wir das rein Archäologische absichtlich beseitigen und auf eine Ergänzung desselben aus den Reisehandbüchern und aus sonstigen Studien rechnen. Auch unsere Vorbemerkungen werden nicht aus Notizen bestehen, sondern einige allgemeine Gesichtspunkte festzustellen suchen.

Römerbauten der bessern und noch der mittlern Zeit haben ein Königsrecht selbst neben dem Massivsten, was Italien aus dem Mittelalter und der neuen Bauperiode besitzt. Selbst ein kleiner Rest bemeistert in seiner Wirkung ganze Gassen, deren Häuser doppelt und dreimal so hoch sind. Dies kommt zunächst von dem Stoffe, aus welchem gebaut wurde; in der Regel ist es der beste, der zu haben war. Sodann wurde von allem Anfang an bei öffentlichen Gebäuden nicht gepfuscht und nicht jeder Rücksicht nachgegeben; man baute etwas Rechtes oder gar nichts. Endlich ist die antike Architektur mit ihren plastisch sprechenden, bedeutsam abwechselnden Einzeltheilen, Säulen, Gebälken, Giebeln etc. im Stande, jeder andern baulichen Gliederung die Spitze zu bieten, selbst der gothischen, so wie sie in Italien auftritt.

Nun sind einige zeitliche und technische Unterschiede zu beobachten. Zur Zeit der römischen Republik und auch der frühern Kaiser wurden die öffentlichen Bauwerke aus Quadern desjenigen Steines erbaut, welcher unter den nächst zu habenden der beste war. Für Rom z. B. musste die Wahl auf den grüngrauen Peperin und den gelblichen Travertin fallen. Allein schon seit Augustus gewann man den fernab liegenden weissen Marmor so lieb, dass mit der Zeit wenigstens Säulen und Gebälk vorzugsweise daraus gebildet wurden, während man die Wände mit Platten dieses und anderer kostbarer Stoffe bekleidete; das Innere der Mauern aber bestand fortan aus Ziegeln.

Marmorbauten jedoch waren das ganze Mittelalter hindurch die beliebtesten und bequemsten Steinbrüche, wo man die schönsten Säulen, in der Regel aus Einem Steine, fertig vorfand, um hundert Basiliken damit auszustatten. Von den Mauern löste man mit Leichtigkeit die vorgesetzten Platten ab und verwandte sie auf alle Weise; Gebäude, deren Mauern aus vollen durchgehenden Quadern bestanden hätten, würde man gewiss eher respectirt und, so gut es ging, zu neuen Bestimmungen eingerichtet haben.

So kommt es nun, dass der Reisende, auf einen einigermassen vollständigen Anblick wenigstens der Bruchstücke antiker Tempel, Thermen und Paläste gefasst, durch scheinbar ganz formlose Ziegelhaufen enttäuscht wird. So schön die Ziegel namentlich des ersten Jahrhunderts gebrannt, so sorgfältig sie auf einandergeschichtet sein mögen, so glühend ihre Farbe in der Abendsonne wirken mag, bleibt es eben doch ein bloss zufällig zu Tage getretener innerer Kern ehemaliger Gebäude, den einst, als das Gebäude vollständig war, kein Auge erblickte, weil ihn eine leuchtende Hülle und Schale umgab. Wir werden im Folgenden sehen, auf welche Weise sich das einigermassen forschungsfähige Auge entschädigen kann.

Bekanntlich brachten die Römer zu den entlehnten griechischen Formen aus der etruskischen Baukunst den B o g e n und das G e - w ö l b e hinzu, letzteres als Tonnengewölbe (wie ein gebogenes Blatt), als Kreuzgewölbe (zwei sich schneidende Tonnengewölbe) und als Kuppel. Schwere und Druck verlangen sog. Widerlager, welche entweder durch verhältnissmässige Dicke der Mauer oder durch Strebepfeiler an den dem stärksten Druck ausgesetzten Stellen dargestellt werden müssen; die Römer liessen es im Ganzen bei dicken Mauern bewenden (Vergl. das Pantheon). — Wie man sieht, handelte es sich um ganz neue Aufgaben. Die griechischen Säulen, Gebälke und Giebel, ursprünglich auf einen wesentlich andern Kernbau berechnet und nur ihrer schönen Wirkung wegen beibehalten, mussten nun die römischen Bauten „accompagniren“ helfen, wenn uns dies Wort erlaubt ist. Man zog Säulenreihen v o r den Mauern, Halbsäulenreihen a n den Mauern — sowohl im Innern als am Äussern — hin; man gab den Mauerpfeilern (Anten) und den Pilastern überhaupt dieselben Capitäle wie den Säulen, nur zur Fläche umgebildet; man stellte Peristyle als Eingangshallen bisweilen sehr unvermittelt vor ein Gebäude von beliebiger Form; man liess das griechische Gesimse ohne Unterschied über Säulenreihen oder Mauermassen — geradlinige oder runde — dahin laufen. Kein Wunder, dass sein fein abgewogener constructiver Sinn, dass die Fülle von Andeutungen auf d a s Ganze, dem es einst gedient, verloren gingen und dass man sich mit möglichster Pracht der d e c o r a t i v e n Ausbildung zufrieden gab.

Hierin aber zeigt sich die römische Kunst wahrhaft gross. Sobald man es vergisst, wie viel missverstandene und umgedeutete griechische Formen unter den römischen versteckt liegen, wird man die letztern um ihrer prachtvollen, höchst energischen Wirkung willen bewundern müssen.

Von dem korinthischen Capitäl ist schon die Rede gewesen als von einer noch wesentlich griechischen Schöpfung. Am Gebälk findet sich zunächst ein bereicherter Architrav, dessen drei Bänder mit Perlstäben u. dgl. eingefasst sind; bisweilen besteht das mittlere aus lauter Ornamenten. (Später: oft nur zwei Bänder.) Eine zierliche, nur zu weit vorwärts profilirte Blattreihe scheidet den Architrav vom Fries, welcher die Inschriften und Reliefs oder Pflanzenzierrathen enthält. (Später: der Fries in der Regel convex und auf irgend einen nicht mehr aufweisbaren, etwa aufgemalten Schmuck berechnet.) Ueber dem Fries eine mannigfach variirte Aufeinanderfolge vortretender, reich decorirter Glieder: Reihen von Akanthusblättern mit gefälligem Wellenprofil, Eierstäbe, Zahnschnitte, und als Uebergang zu dem mit Löwenköpfen und Palmetten geschmückten Kranzgesimse: die C o n s o l e n. Diese sind eine römische Umdeutung jener schrägen Dachsparren, die wir beim grossen Tempel von Pästum erwähnten, und verdienen als Höhepunkt alles römischen Formgefühls eine besondere Aufmerksamkeit. Unter das wellenförmig gebildete, architektonisch verzierte Sparrenende legt sich, ebenfalls in Wellenform, ein reiches Akanthusblatt; sodann wird der Zwischenraum zweier Consolen von einer reich eingefassten Cassette eingenommen, aus deren schattiger Tiefe eine Rosette hell herabragt. (Später: das Akanthusblatt kraftlos an die Console angeschmiegt; die elastische Bildung beider vernachlässigt; die Cassetten flach, die Rose leblos gebildet.) Am Giebel ist ein Theil des Hauptgesimses mit den Consolen wiederholt, welche hier trotz des schrägen Ansteigens an den besten Bauten senkrecht gebildet werden.
a (Vorhalle des Pantheon.) Ein vielleicht nur allzureicher Schmuck von Statuen, Gruppen u. a. Zierrathen war auf der Höhe des Giebels und auf den Ecken angebracht. (Ein paar gute Akroterien oder Eckzier-
b den aus römischer Zeit in der Galeria lapidaria des Vaticans.) Die Anwendung grosser plastischer Freigruppen in den Giebeln selbst ist auch für die Römer wahrscheinlich, doch nicht mit Beispielen zu belegen.

Es versteht sich, dass nur eigentliche Prachtgebäude diesen Schmuck vollständig aufwiesen und auch diese nicht durchgängig; zudem sind sie fast ohne Ausnahme nur in geringen Fragmenten erhalten. Ausser den noch an Ort und Stelle befindlichen Bauresten wird man desshalb zur Ergänzung auch die verschleppten und in die Museen geretteten Fragmente studiren müssen, indem sich stellenweise gerade an ihnen das Schönste und Reichste, auch wohl das Zierlichste, wenn sie von kleineren Bauten
herstammen, erhalten hat. Im Vatican enthält namentlich die schon a
genannte Galeria lapidaria und auch das Museo Chiaramonti einen b
Schatz von solchen Bruchstücken; ebenso das Museum des Lateran; c
von den Privatsammlungen ist die Villa Albani besonders reich daran; d
von den christlichen Basiliken Roms bieten der ältere Theil von S. Lo- e
renzo fuori le mura und das Hauptschiff von S. Maria in Trastevere f
ganze bunte Mustersammlungen dar. Eine Sammlung von Abgüssen g
in der Académie de France. In Florenz (äussere Vorhalle der Uffizien) h
nur ein Stück von einer Thürgewandung und ein anderes von einem Fries; aber beide von hohem Werthe.

Hier wie überall muss der Beschauer jene restaurirende Thätigkeit in sich entwickeln, ohne welche ihm die antiken Reste wie lauter Formlosigkeit und die Freude daran wie lauter Thorheit erscheinen. Er muss aus dem Theil das vermuthliche Ganze ahnen und herstellen lernen und nicht gleich einen „Eindruck“ verlangen bei Überresten, deren Schönheit sich erst durch das Hinzugedachte ergänzen kann. Das ganze Gebäude aus Trümmern zu errathen, wird wohl nur dem Forscher möglich sein, allein aus ein paar Säulen mit Gebälkstücken wenigstens auf die Wirkung einer ganzen Colonnade zu schliessen ist Sache jedes nicht rohen oder abgestumpften Auges.

Wir beginnen mit den Tempeln. Hier ist das Verhältniss der Säulenhalle zur Cella fast durchgängig ein anderes als bei den Griechen. Jene dient nicht mehr zum Ausdruck dieser und entspricht ihr nicht mehr in derselben Weise. Die Halle ist jetzt ein Vorbau der Cella und wird nur aus Prachtliebe etwa noch ringsum geführt; sonst bequemt sich die römische Kunst sehr leicht, nur einen Anklang davon in Gestalt von Halbsäulen ringsum anzugeben oder auch die Wand ganz unverziert zu lassen. Ein weiterer Unterschied ist die jetzt übliche Bedeckung des Innern mit einem cassettirten Tonnengewölbe, während man doch aussen den griechischen Giebel, d. h. den Ausdruck eines Balkendaches, beibehielt. Wahrscheinlich brachte man, wie einst im Dach des griechischen Tempels, so hier im Gewölbe eine grosse Lichtöffnung an, ohne welche die Beleuchtung ganz zweifelhaft bliebe; Seitenfenster finden sich fast nirgends. Echt römisch ist endlich die Zertheilung der Wandflächen durch einwärtstretende Nischen und die Errichtung einer hintern Hauptnische für das Bild der Gottheit; diese ganze Nischenwerk aber muss man sich bekleidet und umgeben denken von besonderen Säulenstellungen mit Gebälken und Giebeln, wodurch die ganze Mauer ein prachtvoll abwechselndes Leben erhielt und die griechische Ruhe total einbüsste. — Das Dach der Vorhalle bestand wie bei den griechischen Tempeln aus Steinbalken verschiedener Lagen und verschiedenen Ranges, deren Zwischenräume mit Steinplatten zugedeckt waren. Allein die Durchführung ist eine andere als in den (sehr wenigen) erhaltenen Beispielen der griechischen Zeit; von der Balkenlage wird nur eine Reminiscenz beibehalten und die ganze Innensicht des Daches als erwünschter Anlass zum Aufwand von Ornamenten benützt. Die Untenseiten der Balken bekommen Reliefarabesken, ihre Zwischenräume werden zu reich profilirten Cassetten, welche grosse, gewaltig wirksame Rosetten enthalten.

Mit der *dorischen* Ordnung hatten die Römer entschiedenes
Unglück. Sie wollten die ernsten Formen derselben mit den leichten
Verhältnissen der ionischen verbinden und fielen dabei nothwendig in
das Magere und Dürftige. In Rom selbst ist kein dorischer Tempel
a mehr erhalten; an den zwanzig Säulen in *S. Pietro in vincoli*
nämlich, welche vom Tempel des Quirinus entlehnt sein sollen, ist die
ursprüngliche Höhe fraglich, und die Capitäle sind modern. — Das
einzige Beispiel, welches eine ungestörte Anschauung des Römisch-
b Dorischen giebt, möchte wohl in der Vorhalle des *Herculestempels
zu Cora* (drei Stunden von Velletri) bestehen; Lage, Material und
Ernst der Formen (so übereinfach sie sein mögen) sichern diesem Ge-

bäude noch immer eine grosse Wirkung. Dasselbe wird etwa in die
Zeit Sulla's versetzt; eine noch ältere Anwendung des Dorischen findet man an dem Sarcophag des Scipio barbatus (Vatican, Belvedere, a
Gemach des Torso). Ausserdem bietet Pompeji eine Anzahl zerstörter dorischer Bauten, welche noch zwischen dem Griechischen und dem Römischen die Mitte einzunehmen scheinen, meist Hallen, welche Plätze und Höfe (z. B. den des verschwundenen, einst griechisch-dorischen Heraklestempels und den des Venustempels) umgeben, und welche ihrer Detailbildung wegen am besten hier zu erwähnen sind. Die Säulen sind für diese Ordnung sehr schlank und dünn, ihre Cannelirungen demnach schmal; die letztern beginnen meist erst in einer gewissen Höhe über der Erde, weil sie sich weiter unten rasch abgenützt hätten. Der Echinus ist durchgängig schon ziemlich trocken und klein, die Deckplatte dünn gebildet. Am Gebälk ist der Architrav schon nicht mehr glatt, sondern in zwei Riemen getheilt, der Fries mit den Triglyphen ohne den griechischen Nachdruck. Noch am meisten grie- b
chisch ist das einzige Fragment der schon erwähnten Halle um den Hof des Heraklestempels, des sog. Foro triangolare; hier hat der Echinus noch die drei Riemen, unter welchen dann die Cannelirungen mit runden Ansätzen beginnen; anderwärts sind diese Ansätze wagrecht und die Riemen durch irgend ein empfindungsloses Zwischenglied ersetzt. So am sog. Soldatenquartier und an den ältern Säulen des c
grossen Forums; die jüngern haben einen ganz sinnlosen, wellenför- d
migen Echinus. Die Halle um den Hof des Venustempels war eben- e
falls von einer geringen dorischen Art, wie die Stellen zeigen, wo die spätere Ueberarbeitung mit Stucco abgefallen ist. (Wie weit das Dach noch über sie hervorragte, zeigen die wohl vier Fuss ausserhalb angebrachten Regenrinnen am Boden.)

Das spätere Rom, mit seiner Neigung für prächtige Detailverzierung, gab die dorische Ordnung beim Tempelbau bald ganz auf und behielt sie nur bei zur Bekleidung des Erdgeschosses an mehrstöckigen Bauten (z. B. Theatern). Hier tritt sie wiederum viel entstellter auf, nämlich in ihrer ganz zweideutigen Verschmelzung mit der sog. toskanischen Ordnung, welche in selbständigen Exemplaren nicht mehr nachzuweisen ist. Sie verliert ihre Cannelirungen und gewinnt unten eine Basis und oben (kurz vor dem roh gebildeten Echinus) einen Hals, über welchem sich bisweilen einige Zierrathen zeigen. Auch ihr Gebälk fällt mehr oder weniger der Willkür anheim.

Von römisch-ionischer Ordnung besitzen wir noch ein gutes und frühes, aber sehr durch Verwitterung und moderne Verkleisterung
a entstelltes Beispiel, den sog. Tempel der Fortuna virilis zu Rom. Die Voluten, seitwärts mit Blattwerk verziert, haben allerdings schon ziemlich todte, unelastische Spiralen; dafür zeigt der Fries noch anmuthige Laubgewinde und das Kranzgesimse seine Löwenköpfe. Der
b kleine Sibyllentempel in Tivoli hat noch seine viersäulige
c Vorhalle. — Der schon erwähnte Tempel Vespasians, am Aufgang zum Forum, ist bei einer höchst nachlässigen Restauration des III. oder IV. Jahrhunderts mit jenen oben (S. 8. Anm.) geschilderten ionischen Bastardcapitälen versehen worden. Seine Granitsäulen, schon früher nie cannelirt, wurden in ungehöriger Aufeinanderfolge der Stücke zusammengeflickt. Von den Bauten in Pompeji ist wenigstens die
d innere Säulenstellung des Jupitertempels leidlich ionisch; sonst herrscht dort die Bastardordnung fast ausschließlich vor.

Die schönern römisch-ionischen Tempel leben fast nur noch in jenen Sammlungen verschleppter Fragmente fort. Man wird wohl nirgends mehr eine solche Auswahl guter ionischer Capitäle beisammen finden,
e wie über den Säulen von S. Maria in Trastevere; einzelne haben noch einen fast griechischen Schwung, andere sind durch reiche Zierrathen, ja durch Figuren, welche aus den Voluten und an der Deckplatte herausquellen, interessant. Ob die Menge verschiedener antiker Consolen, welche am Gebälke derselben Kirche angebracht sind, von denselben Gebäuden herrühren, ist begreiflicher Weise nicht zu ermitteln. (Ein schönes römisch-ionisches Capitäl u. a. im grossen Saal des Pa-
f lazzo Farnese. Zu den besten Bastardcapitälen dieser Ordnung mit
g vier Eckvoluten gehören diejenigen in S. Maria in Cosmedin, an der Wand links.)

Weit das Vorherrschende im ganzen römischen Tempelbau, ja im Bauwesen überhaupt, ist die korinthische Ordnung. So selten ihr Formen in vollkommener Reinheit auftreten, so oft wird man da-

für das decorative Geschick der Römer bewundern müssen, welche ihr, und vorzüglich ihrem Capitäl Eines um das andere aufzuladen wussten, bis es endlich doch zu viel wurde. Sie unterbrachen das Blattwerk des Capitäls mit Thierfiguren, Trophäen, Menschengestalten, endlich mit ganzen Historien, wie zur Zeit des romanischen Styles im Mittelalter. (Ein historienreiches Capitäl der Art im Giardino della Pigna a
des Vaticans.) Sie lösten auch die letzten glatt gebliebenen Profile des Gebälkes in Reihen von Blätterzierrathen auf. (Diocletiansthermen, b
jetzt S. Maria degli Angeli zu Rom.) Das Ende war eine definitive Ermüdung und plötzlich hereinbrechende Roheit.

Das schönste Beispiel korinthischer Bauordnung ist anerkannter Massen das P a n t h e o n in Rom; ein Gebäude, welches zugleich so c
einzig in seiner Art dasteht, dass wir es hier vorweg behandeln müssen. Ursprünglich von Agrippa als Haupthalle seiner Thermen gegründet und erst später von ihm als Tempel ausgebaut und mit der Vorhalle versehen, hat es nach allen Restaurationen und Beraubungen seine ausserordentliche Wirkung im Wesentlichen gerettet, doch nicht ohne schwere Einbusse. Wir wollen nur dasjenige anführen, was die ehemalige, ursprüngliche Wirkung zu veranschaulichen geeignet ist.

Zunächst denke man sich den jetzt stark ansteigenden Platz viel tiefer und eben fortlaufend; denn fünf Stufen führten einst zur Vorhalle h i n a u f. So erhält der jetzt etwas steil und hoch scheinende Giebel erst sein wahres Verhältniss für das Auge. Man fülle ihn mit einer Giebelgruppe oder wenigstens mit einem grossen Relief an und kröne ihn mit den Statuen, die einst der Athener Diogenes für diese Stelle fertigte. (Die gewaltigen Granitsäulen sind allerdings ihres Stoffes halber grossentheils unberührt geblieben; leider wagte sich die augusteische Zeit selber nicht gerne an diese Steinart und liess die Säulen dem Stoff zu Ehren uncannelirt, während die marmornen Pilaster ihre sieben Cannelirungen auf jeder Seite erhielten.) Ferner entschliesse man sich, aus den durchgängig mehr oder minder entblätterten Capitälen in Gedanken ein ganzes, unverletztes zusammenzusetzen; gehören sie doch in ihrer Art zum Schönsten, was die Kunst geschaffen hat[1]). (Die Schneidung des Kelchrandes mit der Deckplatte, ver-

[1]) Der Hochmuth Bernini's spricht sich gar zu deutlich aus in den Capitälen der drei Säulen der

mittelt durch die darüber emporspriessende, durch zwei kleinere Voluten mit Akanthusblättern vorbereitete Blume, sowie die Bildung der grössern Eckvoluten hat nicht mehr ihres Gleichen.) Man vervollständige die innere und äussere Wandbekleidung am hintern Theil der Vorhalle, mit ihren anmuthigen Querbändern von Fruchtschnüren, Candelabern u. s. w. Man denke sich die drei Schiffe der Vorhalle mit drei parallelen, reichcassettirten Tonnengewölben bedeckt, über welchen sich noch jener Dachstuhl von vergoldetem Erz erhob, den Urban VIII einschmelzen liess. Vor Allem vergesse man Berninis' Glockenthürmchen. — Bei aller Pracht fand sich an dieser Vorhalle auch die Einfachheit an der rechten Stelle ein. Der innere wie der äussere Architrav hat nur die Profile, die ihm gehören; an seiner Untenseite ist nur eine Art von Rahmen als Verzierung angebracht; das äussere Hauptgesimse[1]) besteht nur aus den unentbehrlichen Theilen. Die Thüreinfassung, wahrscheinlich die ursprüngliche[2]), ist bei einem gewissen Reichthum doch einfach in ihren Profilen; die Bronzethür selbst mag zwar noch antik, doch aus beträchtlich späterer Zeit sein.

Am Hauptgebäude scheint aussen eine ehemalige Bekleidung von Stucco zu fehlen. Diesem Umstande verdanken wir den Anblick des vortrefflichen Ziegelwerkes, dergleichen beim Abfallen des Putzes von neuern Gebäuden wohl selten zum Vorschein kommen wird. Ob die Consolen, welche die Absätze der Stockwerke bezeichnen, die ursprünglichen sind, wissen wir nicht anzugeben.

Im Innern überwältigt vor Allem die Einheit und Schönheit des Oberlichtes, welches den riesigen Rundbau mit seinen Strahlen und Reflexen so wunderbar anfüllt. Die Gleichheit von Höhe und Durch-

---

Ostseite, welche er in seinem und seiner Zeit bombastischem Geschmack restaurirte, statt sich nach den so nahe liegenden Mustern zu richten.

[1]) Ob Kranzgesimse und Giebel noch von Agrippa's Bau herstammen, bleibt dahingestellt; sicher ursprünglich ist nur der Architrav.

[2]) Die prachtvollsten Thüreinfassungen des Alterthums haben wir nicht mehr oder nur in Bruchstücken. Ein solches, mit den schönsten Akanthusranken, welche in Schoten auslaufen, mit
* pickenden Vögeln u. s. w. findet sich in den Uffizien (äussere Vorhalle). Viel bescheidener, obwohl noch immer von grossem Reichthum, ist die vollständig erhaltene Thüreinfassung vom
** Porticus der Eumachia zu Pompeji (jetzt im Museum von Neapel als Eingang der Halle des Jupiter verwendet).

messer, gewiss an sich kein durchgehendes Gesetz der Kunst[1]), wirkt doch hier als geheimnissvoller Reiz mit. — Im Einzelnen aber möchte die Gliederung der Wand durch abwechselnd halbrunde und viereckige Nischen fast das einzige sein, was von Agrippa's Bau noch übrig ist. Die Säulen und Pilaster dieser Nischen tragen zwar Capitäle von grosser Schönheit, doch nicht mehr von so vollendet reiner Bildung wie die der Vorhalle; auch die allzureiche, neunfache Cannelirung der Pilaster deutet wohl auf eine jener Restaurationen, deren von Domitian bis auf Caracalla mehrere erwähnt werden. Die beiden Gesimse, das obere und das untere, haben ihrer Einfachheit wegen noch eher Anspruch auf die Zeit Agrippa's, obwohl der Porphyrfries Einiges zu denken giebt. Entschieden spät, vielleicht aus der Zeit des Septimius Severus, sind die Säulen und Giebel der Altäre, wenn auch schon ursprünglich ähnliche an ihrer Stelle standen, als entsprechender Contrast zu den Nischen, wie es der römische Bausinn verlangte. Aus welcher Zeit die Bekleidung der untern Wandflächen mit Streifen und Rundflächen verschiedenfarbiger Steine herrühren mag, lässt sich schwer entscheiden; man hat sie z. B. in der Madeleine zu Paris etwas zu vertrauensvoll nachgeahmt. Die jetzige Bekleidung der Wandfläche des obern Stockes ist notorisch erst aus dem vorigen Jahrhundert; die ältern Abbildungen zeigen dort eine Pilasterreihe, als natürliche und wohlthuende Fortsetzung des Organismus im untern Stockwerk[2]). Endlich sind die Cassetten ihres jedenfalls prächtigen Metallschmuckes beraubt, doch auch noch in ihrer jetzigen Leere und Farblosigkeit von grosser Wirkung. Die Verschiebung ihrer Tiefe nach oben zu erscheint ursprünglich. Wer füllt aber das flache Rund, welches das Fenster umgiebt, mit den wahren alten Formen aus? Hier war für die ernste, monumentale Decoration der Anlass zur meisterlichsten Schöpfung gegeben. — Zum Beschluss machen wir noch auf eine Disharmonie aufmerksam, welche schon dem Baumeister Agrippa's zur Last fällt. Die Thürnische und, ihr gegenüber, die Altarnische mit ihren runden Wölbungen schneiden in das ganze Rund auf eine üble

---

[1]) Und an gothischen Kathedralen, wo sie vorkömmt, ohne Zweifel nur Sache des Zufalls.

[2]) Wo und wie die Karyatiden angebracht waren, von welchen die vaticanische (im Braccio nuovo) eine sein soll, ist gänzlich unbekannt.

Weise ein; es entsteht eine doppelt bedingte Curve, die das Auge nicht erträgt, sobald es sie bemerkt hat.

Nachbildungen des Pantheon können nicht gefehlt haben, und vielleicht wussten die römischen Nachahmer besser als Bianchi, der S. Francesco di Paola zu Neapel stückweise nach diesem Muster baute, auf was es im Wesentlichen ankam, nämlich auf die Einheit des Lichtes.

a Der runde Vorbau von SS. Cosma e Damiano am Forum ist ein antiker Tempel (wahrscheinlich der Penaten) mit ehemals reinem Oberlicht, aber kaum mehr kenntlich durch hohe Auffüllung im Innern (welche wahrscheinlich das scharfe Echo in der Mitte hervorgebracht hat) und durch eine im Mittelalter aus antiken Fragmenten an willkürlicher Stelle eingesetzte Thür. Von Thermenräumen u. dgl. mit Oberlicht wird weiter die Rede sein.

Der Ansatz der geradlinigen Vorhalle an den Rundbau ist an sich betrachtet immer disharmonisch, und das Pantheon dürfte nicht als entschuldigendes Beispiel gelten, weil die Vorhalle erst ein späterer Gedanke, ein Pentimento ist, weil zwischen dem Rundbau und ihr die Bestimmung des Gebäudes verändert wurde. Wir werden sehen, wie bei spätern Gebäuden dieser Gegensatz aufgelöst und versöhnt wurde.

Die überwiegende Mehrzahl der römischen Tempel ist oder war, wie bemerkt, von der länglich viereckigen Art. An den vorhandenen Fragmenten soll hier nur das künstlerisch Bemerkenswerthe hervorgehoben werden.

b Weit der edelste Bau dieser Art ist der Tempel des Mars Ultor, welchen Augustus nach dem Siege über Antonius an der Rückwand seines Forums errichtete. Seine Mauern waren nicht aus Ziegeln, sondern aus mächtigen Travertinblöcken construirt mit einer Marmorbekleidung, von welcher noch der Sockel und einige der weitern Schichten erhalten sind. Die drei erhaltenen Säulen bestehen glücklicher Weise nicht aus Granit, sondern aus Marmor und sind von mustergültiger Cannelirung, ihre Capitäle trotz aller Entblätterung noch von überraschender Schönheit. Vom Gebälk ist nur der Architrav erhalten, der schönste aller römischen Bauten, an der Untenseite mit Recht unverziert. Unvergleichlich in ihrer Art ist die Innensicht der Decke des Porticus; die Querbalken mit einfacher Mäanderverzierung, die Cassetten dagegen mit reichprofilirter Vertiefung, aus welcher mächtige Rosetten niederschauen.

Es folgen die drei Säulen am Forum, früher als Tempel a
des Jupiter Stator, jetzt bis auf Weiteres als Tempel der Minerva benannt[1]). Die Capitäle sind noch immer schön, doch nicht mehr von dem Lebensgefühl durchdrungen wie die oben erwähnten; der Architrav hat schon eine stark verzierte Untenseite und im mittlern seiner drei Bänder eine Blätterreihe. Die obern Theile des Gebälkes dagegen verdienen ihren Ruf vollständig.

Zu rein für die Zeit des Restaurators Septimius Severus und zu unrein für das Jahr der ursprünglichen Erbauung (12 v. Ch.) sind die drei Säulen am Abhang des Capitols gebildet, welche die b
Ecke des Saturnstempels ausmachten. (Früher als Jupiter tonans benannt.) Die Capitäle sind noch sehr schön, haben aber bereits eine Blätterverzierung an der Deckplatte, deren Function nur ein einfaches Profil verlangt und erträgt. An der Vorderseite ist, wie bei mehrern Kaiserbauten, der Organismus des Gebälkes einer grossen Inschrift aufgeopfert, mit welcher moderne Baumeister Ähnliches zu rechtfertigen glaubten. — Zwischen den Säulen sind, der steilen Lage wegen, Stufen angebracht, die den Anschein eines Piedestals hervorbringen.

Schon eine beträchtliche Stufe niedriger steht der Tempel der Schwester Trajan's, Marciana, die jetzige römische Dogana di terra[2]); c
der Architrav ist bloss zweitheilig, der Fries convex, das Zwischenglied zwischen beiden sehr schwer, die Untenseite des Architravs mit nichtssagenden Ornamenten bedeckt. (Das Obergesimse scheint dermassen modern überarbeitet, dass wir kein Urtheil darüber haben. Die Ansicht von der Seite, den eilf Säulen entlang, ist belehrend für die

---

[1]) Die allerneuste Benennung: T. des Castor und Pollux.

[2]) Früher hiess das Gebäude: Tempel des Antoninus Pius, und wäre demnach etwa unter Marc Aurel erbaut gewesen. Ich kenne die archäologischen Gründe für die jetzige Benennung nicht, glaube aber, dass die frühere besser zum Styl des Gebäudes passte. Für Trajan's Zeit sind die Formen wohl schon zu flau und ausgeartet. Vielleicht wurde der Tempel wohl zur Ehre Marciana's, aber erst lange nach ihrem Tode gebaut.

Anschwellung und Ausbauchung römischer Ordnungen. Der Unterbau muss sehr hoch gewesen sein, da er noch jetzt aus dem Boden ragt.)

a Von dem Wunderwerk Hadrian's, dem Tempel der Venus und Roma, sind nur Stücke der beiden mit dem Rücken aneinander gelehnten Cellen erhalten, nebst einem Theil der ungeheuern Unterbauten und Treppenrampen und einer Anzahl von Säulenfragmenten. Man frägt sich nur, wo der Rest hingekommen? Was wurde aus der 500 Fuss langen und 300 Fuss breiten Halle von Granitsäulen, welche den Tempelhof umgab? was aus den 56 cannelirten Säulen von griechischem Marmor (jede sechs Fuss dick), welche, zehn vorn und zwanzig auf jeder Seite (die Ecksäulen beidemale gerechnet), das Tempeldach trugen, wozu noch acht innerhalb der vordern und der hintern Vorhalle kamen? wie konnte das Gebälk bis auf ein einziges, jetzt auf der Seite gegen das Colosseum eingemauertes Stück gänzlich verschwinden? — Wenn irgendwo, so äussert sich hier die dämonische Zerstörungskraft des mittelalterlichen Roms, von welcher sich das jetzige Rom so wenig mehr einen Begriff machen kann, dass es beharrlich die nordischen „Barbaren" ob all der gräulichen Verwüstungen anklagt. Wenn auch die $5^1/_2$ Fuss dicke Marmormauer (denn hier waren es keine blossen Platten), welche die Ziegelmauer umgab, wenn die porphyrne Säulenstellung im Innern der beiden Cellen mit sammt dem Schmuck aller Nischen und der Bodenbekleidung geraubt wurde, so ist dies noch eher zu begreifen, weil es eine leichtere Aufgabe war. — Hadrian hatte bekanntlich den Tempel selber componirt und dabei auf einen höhern Totaleffekt des so wunderlich in zwei Hälften getheilten Innern aus irgendwelchen Gründen verzichtet. Wenn aber der Tempel selbst 333 Fuss lang und 160 Fuss breit war, so blieb, bei der oben angegebenen Ausdehnung der Halle des Tempelhofes, auch für die Wirkung von aussen nur ein verhältnissmässig schmaler Raum übrig; der Beschauer konnte sich vorn oder hinten kaum 80 Fuss von einer Fassade entfernen, die vielleicht doppelt so hoch war (nämlich etwa so hoch als breit). Für den Anblick aus der Ferne war dies wohl gleichgültig, indem der Tempel mit seiner enormen Masse Alles überragte. — Welcher Ordnung seine Capitäle gewesen, ist unbekannt; der Wahrscheinlichkeit nach wird er hier bei den korinthischen aufgezählt. Die Halbkuppeln der beiden

Nischen haben nicht mehr quadratische, sondern rautenförmige Cassetten, welche mit denjenigen des Schiffes der Cella in offenbarer Disharmonie stehen, dennoch aber fortan kunstüblich wurden.

Der Tempel des Antoninus und der Faustina, ein Bau a
Marc Aurels, ist für diese Zeit ein sehr schönes Gebäude. Die Cipollinsäulen sind zwar, um den prachtvollen Stoff ungestört wirken zu lassen, uncannelirt geblieben, tragen aber Capitäle, die bei einer fast totalen Entblätterung noch eine einst ganz edle Form ahnen lassen. Der Architrav ist nur noch zweitheilig, an der Unterseite mässig (mit Mäandern) verziert; der Fries, soweit er erhalten ist, enthält treffliche Greife, Candelaber und Arabesken; das Obergesimse, statt der Consolen mit einer weit vorragenden Hohlrinne versehen, ist noch einfach grossartig gebildet (nur an den Seiten sichtbar). Der Kernbau bestand wie beim Tempel des rächenden Mars aus Quadern (hier von Peperin), welche mit Marmorplatten überzogen waren.

Von den Gebäuden dieser Gattung ausserhalb Roms gehört der
schöne Minerventempel von Assisi mit seiner vollständig erhaltenen b
sechssäuligen Fronte noch in die bessere Zeit der korinthischen Bauordnung; die Formen sind noch einfach und ziemlich rein, der Giebel niedrig. Auch hier sind zwischen den Säulen Stufen angebracht, welche den Säulen das Ansehen geben, als ständen sie auf Piedestalen. Und in der That hat man diesen Zwischenstücken der Basis ein besonderes kleines Gesimse gegeben, welches besagten Anschein noch erhöht. Allein an keinem einzigen Tempel haben die Säulen wirkliche Piedestale; diese entstehen erst, wo weit auseinanderstehende Säulen zur Decoration einer dazwischen liegenden Bauform, z. B. eines Bogens dienen müssen und doch, um anderweitiger Gründe willen, nur mässige Dimensionen haben dürfen, welchen man durch einen Untersatz nachzuhelfen genöthigt ist.

Ausser den genannten Tempeln wird man noch an vielen ältern Kirchen Italiens einzelne Säulen und Gebälkstücke von Tempelruinen in die jetzige Mauer aufgenommen finden, allein sehr selten an ihrer echten alten Stelle und kaum irgendwo so, dass sich auf den ersten Anblick der ehemalige Organismus und seine Verhältnisse errathen

a liessen. An S. Paolo in Neapel stehen von der Colonnade des Dioskurentempels, die noch im XVII. Jahrhundert fast vollständig zu sehen
b war, nur noch zwei korinthische Säulen. Den Dioskurentempel in Cora muss man aus zwei korinthischen Säulen mit einem Gebälk-
c stücke ergänzen. Der grosse Fortunentempel von Palestrina ist mit all seinem Terrassen- und Treppenwerk von einem Theil des jetzigen Städtchens völlig überbaut; ehemals vielleicht eine der präch-
d tigsten Anlagen der alten Welt. Der Dom von Terracina ist in die Trümmer eines korinthischen (?) Tempels, wahrscheinlich des Jupiter Anxur, hineingebaut, von welchem noch der Unterbau und zwei Halbsäulen (hinten) eine bedeutende Idee geben.

Vorzüglich durch die Anlage bedeutend ist der ebenfalls korinthi-
e sche Herculestempel zu Brescia; an einen Abhang gelehnt und desshalb mehr Breitbau als Tiefbau, ragt er mit seinen drei Cellen auf hohen Substructionen; der Porticus tritt in der Mitte um zwei Säulen vor, und an diesen Vorbau setzt dann die breite Treppe an. Von den Säulen und den Mauern der (jetzt innen zum Museum benützten) Cellen ist so viel erhalten, dass das Auge mit dem grössten Vergnügen sich den ehemaligen, hochmalerischen Anblick des Ganzen vergegenwärtigen kann.

Von den Tempeln in Pompeji erhebt sich, seit dem Verschwinden des altdorischen Heraklestempels, keiner über ein bescheidenes Maass; ihre Säulen, meist aus Ziegeln mit Stuccoüberzug, sind in so beschädigtem Zustand auf unsere Zeit gekommen, dass bei mehreren
f selbst die Ordnung zweifelhaft bleibt, der sie angehörten. Der Jupitertempel auf dem Forum hat noch Reste seiner korinthischen Vorhalle (ausser der schon erwähnten ionischen Ordnung im Innern); allein das Material gestattete nicht diejenige freie und lebendige Durchbildung, welche das korinthische Capitäl, das Lieblingskind des weissen Marmors, verlangt. Pompeji liefert hier, wie in mancher andern Beziehung, wichtige Aufschlüsse darüber, wie die Alten auch mit geringen Mitteln einen erfreulichen Anblick hervorzubringen wussten. Allerdings muss das Auge hier (wider Erwarten) gar Vieles restauriren, indem die vielleicht meistentheils hölzernen Gebälke verschwunden und die

Säulen halb oder ganz zertrümmert sind; allein schon der Gedanke an
das ehemalige Zusammenwirken der Tempel und ihrer Höfe mit Hallen
und Wandnischen ergiebt einen grossen künstlerischen Genuss. (Tem- a
pel der Venus, des Mercur oder Romulus, der Isis.) Man kann sich b
genau überzeugen, aus welcher Entfernung der Baumeister seinen Tempel betrachtet wissen wollte, und wie wenig ihm der perspectivische Reiz, der sich ja hier in so vielen Privathäusern auf einer andern Stufe wiederholt, etwas Gleichgültiges war. (Von dem hübschen
Fortunentempel, welcher ohne Hof an einer Strassenecke frei heraus- c
ragt, ist leider die Vorhalle ganz verschwunden.) Allerdings zeigt sich nur weniges von Stein und fast nichts von Marmor, aber das Ziegelwerk[1]) ist fast durchgängig trefflich und der dick darauf getragene Mörtel und Stucco von einer Art, welche den Neid aller jetzigen Techniker erregen mag. Die Formen zeigen wohl oft, wie z. B. am Isistempel, eine d
barocke Ausartung, doch mehr die untergeordneten als die wesentlichen. Was die Hallen der Tempelhöfe (und der zum Verkehr bestimmten Räume überhaupt) betrifft, so vergesse man nicht, dass hier das Bedürfniss weitere Zwischenräume zwischen den Säulen verlangte als man an der Säulenhalle des Tempels selbst gut heissen würde, und dass hier wahrscheinlich schon die Griechen selbst mit dem vernünftigen Beispiel vorangegangen waren. Sich zum Sklaven einmal geheiligter Bauverhältnisse zu machen, sieht ihnen am allerwenigsten ähnlich.

Von Rundtempeln mit umgebender korinthischer Säulenhalle sind uns durch eine Gunst des Geschickes zwei verhältnissmässig gut erhaltene übrig geblieben, in welchen diese überaus reizende Bauform noch ihren ganzen Zauber ausspricht. Aus guter, vielleicht hadrianischer Zeit stammt der Vestatempel zu Tivoli, welcher nicht e
nur die meisten seiner cannelirten Säulen, sondern auch die schöne Decke des Umganges mit ihren Cassetten und das Meiste des Gebälkes sammt

---

[1]) Das so hübsch aussehende „Opus reticulatum", welches hier und an andern Römerbauten überall vorkömmt — schräg über einander liegende quadratische Backsteinenden —, war nicht bestimmt gesehen zu werden, sondern den Mörtel zu tragen.

a dem verzierten Fries noch aufweist. Am sog. Tempel der Vesta
(nach jetziger Ansicht der Cybele) zu Rom fehlt sogar von den
schlanken, dicht gestellten zwanzig Säulen nur eine, aber dafür das
ganze Gebälk; von der vierstufigen Basis sind wenigstens noch Stücke
sichtbar. Nach den Capitälen zu urtheilen, gehört das Gebäude etwa
in das III. Jahrhundert; der Kelch greift mit seinem Rande nicht mehr
über den Rand der ziemlich dick gebildeten Deckplatte, und die Ausführung
der Blätter hat schon etwas leblos Decoratives. Die Seitenfenster
erklären sich vielleicht durch die Kleinheit beider Gebäude,
in welchen unter einer Kuppelöffnung kein Gegenstand vor dem
Wetter sicher gewesen wäre; doch bleiben sie immer auffallend.
b Von dem runden Serapistempel zu Pozzuoli mit seiner vierseitigen
Hofhalle stehen nur noch die berüchtigten drei Säulen, über
deren von Seeschnecken ausgefressenen obern Theil sich die neapolitanische
Gelehrsamkeit noch immer den Kopf zerbricht. (Das Seewasser
zwischen dem Tempel und der Halle, welches den malerischen
Effekt so sehr erhöht, ist erst in neuerer Zeit eingedrungen.)

Ganz kleine Rundtempel fielen wohl eher der zierlichen ionischen
als der korinthischen Ordnung zu, deren Capitäl eine gewisse Grösse
verlangt, wenn sein inneres Gesetz sich klar aussprechen soll[1]). So
c scheint das Tempelchen im Klosterhof von S. Niccolò a' Cesarini
d zu Rom (vier Säulenstücke) und das sog. Puteal beim Heraklestempel
zu Pompeji (acht untere Enden) ionischer Ordnung gewesen
zu sein. Moderne Nachahmungen wie die beiden Rundtempelchen ohne
e Cella in der Villa Borghese geben nur einen sehr bedingten Begriff
von der Anmuth antiker Ziergebäude dieser Art, auch wenn sie (wie
die genannten) aus antiken Bruchstücken zusammengesetzt sind.

Tempel von Composita-Ordnung wüssten wir keine zu nennen,
wie denn diese Ordnung überhaupt mehr die der Triumphbogen und

---

[1]) Indess hatte sich aus guter griechischer Zeit ein einfacheres korinthisches Capitäl erhalten, welches für solche kleinere Aufgaben sehr wohl passte. Es hat bloss vier Blätter, welche gleich
* die Eckvoluten tragen; zwischen ihnen unten Eier, oben am Kelche Palmetten. In S. Niccolò in Carcere zu Rom haben sich von einem der Tempel, welche in diese Kirche verbaut sind, noch fünf Säulen mit solchen Capitälen gerettet. Der noch sehr guten Detailbildung gemäss möchten sie dem II. Jahrhundert angehören.

Paläste scheint gewesen zu sein. (Eine Anzahl Composita-Capitäle a in der Kirche Ara Celi zu Rom.)

Weit die grösste Anzahl erhaltener antiker Säulen, wohl in der Regel von Tempeln, findet man in den christlichen Basiliken Italiens, wo sie Mittelschiff und Vorhalle tragen, auch wohl auf alle Weise eingemauert stehen. Beim Sieg des Christenthums waren gewiss die heidnischen Tempel überall die ersten Gebäude, welche ihren Schmuck für die Kirchen hergeben mussten. Die ältern Basiliken, aus dem ersten christlichen Jahrtausend, da die Auswahl noch grösser war, ruhen in der Regel auf den ehemaligen Aussensäulen von *einem* antiken Gebäude, welche sich desshalb gleich sind und identische Capitäle haben. (Glänzendes Beispiel: S. *Sabina* auf dem Aventin.) Später war man b schon genöthigt, Säulen von verschiedener Ordnung und Grösse von verschiedenen Gebäuden zusammen zu lesen, die einen zu kürzen, die andern durch Untersätze zu verlängern und mit barbarisch nachgeahmten Capitälen nachzuhelfen. — So wurden wohl die Tempel zu Kirchen umgewandelt, aber in einem ganz andern Sinne, als man sich es wohl vorstellt. — Wir zählen diese Bauten nicht hier auf, weil ihr wesentliches Interesse eine andere Stelle in Anspruch nimmt und weil die Detailbildung, namentlich an den korinthischen Säulen der Basiliken ausserhalb Roms, selten oder nirgends so vollkommen rein und schön ist, dass sie schon hier als klassisch erwähnt zu werden verdiente.

So gross nun der Verbrauch von Tempelsäulen für die Kirchen sein mochte, so weit man herkam, um in Rom Säulen zu holen[1]), so ist doch das gänzliche Verschwinden vieler Tausende derselben immer noch eine unerklärte Thatsache. Rechne man hinzu die verlornen Gebälke, deren einzelne Theile doch, vom Architrav bis zum Kranzgesimse, also oft in einem Durchmesser bis zu sechs Fuss, aus Einem Stück gearbeitet wurden und sich, wenn sie noch da wären, bemerklich machen müssten. Neben den zwei Riesenfragmenten vom *Son*-

---

[1]) Bekanntlich geschah dies z. B. durch Carl den Grossen. — Noch im XII. Jahrhundert hing es an einem Haar, dass nicht für den Neubau von S. Denys bei Paris die Säulen fertig von Rom bezogen wurden.

a nentempel Aurelians (im Garten des Palazzo Colonna zu Rom) frägt man sich unwillkürlich, wo der Rest hingekommen. Vieles mag allerdings noch unter der jetzigen Bodenfläche übereinandergestürzt liegen, sonst aber darf man etwa vermuthen, dass das mittelalterliche Rom seine Kalköfen mit dem antiken Marmor gespeist habe.

An die Tempel schliessen sich von selbst die Grabmäler an, welche ja in gewissem Sinne wahre Heiligthümer der Manen waren. Wir übergehen die altitalischen mit ihrer jetzt meist sehr formlosen Kegelgestalt[1]) oder ihren Felsgrotten und Gewölben, um uns den Werken einer durchgebildeten, frei schaltenden Kunst zuzuwenden.

Diese behielt zunächst, für die Gräber der Grossen dieser Erde, die runde Gestalt bei und gab ihr den Charakter eines mächtigen Baues mit
b griechischen Formen. So ist das Grab der Cäcilia Metella an der Via Appia vor Rom ein derber Rundbau auf viereckigem Untersatz, mit dem bekannten schönen Fries von Fruchtschnüren und Stierschädeln, innen mit einem konischen Gewölbe. Aehnlich (?) das des Mu-
c natius Plancus zu Gaeta. — Noch viel herrlicher aber waren die Grabmäler ausgestattet, welche Augustus und Hadrian für sich und ihre Familien bauten. Freilich verräth deren jetzige Gestalt — der
d sog. Correo und die Engelsburg — nicht mehr viel von der ehemaligen terrassenweisen Abstufung mit rund herum gehenden Säulen-
e hallen und Baumreihen bis zur Kuppel empor. (Das runde Mausoleum der Kaiserin Helena, jetzt Tor Pignattara vor Porta maggiore, lohnt in seinem jetzigen Zustande den Besuch nur noch für den
f Forscher. Ein grosses rundes Denkmal nebst einem andern, thurmartigen, steht zu Conochia, zwischen Alt-Capua und Caserta.)

Eine jetzt vereinzelt stehende Grabform (die aber früher noch in
g Rom ihres Gleichen hatte) ist die Pyramide des Cajus Cestius, bei Porta S. Paolo; die Grille eines reichen Mannes, vielleicht angeregt durch Eindrücke des damals neu eroberten Aegyptens. Wie die colossale Bildsäule des Verstorbenen und die noch jetzt in Resten vor-

---

* 1) An dem sog. Grabmal der Horatier und Curiatier vor Albano ist die Bekleidung des Untersatzes und der fünf Kegel fast ganz modern.

handende Säulenstellung mit der so unzugänglichen Pyramidalform in einige Harmonie gebracht war, lässt sich schwer errathen.

Sonst war für reichere Privatgräber die viereckige Capelle mit einer Halle von vier Säulen, oder zwei Pfeilern und zwei Säulen, auch bloss mit Pilastern, oft auf hohem Untersatz, der beliebteste Typus. Das Innere bestand entweder bloss aus einer kleinen untern Grabkammer mit Nischen, oder auch noch aus einem obern gewölbten Raum. Dieser Art sind sehr viele von den Gräbern an der Via Appia wenigstens gewesen, denn die Zerstörung hat an keinem einzigen die
Steinbekleidung verschont, so wenig als an den sog. Gräbern des Asca- a
nius und des Pompejus bei Albano, an dem des Cicero bei Mola b
di Gaeta und an so vielen andern. Am besten ist es einzelnen grossentheils von Backsteinen errichteten Grabmälern ergangen, wie
z. B. demjenigen beim Tavolato vor Porta S. Giovanni, und dem c
fälschlich so benannten Tempel des Deus rediculus (am Wege d
zur Grotte der Egeria). Hier sind nicht bloss die Mauern, sondern auch die (allerdings unreinen) baulichen Details von einem Stoff gebildet, der nicht wie die verschwundenen Marmorvorhallen die Raubsucht reizte und vermöge höchst sorgfältiger Bereitung den Jahrtausenden trotzen kann. (Bezeichnend: die möglichste Dünnheit und daher gleichmässige Brennung des Backsteins; Zusammensetzung sogar der Zierrathen aus mehrern Platten.) — Ganz wohl erhalten ist nur der sog.
Bacchustempel, aus später Kaiserzeit (als Kirche: S. Urbano, e
über dem Thal der Egeria), welcher noch seine vollständige Fassade mit Säulen und Pilastern, sein Untergeschoss mit den Grabresten und sein Obergeschoss mit cassettirtem Tonnengewölbe besitzt, zugleich aber durch den schweren Aufsatz zwischen dem Gebälk und dem backsteinernen
Giebel Anstoss giebt. — (Eine Spielerei wie das Grab des f
Eurysaces an der Porta Maggiore zeigt nicht weniger als die Pyramide des Cestius, dass der Aberwitz im Gräberbau nicht ausschliesslich eine Sache neuerer Jahrhunderte ist.)

Alles erwogen, möchten diese Gräber in Capellenform das Beste gewesen sein, was sich in dieser Gattung schaffen liess. Sie sind Collectivgräber und enthalten, nach der schönen Sitte des Alterthums, die Nischen für die Aschenkrüge ganzer Familien, auch wohl ihrer Freigelassenen auf einem verhältnissmässig sehr kleinen Raum beia sammen. Auf dem neuen Camposanto bei Neapel und anderswo hat man dieses Motiv wieder aufgegriffen und sowohl Familiengrüfte als auch Grabcapellen für die Mitglieder der sog. Confraternitäten in Form von kleinen Tempeln errichtet. Trotz der meist sehr oberflächlich gehandhabten antiken Nachahmung ist jenes Camposanto jetzt der schönste Kirchhof der Welt, auch ganz abgesehen von seiner Lage. Andere Kirchhöfe, deren Werth in den prächtigsten Separatgräbern besteht, werden ihn in der Wirkung nie erreichen. Und wie viel grösser würde diese noch sein, wenn man die echten griechischen Bauformen angewandt und nicht ein abscheulich missverstandenes Gothisch neben die lahme Classicität hingesetzt hätte.

Ohne allen baulichen Schmuck erscheinen (wenigstens jetzt) einige sog. Columbarien, unterirdische Kammern mit bisweilen äusserst zahlreichen Nischen (bis auf 150) für die Aschenkrüge. So dasjenige
b für die Dienerschaft des augusteischen Hauses an der Via Appia (inner-
c halb Porta S. Sebastiano) und dasjenige in der Villa Pamfili. Ihre innere Verzierung besteht, z. B. beim letztern, in einem gemalten Fries, anderswo in Arabesken an der gewölbten Decke u. s. w.

d Endlich bietet uns die Gräberstrasse Pompeji's eine ganze Anzahl der verschiedensten Grabformen dar, Capellen, Altäre, halbrunde Steinsitze u. s. w. Die neuere Decoration, in ihrer Verlegenheit um würdige Gestaltung der letzten Ruhestätte, hat sich oft hieher an die Heiden gewandt, um sich Rathes zu erholen, und unsere nordischen Kirchhöfe sind damit nur noch bunter geworden. Die Alten werden uns aus der Grabmäleranarchie, in die wir aus innern Gründen unserer Bildung verfallen sind, nie heraushelfen, so lange wir ihnen nur den Zierrath und nicht das Wesentliche absehen, nämlich das Collectivgrab. Dieses ist freilich am ehesten bei der Leichenverbrennung mit mässigen Mitteln schön auszuführen, und unsere Sitte verlangt beharrlich die Beerdigung, ohne darauf zu achten, welches Schicksal später die Gebeine zu treffen pflegt, sobald ein Kirchhof einer andern Bestimmung anheimfällt, und wie viel sicherer die Aschenkrüge in einem verschlossenen kleinen Gewölbe geborgen sind. — Seit dem II. Jahrhundert kamen mit der Beerdigung die Sarcophage wieder in Gebrauch, welche theils im Freien, theils in unterirdischen Grüften, theils in Grabgebäuden wie die bisher üblichen gestanden haben mögen.

(Der Verfasser gesteht, keinen heidnischen Sarcophag an der ursprünglichen Stelle gesehen zu haben.) Römisch-christliche Mausoleen werden an einer andern Stelle besprochen werden.

Auf die Grabdenkmäler mögen die Ehrendenkmäler am schicklichsten folgen. Wir sehen einstweilen ab von den Ehrenstatuen, welche von hoher Basis herab die Plätze der Städte beherrschten (man vergleiche die Basen auf dem Forum von Pompeji, etc.), und beseitigen auch einige sehr entstellte Baulichkeiten: Das Denkmal des augusteischen Krieges gegen die Alpenvölker zu Turbia bei Monaco (jetzt bloss ein vierseitiger thurmartiger Mauerkern); die Trofei di Mario, d. h. die einst plastisch geschmückte dreitheilige Fronte eines Wassercastells der Aqua Julia in Rom (unweit hinter S. Maria maggiore), u. dgl. m. Von den Säulen des Trajan und des Marc Aurel wird bei Anlass der Sculptur weiter die Rede sein; hier sind sie zu erwähnen als sehr unglückliche Versuche, einer ungeheuern Masse bildlicher Darstellungen einen möglichst compendiösen Träger oder Raum zu verschaffen. Die Säule musste hiezu ihrer Bestimmung, welche das Tragen eines Gebälkes ist, entfremdet und mit spiralförmigen, also fast wagrechten Linien umgeben werden, die ihrem innern Sinn geradezu widersprechen; die so angebrachten Sculpturen aber geniesst auch das schärfste Auge nicht mehr. Doch muss man anerkennen, dass wenigstens das Capitäl sehr angemessen als blosser verzierter Säulenabschluss, als Echinus mit Eierstab, nicht als Überleitung der Tragekraft gebildet ist. (Die zwischen beiden Denkmälern zeitlich in der Mitte liegende Säule des Antoninus Pius bestand aus einem glatten Granitschaft, auf einem Marmorpiedestal mit Sculpturen, welches letztere allein noch erhalten ist. Die Säule des Phocas auf dem Forum wurde von einem Gebäude des II. Jahrhunderts geraubt, um im VII. Jahrhundert als Ehrendenkmal zu dienen; die Columna rostrata des Duilius aber, in der untern Halle des Conservatorenpalastes auf dem Capitol, wurde im XVI. Jahrhundert der alten Inschrift zu Liebe aus der Phantasie hinzugeschaffen.)

Auch von den **O b e l i s k e n** muss hier die Rede sein, obschon sie im alten Rom nicht zu abgesonderten Denkmälern dienten, wofür sie sich auch sehr wenig eignen, sondern vielmehr zum bedeutungsvollen Schmuck von Gebäuden. Sie hielten Wache am Eingange des Mausoleums des Augustus; sie standen auf der Mitte der Mauer (Spina), welche die Cirken der Länge nach theilte; einer warf auch, gewiss von angemessenem baulichem Schmuck umgeben, als Sonnenzeiger seinen Schatten auf das Marsfeld. Wahrscheinlich gaben ihnen schon die Römer senkrechte Piedestale zur Unterlage, während ihre höchste formale Wirkung im alten Ägypten gewiss darauf beruhte, dass sie erstens ganz aus Einem Steine bestanden und zweitens mit ihren schiefen Seitenflächen bis auf die Erde reichten. Das Wesentliche aber war, in Rom wie im alten Ägypten, die Aufstellung im Zusammenhang mit einem monumentalen Bau. Neuere wundern sich bisweilen mit Unrecht, wenn ein aus Hunderten von Steinen zusammengesetzter Obelisk, einsam in die Mitte eines grossen viereckigen Platzes einer modernen Hauptstadt hingestellt, trotz aller Höhe und trotz allen Ornamenten nur als reinster Ausdruck der langen Weile wirkt[1]).

Weit die wichtigsten Kaiserdenkmäler, mit Ausnahme jener beiden Spiralsäulen, sind die **T r i u m p h b o g e n**, eine echt italische, und zwar etruskische Form des Prachtbaues, welche uns zugleich den Sinn römischer Decoration deutlicher offenbart als die meisten sonstigen Ueberreste. — Das einfache oder dreifache Thor erhielt eine Bekleidung architektonischer und plastischer Art, die allerdings nicht aus

---

[1]) Bei diesem Anlass darf man fragen: wer hat die Obelisken umgestürzt und bloss den von • S. Peter auf seiner Spina (in der Nähe der jetzigen Stelle) stehen lassen? Erdbeben oder Fanatiker waren es nicht, denn diese hätten auch gar vieles andere umstürzen müssen, das noch aufrecht steht. Ich rathe unmassgeblich auf mächtige Schatzgräber in den dunkelsten Zeiten des Mittelalters (etwa im X. Jahrhundert) und erinnere an die fast durchweg arg zerstörten und desshalb abgesägten untersten Theile, wo man den Obelisken mit Feuer und allen möglichen Instrumenten zugesetzt haben mag. Den von S. Peter schützte dann wahrscheinlich die Nachbarschaft des Heiligthumes, oder die mehrmalige Enttäuschung.

dem Innern kommt, sondern wie eine glänzende Hülle herumliegt, in dieser Gestalt aber die Kunst doch immer beherrschen wird.

Die Provinzen enthalten fast lauter einfachere Bauten dieser Art, welche zugleich der Zeit nach zu den frühesten gehören. So die Bogen des Augustus in Aosta, Susa, Fano und Rimini, mit zwei a
korinthischen Säulen oder Halbsäulen und einem Gesimse nebst Giebel oder flachem Aufsatz (Attica). Sehr edel, schlank und einfach der marmorne Bogen Trajan's am Hafen von Ancona, einzelner b
(bronzener?) Zierrathen beraubt, ohne Zweifel auch der Bildwerke, mit welchen man sich das Dach jedes Triumphbogens bekrönt denken muss.

In Rom beginnt die Reihe (abgesehen von dem sehr entstellten c
und wahrscheinlich späten Drususbogen) mit dem berühmten Denkmal des Titus, welches unter Pius VII bescheiden und zweck- d
mässig restaurirt wurde. An dem echten mittlern Stück sind, in richtiger Würdigung der Kleinheit des Ganzen, blosse Halbsäulen (von Composita-Ordnung) angebracht, welche unten keines besondern Piedestals, sondern nur des durchgehenden Sockels bedurften. Die Einfassung des Bogens selbst, wie gewöhnlich mit der Gliederung eines Architraves, ist hier einfach und edel, der Schlussstein als eine prächtige Console gestaltet. Im Innern des Bogens sind die Cassetten von der schönsten Art, ebenso aussen das Hauptgesimse mit dem figurenreichen Fries. (Über die Sculpturen dieses und der folgenden Monumente siehe unten.) Die Flächen neben und seitwärts über dem Bogen selbst waren nicht mit Reliefs geschmückt, wie an dem sonst ähnlich angelegten Trajans-Bogen von Benevent, sondern glatt und mit e
zwei Fensternischen versehen, wie alte Fragmente beweisen; die Mitte der Attica nimmt die Inschrift ein, die noch jetzt an der Seite gegen das Colosseum echt erhalten ist. (An der andern Seite war sie einst identisch wiederholt.) Zur Vollendung des Eindruckes gehört unbedingt noch der eherne Wagen des Imperators mit der Victoria und dem Viergespann oben auf dem Dache.

Den reichern, dreithorigen Typus vertritt zunächst der Bogen des f
Septimius Severus. Hier haben wir zwar nicht das älteste Beispiel, aber zufällig den ersten Anlass zur nähern Erwähnung für eine den Römern eigene Bauform, die vortretenden Säulen auf Piedestalen, welchen oben ein ebenfalls vortretendes (vorgekröpftes) Gebälkstück ent-

spricht; auf diesem letztern fand sich die wirkungsreichste Stelle für ein decoratives Standbild. Der überaus reiche und prächtige Effekt solcher Säulen, wenn man sich eine ganze Reihe derselben an einer Mauer fortlaufend denkt, lässt es wohl vergessen, dass der Zierrath ein rein willkürlicher ist und mit dem innern Organismus des Gebäudes nichts zu schaffen hat; es ist die dem Auge angenehmste Belebung der Wand mit schönen, reichschattigen Einzelformen, die sich ersinnen lässt. Sie entstand, wie oben (Seite 23) bemerkt, sobald weite Intervalle mit Säulen decorirt werden mussten. Die vortretende Säule selbst erhielt hinter sich, bisweilen auch zu beiden Seiten, einen oder drei analog gebildete Pilaster zur Begleitung, welche die Wand angenehm unterbrechen. — Am Severusbogen sind allerdings die Details mit ermüdendem Reichthum und schon etwas lahm gebildet; auch stört die Inschrift, welche prahlerisch die ganze Breite der Attica einnimmt. Ehemals mochten die Statuen gefangener Partherkönige auf den Gesimsen der vier vortretenden Säulen die Eintönigkeit einigermassen aufheben.

Das Ehrenthor, welches die G o l d s c h m i e d e in Rom demselben
a Kaiser und seinem Hause errichteten, ist ein Beleg dafür, wie unbedenklich und beliebig die Baukunst zu Anfang des III. Jahrhunderts mit ihren Formen wenigstens im Kleinen umging, indem sie dieselben mit Zierrathen aller Art anfüllte. Die Renaissance berief sich in der Folge
b auf dergleichen. — Der B o g e n d e s G a l l i e n u s ist im Gegensatze hiezu fast nüchtern einfach, kommt aber als Bau eines Privatmannes hier kaum in Betracht.

c Es folgt der Bogen C o n s t a n t i n s d. Gr., bekanntlich plastisch ausgestattet mit dem Raub von einem bei diesem Anlass zerstörten Bogen Trajan's, der vielleicht, doch gewiss nicht durchgängig, auch als bauliches Vorbild diente und wohl auch manche einzelne Baustücke hergab. Wenigstens contrastirt z. B. die Roheit des Obergesimses der Piedestale, das derbe Sichvorschieben des Architravs u. dgl. stark mit andern, viel bessern Details, z. B. mit den hier noch korinthischen Capitälen. Über den vortretenden Gesimsen derselben finden sich noch die Statuen an ihrem ursprünglichen Platze, unseres Wissens das einzige erhaltene Beispiel. Es wäre interessant, zu ermitteln, ob die runden Reliefs am untergegangenen Trajansbogen dieselbe Stelle einnahmen wie hier. — Im Mittelthor an den Pfosten bemerkt man Nietlöcher für bronzene Trophäen.

Der räthselhafte Janusbogen, als ein Obdach für die Kaufleute a
des damaligen Forum boarium betrachtet, giebt sich seiner mächtigen Construction zufolge eher als das Erdgeschoss eines Thurmes kund, welcher aus irgend einem wichtigen Grunde gerade hier stehen und doch den Verkehr nicht stören sollte. Seine äussere Bekleidung mit Reihen theils tiefer theils flacher Nischen mit halbrundem Abschluss ist eine kindisch müssige, die Formation aller Gesimse eine ganz lahme und leblose, für welche auch die späteste Kaiserzeit kaum schlecht genug ist. Um die fehlende Bekleidung mit vortretenden Säulchen und Giebelchen möchte es kaum Schade sein.

Die Thore der Römer, sämmtlich rundbogig, sind hier nur in so weit zu erwähnen, als sich in ihnen eine entschiedene künstlerische Absicht ausdrückt; das gewöhnliche Thor, als Glied der Stadtmauer, gehört in das Gebiet der Alterthumskunde. Doch muss schon hier bemerkt werden, dass, wo es irgend anging, ein Doppelthor für die Kommenden und für die Gehenden errichtet wurde.

Sehr alterthümlich, obschon erst aus der Zeit des Augustus, ist die
Decoration der Porta Augusta in Perugia, ionische Pilaster b
an der Attica und Schilde dazwischen. Die Porta Marzia, deren c
Bogen man in die Mauer des Castells derselben Stadt eingelassen sieht, könnte trotz ihres kindlichen und desshalb für altetruskisch geltenden Aussehens gar wohl ein Bau der spätesten Kaiserzeit sein.

Von den Thoren Roms haben nur sehr wenige, und diese nur den über sie gehenden Wasserleitungen zu Liebe den Umbauten des fünften und der folgenden Jahrhunderte entgehen können. Von höherm
monumentalem Werthe ist bloss die Porta maggiore, ein (noch d
jetzt hohes) Doppelthor mit drei Fensternischen nebst Giebeln und Halbsäulen innen und aussen[1]); der Oberbau besteht aus den Wänden der Aquäducte mit den Inschriften.

[1]) Diese Säulenstellungen neben und zwischen den Thoren sind wohl nicht aus der Zeit des Claudius, sondern aus dem III. Jahrhundert, wie die Capitäle und Profile beweisen; — sie sind ferner nicht

3*

a Die antiken Thore von Spoleto sind einfache Bogen, diejenigen
b von Spello nicht viel mehr. Ein Doppelthor, mit einer von reichver-
c zierten Fenstern und Nischen durchbrochenen Obermauer, die Porta de' Borsari in Verona, aus der Zeit des Gallienus, ist sowohl in der Anlage als in der Decoration ein Hauptzeugniss für die spielende Ausartung, welche sich im III. Jahrhundert der Baukunst bemächtigt
d hatte. Der Arco de' Leoni, die erhaltene Hälfte eines Doppelthores, ebenfalls aus gesunkener Zeit, ist doch nicht ganz in dem kleinlichen Geist der Porta de' Borsari erfunden; die obere Nische, für deren Einfassung hier die reichste Form, die spiralförmig cannelirte Säule, aufgespart ist, konnte mit einer plastischen Gruppe versehen eine ganz gute abschliessende Wirkung machen. — Ein drittes veronesisches Denkmal,
e der Arco de' Gavi, in der Nähe des Castel vecchio, wurde 1805 zerstört. Nachbildungen desselben erkennt man in verschiedenen Altären der Renaissance-Zeit, welche dieses Gebäude sehr schätzte; dahin
f gehört z. B. der Altar der Alighieri im rechten Querschiff von S. Fermo, von einem Abkömmling Dante's, welcher selbst Baumeister war; und
g der vierte Altar rechts in S. Anastasia.

Das Bild des römischen Thorbaues in seiner imposantesten Gestalt vervollständigt sich erst aus einer sehr späten Nachahmung, etwa

---

geflissentlich theilweise roh gelassen, sondern unvollendet; wären sie aus dem ersten Jahrhundert, so hätte man auch Zeit und Kraft gefunden, sie auszumeisseln; wären sie absichtlich so gelassen, so wäre dies consequenter und nicht so ungleich und principlos geschehen. Die Architekten des XVI. und XVII. Jahrhunderts, welche mit Berufung auf dieses Denkmal ihre sog. Rustica-Säulen schufen, haben sich doch wohl gehütet, die Säulen der Porta maggiore so nachzuahmen, wie sie wirklich sind.

* Ebenso wird man sich beim Amphitheater von Verona leicht überzeugen können, dass die rohen Theile an dem vorhandenen Bruchstück der äussern Schale eben nur einstweilen roh gelassen worden waren. Die Steinschichten sind schon zu ungleich, um mit ihren rohen Flächen absichtlich als echte Rustica zu wirken; denn diese verlangt die Gleichmässigkeit schon als Vorbedingung der Festigkeit, welche symbolisch ausgedrückt werden soll. Gleichwohl mussten hier die unfertigen Pilaster mit fertigen Capitälen als Vorbild der Rusticapilaster dienen, wie die Säulen an Porta maggiore als Vorbild der Rusticasäulen.

Es soll damit nicht geläugnet werden, dass für ungegliederte Flächen auch die Römer bisweilen absichtlich die Quader in rohgemeisseltem Zustande lassen mochten, und dass ihnen die specielle Wirkung, die dabei zum Vorschein kam, nicht ganz entging.

des VI. Jahrhunderts, nämlich der Porta Nigra zu Trier. Nur hier sieht man, welcher Ausbildung der Doppeldurchgang, zum breiten Bau mit zwei durchsichtigen Obergeschossen vertieft und mit zwei halbrunden Vorbauten nach aussen bereichert, fähig war. Auch sonst enthält das alte Gallien stattlichere Thore als das römische Italien.

Die einfachsten Nutzbauten nehmen unter römischen Händen wenn nicht einen künstlerischen, doch immer einen monumentalen Charakter an. Das Princip, von allem Anfang an so tüchtig und solid als möglich zu bauen, deutet auf einen Gedanken ewiger Dauer hin, dessen sich unsere Zeit bei ihren kolossalsten Nutzbauten nicht rühmen kann, weil sie in der That nur „bis auf Weiteres", mit Vorbehalt möglicher neuer Erfindungen und der betreffenden Veränderungen baut. Ihre Gebäude geben auch nur selten das echte Gefühl des Ueberflusses der Mittel, schon weil sie Werke der Speculation und der Soumission sind. Nach diesem Maasstab hört man bisweilen von Fremden in Rom z. B. die ungeheuern Aquäducte beurtheilen, welche die Campagna durchziehen. Wozu von vornherein so viel Wasser nach Rom? und wenn es sein musste, warum nicht denselben Zweck mit einem Drittheil dieses Aufwandes erreichen? Es wäre noch immer ein gutes Geschäft gewesen. — Hierauf lässt sich schlechterdings nichts Anderes erwiedern, als dass die Weltgeschichte einmal ein solches Volk hat haben wollen, das Allem, was es that, den Stempel des Ewigen aufzudrücken versuchte, so wie sie jetzt den Völkern wieder andere Aufgaben vorlegt. — Übrigens war im alten Rom mit seinen 19 Wasserleitungen in der That viel Wasser „verschwendet", d. h. zur herrlichsten Zier der ganzen Stadt in unzählige Fontainen vertheilt[1]); ein anderes Riesenquantum speiste die Thermen — ebenfalls ein Luxus, da die modernen Völker das Baden im Ganzen für überflüssig erklärt haben. Nur in Betreff des Trinkwassers fängt man doch an, die Römer von Herzen zu beneiden. Wie soll man es nennen, wenn eine Hauptstadt von zwei Millionen Seelen wie London, die über die Schätze einer Welt

---

1) Von welchen nur noch die sog. Meta sudans beim Colosseum kenntlich ist.

verfügt, meist aus demselben Fluss ihr Getränk beziehen muss, unter welchem sie Strassen und Eisenbahnen hindurchzuführen die Mittel hat? Zur römischen Zeit war jede Provinzialstadt besser daran, und noch das jetzige Rom mit seinen bloss drei Aquäducten ist an Zierwasser ohne Vergleich die erste Stadt der Welt und steht in Beziehung auf das Trinkwasser wenigstens keiner andern nach.

Stadtmauern, Strassen und Brücken der Römer sind, wenn auch schlicht in der Form, doch durch denselben Typus der Unvergänglichkeit ausgezeichnet. Es muss eines furchtbaren, tausendjährigen Zerstörungssinnes bedurft haben, um auch diese Bauten auf die Reste herunterzubringen, welche wir jetzt vor uns sehen. (Unter den
a Brücken am merkwürdigsten die gewaltigen Reste zu Narni; an denjenigen in Rom trägt auch das erhaltene Antike eine moderne Bekleidung.) Von den öffentlichen Bauten der Römer überhaupt stände gewiss noch weit das Meiste aufrecht, wenn bloss die Elemente und nicht die Menschenhand darüber ergangen wäre. Gebäude, welche das Glück hatten, bei Zeiten vergessen zu werden, wie z. B. manche in Arabien und Syrien, sind desshalb ohne Vergleich besser erhalten.

Die Bauten des öffentlichen Verkehrs sind leider in Betreff ihrer Kunstform mehr ein Gegenstand der Alterthumsforschung als des künstlerischen Genusses; so gering stellen sich die Reste dar, mit welchen wir es hier ausschliesslich zu thun haben.

b Im höchsten Grade ist diess zu beklagen bei dem Porticus der Octavia, Schwester des Augustus, am Ghetto zu Rom. Hier, wenn irgendwo, muss der bewusste Unterschied der Behandlung zwischen Tempelhallen und Hallen für den täglichen Verkehr schön und ernst durchgeführt gewesen sein. Beim gegenwärtigen Zustand des einzig übrigen Bruchstückes, wo man schon durch einen antiken Umbau irre gemacht wird, gewährt wenigstens der Contrast des Alten mit seiner Umgebung noch einen malerischen Genuss.

Von dem Forum romanum, wie es zur Zeit der Republik war,
c als Platz mit Hallen und Buden, giebt das Forum von Pompeji einen wenn auch entfernten Begriff. Was in Herculanum das Forum heisst, möchte doch wohl für die bedeutende Stadt als Hauptplatz

nicht genügt haben und ist wohl eher als Halle zu einem besondern Zweck zu betrachten.

Von den *Kaiser-Fora*, d.h. den Gerichts- und Geschäftshallen,
welche die Kaiser in der nächsten Umgebung des Forum romanum
anlegten, ist in Resten und Nachrichten gerade so viel erhalten, dass
die Phantasie sich ein ungefähres Bild davon entwerfen kann. Es
waren grosse mit Hallen umzogene Plätze, welche Tempel, Basiliken
und wahrscheinlich auch eine Anzahl anderer Locale enthielten, nebst
einem gewiss reichen Schmuck von Statuen, Springbrunnen u. dgl.,
ohne welche keine Anlage aus dieser Zeit denkbar ist. Von freiem
Oberbau sind mit Ausnahme der riesigen Umfangsmauer am Forum a
Augusti nur die sog. *Colonnacce* zu erwähnen, zwei vortretende b
Säulen nebst vortretendem Gebälk und Attica, wahrscheinlich von der
Eingangshalle des Forum Nervae; alles von prächtig überreicher Formation, namentlich das untere Kranzgesimse, dessen Motiv schon undeutlich wirkt, wie alle vegetabilischen Zierrathen, die sich von der einfachen Palmette und dem Akanthus zu weit entfernen. An den vortretenden Stücken der Attica sind Nietlöcher, wahrscheinlich für eherne Ornamente, zu bemerken. Wären die untern Enden der Säulen nicht sammt den Piedestalen in der Erde versteckt, so würde dieses Beispiel vortretender Säulen das bedeutendste unter den in Italien vorhandenen sein.

Von den einzelnen Gebäuden innerhalb der Fora wurde der Tempel
des rächenden Mars schon beschrieben. Von den *Basiliken* ist nur
eine, allerdings die wichtigste, zum Theil aufgedeckt: die *Basilica* c
Ulpia, welche das Hauptgebäude des einst überaus prachtvollen Forum Trajani ausmachte. Sie war ein fünfschiffiger Bau, mit unbedecktem Mittelschiff; die jetzt, zum Teil auf den ursprünglichen Basen, aufgestellten Granitsäulen gehörten wahrscheinlich nur einem geringern Gebäude dieses Forums an, während die Basilica auf kostbaren Marmorsäulen ruhte. Die beiden Enden des Baues, jetzt unter den Strassen vergraben, hatten ebenfalls jedes seine Säulenreihe; am hintern Ende folgte auf dieselbe das Tribunal, hier eine grosse, halbrunde, prachtvoll geschmückte Nische. Die Trajanssäule, welche so wenig als die Obelisken allein stehen sollte, war mit in diese Riesencomposition aufgenommen und von drei Seiten, nämlich von der Nordwand der Ba-

silica und von zwei Anbauten derselben (die man für Bibliotheken erklärt), wie in einem Hofe eingeschlossen. Ob der Bau ein Obergeschoss hatte und welcher Art, bleibt wie so manches andere ein Problem.

Diese Basilikenform war es nun bekanntlich, welche die Christen für ihre Gotteshäuser adoptirten, da die heidnischen Tempel mit ihrem verhältnissmässig so kleinen Innern für die Aufnahme von ganzen Gemeinden nicht genügt haben würden. Das Mittelschiff, welches hier noch den Charakter eines mit Hallen umgebenen Hofes hat, scheint an andern Basiliken öfter bedeckt gewesen zu sein; die Christen gaben ihm ebenfalls sein Dach und erhoben die Perspective gegen den Altar hin zur wichtigsten Rücksicht.

Von den Basiliken der guten römischen Zeit ausserhalb der Haupt-
a stadt ist die zu Herculanum nach der Ausgrabung wieder zuge-
b schüttet worden, dagegen die zu Pompeji noch so weit erhalten, dass
sie einen lebendigen künstlerischen Eindruck giebt. Sie war dreischiffig, unten von ionischer Bastardordnung, die obere Halle korinthisch, wie man aus den vorhandenen Fragmenten sieht. Das Mittelschiff war unbedeckt (die Regenrinnen am Boden sind noch sichtbar) und von der Halle auch vorn und hinten umgeben; das Tribunal ganz hinten bildete einen erhöhten Bau mit besonderer kleiner korinthischer Säulenhalle. Die perspectivische innere Ansicht muss eigenthümlich reizend gewesen sein. Sehr interessant ist die Zusammensetzung der untern ionischen Säulen aus concentrischen Backsteinblättern, welche nach aussen schon eine fertige Cannelirung darstellten, die nur noch des Stucco-Überzuges harrte. Die Halbsäulen an der Wand und das Zusammentreffen von Halbsäulen in den Ecken[1]) sind gleichsam Vorahnungen von Motiven, welche in der christlichen Architectur auf das Bedeutungsvollste ausgebildet werden sollten. (Das gegenüberliegende
c sog. Chalcidicum und das Pantheon sind ihrer Bestimmung nach
so zweifelhaft, dass wir sie hier bloss nennen, um sie bei den öffentlichen Gebäuden nicht gänzlich zu übergehen; von dem Chalcidicum stammt die prachtvolle Thüreinfassung mit dem von Thieren belebten
d Rankenwerk her, welche jetzt im Museum von Neapel den Eingang
zur Halle des Jupiter bildet.)

---

* 1) Diess u. a. auch am Herculestempel zu Brescia.

Die Bestimmung der Basiliken, als Börse, Stelldichein und Gerichtshalle, war jedoch durchaus nicht an diejenige Form gebunden, welche in Rom und anderwärts die besonders übliche sein mochte. Wir erfahren in der That, dass auch ganz abweichende Formen versucht wurden, je nach den Mitteln und dem Sinn des Baumeisters. Einen solchen Versuch erkennt man in dem sog. Friedenstempel zu a
Rom, welcher eine von Maxentius (306—312) errichtete Basilica ist. Sie hat nur die dreischiffige Eintheilung und die (jetzt nicht mehr sichtbare) hintere Nische[1]) mit der sonst üblichen Anordnung gemein, sonst aber ist es ein Gewölbebau, dessen weite Spannungen den lebhaftesten Verkehr einer grossen Menschenmenge gestatteten, und zwar, des gewölbten Mittelschiffes wegen, bei jeder Witterung. Das hochbedeutende Wölbungssystem — drei Kreuzgewölbe der Länge nach in der Mitte und drei niedrigere Tonnengewölbe auf jeder Seite — war schon früher im Thermenbau ausgebildet worden; gegenwärtig fehlt, auch an dem geretteten Theil, die Bekleidung, nämlich vortretende korinthische Säulen an jedem Hauptpfeiler. (Die eine noch vorhandene stellte Paul V. bei S. Maria maggiore auf.) Sie trugen das Ge- b
wölbe nur scheinbar, nicht wirklich, und desshalb vermisst sie auch das Auge nicht, so wenig als die (vermuthliche) Säulenstellung längs der untern Wände der drei Seitengewölbe, allein sie gewährten einst im Ganzen einen gewiss prachtvollen Anblick. An und für sich war die ehemalige Marmorbekleidung, nach den Fragmenten zu urtheilen, allerdings von geringer und lahmer Bildung; die Decoration der Nische mit kleinen Wandnischen, die mit Säulchen eingefasst waren, muss etwas fast Kindisches gehabt haben. Die Consolen, welche diese Säulchen trugen, sind noch erhalten. — Die Cassetten der drei Seitengewölbe sind achteckig mit kleinen schrägen Zwischenquadraten, die der neuern Nische sechseckig mit kleinen Zwischenrauten, die des Hauptschiffes hatten, nach einem Fragment zu schliessen, verschieden geformte Felder — alle aber zeigen, dass die Cassette ihre Eigenschaft, als Abschnitt eines Deckenraumes, mit der einfachen quadratischen Form zugleich abgelegt hatte und nur noch als Zierrath wirken wollte.

---

[1]) Ihre Grundmauern sind in den Gebäuden auf der Seite gegen das Capitol hin noch vorhanden. Die jetzige Nische, am rechten Nebenschiff, ist ein etwas späterer Zusatz.

Das Licht kam durch die Fensterreihen der Seitenschiffe, hauptsächlich aber, wie in den Diocletiansthermen, durch die grossen halbrunden Fenster oben im Mittelschiffe. Von der Vorhalle (gegen das Colosseum zu) sind nur die Ziegelpfeiler erhalten.

Vielleicht gehören noch manche jetzt anders benannte Mauerreste im alten Italien zu Basiliken. Eine leicht kenntliche Durchschnittsform ist bei dieser Gattung von Gebäuden so wenig zu verlangen, als bei unsern jetzigen Börsen und Gerichtslocalen.

Von den Gebäuden des öffentlichen Vergnügens müssen zuerst die für Schauspiele bestimmten erwähnt werden, als eigenthümlichste Productionen des römischen Aussenbaues, welcher ja bei den Tempeln von griechischen Mustern abhing. — Der Zweck und die Einrichtung der Theater, Amphitheater und Cirken (sowie der gänzlich untergegangenen Naumachien und Stadien) wird hier als bekannt oder der Alterthumskunde angehörig übergangen; wir haben es bloss mit der künstlerischen Form zu thun.

Diese bestand an der Aussenseite der Theater und Amphitheater, vielleicht auch der Cirken, aus einer Bekleidung der runden oder elliptischen Wandfläche zwischen den Bogen der verschiedenen Stockwerke mit Halbsäulen und Gebälken der verschiedenen griechischen Ordnungen: der dorisch-toscanischen, der ionischen und der korinthischen, auf welche im einzelnen Fall (am Colosseum) noch eine obere Wand ohne Maueröffnungen mit Pilastern von Composita-Ordnung folgt. Die Griechen hatten ihre Theater in Thalenden hineingelehnt oder aus dem Fels gehauen; die Römer erst bauten die ihrigen frei vom Boden auf und mussten sie von aussen decoriren.

Das Motiv, welches sie zu Grunde legten, war ein sehr verständiges. Es fiel ihnen nicht ein, einer grossen Menschenmasse zuzumuthen, dass sie sich durch zwei, drei Thüren mit einer Breite von zwanzig Fuss im Ganzen geduldig entferne, wenn das Schauspiel zu Ende war, oder dass sie gar, wenn Tumult entstand, nicht zu drängen anfange. Sie kannten das Volk und verwandelten desshalb das ganze Innere ihrer Schaugebäude in lauter steinerne Treppen und Gänge und die ganze untere Mauer in lauter gewölbte Pforten. Letzteres zog dann eine ähnliche Formation der obern Stockwerke nach sich, wo streng genommen blosse Fensteröffnungen genügt hätten. Mit der Thürform aber stieg auch die Halbsäulenbekleidung nebst Gebälken und Attiken von Stockwerk zu Stockwerk und fasste die Bogen mit ihren hier nur einfachen, aber durch die hundertmalige Wiederholung höchst imposanten Formen ein. — Die moderne Baukunst ist hier hauptsächlich in die Schule gegangen und hat für die monumentale Bekleidung wie für die Verhältnisse ihrer Stockwerke sich immer von Neuem an diese Vorbilder gewandt. Der Hof des Palazzo Farnese ist fast genau den Formen des Marcellus-Theaters nachgebildet; aus unzähligen Kirchenfassaden und Palästen tönt ein versteckter Nachklang vom Colosseum.

Das durchgängig stark und meist völlig zerstörte Innere lässt u. a. hauptsächlich in Beziehung auf die Säulenhalle, welche oben ringsherum ging, der Phantasie freien Spielraum. An den Cirken möchte dieselbe besonders umständlich und prachtvoll gewesen sein.

Die Theater sind den griechischen im Wesentlichen nachgebildet, nur dass die Orchestra, d. h. der jetzt halbrunde mittlere Platz, nicht mehr den Bewegungen des Chores diente, sondern zu einer Art
von Parterre eingerichtet wurde. In Rom ist von dem Theater des a
Pompejus nur noch die Richtung des Halbrunds in den Gassen rechts neben S. Andrea della Valle kenntlich; dabei ersieht man aus dem marmornen Stadtplan des III. Jahrhunderts, dessen Reste an der Treppe des Museo capitolino eingemauert sind, dass die Scena auf das Reichste mit Säulenstellungen geschmückt war, und aus anderweitigen Nachrichten, dass oben auf dem Umgang des Theaters ein
Venustempel stand. — Von dem Marcellus-Theater ist dagegen b
noch ein herrlicher Rest des Aussenbaues vorhanden, nämlich ein Theil der dorisch-toscanischen Ordnung, welche hier in Säule und Gebälk dem echten Dorischen noch nahe steht, und ein Theil der ionischen, ebenfalls noch von verhältnissmässig reiner Bildung. — Im übrigen Italien hat fast jede alte Stadt irgend einen Theaterrest aufzuweisen,
allein meist in formloser Gestalt. Das kleine artige Theater von Tus- c
culum (über Frascati) hat noch sein ziemlich wohlerhaltenes Inneres,
während in Pompeji vom Theater und von dem daneben liegenden d

a Odeon (d. h. einem bedeckten Wintertheater?) fast alles Steinwerk,
sowohl die Sitzplätze als die Säulen etc. der Scena geraubt worden
b sind. Das Theater von Herculanum wird man in der Korknächbil-
dung (im Museum von Neapel) besser würdigen als an Ort und Stelle,
c wo es gar keine Uebersicht gewährt. Dasjenige von Fiesole (Fä-
sulä) ist mehr durch seine Lage als durch die (nach kurzer Aufdeckung
wieder fast gänzlich zugeschütteten) Überreste des Besuches würdig.
d Bedeutende Reste in Parma, Verona etc.

Von den Amphitheatern, einer rein römischen Schöpfung,
für die Kämpfe von Gladiatoren und Thieren, besitzt Rom in seinem
e Colosseum weit das mächtigste Beispiel. Die Reisehandbücher geben
jede wünschenswerthe Notiz, und der Eindruck der einen Aussenseite ist, wenn man sich in die Bogen der obern Stockwerke Statuen hineindenkt und zwischen den Pilastern der obersten Wand eherne Reliefschilde befestigt, ein so vollständiger, dass wir kurz sein können. Die ganze Detailbildung ist, der riesenhaften Masse wegen, mit Recht höchst einfach; die unterste Ordnung hat z. B. keine Triglyphen mehr, die hier doch nur kleinlich wirken würden. Die Consolen der obersten Wand, den Öffnungen im Kranzgesimse entsprechend, dienten wahrscheinlich den Mastbäumen zur Stütze, an welchen das riesige Velarium oder Schattentuch befestigt war. Die Löcher am ganzen Aussenbau entstanden wohl, als man im Mittelalter die ehernen Klammern raubte, welche die Steine verbanden. An den Bogen im Innern der Gänge fällt oft eine ganz krumme und schiefe Linie auf; wahrscheinlich wurden die betreffenden Theile aus rohen Blöcken erbaut und dann, weil sie unsichtbar bleiben sollten, nur nachlässig glatt gesägt. — Von den Stufen, Mauern und fraglichen Oberhallen des Innern ist bekanntlich nichts mehr vorhanden, und die Einrichtung der Arena zu plötzlicher Überschwemmung, auch wohl zum plötzlichen Erscheinen von Thieren und Menschen, nicht mehr sichtbar, da man das Ausgegrabene der schlechten Luft halber wieder zuschütten musste.

f Von den übrigen Amphitheatern Roms ist nur noch das sog. Amphitheatrum castrense kenntlich, und zwar in einem Theil der untern und auch der obern Ordnung, von trefflichem Ziegelbau. (Für Architekten von bedeutendem Werth; vor Porta S. Giovanni links hinauf, bei Santa Croce.)

Ausserhalb Roms wird dem Amphitheater von Alt-Capua wegen a
eines nur kleinen, aber schönen Restes der zwei untern Ordnungen und wegen einzelner noch besonders deutlich sichtbarer Einrichtungen um die Arena die erste Stelle zuerkannt. Das Amphitheater von b
Verona hat den Effekt der vollkommen erhaltenen oder hergestellten Sitzreihen vor allen Gebäuden dieser Art voraus; allein von seiner äussern Schale ist nur ein sehr kleiner Theil vorhanden (und vielleicht nie mehr vorhanden gewesen), der gerade hinreicht, um die Lust nach dem zerstörten oder nie vollendeten Ganzen zu wecken. (Vgl. S. 36 Anm.) — Das Amphitheater von Pompeji kann seiner Kleinheit und c
architektonischen Bescheidenheit wegen neben diesen ungeheuern Massen nicht aufkommen. — In Lucca noch bedeutende Reste eines Amphi- d
theaters und eines Theaters. — In Padua bloss der Umriss eines e
Amphitheaters, bei S. Maria dell' Arena. — In Pozzuoli: sehr um- f
fangreiche, aber formlose Trümmer. — In S. Germano (unterhalb g
Monte Cassino) ein kreisrundes Amphitheater, das einzige dieser Art, indem sonst die elliptische Form für das Aufstellen zweier Parteien in der Arena den Vorzug haben musste. — Vereinzelte Überbleibsel finden sich überall, wo es Römer gab.

Die Cirken endlich sind mit einziger Ausnahme desjenigen des Caracalla (richtiger: Maxentius) von der Erde verschwunden, so h
dass man ihre Form höchstens aus dem Zug der Strassen und Gartenmauern um sie herum (wie beim Circus maximus in Rom) oder i
aus der Gestalt eines Platzes, der ihrem Umfang entspricht (wie beim Stadium Domitian's, der jetzigen Piazza Navona) oder auch nur k
aus Erdwellen erkennt. Selbst an dem oben als erhalten genannten Circus (vor Porta S. Sebastiano) ist alles bauliche Detail mit der Steinbekleidung des Hallenbaues ringsum und der Langmauer (spina) in der Mitte dahin gegangen, so dass wir uns dabei nicht aufhalten dürfen. — Das gänzliche Verschwinden des Circus maximus gehört übrigens auch zu den Räthseln des römischen Mittelalters. Denn das Gebäude fasste auf seinen Sitzreihen fast das Doppelte von der Menschenzahl, die man für das Colosseum berechnet, nämlich nach der geringern Angabe 150,000 Menschen; es muss also nicht bloss die halbe Viertelstunde Länge, von der man sich noch jetzt überzeugen kann, sondern auch eine bedeutende Tiefe und Höhe gehabt haben,

wenn für alle Zuschauer gesorgt sein sollte. Man frägt wiederum vergebens: wo gerieth diese Masse von Baumaterial hin?

Wie die Gebäude für Schauspiele den römischen Aussenbau charakterisiren, so sind die Thermen die grösste Leistung des römischen Innenbaues.

a Die öffentlichen Bäder von Pompeji, mag darin auf Stadtkosten oder gegen Eintrittsgeld gebadet worden sein, zeugen merkwürdig für den Luxus künstlerischer Ausstattung, welchen man selbst in der kleinen Provincialstadt verlangte; vielleicht sind sie überdiess weder die einzigen noch die schönsten, und andere warten noch unter dem Schutt. Die architektonische Behandlung ist hier, wo der Stucco so sehr das Übergewicht über den Stein hat, nothwendig eine ziemlich freie; die Gesimse bestehen z. B. aus Hohlkehlen mit Relieffiguren, — allein es geht doch ein inneres Gesetz des Schönen durch. Im Tepidarium, wo viele kleine Behälter, etwa für die Geräthschaften regelmässiger Besucher, angebracht werden mussten, lieferte die Kunst jenes bewundernswerthe Motiv von Nischen mit Atlanten, während wir uns im entsprechenden Fall gewiss mit einer Reihe numerirter Kästchen, höchstens von Mahagony, begnügen würden. Wie glücklich sind an dem Gewölbe die drei einfachen Farben weiss, roth und blau gehandhabt! Im Caldarium ist das Gewölbe nebst der Wand cannelirt, damit die zu Wasser gewordenen Dämpfe nicht niedertropfen, sondern der Mauer entlang abfliessen sollten.

Doch dieses sind nur eigentliche Bäder, bestimmt für die tägliche Gesundheitspflege. Eine ungleich ausgedehntere Bestimmung hatten die Kaiserthermen, welche in Rom und in wichtigen Provincialstädten zum Vergnügen des Volkes gebaut wurden. Diese enthielten nicht nur die kolossalsten und prachtvollsten Baderäume, sondern auch Locale für Alles, was nur Geist und Körper vergnügen kann: Portiken zum Wandeln, Hallen für Spiele und Leibesübungen, Bibliotheken, Gemäldegalerien, Sculpturen zum Theil von höchstem Werthe, auch wohl Wirthschaften verschiedener Art.

Von all dieser Herrlichkeit wird man jetzt, mit wenigen Ausnahmen, nur noch die Backsteinmauern finden, welche den innern Kern des Baues ausmachten, diese freilich von so gigantischem Maassstab und in solcher Ausdehnung, auch wohl in so malerisch verwilderter Umgebung, dass in Ermanglung eines künstlerischen Eindruckes ein phantastischer zurückbleibt, den man mit nichts vertauschen noch vergleichen möchte.

Sobald das Auge mit dem römischen Bausinn einigermassen vertraut ist, wird es auch in dieser scheinbaren Formlosigkeit die Spuren ehemaligen Lebens verfolgen können. Diese zeigen sich hauptsächlich in der reichen Verschiedenartigkeit der Wandflächen, also in der Ausweitung derselben zu gewaltigen Nischen mit Halbkuppeln (welche noch hie und da Reste ihrer Cassetten aufweisen), und in der Anordnung grosser Kuppelräume. Diese sind hier entweder so von dem übrigen Bau eingefasst, dass sie für das Auge nirgends mit geradlinigen Massen unharmonisch zusammenstossen, oder sie sind nicht rund, sondern polygon, etwa achteckig gebildet und gewähren dann nicht nur jeden wünschbaren Übergang zu den geradlinigen Formen, sondern auch einen völlig harmonischen Anschluss für die Nischen im Innern. So sind die beiden beim Pantheon hervorgehobenen Unvollkommenheiten (S. 19 u. 20) beseitigt. Dass übrigens diese Abwechselung der Wandflächen ein ganz bewusstes, emsig verfolgtes Princip war, beweisen auch die Aussenwerke, welche den Thermenhof zu umgeben pflegten; ihr Umfang ergiebt Halbkreise, halbe Ellipsen, und auch ihre Binnenräume sind von der verschiedensten Gestalt. — Vollkommen ungewiss bleibt die Gestalt der Thermenfassaden; wir wissen nur so viel, dass das architektonische Gefühl der Römer auf den Fassadenbau überhaupt bei weitem nicht das unverhältnissmässige Gewicht legte, welches ihm die neuere Zeit beimisst. (Eine Ausnahme machen natürlich die Tempel.) An den Caracallathermen soll „eine Säulenhalle" den Haupteingang gebildet haben, und an S. Lorenzo in Mailand steht a
noch eine solche.

Von den zahlreichen Thermenbauten Roms erwähnen wir nur diejenigen, deren Reste einigermassen kenntlich sind.

Die Thermen Agrippa's, hinter dem Pantheon, gehören bei b
ihrer gänzlichen Zerstückelung und Verdeckung durch die Häuser der nächsten Gassen nicht unter diese Zahl. Von den Thermen seiner Söhne Cajus und Lucius, der Enkel August's durch die Julia, ist c

noch das grosse zehneckige Kuppelgebäude mit dem irrigen Namen eines „Tempels der Minerva medica" erhalten, unweit von Porta maggiore. Welche Function dieser Raum in den Thermen hatte, wollen wir nicht errathen; genug dass schon hier, so bald nach Erbauung des Pantheons, die entscheidenden Veränderungen im Kuppelbau als vollendete Thatsache vor uns stehen: die polygone Form zu Gunsten des Anschlusses der untern Nischen, sodass jedoch in der Kuppel selbst durch den Stuccoüberzug der Anschein der Halbkugelform beibehalten wird; merkwürdig ist auch die Ersetzung des Kuppellichtes durch Fenster über den Nischen. (Die Mitte der Kuppel, welche seit nicht sehr langer Zeit eingestürzt ist, erscheint in allen frühern Abbildungen als geschlossen.) So war schon um die Zeit von Christi Geburt das fertige Vorbild für die spätern Kuppelkirchen gegeben. — Von der vermuthlichen Bekleidung des Innern mit Säulen und durchgehenden Gebälken ist nicht einmal eine Andeutung auf unsere Zeit gekommen. Der jetzt noch hie und da erhaltene Stucco möchte kaum der ursprüngliche sein.

a Die Thermen des Titus und des Trajan, wunderlich durcheinander gebaut, geben in ihren jetzt noch zugänglichen Theilen einen Begriff zwar nicht mehr von der längst ausgeraubten Prachtausstattung, wohl aber von der gewaltigen Höhe der einst wie jetzt dunkeln und auf künstliche Beleuchtung berechneten Gemächer. Der Grundriss ist, soweit man ihn verfolgen kann, der besondern Umstände wegen nicht massgebend.

Architektonisch die bedeutendsten Thermen sind oder waren die-
b jenigen des Caracalla. Vier Hauptmotive waren hier, wie es scheint, unvergleichlich grandios durchgeführt: 1) Die grossen, etwas oblongen gewölbten Schwimmsäle, auf Pfeilern und Säulen ruhend (?) an beiden Enden, 2) die vordere Halle, der Breite nach von vier Säulenstellungen durchzogen, 3) der mittlere Langraum (Pinakothek) und 4) der hohe runde Ausbau nach hinten, von welchen nur die Ansätze vorhanden sind; — zahlreicher Ubergangsräume, Anbauten und Aussenwerke nicht zu gedenken. Das Ganze lag so hoch, dass es noch jetzt wie auf einer Terrasse zu stehen scheint. Wie sich das obere Stockwerk zwischen und über den Haupträumen hinzog, ist bei seiner fast gänzlichen Zerstörung schwer zu sagen. Um das Bild des wichtigsten

Raumes, der Pinakothek, einigermassen zum Leben zu erwecken, nehme man den Friedenstempel zu Hülfe, obschon er fast 100 Jahre neuer, demgemäss geringer und nichts weniger als identisch mit dem fraglichen Thermensaal gebildet ist; immerhin hatte er das grosse Mittelschiff mit Kreuzgewölben und Oberfenstern und die drei mit Tonnengewölben sich anschliessenden Nebenräume auf jeder Seite mit demselben gemein. Auch die Säulenbekleidung war wohl eine ähnliche; für die Basilica wie für den Thermensaal nimmt man an, dass noch ein kleinere Säulenordnung mit Gebälke vor den Nebenräumen vorbeiging und sie vom Mittelschiff sonderte. — Die Säulen und die ganze kostbare Bekleidung dieser Thermen überhaupt wurden, zum Theil erst seit dem XVI. Jahrhundert, zur Decoration unzähliger moderner Gebäude verbraucht. — Räthselhaft und doch wahrscheinlich bleibt auch hier die Dunkelheit der beiden grossen Schwimmsäle, während die vordere Halle von vorn, die Pinakothek und ohne Zweifel auch der runde Ausbau von oben ihr Tageslicht empfingen.

Die Thermen Diocletians auf dem Viminal waren der Masse a
nach denjenigen des Caracalla überlegen, lösten aber, wie es scheint, keines jener grossen baulichen Probleme mehr, sondern bestanden eher aus Wiederholungen schon früher bekannter Baugedanken, welche hier etwas müde nebeneinander auftreten. So finden sich unter den Aussenwerken zwei Rundgebäude mit Kuppel, deren eines als Kirche S. Ber- b
nardo ziemlich wohl erhalten ist; die Nische der Thür und die des jetzigen Chores schneiden sich wieder mit der runden Hauptform so unangenehm als am Pantheon, mit welchem dieses Gebäude übrigens auch das Oberlicht gemein hat. (Die Cassetten achteckig, mit schrägen Quadraten dazwischen.)

Besonders charakteristisch für die Zeit des Verfalls ist der Kuppelraum hinter[1]) der Pinakothek, welcher von der Höhe und Grösse des entsprechenden Stückes im Bau Caracalla's weit entfernt, ja zu einem ganz kümmerlichen Anbau eingeschrumpft erscheint. Die Pinakothek selber ist in Gestalt des noch jetzt überaus majestätischen

[1]) D. h. für den jetzigen Zugang vorn, so dass dieser runde Raum die Vorhalle von S. Maria degli Angeli bildet. Die jetzt ganz verschwundene Vorderseite lag in der Richtung gegen das prätorianische Lager hin.

a Querschiffes von S. Maria degli Angeli erhalten. Hier sind bekanntlich von den gewaltigen vortretenden Säulen noch acht ursprünglich und aus je einem Stück Granit; von den sie begleitenden je zwei Pilastern und dem Gebälk scheinen wenigstens viele Theile alt, und das Kreuzgewölbe, eines der grössten in der Welt, ist sogar völlig erhalten, wenn auch mit Einbusse seiner Cassetten. Auch die Oberfenster zeigen noch ihr echtes Halbrund, nur vergypst. Die Nebenräume, welche dieselbe Stelle einnahmen wie diejenigen in der Pinakothek der Caracallathermen und einst ohne Zweifel ebenfalls durch vorgesetzte Colonnaden vom Hauptraum getrennt waren, sind durch den Umbau Vanvitelli's gänzlich abgeschnitten worden, nachdem noch der Umbau Michelangelo's sie geschont und zu Capellen bestimmt hatte. Für die Bildung des Details ist, der allgemeinen Gypsüberarbeitung wegen, nicht leicht einzustehen, selbst an den sieben echten marmornen Capitälen nicht, welche theils korinthisch, theils von Composita-Ordnung sind. Das Bezeichnende bleibt immerhin, dass möglichst viele Glieder des Gebälkes und Gesimses in wuchernde Verzierung umgewandelt sind, und dass die Consolen und ihre Cassetten bei ihrer kleinen und matten Bildung völlig von dem drüber vorgeschobenen Kranzgesimse verdunkelt werden. Ob an den Flachbogen, welche die beiden Eingänge des Schiffes bedecken, die Decoration alt ist, können wir nicht entscheiden; in dem jetzigen Chor ist fast Alles modern. Die übrigen Räume sind alles Steinschmuckes entblösst und meist sehr ruinirt.

b (Was als „Thermen Constantins" im Garten des Palazzo Colonna gezeigt wird, sind Reste eines gewaltig hohen Gebäudes von ungewisser Bestimmung. Die echten Thermen Constantins sind im XVII. Jahrhundert beim Bau des Palazzo Rospigliosi untergegangen.)

c Diesen Kaiserthermen mochten die Bäder von Bajä wenigstens nachgebildet sein, wenn sie auch nicht von Imperatoren erbaut sein sollten. Wir meinen jene colossalen Reste, welche man jetzt als Tempel des Merkur, der Diana und der Venus benennt und welche offenbar Thermenräume waren. Das gewaltige Achteck des Venustempels mit den noch erhaltenen Theilen der Kuppel erinnert unmittelbar an die sog. Minerva Medica.

Dagegen besass Mailand, in seiner Eigenschaft als spätere Residenz, wirkliche Kaiserthermen aus der Zeit des Maximian, Mit-

regenten Diocletians. Die Vorhalle derselben erkennt man leicht in den sechszehn korinthischen Säulen vor S. Lorenzo; allein man ahnt nicht a
sogleich, dass noch der Hauptraum der Thermen selbst, umgebaut und doch im Wesentlichen identisch mit dem Urbau, in Gestalt der Kirche S. Lorenzo selbst vorhanden ist. Mindestens zweimal, im b
Mittelalter und wiederum gegen das Ende des XVI. Jahrhunderts, hat man die alten Bestandtheile auseinander genommen, wieder zusammengesetzt und mit neuer Kuppel versehen, und noch immer ist dieses Innere eines der wichtigsten und schönsten Bauwerke Italiens. Vor Allem hat die Nische hier eine ganz neue Bedeutung; sie ist nicht mehr ein blosser isolirter Halbcylinder mit Halbkugel, sondern ein durchsichtiger einwärtstretender Bau von einer untern und einer obern Säulenreihe, welche in den untern und den obern Umgang des Kuppelraumes führen. Wären der Nischen acht, so würde dieses reiche Motiv kleinlich und verwirrend wirken (wie in S. Vitale zu Ravenna); allein es sind nur vier, so dass sich der volle Rhythmus dieser Bauweise entwickeln kann; über ihren Kuppelsegmenten und Hauptbogen wölbt sich dann die mittlere Kuppel. An glänzendem perspectivischem Reichthum können sich wenige Gebäude der Welt mit diesem messen, so unscheinbar seine Einzelformen jetzt sein mögen[1]). Nach Aussen stellte es ein ruhiges Quadrat dar, indem die vier Ecken mit thurmartigen Massen ausgefüllt sind. Der Anbau rechts (jetzt Capelle S. Aquilino), ein Achteck mit Nischen und Kuppel, ist ebenfalls wohl antik und dient in seiner Einfachheit zum belehrenden Vergleich mit jener letzten und reichsten Form des antiken Innenbaues, die wir nachweisen können.

Zahlreiche andere Thermenreste in den übrigen Städten Italiens bieten keine hinlänglich erhaltenen Formen mehr dar. Auch die Nympheen oder Brunnengebäude mit Nischen und Grotten leben mehr in der restaurirenden Phantasie als in kenntlichen Überbleibseln fort. Man hält z. B. die grosse Backsteinnische im Garten von S. Croce c
in Gerusalemme zu Rom für ein solches Nympheum. Sicherer ist

1) Die gegenwärtige Gestalt rührt von Martino Bassi her. Leider bleibt auch die Lichtvertheilung des antiken Baues zweifelhaft. Ich glaube an ein ehemaliges Kuppellicht.

a diess bei der Grotte der Egeria, welche weniger um ihres geringfügigen Nischenwerkes als um ihrer ganz wunderbaren vegetabilischen und landschaftlichen Umgebung willen den Besucher auf immer fesselt. Und diese Grotte ist nur eine von vielen, die das liebliche Thal zierten und nun spurlos verschwunden sind. — Ebenso ist das
b niedliche Tempelchen über der Quelle des Clitumnus (an der Strasse zwischen Spoleto und Foligno, „alle Vene") nur eines von den vielen, die einst von dem schönen, bewaldeten Abhang niederschauten. Trotz später und unreiner Formen (z. B gewundene und geschuppte Säulen u. dgl.) ist es doch wohl noch aus heidnischer Zeit und mit den christlichen Emblemen erst in der Folge versehen worden[1]). Der Architekt kann sich kaum eine lehrreichere Frage vorlegen als die: woher dem kleinen, nichts weniger als mustergültigen Gebäude seine unverhältnissmässige Wirkung komme?

Die römischen Häuser, Villen und Paläste bilden schon in ihrer Anlage einen durchgehenden Contrast gegen die modernen Wohnbauten. Letztere, sobald sie einen monumentalen Charakter annehmen, nähern sich dem Schlosse, welches im Mittelalter die Wohnung der höhern Stände war und sich nur allmählich (wie z. B. Florenz beweist) zum Palast im modernen Sinne, d. h. doch immer zu einem geschmückten Hochbau von mehrern Stockwerken ausbildete; eine Form, welche dann ohne alle Noth auch für die modernen Landhäuser beibehalten wurde. Der Hauptausdruck des ganzen Gebäudes ist die Fassade.

Bei den Alten war diese eine Nebensache; in Pompeji haben selbst
c Gebäude wie z. B. die Casa del Fauno nach aussen nur glatte Mauern oder auch Buden, und von den Wohnungen der Grossen in Rom selbst darf man wenigstens vermuthen, dass der Schmuck der Vorderwand mit dem Vestibulum nur eine ganz bescheidene Stelle einnahm neben der Pracht des Innern. m Sodann war bei den Alten der Bau zu mehreren Stockwerken in der Regel nur eine Sache der Noth, die man

---

1) Oder in christlicher Zeit aus den Fragmenten der umliegenden Heiligthümer zusammengebaut?

sich in grossen Städten gefallen liess, wo irgend möglich aber vermied. Wer Platz hatte oder gar wer auf dem Lande baute, legte die einzelnen Räume zu ebener Erde rings um Höfe und Hallen herum an, höchstens mit einem einzigen Obergeschoss, welches überdiess fast bloss geringere Gemächer enthielt und nur einzelne Theile des Baues bedeckte. Plinius d. J. in der Beschreibung seiner laurentinischen Villa giebt hierüber ein vollständiges Zeugniss. Unebenes Terrain benützte man allerdings zu mehrstöckigen Anlagen, wie die Kaiserpaläste auf dem Palatin und die Villa des Diomedes bei Pompeji beweisen; allein a Reiz und Schönheit solcher Bauten lagen ohne Zweifel nicht in einer grossen Gesammtfassade, sondern in dem terrassenartigen Vortreten der untern Stockwerke vor die obern. Luft und Sonne lagen dem antiken Menschen mehr am Herzen als uns; er liebte weder das Treppensteigen noch die Aussicht auf die Strasse, welche uns so viel zu gelten pflegt.

Die Ermittelung der einzelnen Räume des Hauses und ihrer Bestimmung gehört der Archäologie an; wir haben es nur mit dem künstlerischen Eindruck der erhaltenen Gebäude zu thun. Die Fassade war bei den p o m p e j a n i s c h e n B a u t e n, wie gesagt, den Buden aufgeopfert. Innen aber herrscht ein Reichthum perspectivischer Durchblicke, welcher bei jedem Besuch der Stadt einen neuen, unerschöpflichen Genuss gewährt. Allerdings sind an den beiden mit Säulen- oder Pfeiler-Hallen umgebenen Höfen, dem Atrium und dem Peristylium, die einst hölzernen Gebälke sämmtlich verschwunden; dafür hemmt auch keine Zwischenthür, kein Vorhang mehr den Durchblick. Die Farbigkeit der Stuccosäulen, weit entfernt sich bunt auszunehmen, steht in völliger Harmonie mit der baulichen und figürlichen Bemalung der Wände, von welcher in besondern Abschnitten (siehe Seite 58 bis 64 und: antike Malerei) die Rede sein wird. Denkt man sich ausserdem die vielen plastischen Bildwerke, die kleinen Hauscapellchen, die Brunnen im Gartenhof des Peristyliums, die grünen Lauben und die ausgespannten Schattentücher über einzelnen Räumen hinzu, so ergiebt sich ein Ganzes, welches zwar keine nordische, aber eine beneidenswerthe südliche Wohnlichkeit und Schönheit hat. — Sehr fraglich bleibt immer die Beleuchtung der meisten Gemächer um die Höfe herum, da der Oberbau fast durchgängig nicht mehr vorhanden ist und Fenster sich fast nirgends finden. Durch die Thür nach dem Hofe konnte nur ein sehr ungenügendes Licht hereindringen, da die bedeckte Halle vor der Thür den besten Theil vorwegnahm. Und doch können die zum Theil so vortrefflichen Malereien des Innern weder bei Lampenschein ausgeführt noch dafür berechnet sein. Ein Oberlicht, etwa als Dachöffnung mit einer kleinen Lanterna oder Loggia bedeckt zu denken, würde wohl am ehesten die Schwierigkeit lösen. Jedenfalls ist es bezeichnend, dass alle Nebengemächer, die einzelnen Hausgenossen oder besondern Bestimmungen zugewiesen waren, neben den Familienräumen: dem Tablinum und dem Triclinium zurückstehen, und dass die Hallen der eigentliche Stolz des Hauses waren. Es wäre unbillig, an ihren Säulen eine strenge griechische Bildung zu erwarten, da die Örtlichkeit sowohl als die bescheidenen Umstände der Besitzer die Anwendung des Stucco verlangten, dieser aber die Formen auf die Länge immer demoralisirt; man darf im Gegentheil den Schönheitssinn bewundern, welcher noch immer mit verhältnissmässig so grosser Strenge an dem einst für schön Erkannten festhielt. An convexen Cannelirungen, an vortretenden Dreiviertelsäulen, an dem öfter genannten ionischen Bastardcapitäl, an achteckigen Pfeilern, sowie an vielen andern bedenklichen Formen soll zwar das Auge sich nicht bilden, aber auch nicht zu grossen Anstoss nehmen, sondern erwägen, von welchem grossen, reichfarbigen Ganzen dieses einst blosse Theile waren, und wie sich die Einzelheiten gegenseitig theils trugen theils aufwogen. Wie sehr bereitet schon die einfache Mosaikzeichnung des Bodens auf den architektonischen Reichthum vor.

Einen Prachtbau mit strengern Formen findet man wohl nur in der
a „Casa del Fauno"; den eigenthümlichen pompejanischen Zau-
b ber aber gewähren in hohem Grade z. B. auch die „Casa del poeta
c tragico", die schöne Gartenhalle der „Casa de' capitelli figurati", die
d „Casa del labirinto" und die „Casa di Nerone" mit ihren Triclinien
e hinten, die „Casa di Pansa" mit ihrem prächtigen Peristylium, die
f „Casa della Ballerina" mit dem so niedlichen hintern Raum für Brünnchen, Statuetten und etwa eine Rebenlaube, und so viele andere Häuser. Denn Pompeji ist aus Einem Guss, und bisweilen gewährt auch ein geringes Haus irgend eine architektonische Wirkung, die zufällig dem kostbarsten fehlt. — Von den Landhäusern ist die

Villa des Diomedes reich an Räumen aller Art und Anordnung, a
unter welchen sich auch ein halbrund abgeschlossenes Triclinium mit
Fenstern findet; für den Effekt des Ganzen ist das Studium der öfter
versuchten Restaurationen unentbehrlich. — In Herculanum ist b
wenigstens eine schöne Villa vollständig aufgedeckt. — Als Ergänzung zu
diesen Bauten betrachte man die vielen kleinen Veduten in den Wand-
necorationen zu Pompeji und im Museum von Neapel; sie stellen zum c
nicht geringen Theil Landhäuser und Paläste meist am Meeresstrand
dar, allerdings nicht bloss wie sie waren, sondern wie die vergrös-
sernde Phantasie sie gerne gehabt hätte; ausserdem besonders reiche
Hafenansichten.

Am Strand von Pozzuoli, Bajä und weiter hinaus liegen die d
meist völlig entstellten Trümmer zahlloser Landhäuser, als deren Eigenthümer man einige der berühmtesten Namen des römischen Alterthums
aufzuzählen pflegt. Die merkwürdigsten sind die ins Meer hinausge-
bauten, von welchen man noch im Wasser die Fundamente und in
jenen Abbildungen wenigstens die ungefähre Gestalt sieht. Diese Bauweise erscheint durchaus nicht als blosser Luxus; sie schützte vor der
Fieberluft, welche schon damals jene Küste heimzusuchen pflegte.

Von den Trümmern der Bauten Tiber's auf Capri offenbart die e
Villa Jovis durch ihre für das erste Jahrhundert ziemlich nachlässige
Construction, dass der alte Herr rasch fertig werden und bald ge-
niessen wollte.

In und um Rom[1]) nehmen Paläste und Villen einen grössern
Charakter an und gehen in einzelnen Prachtbestandtheilen weit über
das bloss Wohnliche hinaus. Wir können das Einzelne an den Ruinen
dieser Art in Tusculum, bei Tibur u. s. w. nicht verfolgen, da der
jetzige Trümmeranblick bei weitem mehr wegen des malerischen als
wegen des kunsthistorischen Werthes geschätzt wird. Über der Villa
des Mäcenas, wie das Wasser des Anio ihre Bogen durchströmt, ver- f
gisst man den ehemaligen Grundplan und selbst den Eigenthümer. Von
den hieher gehörenden Kaiserbauten ist der Palatin mit seinen Trüm- g
mern nur Ein grosses Räthsel. Zeitweise (z. B. in den 80er Jahren

[1]) Die Anordnung der Privathäuser in Rom erscheint dem capitolinischen Stadtplan zufolge der pompejanischen sehr ähnlich.

des vorigen Jahrhunderts) haben wichtige Stücke blossgelegen, die jetzt wieder zugeschüttet und nur aus den damals gemachten Plänen bekannt sind; eine vollständige Ausgrabung ist noch nie versucht worden. Weit entfernt, einen Überblick über das Ganze geben zu können, mache ich nur auf das noch deutlich Erhaltene aufmerksam: In den
a Orti Farnesiani: die sog. Bäder der Livia, kleine, vielleicht von jeher unterirdische Gemächer mit Resten sehr schöner Arabesken (das
b Übrige sehr unkenntlich); — in der Villa Spada: u. a. zwei ebenfalls von jeher unterirdische Räume, sehenswürdig nicht sowohl um ihres architektonischen Werthes willen, als wegen ihrer prächtigen malerischen Wirkung in den Mittagsstunden, wenn die Sonne durch die dicht begrünten Gewölbeöffnungen herabscheint; — in den jetzt
c vorzugsweise so benannten Palazzi de' Cesari: eine ungeheure Masse von Ruinen, zum Theil riesiger Dimensionen, darunter eine Nische mit Umgang, welche noch ihre Cassetten hat, Vorbauten gegen den Circus Maximus, dessen Spiele von hier wie von Logen aus beschaut werden konnten (das Meiste wohl aus der Zeit Domitians); die grosse Doppelreihe von Gewölben gegen den Cölius zu ein blosser Unterbau, über welchem erst der Palast (vielleicht des Septimius Severus) sich erhob. Die Wasserleitung, welche in diesem System von Palästen die Brunnen und Bäder versah, ist noch in einigen mächtigen Bogen erhalten[1]).

d Von dem Palast und den Gärten des Sallust (hinter Piazza Barberina beginnend) hat sich etwa so viel gerettet, dass man mit Hülfe der Nachrichten sich ein glänzendes Gedankenbild des Ganzen entwerfen kann.

e Von dem Palast des Scaurus auf dem cölischen Berge hat bekanntlich Mazois in einem angenehmen Buche (das in allen Sprachen

---

[1]) Bei diesem Anlass bemerke man den römischen Gebrauch grosser Nischen mit Halbkuppeln in den Fassaden, deren eine z. B. hier als Kaiserloge gegen den Circus dient. Man findet sie wieder an der (jetzigen) Vorderseite der Diocletiansthermen etc.; dann in christlicher Zeit am Palast
f des Theodorich zu Ravenna; als Nachklang an den Portalen von S. Marco zu Venedig; in häufiger und sehr colossaler Anwendung an den Bauten des Islams, zumal in Ostindien; endlich mit herrlicher Wirkung von Bramante zum Hauptmotiv des Giardino della Pigna (im Vatican) erhoben.

vorhanden ist) wirklich ein solches Gedankenbild aufgestellt; an Ort und Stelle ist indess kein Stein davon nachzuweisen.

Die Villa Hadrians unterhalb Tivoli verlangt in ihrem jetzi- a
gen Zustande, nach dem totalen Verlust ihrer Steinbekleidung und ihrer Säulenbauten, eine starke Phantasie, wenn man die einzelnen, meist nicht sehr bedeutenden Räume noch für das erkennen soll, was sie einst waren; dennoch ist der Besuch (welchen ich bisher versäumt zu haben bedaure) sehr lohnend, sobald man sich mit dem Plan der Villa (von Fea) versehen hat; in diesem wird nämlich die ehemalige Bedeutung der einzelnen Bauten angegeben. Hadrian hatte hier die berühmtesten Localitäten der alten Welt im Kleinen nachahmen lassen und auch von den Gattungen des römischen Prachtbaues immer je ein kleines Specimen errichtet, das Ganze in einem Umfang von mehr als einer Stunde. Wenn andere Bauherren ähnliche Phantasien ausführten, so lässt sich denken, wie schwer gewisse Ruinen römischer Villen und Paläste einleuchtend zu erklären sein müssen.

Von den zum Theil riesenhaften und äusserst ausgedehnten Villentrümmern der römischen Campagna scheint das Rundgebäude „Tor b
de' Schiavi" der Überrest einer sehr namhaften Anlage der Gordiane (III. Jahrhundert) zu sein. — Ungeheure Räume auf einem noch kenntlichen Grundplan findet man namentlich in der sog. Roma vecchia. c
— Die Villa Domitians umfasst gegenwärtig den Raum des Städt- d
chens Albano und der Landgüter an dessen Westseite, gewährt aber nirgends mehr ein Bild des ehemaligen Bestandes, so zahlreich und gross angelegt auch die einzelnen Trümmerstücke sind. — Wie die Kaiserthermen mehr als blosse Thermen, so waren die Kaiservillen auch etwas Anderes als blosse Villen, vielmehr ein Inbegriff vieler einzelnen Prachtbauten der verschiedensten Art und Gestalt.

Das Bild der antiken Bauwerke vervollständigt sich erst, wenn man sich einen reichen farbigen Schmuck hinzudenkt. Fürs Erste wurden bis in die römische Zeit einzelne Theile des Baugerüstes selbst, also der Säulen, Gebälke, Giebel etc. mit kräftigen Farben bemalt, und wenn auch an den Tempelresten Roms keine Spuren von Farben mehr gefunden werden, so sprechen doch die blauen und rothen Zierrathen auf dem weissen Stucco der pompejanischen Säulen und Gesimse, ja oft die totale Bemalung derselben unwiderleglich für eine durchaus übliche Polychromie (Mehrfarbigkeit). Gewiss nahm dieselbe in der Kaiserzeit bedeutend ab, indem ein immer wachsender, bis zur Verwirrung und Verwilderung führender Reichthum gemeisselter Zierrathen ihre Stelle vertrat; auch die zunehmende Vorliebe für farbige Steinarten musste ihr Concurrenz machen.

Zweitens war schon in der spätern griechischen Kunstepoche die sog. Scenographie aufgekommen, eine Bemalung der glatten Wände, auch wohl der Decken und Gewölbe, mit architectonischem und figürlichem Zierrath. Was von dieser Art in römischen Tempeln vorkam, wollen wir nicht ergründen; erhalten sind in Rom nur wenige Fragmente in profanen Gebäuden, z. B. in den Titusthermen, in einigen Grabstätten etc., und auch diess Wenige lernt man jetzt, da Luft und Fackelrauch es entstellt, besser aus den (übrigens selten stylgetreuen) Abbildungen kennen als aus den Originalen. Dagegen sind theils in Pompeji an Ort und Stelle, theils im Museum von Neapel eine grosse Anzahl von Wanddecorationen mehr oder minder vollständig gerettet, die uns der Ausbruch des Vesuvs im Jahre 79 zum Geschenk
a gemacht hat. (Im Museum die drei Säle unten links; manches Deco-
b rative auch in den zwei Sälen unten rechts.)

Das Figürliche wird bei Anlass der Malerei besprochen werden; hier handelt es sich zunächst um die architectonisch-decorative Bedeutung dieses wunderbaren Schmuckes.

Man wird sich bei einiger Aufmerksamkeit sofort überzeugen, dass kein einziger Zierrath sich zweimal ganz identisch wiederholt, dass also die Schablone hier so wenig als an den griechischen Vasen (s. unten) zur Anwendung gekommen sein kann. Ich glaube behaupten zu dürfen, dass die Maler mit Ausnahme des Lineals und eines Messzeuges kein erleichterndes Instrument brauchten, dass sie also mit Ausnahme der geraden Striche und der wichtigern Proportionen Alles mit freier Hand hervorbrachten. Ihre Fertigkeit in der Production war zu gross; sie arbeiteten ohne Zweifel schneller so als mit jenen Hülfsmitteln jetziger Decoratoren. Mit den Stuccoornamenten verhielt es sich nicht anders; im Tepidarium der Thermen von Pompeji a verfolge man z. B. den grossen weissen Rankenfries, und man wird die sich entsprechenden Pflanzenspiralen (je die vierte) jedesmal abweichend und frei gebildet finden. (Das kleine Gesimse unten daran scheint allerdings einen sich wiederholenden Model zu verrathen, da hier die Anfertigung von freier Hand eine gar zu nutzlose Quälerei gewesen wäre.) Die Künstler aber, um die es sich hier handelt, waren blosse Handwerker einer nicht bedeutenden Provincialstadt. Sie haben ganz gewiss diese Fülle der herrlichsten Zier-Motive so wenig erfunden als die bessern Figuren und Bilder, die sie dazwischen vertheilten. Ihre Fähigkeit bestand in einem unsäglich leichten, kühnen und schönen Recitiren des Auswendiggelernten; dieses aber war ein Theil des allverbreiteten Grundcapitals der antiken Kunst.

Eine solche Decoration konnte allerdings nur aufkommen bei der Bauweise ohne Fenster, die uns in Pompeji so befremdlich auffällt. Diese Malerei verlangte die ganze Wand, um zu gedeihen. Weniges und einfaches Hausgeräth war eine weitere Bedingung dazu. Wer im Norden etwas Ähnliches haben will, muss schon einen Raum besonders dazu einrichten und all den lieben Comfort daraus weglassen.

Der Inhalt der Zierrathen ist im Ganzen der einer idealen perspectivischen Erweiterung des Raumes selbst durch Architecturen und einer damit abwechselnden Beschränkung durch dazwischen gesetzte Wandflächen, die wir der Deutlichkeit halber mit unsern spanischen Wänden vergleichen wollen. An irgend eine scharf consequente Durchführung der baulichen Fiction ist nicht zu denken; das Allgemeine eines wohlgefälligen Eindruckes herrschte unbedingt vor.

Die Farben sind bekanntlich (zumal gleich nach der Auffindung) sehr derb: das kräftigste Roth, Blau, Gelb etc.; auch ein ganz unbedingtes Schwarz. Auf eine dominirende Farbe war es nicht abgesehen; rothe, violette, grüne Flächen bedecken neben einander dieselbe Wand. Ungleich auffallender ist, dass man durchaus nicht immer die dunklern Flächen unten, die hellern oben anbrachte. Eine Reihe von Stücken einer sehr schönen Wand (Museum dritter Saal links) beginnt unten b mit einem gelben Sockel, fährt fort mit einer hochrothen Hauptfläche und endigt oben mit einem schwarzen Fries; freilich findet sich anderwärts auch das Umgekehrte.

Die ornamentale Durchführung und figürliche Belebung des Ganzen ist nun eine sehr verschiedene, je nach dem Sinn des Bestellers und des Malers. In der Mitte jener einfarbigen Flächen war die natürliche Stelle für eingerahmte Gemälde sowohl[1]) als für einzelne Figuren und Gruppen auf dem farbigen Grunde selbst; anderwärts treten die Figuren als Bewohner der (gemalten) Baulichkeiten zwischen Säulchen und Balustraden auf. Die Landschaftbilder finden sich theils ebenfalls in der Mitte der farbigen Flächen, theils vor die Baulichkeiten, oft sehr wunderlich, hingespannt.

Die gemalte Architektur ist eine von den Bedingungen des Stoffes befreite; wir wollen nicht sagen „vergeistigte", weil der Zweck doch nur ein leichtes, angenehmes Spiel ist, und weil die wahren griechischen Bauformen einen ernsten und hohen Sinn haben, von welchem hier gleichsam nur der flüchtige Schaum abgeschöpft wird. Immerhin aber werden wir diese Decoratoren für die Art ihren Zweck zu erreichen schätzen und bewundern. Sie hatten ganz recht, keine wirklichen Architekturen mit wirklicher, auf Täuschung abgesehener Linien- und Luftperspective abzubilden. Dergleichen wirkt, wie so viele Beispiele im heutigen Italien zeigen, neben ächten Säulen und Gebälken doch nur kümmerlich und verliert bei der geringsten Verwitterung allen Werth, während die idealen Architekturen dieser alten Pompejaner, selbst mit ihrer abgeblassten Farbe, auf alle Jahrhunderte Auge und Sinn erfreuen werden.

Säulchen, Gebälke und Giebel nämlich sind wie aus einem idealen Stoffe gebildet, bei welchem Kraft und Schwere, Tragen und Getragenwerden nur noch als Reminiscenz in Betracht kömmt[2]). Die

1) Ob das Colorit dieser Gemälde wirklich in einem durchgehenden Verhältniss stehe zu der rothen, grünen etc. Farbe des entsprechenden Wandstückes, wage ich nicht zu entscheiden. Gerade die besten Gemälde haben durch die Übertragung in das Museum von Neapel ihren Zusammenhang mit der Wandfarbe eingebüsst.

2) Die reine gothische Decoration folgt hierin ganz andern Gesetzen; sie ist fast durchgängig (an Wandzierrathen, Stühlen, selbst feinen Schmucksachen) streng architektonisch gedacht und wiederholt überall ihre Nischen, Sockel, Fenster, Streben, Pyramiden und Blumen im kleinsten Maasstab ähnlich wie im grössten. Sie bedurfte jener besondern Erleichterung vom Stoffe nicht wie die antike, weil durch ihr inneres Gesetz der Entwicklung nach oben der Stoff bereits überwunden ist.

Säulchen werden theils zu schlanken goldfarbigen Stäben mit Cannelirungen, theils zu Schilfrohren, von deren Knoten sich jedesmal ein Blatt ablöst, ähnlich wie an vielen Candelabern; ja bisweilen wird eine ganze reiche Schale rings umgelegt; auch blüht wohl eine menschliche Figur als Träger daraus empor. Die Gebälke, oft mit reichen Verkröpfungen, werden ganz dünn, unten geschwungen gebildet und meist bloss mit einer Reihe von Consolen, kaum je mit vollständigem Architrav, Fries und Deckgesimse versehen. Dieselbe Leichtfertigkeit spricht sich in den Giebeln aus, welche nach Belieben gebrochen, halbirt, geschwungen werden. Wo es sich um Untensicht und Schiefsicht, z. B. beim Innern von Dächern etc. handelt, scheint die Perspective oft sehr willkürlich und falsch, man wird sie aber in der Regel decorativ-richtig empfunden nennen müssen.

Der besondere Schmuck dieser idealen, ins Enge und Schlanke zusammengerückten Architektur sind vor Allem schöne Giebelzierrathen. Man kann nichts Anmuthigeres sehen als die blasenden Tritone, die Victorien, die mit dem Ruder ausgreifende Scylla, die Schwäne, Sphinxe, Seegreife und andere Figuren, welche die zarten Gesimse und Giebel krönen. Dann finden sich Gänge, Balustraden, auf welchen Gefässe, Masken u. dgl. stehen, und ein (mit Maassen angewandter) Schmuck von Bogenlauben und Guirlanden. Letztere hängen oft von einem kleinen goldenen Schilde zu beiden Seiten herunter[1]). — Es giebt auch einzelne Beispiele einer mehr der Wirklichkeit sich nähernden Perspective, mit Aussichten auf Tempel, Stadtmauern u. dgl. (so im dritten Saal des Museums links, und in den hintern Räumen a
der Casa del labirinto zu Pompeji); allein im Ganzen hat die oben b
dargestellte Behandlung das grosse Übergewicht. In einzelnen Beispielen (Museum, erster Saal unten rechts) ist die ganze Architektur c
und einige Theile der sonstigen Decoration von hellem Stucco erhaben aufgesetzt, wirkt aber so nicht gut.

Der Hintergrund dieser phantastischen Baulichkeiten ist theils

---

1) Vielleicht nur eine veredelte Reminiscenz der Eimerkette, welche von ihrer Rolle herunterhängt. Man wird erst spät inne, aus wie kleinen Motiven die Kunst Zierliches und selbst Schönes zu schaffen weiss.

weiss, theils himmelblau, auch wohl schwarz, und contrastirt sehr kräftig mit den dazwischen ausgespannten farbigen Wänden. Oft sind auf besondern schmalen Zwischenfeldern noch leichtere Arabesken, Hermen, Candelaber, Thyrsusstäbe u. dgl. angebracht. Die Künstler wussten sehr wohl, dass eine reiche Decoration, um nicht bunt und schwer zu werden, in mehrere Gattungen geschieden sein muss. Der Sockel ist meist als Fläche behandelt und enthält: entweder natürliche Pflanzen, wie sie an der Mauer wachsen; oder, auf besonders eingerahmtem dunklem Grunde, Masken mit Weinlaub (auch wohl auf Treppchen liegend mit Fruchtschnüren ringsum), fabelhafte Thiere, einzelne Figuren, kleine Gruppen u. dgl. — Über der Hauptfläche ist der oberste Theil der Wand meist mit geringerer Liebe (auch wohl von geringerer Hand) verziert. Allerdings entwickelt sich bisweilen erst hier das weiter unten begonnene Giebel- und Guirlandenwesen auf hellem Grunde zum grössten Reichthum; oft aber nehmen kindliche Darstellungen von Gärten und Laubgängen oder sog. Stilleben (todte Küchenthiere, Fische, Früchte, Geschirr, Hausrath etc.) diese Stelle in Beschlag. (Wenn man eine Lichtöffnung in der Mitte der Decke annimmt, so erklärt sich die geringere malerische Behandlung dieser obern Wandtheile, *welche das schlechteste Licht genossen*, ganz einfach.)

Den Zusammenklang dieses köstlichen Ganzen empfindet man am
a besten im sog. *Pantheon zu Pompeji*, wo von zwei Wänden beträchtliche Stücke der Malereien ganz erhalten sind. Am Sockel: gelbe vortretende Piedestale mit schwarzen Füllungen, zum Theil mit gelben Karyatiden; an der Hauptfläche: ein hinten durchgehender rother Raum mit prächtigen Architekturen und Durchblicken ins (helle) Freie, davorgestellt grosse schwarze Wände mit Guirlanden und Mittelbildern, die zu den werthvollsten gehören (Theseus und Aethra, Odysseus und Penelope etc.); vor die Säulen sind unten, wie in der Regel, kleine Landschaften eingesetzt; die Architekturen selbst sind mit Gestalten von Dienern, Priesterinnen u. s. w. trefflich belebt; am obern Theil der Wand: theils Durchblicke ins (blaue) Freie mit Gestalten von Göttern, theils Stillleben auf hellem Grunde. — Raphaels Logen daneben gehalten, kann man im Zweifel bleiben, welcher Eindruck *im Ganzen* erfreulicher sei.

Von dieser Prachtarbeit führt eine grosse Stufenreihe abwärts bis zu den einfachen Arabesken, Säulchen und Giebelchen, welche roth oder rothgelb auf weissem Grunde die Kaufladen, Nebengemächer und Gänge der geringern Häuser verzieren. Wir wollen nur einige Gebäude namhaft machen, in welchen die Scenographie ihre Gesetze besonders deutlich offenbart.

Im „Haus des tragischen Dichters" sind mehrere Ge- a
mächer besonders schön und belehrend. Eines: Architekturen auf weissem Grund, dazwischen rothe und gelbe Flächen mit eingerahmten Bildern, drüber ein Fries mit Wettkämpfen und dann noch leichtere Ornamente, beides auf hellem Grund. — Anderswo: die schlanke Architektur besonders reizend zu halbrunden Hallen geordnet. — Im sog. Esszimmer: über schwarzem Sockel und violettbraunem Obersockel gelbe Hauptflächen mit trefflichen Bildern, dazwischen Architekturen auf himmelblauem Grund, die Rohrsäulen ausgehend in Figuren (als bewegte Karyatiden); oben freiere Figuren und Ornamente auf gelbem Grund.

In der „Casa della Ballerina" an den Wänden des Atriums b
zierliche kleine Tempelfronten mit Durchblicken auf himmelblauem Grund.

In der „Casa di Castore e Polluce" mehrere Gemächer c
mit reichem Zierwerk auf lauter weissem Grund; die Figuren theils schwebend in der Mitte der Flächen, theils als Bewohner der Architekturen angebracht. In andern Räumen zwischen braunrothen Architekturstücken blaue Zwischenflächen, mit sehr zerstörten, aber ausgezeichneten Bildern.

In der „Casa di Meleagro" ein Gemach mit guten Ornamen- d
ten (am Sockel Pflanzen) auf schwarzem Grund; ein anderes mit gelben Architekturen auf himmelblauem Grund und rothen Zwischenflächen, die gute Bilder enthalten.

In der „Casa di Nerone" mehrere Zimmer mit einer domi- e
nirenden Farbe, was sonst wenig vorkömmt; ein gelbes, ein rothes, ein blaues Zimmer; oben durchgängig Architekturen mit Füllfiguren auf weissem Grund. Das Triclinium ganz gelb, die Ornamente bloss mit braunen Schatten und weissen Lichtern angegeben. Die Halle

um den Garten dagegen: braunrother Sockel mit natürlichen Pflanzen u. dgl., unterbrochen von gelben vortretenden Piedestalen; darüber reiche und treffliche Architekturen auf blauem Grund mit schwarzen Zwischenflächen, welche gute Bilder enthalten; oben: Zierrathen und Figuren auf weissem Grund. Im sog. Schlafzimmer die Architekturen mit Bewohnern besonders anmuthig belebt.

a In der „Casa d' Apollo" das Tablinum vom Allerzierlichsten; das sog. Schlafzimmer mit lauter goldgelben Architekturen auf himmelblauem Grund, so dass gar keine Zwischenflächen vorhanden sind; die Figuren theils ganze, Götter darstellend, theils Halbfiguren hinter den Balustraden; die Ausführung gut, doch geringer als im Tablinum.

b In der „Casa di Sallustio" enthält die Wand des hintern Gärtchens eine harmlose Decoration, wie sie auch sonst noch in pompejanischen Gartenräumen und bis auf den heutigen Tag vorkömmt: hohe natürliche Pflanzen mit Vögeln und Guirlanden auf himmelblauem Grunde. Um den kleinen Hof in der Nähe des Bildes „Diana und Actäon" herum gute Verzierungen auf lauter schwarzem Grunde mit Ausnahme des violetten Sockels. Andere Räume mit farbigen Quadern (von Stucco) sehr unschön decorirt.

c In der „Casa delle Vestali" die Gartenhalle ganz gelb, auch der untere Theil und die korinthischen Stuccocapitäle der Säulen. Die Architekturen der Wand bloss mit braunen Schatten und weissen Lichtern angegeben; oben offene Schränke mit Küchenthieren und Guirlanden in Naturfarbe; der Sockel braunroth mit mythologischen Figuren.

d In der „Villa di Diomede" die Malereien theils unbedeutend, theils weggenommen und nach Neapel geschafft. Die Gewölbe der untern Räume sind mit Fortsetzungen der Architekturen auf hellem Grunde verziert.

Nur ungern trennen wir bei der Besprechung dieser Schätze die eigentliche Malerei von der Decoration, indem sich die beiden Künste nie so eng die Hand geboten haben wie gerade hier. Wo sollen wir z. B. die unzähligen kleinen Vignetten unterbringen, welche diese heitern Räume beleben? Wer ihnen je einen Blick gegönnt hat, wird sie noch oft und mit immer neuem Genuss betrachten, diese Gruppen von Gefässen, Vögeln, Schilden, Meerwundern, Tempelchen, Masken, Schalen, Fächern und Ombrellen mit Schnurwerk, Dreifüssen, Treppchen mit Opfergeräthen, Hermen u. s. w., um zu schweigen von den zahllosen menschlichen Figürchen.

Unläugbar ist in diesem ganzen pompejanischen Schmuckwesen wie in der Architektur schon Vieles, was der Ausartung, dem Barocken angehört. Nur muss man sich hüten, gleich Alles dahin zu rechnen, was nicht dem Kanon der griechischen Säulenordnungen entspricht, denn auch das scheinbar Willkürliche hat hier sein eigenes Gesetz, welches man zu errathen suchen muss.

Die spätern Schicksale dieses Styles werden allerdings bald traurig. Er scheint schon im II. Jahrhundert, jedenfalls im III. erstarrt zu sein. Die Mosaiken des runden Umganges von S. Costanza bei a
Rom zeigen, dass man zu Anfang des IV. Jahrhunderts gar nicht mehr wusste, um was es sich handelte; in dem Rankenwerk herrscht öder Wirrwarr, in den regelmässigen Feldern eine öde und steife Einförmigkeit. Einige gute Ornamente retten sich wohl bis tief ins Mittelalter hinein und gewinnen stellenweise (s. unten) ein neues Leben; die Hauptbedingung dieser ganzen Productionsweise aber war unwiederbringlich dahin: nämlich die Lust des Improvisirens.

Wo diese nicht vorhanden gewesen war, da hatte auch der Pompejaner einst nur Kümmerliches geleistet. Man sehe nur seine meisten Mosaikornamente, bei deren Anfertigung natürlich diese Lust wegfiel. (Säulen und Brunnen im Museum, erster Saal unten links; anderes in b
verschiedenen Häusern zu Pompeji selbst, u. a. in der „Casa della c
Medusa".) Ganz auffallend sticht die kindische Leblosigkeit dieser Prunksachen neben den freien Arabesken der Wände ab. Auf ähnliche Weise hat später das Mosaik, als es vorherrschende Geltung erlangte, das Leben der Historienmalerei getödtet. Diess hindert nicht, dass aus früherer Zeit einzelne ganz ausgezeichnete Mosaiksachen vorhanden sind und dass ausser einer Alexanderschlacht auch ein Fries von Laubwerk, Draperie und Masken (in dem letztgenannten Raume d
des Museums) existirt, der zum Allertrefflichsten dieser ganzen Gattung gehört.

Auf die Architektur und bauliche Decoration der Alten folgt zunächst eine Classe von Denkmälern, in welchen das architektonische Gefühl, seiner ernsten Aufgaben entledigt, in freiern Formen ausblühen darf. Wir meinen die marmornen Prachtgeräthe der Tempel und Paläste: Candelaber, Throne, Tische, Kelchvasen, Becken, Dreifüsse und Untersätze derselben. Der Stoff und meist auch die Bestimmung geboten eine feierliche Würde, einen Reichthum ohne eigentliche Spielerei. Es sind die Zierformen der Architektur, nur so weiter entwickelt, wie sie sich, abgelöst von ihren sonstigen mechanischen Functionen, entwickeln konnten. Man sehe z. B. den prachtvollen
a vaticanischen Candelaber (Galeria delle Statue, nahe bei der Kleopatra); in solchen reichgeschwungenen Blättern muss der Akanthus sich auswachsen, wenn er nicht als korinthisches Capitäl ein Gebälk zu tragen hat! Man vergleiche die Stützen mancher Becken und Candelaber mit den Tempelsäulen, und man wird dort der stark ausgebauchten, unten wieder eingezogenen Form und den schräg ringsum laufenden Cannelirungen ihr Recht zngestehen müssen, indem die Stütze der freien Zierlichkeit des Gestützten entsprechen musste.

Andere Bestandtheile dieser Werke sind natürlich rein decorativer Art, doch herrscht immer ein architektonisches Grundgefühl vor und hütet den Reichthum vor dem Schwulst und der Zerstreuung. Schon die Reliefdarstellungen an vielen dieser Geräthe verlangten, wenn sie wirken sollten, eine weise Beschränkung des bloss Decorativen. Die Füsse, wo sie erhalten sind, stellen bekanntlich Löwenfüsse vor, stark und elastisch, nicht als lahme Tatzen gebildet. An Thronen und Tischen setzt sich der Löwenfuss als Profilverzierung in schönem Schwung bis über das Kniegelenk fort; dort löst sich die Löwenhaut etwa in Gestalt von Akanthusblättern ab und der Oberleib einer Sphinx oder ein Löwenhaupt oder das eines bärtigen Greifes tritt als Stütze oder Bekrönung darüber hervor; die Flügel an der Sphinx oder am Löwenleib dienen dann als Verzierung der betreffenden Seitenwand. Die horizontalen Gesimse sind durchgängig sehr zart, als blosser architektonischer Anklang gebildet; ihre Bekrönungen dagegen mit Recht reicher, etwa als Palmettenkranz. Eine gottesdienstliche Beziehung, direct auf Opfer gehend, liegt in den oft sehr schön stylisirten Widderköpfen auf den Ecken. — In den Formen der Vasen herrschen unten

an der Schale meist die concentrischen Streifen der Muschel, doch auch wohl reiches Blattwerk; der obere Theil, welcher die eigentliche Urne ausmacht, bleibt frei für die Reliefs; der Rand aber zeigt einen schönen Umschlag in der Form des sogenannten Eierstabes. Die Henkel sind bisweilen nach oben mehrfach in elastischen Spiralen geringelt (so an der sonst einfachen Colossalvase des Vorhofes von S. Ce- a
cilia in Rom und an der kleinern an der Treppe des Palazzo b
Mattei); ihre untern Ansätze erscheinen mit Masken und andern Köpfen verziert. Bisweilen sind lebende Wesen als Träger der Gefässe, Tische u. s. w. rund gearbeitet; so ruht ein vaticanisches Gefäss (Belvedere, Raum zunächst dem Meleager) auf den verschlungenen c
Schweifen von drei Seepferden, ein Becken ebendort (oberer Gang) d
auf den Schultern dreier Satyrn mit Schläuchen u. s. w. — Die Dreiseitigkeit der meisten Untersätze hatte wohl ihren Ursprung in der Form der Dreifüsse, für welche dergleichen Prachtpiedestale früher hauptsächlich gearbeitet wurden; allein die Kunst behielt sie später gerne auch für Candelaber, Vasen u. dgl. bei, des leichten und anmuthigen Aussehens wegen und zum Unterschiede von der Architektur.

Diese Arbeiten sind oft sehr stark nach verhältnissmässig geringen Bruchstücken und nach Analogien ergänzt. Wo zwei identische Candelaber stehen, wird der eine in der Regel die Copie, ja der blosse Abguss des andern und nur der Symmetrie halber mit aufgestellt sein. Wir zählen in Kürze eine Auswahl des Besten auf.

Im Vatican, mit Ausnahme des schon Genannten: im Braccio e
nuovo: die schwarze Vase mit Masken; — in den verschiedenen Räumen des Belvedere und in der Sala degli Animali: Tischstützen (Trapezo- f
phoren) mit Thieren und Thierköpfen jeder Art und Güte; — im obern Gang: zwei kleinere und vier grössere Candelaber, letztere besonders g
schön mit Genien, die in Arabesken auslaufen (ein ganz ähnlicher im Chor von S. Agnese vor Porta Pia); ein grosses Candelaberfragment h
mit flachem Akanthus; grosser, stark zusammengesetzter Candelaber mit dem Dreifussraub an der Basis; mehrere schöne Vasen, Brunnen u. s. w.; zwei vierseitige schmale Altäre, nach Art der marmornen Dreifüsse sehr reich behandelt. — Im Museo capitolino: obere i
Galerie: sehr ausgezeichnete grosse Vase, deren Pflanzenverzierung in fünfblättrigen Schoten ausgeht; — Zimmer der Vase: nächst dem einfach k

5*

schönen bronzenen Mischkrug des Mithridat (leider mit barock-modernen Henkeln) die dreiseitige Marmorbasis unter dem Opferknaben. —
a In der Villa Albani, Mehreres in der Nebengalerie links; — im sog.
b Kaffehaus: ein guter, aber später Candelaber; von den bei Anlass der Reliefs genannten Vasen sind mehrere auch als Vasen ausgezeichnet.
c In der Villa Borghese: Mehreres, besonders in der Vorhalle. —
d Im Museum von Neapel, erster Gang: zwei runde Becken mit ins Viereck gezogenem Rande, auf gewundenen Säulen ruhend; ein schönes Brunnenbecken auf drei Löwenfüssen mit Sphinxoberleibern. —
e Im dritten Gang: aufrecht sitzende Sphinx als Trägerin einer Stütze
f mit Palmettenhals; Anbau dieses Ganges: mehrere Thron- und Tischstützen; ein herrliches Marmorbecken, welches die Gesetze dieser Ornamentik vielleicht so klar wie wenige andere Überreste offenbart; endlich die kolossale Porphyrschale, grossentheils ergänzt und mit
g Ölfarbe bestrichen. — In der Halle der Musen: die Vase von Gaeta, das
h Decorative sehr zerstört. — In der Halle der farbigen Marmore: eine Sirene von rothem Marmor, die mit ihrem Schweif die Tragsäule eines
i Brunnenbeckens umschlingt. — In der Halle des Tiberius: ausser einer Amphore und einer Urne die beiden bekannten Candelaber mit den Fischreihern oder wie man die je drei Vögel nennen will.

k In Pompeji enthält gegenwärtig der Hof des Mercurstempels eine Sammlung von steinernen Tischstützen u. dgl., welche den Zierrath wieder auf seine einfachste Form: die senkrecht cannelirte Säule zurückführen. Ähnlich die meisten Zugbrunnen (Pozzi) in
l den Häusern. Ein Marmortisch auf Greifen ruhend in der Casa di Nerone.

m In den Uffizien zu Florenz: innere Vorhalle: Zwei schlanke Pfeiler, zu Trägern von Büsten oder Statuen bestimmt, auf allen vier Seiten überfüllt mit kleinlichen Trophäen in Relief; eine späte und in ihrer Art lehrreiche Verirrung; gleichsam ein ins Enge gezogener Ausdruck dessen, was die Spiralsäulen im Grossen gaben. — Verbindungs-
n gang: dreiseitige Candelaberbasis mit Amorinen, welche die Waffen
o des Mars tragen. — Zweiter Gang und Halle der Inschriften: mehrere Altäre und altarförmige Grabmäler, dergleichen Rom in viel grösserer
p Auswahl bietet. — Erster Saal der Malerbildnisse: die mediceische Vase mit Iphigeniens Opfer, klassisch auch in ihren Ornamenten: der

Fuss meist echt und alt, von den Henkeln und vom obern Rand wenigstens so viel, als für die Restauration nöthig war.

Im Dogenpolast zu Venedig (Museo d'Archeologia, Corridojo) ein schöner grosser Candelaber, sehr restaurirt, doch der Hauptsache nach alt, ausgenommen die obere Schale; oben drei Satyrsköpfe und Laubwerk mit Vögeln.

Hier noch eine Bemerkung, die wir nirgends anders unterbringen können. In das Gebiet der Ornamentik fallen auch die Buchstaben der Inschriften. Die Griechen haben darin immer nur das Nöthige gegeben und irgend ein architektonisches Glied zum Träger dessen gemacht, was sie in verhältnissmässig kleinen Charakteren nur eben leserlich angeben wollten. Bei den Römern will die Inschrift schon in die Ferne wirken und erhält bisweilen, nicht bloss an Triumphbogen, wo sie in ihrem Rechte ist, sondern auch an Tempelfronten eine eigene grosse Fläche auf Kosten der Architrav- und Friesglieder. Allein wenigstens die Buchstaben sind noch bis in die späteste Zeit verhältnissmässig schön gebildet und passen zum Übrigen. Der Baumeister verliess sich nicht auf den Steinmetzen und Bronzisten, sondern bedandelte, was so wesentlich zur Wirkung gehörte, als etwas Wesentliches.

Von jenen grossen, monumental behandelten Prachtstücken gehen wir über zu den beweglichen Geräthen des wirklichen Gebrauches, welchen ihr Stoff — das Erz[1]) — einen besondern Styl und eine bessere Erhaltung gesichert hat. Vor allen Sammlungen haben hier die sechs Zimmer der „kleinen Bronzen" im Museum von Neapel den Vorzug, weil in ihnen die Schätze aus den verschütteten Städten am Vesuv und die Ausgrabungen von Unteritalien zusammenmünden. (Einiges recht Schöne auch in den Uffizien zu Florenz, II. Zimmer der Bronzen, 8.—14. Schrank.)

[1]) Von den silbernen Gefässen, dergleichen Verres in Sicilien massenweise stahl, ist natürlich nur äusserst Weniges erhalten.

Auf den ersten Blick haben diese Überreste gar nichts Bestechendes oder Überraschendes. Ersteres nicht, weil der Grünspan sie unscheinbar macht; letzteres nicht, weil unsere jetzige Decoration sie seit achtzig Jahren nachbildet, so dass bald kein Tischservice, keine Salonlampe völlig unabhängig ist von diesen Vorbildern. Wer nun aber nicht schon aus historischem Interesse dieser Quelle der neuern Decoration nachgehen will, der mag es doch um des innern Werthes willen getrost thun. Er wird dann vielleicht inne werden, dass wir unvollkommen und mit barbarischer Styl-Mischung nachahmen, dass wir dabei bald zu architektonisch trocken, bald zu sinnlos spielend verfahren, und dass uns nicht die Überzeugung, sondern die Willkür leitet, sonst würde unsere Mode nicht im Chinesischen, in der Renaissance, im Rococo u. s. w. zugleich herumfahren, ohne doch Eines recht zu ergründen. Die Alten stehen hier unsern barocken Niedlichkeiten und Nippsachen recht grandios gegenüber mit ihrem Schönheitssinn und ihrem Menschenverstande.

Vase, Leuchter, Eimer, Wage, Kästchen, und was all die Alterthümer noch für Namen und Bestimmungen haben mochten, — Alles besitzt hier sein inneres organisches Leben, seine Entwicklung vom Gebundenen ins Freie, seine Spannung und Ausladung; die Zierrathen sind kein äusserliches Spiel, sondern ein wahrer Ausdruck des Lebens.

Schon die gemeinen Küchen- und Tischgefässe haben eine gute, schwungvolle Bildung des Profils, des Halses, namentlich der Handhaben und Henkel. Eine Sammlung von abgetrennten Henkeln, in
a einem Schrank des fünften Zimmers (Einiges auch in den Uffizien,
b 12. Schrank des genannten Raumes), zeigt auf das Schönste, wie die Bildner jedesmal mit neuer Lust die einfache Aufgabe lösten, in diesem Theil des Gefässes eine erhöhte Kraft und Dehnbarkeit auszusprechen, und wie der Auslauf des Henkels in eine Maske oder Palmette gleichsam ein letzter, glänzender Ausdruck dieser besondern Belebung sein sollte. (Eine sehr edel stylisirte Handhabe mit Blattwerk
c im genannten Raum der Uffizien, 13. Schrank.) An Urnen, Opferschalen und andern festlichen Geräthen ist natürlich auf dergleichen noch eine besondere Sorgfalt verwendet. Wo von der Aussenseite des Gefässes ein grösserer Theil verziert ist, findet man in der Regel, dass Form und Profil des Zierrathes der Bewegung des Gefässes, seinem

Anschwellen und Abnehmen folgt und sie verdeutlichen hilft[1]. Namentlich beachte man den umgeschlagenen Rand mit der einfach schönen Reihe von Perlen oder kleinen Blättern; er ist gleichsam eine letzte Blüthe des Ganzen.

Sehr zahlreich sind, zumal im zweiten und sechsten Zimmer, die a
Lampen, welche sowohl in der Hand getragen als auf besondere Ständer gestellt oder an Kettchen aufgehängt werden konnten. Schon die ganz einfachen unverzierten haben die denkbar schönste Form für ihren Zweck: einen Behälter für das Öl und eine Öffnung für den Docht nebst einer Handhabe darzubieten. (Wer sich hiervon überzeugen will, mache einmal selbst den Versuch, ein Geräth, welches diese drei Dinge vereinigt, aus eigener Erfindung zu componiren.) Am häufigsten wurde wenigstens der Griff verziert, als Schlange, Thierkopf, geflügelte Palmette u. s. w. Dann folgten Zierrathen, Reliefs und ganze freistehende Figürchen auf dem Deckel des Ölbehälters. Bisweilen sind mehrere Lampen an den Zweigen einer Pflanze, eines Baumes, auch wohl an reichen, von einem kleinen Pfeiler ausgehenden Zierrathen aufgehängt, wozu eine schön architektonisch gebildete Basis gehört. (Eine grosse bronzene Lampe christlicher, doch noch b
römischer Zeit in den Uffizien ,14. Schrank, zeigt die spätere Erstarrung dieser Form; sie ist als Schiff gestaltet.)

Von den Lampenständern wird man die kleinern als artige kleine Dreifüsse, als Bäumchen, als elastische Doppelkelche (aufwärts und abwärts schauend) gebildet finden. Der höhere Lampenträger dagegen ist der bronzene Candelaber, der hier in einer grossen Menge von Exemplaren, vom Einfachsten bis zum Reichsten, repräsentirt ist. Der Stab desselben, fast immer auf drei Thierfüssen mit Pflanzenzierrathen stehend, ist bald mehr architektonisch als schlanke cannelirte Säule, bald mehr vegetabilisch als Schilfrohr gebildet. Oben geht er entweder in drei Zweige oder in einen mehr oder weniger reichen Kelch über, dessen breite obere Platte die Lampe trug. Im Ganzen wird man kaum ein einfach anmuthigeres Hausgeräth erdenken können. Auch Figuren als Lampenträger fehlen nicht, z. B. ein Harpocrates, der in der Rechten einen Lotos mit der Lampe hielt; ein köstlicher

[1]) Vgl. unten den Abschnitt über die gemalten Vasen.

Silen mit dem Schlauch, hinter welchem ein Bäumchen zwei Lampen trug; ein Amor auf einem Delphin, über dessen Schweif die Lampe
a schwebte, u. s. w. (Ein Candelaberfuss in den Uffizien, 10. Schrank, besteht aus drei zusammenspringenden Luchsen mit Masken dazwischen.)

Die Füsse der Geräthe sind ideale und dabei höchst kräftige, doch — dem Stoffe gemäss — leichte Thierfüsse, welche die Zehen des Löwen mit dem schlanken Fussbau des Rehes vereinigen. Wie frei die Alten mit solchen Bildungen umgingen, zeigt der herrliche Altar des dritten Zimmers, dessen drei Thierfüsse über einem Absatz ebensoviele Sphinxe und hinter diesen Blumenstengel tragen, auf welchen dann die runde Platte mit ihrem Fries von Stierköpfen und Guirlanden ruht; unter sich sind die Füsse durch schöne, schwungreiche Pflanzenbildungen verbunden.

An den meist aus Pompeji stammenden Helmen und Harnischen
b (viertes Zimmer) findet sich theilweise ein reicher, prachtvoller Reliefschmuck. Die ganzen Figuren und Geschichten, z. B. verschiedene Scenen der Einnahme von Ilion, sind mit Recht dem Helm vorbehalten, während Arm- und Beinschienen mit Ausnahme einer vorn angebrachten ganzen Götterfigur nur Masken, Adler, Arabesken, Füllhörner etc. darbieten. Andere Helme, von roherer römischer Ausführung, enthalten bloss Trophäen, Köpfe von Göttern u. dgl. An einem schön griechischen Brustharnisch (aus Pästum?) wird man das Haupt der Pallas Athene finden. — Die archäologische Bedeutung dieser beträchtlichen Sammlung von Waffen, Pferdezeug u. dgl. darf hier nicht weiter erörtert werden; genug, dass auch in diesen Werkzeugen des Krieges
c die schöne antike Formenbildung sich nicht verläugnet. (Im Museo patrio zu Brescia der figurirte Brustschild eines Pferdes.)

Im Ganzen darf man immer von Neuem sich wundern, dass ein Volk, welches seine Zierformen so leicht und meisterhaft bildete, doch fast durchgängig Maass hielt und des Guten nicht zu viel that. Es genügt ein vergleichender Blick auf die Renaissance, die sich dessen nicht rühmen kann, die ihre tragenden Theile im Styl der Flächen verzierte und an ihren Gefässen vollends nur eine angenehme Pracht erstrebte, ohne auf eine lebendige Entwicklung bedacht zu sein. Wie gerne verzeiht man daneben den Pompejanern, wenn sie das Gewicht an ihrer (römischen) Wage als Satyrskopf, als Haupt des Handelsgottes Hermes bildeten. Es kommen noch andere einzelne Spielereien vor, aber sie machen keinen weitern Anspruch und verdunkeln nicht das Wesentliche.

Einen interessanten Contrast mit den ehernen Gefässen bieten die *gläsernen* dar, deren im dritten Zimmer der „Abtheilung der Terra- a
cotten" desselben Museums von Neapel eine grosse Sammlung vorhanden ist. (Meist aus Pompeji.) Diese Gläser sind nicht besser geformt als unsere gemeinen Glaswaaren, weil sie geblasen wurden, wobei in der Regel nur unbedeutende und leblose Profile zum Vorschein kommen können. Das Auge mag sich indess schadlos halten an einigen Schälchen u. s. w. von schöner lasurblauer Farbe und an einigen Überresten bunter Millefiori, wenn auch letztere nicht mit den jetzigen venezianischen Prachtarbeiten wetteifern dürfen.

Von den pompejanischen Gefässen aus *gebrannter Erde* (im vierten und fünften Zimmer derselben Sammlung) weisen dagegen b
schon die allergemeinsten eine bessere und edlere Form auf; nur darf man sie nicht mit den griechischen Vasen vergleichen, von welchen bei Anlass der Malerei die Rede sein wird. Die vielen Hunderte von gewöhnlichen Thonlampen haben in ihrem befangenen Stoff noch immer jene schöne Grundform mit den ehernen gemein. Einzelne Stirnziegel in Palmettenform zeigen, wie zierlich selbst an geringen Gebäuden das untere Ende jeder Ziegelreihe des Daches auslief. (Auch ein Giessmodel für dergleichen ist hier aufgestellt.) — Von thönernen figurirten Friesstücken findet sich wenigstens eine kleine Auswahl[1]).

Einen eigenen klassischen Werth hat sodann die *florentinische* Sammlung schwarzer *figurenloser Thongefässe* (bei den gemal- c
ten Vasen in dem verschlossnen Gang, der von den Uffizien nach Ponte vecchio führt). Neben mehr willkürlichen etruskischen Formen finden sich hier die schönsten griechischen Profilirungen, den edelsten Vasen von Bronze und Marmor im Kleinen und in einem andern Stoffe nachgemaht. (Besonders eine Urna unvergleichlich.) Sie dienten nicht zum täglichen Gebrauch, sondern standen wohl in Tempeln und Gräbern.

---

[1]) Eine der bedeutendsten Terracotta-Sammlungen, die des Cavaliere Campana in Rom, ist nur *
schwer zugänglich.

Es wurde bereits erwähnt, dass die christliche Kirchenbaukunst mehr oder weniger sich dem Vorbild der heidnischen Basiliken anschloss und die von den Tempeln genommenen Säulen zum Bau ihres Innern benützte. Die grossen Modificationen, welche den eigenthümlichen Werth der christlichen Basilica ausmachen, sind kurz folgende.

1) Das Innere der heidnischen Basilica war ein zwar länglicher, aber auf allen vier Seiten von der Säulenhalle umgebener Raum oder (unbedeckt gedacht) Hof; in der christlichen Kirche wird derselbe zu einem bedeckten Mittelschiff, und die Halle zu zwei oder vier Seitenschiffen, während die Fortsetzung der Halle auf den Schmalseiten (vorn und hinten) wegfällt oder nur vorn und dann in veränderter Bedeutung, als innere Vorhalle, sich behauptet.

2) Die grosse hintere Nische (Apsis, Tribuna), einst durch die davor hinlaufende Halle theilweise dem Auge entzogen, wird jetzt geradezu das Ziel aller Augen, indem sich darin oder zunächst davor der Altar erhebt. Die Längenperspective wird damit das Lebensprincip der ganzen Basilica und damit der meisten abendländischen Kirchen überhaupt.

3) In den wichtigern Basiliken entsteht vor der Nische ein Querschiff von gleicher oder fast gleicher Höhe mit dem Hauptschiff, zur Aufnahme bestimmter Classen von Anwesenden (Geistliche, Beamte, Matronen etc.). Ein besonderer grosser Bogen (der Triumphbogen) auf Säulen bildet den Übergang aus dem Hauptschiff ins Querschiff.

4) Die Errichtung eines obern Stockwerkes, in den heidnischen Basiliken beinahe Regel, wird hier zur Ausnahme (S. Agnese, S. Lorenzo fuori le mura, SS. Quattro Coronati in Rom). Die Obermauer

des Mittelschiffes wird theils mit Malereien bedeckt, theils mit grossen (jetzt meist vermauerten oder umgestalteten) Fenstern durchbrochen. Die ursprünglichen reichgeschmückten Flachdecken sind sämmtlich untergegangen; an einigen Kirchen ist noch das mittelalterliche Sparrenwerk des Daches erhalten; die meisten tragen moderne Decken oder Scheingewölbe.

5) An den Basiliken von Ravenna kömmt zuerst regelmässig die Anordnung von zwei Nebennischen rechts und links von der Hauptnische vor.

6) Die Aussenwände blieben meist schlicht und glatt (in Ravenna schüchterne Anfänge einer Eintheilung, durch vortretende Wandstreifen mit Rundbogen, auch frühe schon eigentliche Bogenfriese). Was etwa, z. B. von Consolen am Obergesimse vorkömmt, ist von antiken Gebäuden entlehnt. (Apsis von S. Cecilia in Rom.) Die Fassade er- a
hielt eine Vorhalle, wovon unten die Rede sein wird; die Thüren hatten wohl in der Regel antike Pfosten; die Obermauer wahrscheinlich eine Decoration von kostbaren Marmorplatten, auch wohl schon frühe von Mosaik.

7) Im Innern ist die Säulenstellung je älter desto dichter und desto gleichmässiger (letzteres aus dem Seite 27, b, angegebenen Grunde). Die alte Peterskirche hatte über den Säulen ein gerades Gebälk, der alte Lateran und die alte Paulskirche Bogen; S. Maria Maggiore hat noch ihr gerades Gebälk — sämmtlich Bauten des IV. und V. Jahrhunderts. Von da an überwiegen die Bogen (Ausnahme: das Untergeschoss der b
alten Kirche von S. Lorenzo fuori) und bilden in Ravenna die ausschliessliche Form; erst im XI. bis XIII. Jahrhundert kommt wieder in einzelnen römischen Beispielen (S. Maria in Trastevere, S. Crisogono, die neuere Kirche von S. Lorenzo fuori) das gerade Gebälk und anderwärts sogar der Flachbogen vor (Dom von Narni und Vorhalle der Pensola ebenda).

8) In Rom setzen in der Regel die Bogen unmittelbar über dem Säulencapitäl an; in Ravenna schiebt sich ein trapezförmiges Zwischenstück ein, welches durch seine barbarische Bildung das richtige Grundgefühl wieder verdunkelt, welches hier ein Zwischenglied verlangte. Die Alten hatten wenigstens bei ihren vortretenden Säulen auch das betreffende Gebälkstück vortreten lassen, und als Brunellesco die alte

Baukunst wieder zu erwecken suchte, war die Herstellung desselben sein Erstes.

Die meisten Basiliken haben so starke Veränderungen erlitten, dass man nur mit Mühe sich den ursprünglichen Eindruck vergegenwärtigen kann. Da diese ganze Bauweise, mit der hohen Obermauer über den Säulen, einem starken Erdbeben nicht leicht widerstand, durch ihr hölzernes Dachwerk den Feuersbrünsten unterworfen war und auch ohne dieses durch ihre eigene Leichtigkeit zum Umbau einlud, so sind gewiss eine Menge Basiliken im Lauf der Zeit eingestürzt oder auseinandergenommen und grossentheils mit Benützung der alten Baustücke wieder zusammengesetzt worden. Ausserdem ergaben sich Zu- und Anbauten aller Art, Capellen, welchen zu Liebe alle Wände durchbrochen wurden, neue Apsiden (zum Theil weil man Fenster brauchte), neue Fassaden je nach dem Styl des Jahrhunderts u. dgl. Zuletzt nahm sich nur zu oft der Barockstyl dieser baufälligen Kirchen an, schloss ihre Säulen halb oder ganz in seine Pfeiler ein und überzog, was noch vom alten Bau übrig war, „harmonisch" mit seinen Stuccaturen; namentlich waren ihm die alten Decken und gar das sichtbare Sparrenwerk zuwider; im glücklichsten Fall nahmen überreich vergoldete Flachdecken, nur zu oft aber verschalte Gewölbe mit modernen Ornamenten deren Stelle ein. Das Vermauern der Fenster oben im Mittelschiff wurde so zur Regel, dass keine Basilica mehr ihr volles altes Oberlicht geniesst. Höchstens den Mosaikboden ausgenommen, wollte kein altchristliches oder mittelalterliches Detail mehr zu dem modernen System der Altäre, der Chorstühle, der Wandmalereien passen; das Alte musste weichen. So giebt es nun durch ganz Italien eine Menge Kirchen aus dem ersten Jahrtausend und den beiden nächsten Jahrhunderten, welche noch ihre antiken Säulen mehr oder weniger kenntlich aufweisen und auf den sonst als Ehrentitel gebrauchten Namen Basilica der Kunstform halber Anspruch machen, dabei aber einen überwiegend modernen Eindruck hervorbringen.

Wir wollen nur kurz andeuten, wie man die ursprüngliche Gestalt der reichern Basiliken in Gedanken zu restauriren hat.

Vor Allem gehört dazu ein viereckiger Vorhof mit Hallen ringsum,

dessen vorderer Eingang nach aussen noch eine besondere kleine gewölbte Halle mit zwei vortretenden Säulen hatte. (Diese kleine Halle erhalten an S. Cosimato in Trastevere — IX. Jahrhundert? — und an a
S. Clemente, sowie an S. Prassede in Rom — XII. Jahrhundert.) Von b
den vier Seiten des Porticus bildete die eine den Vorraum der Kirche selbst; in der Mitte des Hofes stand der Weihebrunnen. Erhaltene vierseitige Portiken an den Domen von Capua und Salerno, an letzterm c
aus dem XI. Jahrhundert, auf schönen und gleichförmigen Säulen von d
Pästum; in Rom hat nur das späte S. Clemente — XII. Jahrhundert — e
noch den unversehrten Porticus, theils auf Säulen theils auf Pfeilern; f
in Mailand stammt die Vorhalle von S. Ambrogio, gewölbt auf Pfeilern mit Halbsäulen, wahrscheinlich aus der Zeit Ludwigs des Frommen. Spätere Klostervorhallen geben eine ziemlich genaue Anschauung von dieser Bauweise. Sehr viele Basiliken hatten indess nur eine Vorhalle längs der Fassade und diese hat sich in manchen Beispielen sammt ihrem meist geraden, nicht selten mosaicirten Gebälk erhalten; so z. B. in Rom an S. Cecilia, S. Crisogono, S. Giorgio in Velabro, g
S. Giovanni e Paolo, S. Gregorio, S. Lorenzo fuori, S. Lorenzo in h
Lucina, an SS. Quattro Coronati in einem Umbau des XII. Jahrhun- i
derts und an S. Saba mit einem obern Stockwerk; ausserhalb Roms k
z. B. am Dom von Terracina, am Dom von Amalfi (Doppelreihe von l
Säulen mit normannisch-saracenischen Spitzbogen und Gewölben); in Ravenna nimmt ein geschlossener und gewölbter Vorbau die Stelle der Vorhalle ein, z. B. am S. Apollinare in Classe. m

Von den Fassaden ist vielleicht keine einzige mit ihrem ursprünglichen oder ursprünglich beabsichtigten Schmuck erhalten; denn die Mosaiken, die man an der Fronte von S. Maria Maggiore noch sieht n
und an derjenigen von S. Paul sah, sind und waren Werke der Zeit um 1300. Wir bleiben auf die oben angegebenen Vermuthungen beschränkt.

Im Innern, dessen Ausstattung unverhältnissmässig überwog, wurde vor Allem der reichste farbige Schmuck erstrebt, womöglich durch Mosaikbilder, welche die Oberwände des Mittelschiffes, die Wand des Triumphbogens (bisweilen schiffwärts und nischenwärts) und die Apsis sammt ihrer Umgebung überzogen. Auch der Boden erhielt Mosaikornamente (die freilich in ihrer jetzigen Gestalt meist erst aus dem XI.

und den folgenden Jahrhunderten stammen, wovon unten), und die Wände der Seitenschiffe wenigstens unten einen Überzug mit kostbaren Steinarten aus den Ruinen des alten Roms. Die baulichen Details mussten neben der starken Farbenwirkung dieses Schmuckes, namentlich auch des Goldgrundes, Wirkung und Werth verlieren und sich bald auf das Allernöthigste beschränken. Die Capitäle wurden, wo man keine antiken vorräthig hatte, bisweilen aus orientalischen Bauhütten bezogen; namentlich in Ravenna wird man oft einem sonderbar umgestalteten korinthischen Capitäl mit kraftlosem aber zierlich geripptem und ausgezacktem Blattwerk begegnen, dessen Stoff — proconnesischer Marmor von der Propontis — seine Herkunft verräth. (V. und VI. Jahrhundert.) Hart daneben tritt aber auch ein schon ganz lebloses, muldenförmiges Capitäl auf, in welches kalligraphische Zierrathen bloss flach eingemeisselt sind, und welches sich unter dem oben bezeichneten trapezförmigen Aufsatz besonders roh ausnimmt. (Jetzt in manchen Basiliken neue Capitäle und Gesimse von Stucco über den alten.)

Die grosse perspectivische Wirkung des Ganzen war nicht zu jeder Zeit, sondern nur in besonders feierlichen Augenblicken zu geniessen, indem eine unglaubliche Masse von Vorhängen die einzelnen Räume von einander abschloss. Dieselben begannen schon mit der
a kleinen äussern Vorhalle (an derjenigen von S. Clemente und anderswo sind noch einige Ringe an der eisernen Stange sichtbar), umzogen dann den ganzen vierseitigen Porticus, theilten das Hauptschiff zwei- bis dreimal in die Quere, gingen an den Colonnaden von Säule zu Säule und machten vollends den Altarraum zu einem unsichtbaren Allerheiligsten. Am Tabernakel mancher Altäre sind überdies noch besondere Stangen und Ringe von den ehemaligen Vorhängen zu bemerken, welche alle vier Seiten des Altares zu verhüllen bestimmt waren. Die Querbalken und Stangen, welche dieses oft kostbar gestickte Tuchwerk trugen, scheinen laut den Nachrichten mit Heiligenbildern geschmückt gewesen zu sein; ausserdem dienten sie wohl auch dem Bau selber als Verankerungen oder Schlaudern.

Von den einzelnen Ziergegenständen, den Thronen, Lesepulten, Predigtkanzeln, Osterkerzensäulen u. s. w., ist das Meiste erst seit dem XI. Jahrhundert gearbeitet (siehe unten). Wir müssen hier nur zwei Dinge erwähnen, welche ihre bleibende Gestalt schon in altchristlicher

Zeit erhalten haben mögen. Zunächst die Altäre, deren bis ins IX. Jahrhundert jede Kirche nur einen hatte. Sie sind sämmtlich so eingerichtet, dass der Priester dahinter steht und sich mit dem Angesicht gegen die Gemeinde wendet. Über ihnen erhebt sich mit vier Säulen (wozu man immer die kostbarsten Steine nahm, die zu haben waren) der Tabernakel, dessen oberer Theil oder Baldachin einen besondern kleinen Zierbau bildet (obere Säulchenstellung, kleine Kuppeln u. dgl. auch wohl einfache Giebel). Alte Beispiele sind in S. Lorenzo fuori[1]) a
und in S. Giorgio in Velabro zu Rom erhalten; ein späteres in S. Cle- b
mente; eines aus dem IX. Jahrhundert in S. Apollinare in Classe c
bei Ravenna (im linken Seitenschiff), und eines aus dem XII. Jahrhundert (wenn nicht älter) in S. Anastasia zu Rom; auch die zwei d
Seitenaltäre des Domes von Terracina haben noch ihre ursprüngliche e
Form (XII. Jahrhundert?). An sehr vielen Altären aber sind nur noch die vier Säulen alt.

Sodann war die Einrichtung des sog. Chorus, welche nur noch in S. Clemente zu Rom deutlich erhalten ist, eine Eigenthümlichkeit f
der alten kirchlichen Anordnung, wenn auch nicht der urchristlichen. Ein viereckiger Raum gegen Ende des Mittelschiffes, um eine oder wenige Stufen erhöht und mit marmornen Schranken umschlossen, diente zur Aufstellung der psallirenden Priesterschaft[2]); an seinen beiden Seiten waren die Lesepulte (Analogia) angebracht, links (vom Altar aus gerechnet) dasjenige für die Epistel, rechts dasjenige für das Evangelium.

Überblickt man das Ganze dieser neuen Kunstschöpfung, so fehlt ihr wesentlich das organische Leben, welches die Glieder eines Baues in einen harmonischen Zusammenhang bringen soll. Die Benutzung antiker Baureste, an die man sich einmal gewöhnt hatte, ersparte zudem den folgenden Baumeistern die eigenen Gedanken, und so bleibt ihre Kirchenform bis ins XIII. Jahrhundert stationär, während in Oberitalien und im Norden schon längst entscheidende neue Bauprincipien

---

1) Das Grabmal Lavagna, rechts von der Hauptthür derselben Kirche, besteht aus einem ganz ähnlichen Tabernakel (über einem ant. Sarcophag), vielleicht erst vom Jahr 1256.

2) Vielleicht doch nur in Kirchen ohne Querschiff als Ersatz dafür gebräuchlich?

in Übung sind und während die verfügbaren antiken Säulen u. s. w. bereits auf das Empfindlichste abnehmen. Die einzige wesentliche Veränderung in dieser langen Zeit besteht in einem stärkern Verhältniss der Höhe zur Breite in den römischen Basiliken des zweiten Jahrtausends. Rom überliess es dem Ausland, aus dem grossen urchristlichen Gedanken des perspectivischen Langbaues die weitern Consequenzen zu ziehen. Nach einer Reihe von Umbildungen, die in der Kunstgeschichte zuerst nach Jahrhunderten, später nach Jahrzehnden nachzuweisen sind, ging aus der Basilica ein Kölner Dom hervor.

Wenn nun aber auch dieser Bauform jede eigentliche Entwicklung fehlt, wenn sie die antiken Überbleibsel in einem ganz andern Sinne aufbraucht, als für den sie geschaffen sind, so giebt sie doch grosse, einfache Motive und Contraste. Die colossale halbrunde Nische als Abschluss des quadratischen Ganzen und des langen geraden Hauptschiffes hatte vielleicht in keinem antiken Gebäude so hochbedeutend wirken dürfen. Überdiess lernt man den Werth grosser antiker Colonnaden, welche ja fast sämmtlich diesen und ähnlichen Zwecken aufgeopfert wurden, geradezu nur aus den christlichen Basiliken kennen. Wer Sanct Paul vor dem Brande mit seinen vier Reihen von je zwanzig Säulen phrygischen und numidischen Marmors gesehen hat, versichert, dass ein architektonischer Anblick gleich diesem auf der Welt nicht mehr vorhanden sei.

Nicht unwesentlich für die Grössenwirkung erscheint es auch, dass alle Zierbauten im Innern, der Altar sammt Tabernakel, die Kanzeln, Pulte u. s. w. ziemlich klein gebildet wurden, d. h. nicht grösser als der Gebrauch es verlangte. Die Decoration der Barockzeit glaubte diese Stücke in einem vermeintlichen „Verhältniss" zu der Grösse des Baues bilden zu müssen, während sie doch nur zu der Grösse des Menschen, der sie bedienen, besteigen etc. soll, in einem natürlichen Verhältniss stehen. Bernini's Riesentabernakel in S. Peter, die Riesenkanzeln im Dom von Mailand und andere Verirrungen dieser Art werden dem Reisenden nur zu nachdrücklich in die Augen fallen.

Von den Basiliken Roms zählen wir hier nur diejenigen auf, in welchen das Ursprüngliche noch kenntlich vorherrscht.

S. Paul (IV. Jahrhundert) wird mit seinen jetzigen Säulen von Sim- a
plongranit und mit seinen höchst colossalen Verhältnissen das Wesentliche des Eindruckes einer Basilica ersten Ranges immer am getreusten wiedergeben, leider getrübt durch die höchst willkürliche moderne Decoration des Querschiffes (und, wir fürchten, auch des Langbaues, wenn derselbe vollendet sein wird). Man halte sich an die Räumlichkeit und die Hauptformen.

S. Maria maggiore (V. Jahrhundert) mit wahrscheinlich b
eigens gearbeiteten, nicht entlehnten ionischen Säulen und geradem Gebälk. Die Pilaster der Oberwand sind in ihrer jetzigen Gestalt und vielleicht überhaupt modern, die Apsis im XIII. Jahrhundert umgebaut. Die schöne, feierliche Wirkung beruht wesentlich auf dem ausschliesslichen Oberlicht. Die (beste vorhandene) Renaissancedecke vom Ende des XV. Jahrhunderts.

S. Sabina (V. Jahrhundert) ebenfalls von schönem, ursprüngli- c
chem Eindruck, der nur wenig gestört wird. Die Vorhalle gegen das Kloster hin im XII. Jahrhundert so gestaltet, wie sie jetzt ist.

S. Pietro in vincoli (V. Jahrhundert) hat durch den Umbau d
der Obermauer des Mittelschiffes seine alte Herrlichkeit eingebüsst, von der noch die mächtige Apsis und die Anordnung des Querschiffes
Zeugniss geben. — S. Prisca (V. Jahrhundert?) zeigt wenigstens noch e
die alte Disposition.

San Lorenzo fuori le mura gewährt in seinem ältern Theil f
(VI. Jahrhundert) zunächst eine reiche Sammlung antiker Baufragmente selbst aus der besten Zeit. Diese ältere Kirche, zweistöckig, unten mit geradem Gebälk, oben mit Bogen, hatte ihre Nische da, wo im XIII. Jahrhundert die neuere Kirche, welcher sie jetzt als Chor dient, angebaut wurde. Bei diesem Anlass wurde ihr ursprünglicher Boden, der sonst tiefer als die neue Kirche gelegen ist, beträchtlich erhöht und mit Balustraden im sog. Cosmatenstyl (s. unten) versehen. Der Werth ist wesentlich ein malerisch-phantastischer.

S. Agnese, eine Miglie vor Porta Pia (VII. Jahrhundert) giebt g
den Eindruck einer Basilica mit Obergeschoss am schönsten und reinsten; die Halle ist hier wie in S. Lorenzo als nothwendiger Verbindungsgang für das obere Stockwerk auch vorn herumgeführt. Unter den antiken Säulen sind zwei mit vielfach profilirter Cannelirung auf-

fallend. — Als Ganzes eines der besten Gebäude des frühern Mittelalters, so dass die Abwesenheit alles organischen Lebens in Gesimsen u. dgl. gerade hier am deutlichsten fühlbar wird.

a S. Giorgio in Velabro (VII. Jahrhundert), auf 16 Säulen; die Vorhalle angeblich IX., eher XII. Jahrhundert.

b SS. Quattro Coronati; von dem Bau des VII. Jahrhunderts ist noch die gewaltige Nische ein Zeugniss; nach einer Zerstörung im Jahre 1085 rückte man im XII. Jahrhundert die Säulen der einst ziemlich grossen Kirche enger und kürzer zusammen und errichtete ein oberes Stockwerk, das sich in Logen gegen das jetzige Hauptschiff öffnet. Reste der alten Colonnade kamen so in den Vorhof zu stehen.
c — S. Giovanni a Porta Latina (VIII. Jahrhundert) unbe-
d deutend. — S. Maria in Cosmedin (VIII. Jahrhundert) weniger durch die schon kümmerlichen Verhältnisse als durch die in Hauptmauern und Vorhalle verbauten Tempelreste merkwürdig, sowie durch eine Crypta, welche eine ältere Kirche zu sein scheint.

e Die grosse Kirche Araceli auf dem Capitol, aus unbekannter Zeit, doch der ziemlich gleichmässigen Säulen wegen wohl noch aus dem ersten Jahrtausend. Mit den Zuthaten aus allen spätern Zeiten zwar von bunter, aber noch immer imposanter Wirkung.

f S. Lorenzo in Borgo vecchio hat nur noch die antike Säulenstellung.

g SS. Nereo ed Achilleo (um 800), mit achteckigen Pfeilern, die indess vielleicht erst im XVI. Jahrhundert die Stelle der alten Säulen einnahmen; um der Zuthaten willen (alte Altäre, Schranken, Nischensitz, Candelaber, Mosaik) immer sehenswerth.

h S. Marco (IX. Jahrhundert) sehr modernisirt; die Vorhalle von Giul. da Majano; die Decke ebenfalls einfach schöne Renaissance. —
i S. Maria della Navicella (IX. Jahrhundert); für diese Zeit von guten Verhältnissen; die Vorhalle von Rafael; der grau in grau gemalte Fries im Innern von Giulio Romano und Perin del Vaga.

k S. Martino ai Monti (IX. Jahrhundert), eine der prächtigsten Basiliken Roms, mit geradem Gebälk, aber in ihrer jetzigen Gestalt wesentlich ein Werk des XVII. Jahrhunderts; namentlich ist das Gebälk über den Säulen stark überarbeitet. — Die links vom Chor ge-

legene, jetzt fast unterirdische Pfeilerhalle soll vom heil. Sylvester zur
Zeit Constantins als Kirche erbaut sein, woran zu zweifeln ist.

S. Saba (wahrscheinlich IX. Jahrhundert) mit räthselhaften An- a
bauten und doppelter Vorhalle.

S. Prassede (IX. Jahrhundert), ein merkwürdiger Versuch, in b
das Organische einzulenken; grosse Backsteinbögen überspannen das
Mittelschiff; dazwischen je drei Intervalle und zwei Säulen mit geradem Gebälk. Der Vorbau, sehr entstellt, hat doch noch seinen kleinen Aussenporticus.

S. Niccolò in Carcere, aus unbekannter Zeit; merkwürdig c
durch die hineinverbauten Reste dreier Tempel. (Neuerlich fast von
Grund aus restaurirt.) — S. Bartolommeo auf der Tiberinsel (um d
1000) hat fast nichts Ursprüngliches mehr als die Säulen.

S. Clemente, in seiner jetzigen Gestalt aus dem XII. Jahrhun- e
dert, ist als Basilica unbedeutend, aber durch die vollständige Erhaltung der Vorhalle und der Anordnung des Innern (Chorus, Lesepulte,
Altar und Schmuck der Nische) von classischem Werthe. Das Rankenwerk der Apsis, hier auf Goldgrund, ist indess nur ein Nachklang
des unten zu erwähnenden, in der Vorhalle des lateranischen Baptisteriums.

S. Maria in Trastevere (XII. Jahrhundert) mit geradem f
Gebälk auf ungleichen Säulen (vgl. S. 27) und mit erhöhtem Querschiff;
als historisches Architekturbild von grosser Wirkung, zumal im Nach-
mittagslicht.

S. Crisogono (XII. Jahrhundert), dessgleichen mit geradem g
Gebälk; trotz starker Erneuerungen ein edler Raum, der den Basilikenbau von der guten Seite zeigt.

Der Neubau von S. Lorenzo fuori le mura (Anfang des h
XIII. Jahrhunderts), welchem der alte Bau als Chor dient; — ebenfalls gerades Gebälk; bedeutende Dimensionen; ohne Zweifel ein Werk
der äussersten Anstrengung, weil es sich um eine der Patriarchalkir-
chen handelte, und somit maassgebend für die römische Kunst unmittelbar nach Innocenz III. — Die Vorhalle sehr geräumig und für starken Besuch berechnet.

Wie wenig man sich aber zu helfen wusste, wenn keine Säulen
mehr vorräthig waren, zeigt die gleichzeitige Kirche SS. Vincenzo i

6*

ed Anastasio alle tre fontane, eine halbe Stunde ausserhalb S. Paul. Es giebt aus jener Zeit, welche in Toscana ein Baptisterium von Florenz, ein S. Miniato schuf, vielleicht gar kein missgeschaffnere Gebäude als diese Pfeilerkirche. (Die Fenster sind mit Marmorplatten verschlossen, welche Reihen kleiner runder Öffnungen enthalten.)

Wo der gänzliche Mangel an antiken Säulen die Baumeister schon frühe genöthigt hatte, mit eigenen Mitteln das Mögliche zu leisten, da erscheinen sie viel selbständiger. Und zwar bis an die Thore von
a Rom. Die Cathedrale von Viterbo (XII. Jahrhundert?) mit eigens gefertigten, gleichmässigen und stattlichen Säulen, bringt auch wieder einen eigenthümlichen Eindruck hervor; vollends steht die schöne
b S. Maria in Toscanella (1206) an Schwung der Formen den edlern
c toscanischen Bauten parallel. (Andere Basiliken freilich, in Viterbo selbst, in Montefiascone, Orvieto, Foligno u. s. w. sind
d sehr formlos und roh[1]); der Dom von Narni und die Vorhalle der dortigen Kirche Pensola haben die schon erwähnten wunderlichen Flachbogen.)

Die Campanili (Glockenthürme) mehrerer Basiliken und auch späterer Kirchen Roms gewinnen durch ihre schöne landschaftliche Wirkung einen höhern Werth als durch ihre Kunstform. Auch sie sind oft aus antiken Trümmern errichtet; manche Simse, welche die einzelnen Stockwerke scheiden, die Säulchen, welche die meist dreibogigen Fenster stützen, auch die Platten von Porphyr, Verde antico u. dgl., welche als harmlose Verzierung in die Wände eingelassen sind und von dem sonstigen Ziegelwerk wunderlich abstechen, sind aus den Ruinen des alten Roms entlehnt. Hie und da entwickelt sich aus dem Backsteinbau selbst durch Verschränkung und Schrägstellung der Ziegel ein neues primitives Gesimse. Von irgend einer Verjüngung oder organischen Entwicklung ist keine Rede, kaum hie und da von einem Vortreten der Ecken. Der Effect hängt wesentlich von der

[1]) Mit dicken, stämmigen Säulen, schmalen Mittelschiffen, starken Intervallen und schiessschartenähnlichen Oberfenstern, also den unten zu nennenden rohern toscanischen Basiliken verwandt. Das steinerne Dachgesimse bisweilen schon von eleganter und kräftiger Bildung, während es in Rom noch Null ist.

Umgebung ab, und es ist kritisch, das Motiv ohne Weiteres auf andern Boden zu verpflanzen. (Die interessantesten: an S. Maria in a
Cosmedin, S. Giovanni e Paolo etc. Das Motiv im Geist der Renais- b
sance umgedeutet: an S. Spirito.)

Unter den Basiliken Ravenna's ist seit dem Umbau des Domes nur eine von erstem Rang übrig:

S. Apollinare in Classe, eine starke Miglie vor der Stadt, c
begonnen nach 534, geweiht 549, also aus der Zeit des Unterganges der Ostgothenherrschaft. Sie vereinigt alle bezeichnenden Eigenschaften der ravennatischen Basiliken: den geschlossenen Vorbau statt der Vorhalle, die äussere Eintheilung der Wände mit Bogen und Mauerstreifen, die für Ort und Stelle gearbeiteten, nicht entlehnten Säulen, die Abwesenheit des Querschiffes, den runden isolirten Thurm. Vor Allem aber ist es ein herrlicher, weiträumiger Bau, die Säulen von grauem, weissgeadertem Marmor mit einer eigenthümlichen Art von Compositacapitälen, die sonst an den wenigen erhaltenen Säulen der
Herculesbasilica (auf dem grossen Platz in Ravenna) vorkommen; die d
Piedestale mit einer rautenförmigen Verzierung. In der Tribuna ist noch ringsum das Gesimse mit Blätterfries erhalten, das keine grössere römische Kirche mehr in echter Gestalt aufweist. (Die zwei Seitentribunen scheinen neuer.) Die Details im Schiffe beträchtlich modernisirt; der sichtbare Dachstuhl noch aus dem frühern Mittelalter.

Von den übrigen Basiliken sind mehr oder weniger erhalten:

S. Agata (417), mit Einer Tribuna, schon sehr byzantinischen e
Capitälen, einer durch einen Bogen vom Schiff getrennten innern Vorhalle, äusserm Vorbau und rundem Thurm.

S. Giovanni Evangelista (425), bedeutend erneuert, zumal f
der Hinterbau; die Capitäle hier vielleicht von einem ältern Gebäude, gut korinthisch; eine Crypta (ursprünglich?).

S. Francesco (um 450), mit drei Tribunen, die Capitäle modern. g

Am Dom hat der Umbau des vorigen Jahrhunderts (in tüchtigem h
Barockstyl) die ehemalige fünfschiffige Basilica gänzlich zerstört, den alten isolirten Rundthurm aber verschont.

S. Maria maggiore, sehr verbaut, mit rundem isolirtem Thurm. i a S. Teodoro (oder S. Spirito), aus der Zeit Theodorichs des Grossen, beim Baptisterium der Arianer (s. unten). — Die schon erwähnte Herculesbasilica war, nach den Überresten zu urtheilen, wohl kein kirchliches Gebäude.

b S. Apollinare nuovo, die bedeutendste Basilica in der Stadt, mit rundem Thurm; die Nebentribunen verbaut; die 24 Säulen aus Constantinopel mit besonders bezeichnenden, fast ganz gleichen Capitälen; das Gesimse über den Bogen alt. Grossartiges, trefflich erhaltenes Mosaikensystem an den Obermauern des Mittelschiffes.

Später und schon mehr mittelalterlich als diese ravennatischen
c Kirchen: der Innenbau von San Frediano in Lucca (VII. Jahrhundert?), ursprünglich fünfschiffig, jetzt durch Capellen verengt. Die Capitäle theils aus römischer Zeit, theils den römischen ohne Verwilderung nachgebildet, mit dünner Platte; die Bogen noch ohne Überhöhung. Der auffallend hohe Oberbau, die Fassade und die jetzige Tribuna werden einem Umbau des XII. Jahrhunderts wohl mit Recht zugeschrieben, allein die beiden letztern mit ihren geraden Gebälken über den Wandsäulchen, und die Aussenseiten der Nebenschiffe mit ihren Consolen und Wandstreifen (statt Bogenfriesen und Pilastern) weichen so weit von dem pisanisch-lucchesischen System des XII. Jahrhunderts ab, dass man annehmen dürfte, der Umbau habe etwa die Formen der alten Kirche reproducirt. Gerade diese abweichenden Elemente sind aber das Wohlgefälligste am ganzen Gebäude und ein vielleicht fruchtbringendes Motiv für unsere Baukunst. Schon Brunellesco hat die genannte Eintheilung der Seitenwände an der Kirche der Badia bei Fiesole unverhohlen nachgeahmt.

d Der Innenbau von S. Micchele in Lucca gilt ebenfalls für sehr alt (VIII. Jahrhundert), wenigstens sind die Säulen und Capitäle noch denen von S. Frediano ähnlich behandelt.

---

e Der Dom von Triest, eine ausgedehnte, ziemlich unscheinbare Basilica (VI. Jahrhundert?), lohnt doch die Mühe des Besteigens wegen der eigenthümlichen Verbindung der Kirche mit dem Baptisterium und einem andern alten Anbau und wegen der Mosaiken. Sodann schlummert hier, hoch über dem adriatischen Meer, zwischen den Akazienbüschen die Asche desjenigen Mannes, welchem die Kunstgeschichte vor allen Andern den Schlüssel zur vergleichenden Betrachtung, ja ihr Dasein zu verdanken hat.

Wir schliessen noch eine Anzahl von Basiliken hier an, welche mit Ausnahme ihrer antiken Säulen nicht mehr viel kenntliches Alterthum aufweisen; vielleicht ist selbst die jetzige Aufstellung der Säulen nicht mehr durchgängig die der ursprünglichen Kirchen.

S. Alessandro in Fiesole, hat nur noch seine ionischen Säulen; a
angeblich VI. Jahrhundert.

S. Pietro de' Cassinensi in Perugia, ebenfalls ionisch und stark b
verändert.

Der Dom von Terracina, mit modernisierten Capitälen; Vorhalle c
mit ionischen, durch Pfeiler verstärkten, auf Doppelthieren ruhenden Säulen, über welchen ein Mosaikfries und über diesem offene Spitzbogen (XII. Jahrhundert?). Der Glockenthurm mit Säulchenstellungen bekleidet, welche kleine Spitzbogen tragen; ähnlich ein Thurm in Velletri.

Der Dom von Sessa (bei S. Agata), mit korinthischen Säulen und d
einer gewölbten Vorhalle auf Pfeilern. Am mittlern der drei Bogen sind in der Hohlkehle biblische Geschichten eingemeisselt; ein schwacher Nachklang nordischer Portalbauten.

Der Dom von Capua, mit dem schon erwähnten stattlichen Vor- e
hof, dessen Bogen auf antiken korinthischen Säulen ruhen. Im Innern Basilica mit geradem Gebälk; korinthische Capitäle aus christlicher Zeit, an die ravennatischen erinnernd. Unter dem Chor eine merkwürdige Crypta mit einem Grab Christi, offenbar erst aus der Zeit der Normannen und der Kreuzzüge.

Sodann die erweislich erst normannischen Basiliken:

Der Dom von Amalfi, als malerischer Gegenstand bedeutender f
denn als Kunstwerk; die Säulen des Innern zu Pfeilern modernisirt. Die phantastische Vorhalle (überhöhte Spitzbogen mit Gewölben auf antiken Säulen), der Thurm und der Kreuzgang sind kleine Specimina

jenes normannisch-saracenischen Styles, von welchem der Dom von Monreale in Sicilien das Prachtbeispiel ist. Der Spitzbogen ist hier als rein decoratives Element von den Saracenen entlehnt, noch nicht wie später im Norden aus constructiver Nothwendigkeit erwachsen. Die Crypta reich modernisirt.

a Der Anbau links am Dom von Neapel, die alte Kirche S. Restituta, eine Basilica mit Spitzbogen; vielleicht ist die Tribuna und jedenfalls ein Gewölbe daneben rechts (das alte Baptisterium) aus viel früherer Zeit, das letztere noch mit Mosaikresten etwa des VII. Jahrhunderts.

b Als Robert Guiscard den Dom von Salerno baute (um 1070), fanden sich wahrscheinlich keine Säulen vor, welche der beabsichtigten Grösse und Pracht genügt hätten; die Kirche wurde auf Pfeilern mit Ecksäulen errichtet. (Bis ins Unkenntliche modernisirt, auch die grosse Crypta; von den drei Tribunen nur eine besser erhalten.) Der Vorhof mit überhöhten Bogen auf den schönen Säulen von Pästum; der Thurm daneben mit Ecksäulen wie derjenige zu Amalfi.

Unsere Aufzählung (die nur die wichtigern Kirchen umfasst) muss da innehalten, wo die Benützung der antiken Säulen aufhört. Sobald man die Säulen besonders arbeiten und zusammensetzen muss, beginnt von selbst ein anderer Styl, dessen Anfänge roh aussehen, gleichwohl aber eine Befreiung vom schwersten stofflichen Zwang mit sich führen.

Neben der Basilikenform, deren Lebensprincip die Längenperspective ist, behauptet auch der Centralbau eine wichtige Stelle. Italien bietet eine Anzahl verschiedenartiger Versuche dieser Gattung aus den frühern christlichen Jahrhunderten. Für Baptisterien (Taufkirchen, welche von jeder bischöflichen Kirche unzertrennlich waren) mochte diese Form wohl die passendste sein; für eigentliche Kirchen aber, d. h. für den Altardienst nur dann, wenn man den Altar wirklich in den mittlern Hauptraum als in die feierlichste Stätte des ganzen Gebäudes verlegte. Dies konnte man aber nirgends über sich gewinnen; in Gebäuden, welche eigentlich kein Ende, sondern nur einen Mittelpunkt und eine Peripherie haben, wurde ein besonderes

Ende in Gestalt einer Nische u. dgl. für den Altar eingerichtet und so für die Gemeinde die von andern Kirchen her gewohnte Längenperspective hergestellt. Dieser Widerspruch benimmt den betreffenden Kirchen gewissermassen die höhere Weihe; das schöne Gebäude und dann der Altarraum sind zwei verschiedene Dinge.

Abgesehen hievon ist aber der Centralbau eines so vollkommenen Abschlusses in sich, einer so grossen monumentalen Ausbildung fähig, dass selbst die weniger geschickten Lösungen dieser Aufgabe immer ein hohes Interesse erregen.

Für die Baptisterien, welche hier vorweg zu behandeln sind, behauptete sich von frühe an die Form des einfachen oder des mit einem Umgang versehenen, oben zugedeckten oder zugewölbten Achtecks, in dessen Mitte der Taufbrunnen stand. Seltener kommt eine andere polygone oder die runde Form vor. An keinem des ersten Jahrtausends zeigt die Aussenseite (jetzt) mehr als glatte Wände; die ganze, oft grosse, Pracht war dem Innern aufbehalten. Auf künstliche Beleuchtung geflissentlich berechnet, sind die Räume meist ziemlich dunkel, nur durch eine Lanterna und durch die offene Thür erhellt.

Das Baptisterium beim Lateran in Rom (432—440) hat nichts a
Ursprüngliches mehr als seine Doppelstellung von Säulen mit geraden Gebälken und die Mauern, nebst der von zwei grossen Porphyrsäulen gestützten, in zwei halbrunde Nischen auslaufenden Vorhalle (gegen den Hof). Mit dem echten, ernsten Schmuck versehen, würde es einen ganz andern Eindruck gewähren als mit den Malereien des Sacchi und Maratti; ein kleiner mosaicirter Nebenraum und das prächtige Ornament grüngoldener Weinranken auf blauem Grunde in der linken Nischenkuppel der Vorhalle deuten noch an, in welchen Farben und Ornamenten das ganze Gebäude prangen mochte.

Die Kirche S. Maria maggiore, einige Minuten ausserhalb No- b
cera unweit seitab von der Landstrasse nach Pompeji, ist ein Baptisterium des IV. Jahrhunderts, aus antiken Baustücken ohne besondere Sorgfalt zusammengebaut. Ein Kreis von je zu zweien zusammengestellten Säulen trägt sofort (ohne Cylinder) die mittlere Kuppel; der Umgang ist rings angewölbt; eine kleine Tribuna schliesst sich daran. Von Aussen ganz formlos, giebt dieses Gebäude in besonderm Grade denjenigen Eindruck des Geheimnissvollen, durch

welchen die damalige Kirche mit dem erlöschenden Glanz heidnischer Tempel und Weihehäuser wetteifern musste.

a Das Baptisterium der Orthodoxen beim Dom zu Ravenna (begonnen vor 396) im Vollbesitz seiner Wandbekleidung und Mosaiken (diese vor 430), welche für das Ornament des V. Jahrhunderts das wichtigste Denkmal sind; das letzte kenntliche Echo der pompejanischen Decoration; die Flächen mit erhabenen Stuccogegenständen abwechselnd; das Gefühl vom Zusammenklang der Farben scheint das der schönen und freien Bildung und Eintheilung der Zierformen zu überleben. Zur Einfassung dient eine untere und eine obere Reihe von acht Wandbögen mit Ecksäulen (Composita und ionisch); oben geht das Gebäude zu einer runden und ziemlich flachen Kuppel zusammen.

b Das Baptisterium der Arianer in Ravenna (jetzt S. Maria in Cosmedin) VI. Jahrhundert; Achteck mit (später?) angebautem Schiff, baulich unbedeutend.

c Beim sog. „alten Dom" zu Brescia kann man in Zweifel bleiben, ob das ziemlich grosse Gebäude als blosses Baptisterium oder als Cathedrale erbaut worden; im erstern Fall wäre es die grösste Taufkirche. Kuppelraum auf acht (modernisirten) Pfeilern mit rundem Umgang; letzterer bedeckt mit acht Kreuzgewölben; zwischen je zweien derselben das Segment eines Tonnengewölbes, gegen die Kuppel hin ansteigend und daher eine dunkle Ecke bildend. Ein Nothbehelf, der (wie Ähnliches im Dom von Aachen) die Anlage jedenfalls dem frühen Mittelalter zuweist. Cylinder und Kuppel aus dem XII. Jahrhundert, wenigstens was die jetzige Gestalt des Äussern betrifft. Der sehr sonderbare hintere Anbau, welcher als Chor mit Nebencapellen dient, könnte wiederum ganz alt sein.

(Über Neapel und Triest s. oben.)

Fast bei jeder bischöflichen Kirche und an mancher grossen Pfarre in kleinern Städten wird irgend ein Bau dieser Art unter veränderter Gestalt und Bestimmung, oder in Trümmern, oder doch in Nachrichten nachzuweisen sein; mehrmals auch noch wohl erhalten und im Gebrauch. Noch im XI. und XII. Jahrhundert wurden Baptisterien neu gebaut, später dagegen die Taufen in die Kirchen selbst verlegt. Bei grossen Umbauten der Kirchen ging das Baptisterium, wenn es zu nahe dabei stand, gewöhnlich zu Grunde. Es mögen hier noch einige der spätern und spätesten genannt werden:

Dasjenige am Dom von Torcello (1008), einfaches Octogon. a
(Der Dom selbst eine schlichte Basilica.)

Vor dem Dom von Novara ein Baptisterium, das wie so manche b
Bauten dieser Gegend wohl mit Unrecht in die alte Langobardenzeit versetzt wird; unten, wenn ich mich recht entsinne, Nischen ringsum.

Eines beim Dom von Asti, mit engem Mittelbau und breitem c
Umgang. (XI. Jahrhundert.)

Neben der Hauptkirche von Chiavenna ein für uralt geltendes, d
überweisstes Achteck.

Ein Baptisterium war auch die Rundkirche mit Umgang, welche e
jetzt zu S. Stefano in Bologna gehört. Der Complex von sieben Kirchen, welche hier in verschiedenen Zeiten zusammengebaut worden sind, bietet dem Alterthumsforscher ein so angenehmes Problem, dass wir demselben die Freude der eigenen Entdeckung in Betreff der Baufolge nicht stören wollen. Irgend einen besondern architektonischen oder auch malerischen Werth haben diese geringfügigen Gebäude nicht. Dem ersten Jahrtausend gehört nur das besagte Baptisterium an; dasselbe erhielt aber im XII. Jahrhundert durch ein eingebautes heiliges Grab eine neue Bestimmung, musste im Verlauf der Zeit durch Backsteinsäulen (die man neben die alten Marmorsäulen stellte) gestützt werden, und verlor vor etwa 50 Jahren die letzten Reste seiner alten innern Kuppelbemalung. Ein oberer Umgang ist längst vermauert und unsichtbar. — Ein kleiner anstossender Klosterhof ist nur durch die Formwidrigkeit seiner untern Stützen interessant.

Das Baptisterium von Padua, runder Oberbau auf viereckigem f
Untersatz; XII. Jahrhundert, von hübscher Wirkung.

Das Baptisterium von Cremona (1167). g

Während bei den bisher genannten die äussere Decoration höchstens aus den einfachen Wandstreifen und Bogenfriesen des romanischen Styles besteht, so macht das achteckige Baptisterium von Parma h
(XII. und XIII. Jahrhundert) einen Übergang in die plastische Detaillirungsweise toscanischer Wandflächen. Nur ist der Versuch — mit Wandbogen am untern Stockwerk und fünf Reihen Wandsäulchen darüber — nüchtern und spielend zugleich ausgefallen. Das Innere

sechszehnseitig, unten Nischen, dann zwei Galerien mit geradem Gebälk, spitzbogige Lunetten und der Anschluss der Kuppelgurten. — Von den Baptisterien von Pisa und Florenz, in welchen sich jener toscanische Styl glanzvoll ausspricht, wird unten die Rede sein. —
a Das letzte Baptisterium, welches gebaut (oder doch nur so spät umgebaut) wurde, ist meines Wissens das Achteck von Pistoja, 1337.

Eine zweite Gattung von kleinern Gebäuden, welche als Centralbauten gestaltet wurden, kommt wenigstens in zwei Beispielen vor: Die Grabkirchen hoher Personen.

b S. Costanza bei Rom, wahrscheinlich als Grabmal zweier Töchter Constantin's d. Gr. erbaut; der innere Cylinder mit der Kuppel auf zwölf Doppelstellungen von Säulen mit besondern Gebälkstücken (roh, ausgebauchte Friese) ruhend; der Umgang ebenfalls rund mit mosaicirtem Tonnengewölbe. Merkwürdiges Gegenbild zu den ganz als Aussenbau gedachten heidnischen Kaisergräbern. (In Constantinopel scheint die Apostelkirche zur Kaisergruft absichtlich gebaut gewesen zu sein.)

c Das Grabmal Theodorichs d. Gr. († 526), jetzt insgemein la rotonda genannt, vor dem Thor von Ravenna; aussen polygon und ehemals mit einer Säulenhalle versehen, innen rund; Erdgeschoss und Hauptgeschoss; die flache Kuppel bekanntlich aus Einem von Dalmatien hergebrachten Stein, 34 Fuss im Durchmesser. Namentlich am Hauptgesimse selbständige und ausdrucksvolle Detailbildung. Der Porphyrsarg, beim Sturz der Ostgothen der Gebeine beraubt, ist jetzt in
d der Stadt an dem sog. Palazzo del Re Teodorico eingemauert, einem echten Rest des alten Königspalastes, von dessen ehemaliger Fassade ein Mosaik in S. Apollinare nuovo (rechts vom Eingang) ein phantastisches Bild giebt.

e Diesen Denkmälern schliessen wir noch das der Galla Placidia in Ravenna an, jetzt SS. Nazario e Celso genannt (um 440); zwar ein lateinisches Kreuz, aber durch die Erhöhung und Überkuppelung der Mitte (mit einem sog. böhmischen Gewölbe) den Centralbauten genähert. Die Mosaikornamente zumal am Tonnengewölbe des vordern Kreuzarms an Werth und Alter denen des orthodoxen Baptisteriums nahe kommend. Das Äussere ein roher Ziegelbau, klein und unscheinbar.

Der eigentlichen Kirchen sind unter den Centralbauten allerdings nur wenige bedeutende, wenn S. Lorenzo in Mailand (Seite 51) als antiker Thermenbau ausgeschieden werden muss.

Dar einfachste Motiv zeigt der räthselhafte, im V. Jahrhundert höchst wahrscheinlich als Kirche errichtete Bau S. Stefano rotondo a
auf dem Coelius zu Rom. Ein innerer Säulenkreis mit Bogen trägt den cylindrischen Oberbau, wozu er im Verlauf der Zeit einer halbirenden Zwischenmauer auf zwei Säulen und drei Bogen als Unterstützung bedurfte. Ein äusserer Säulenkreis ist seit dem XV. Jahrhundert durch dazwischengezogene Mauern zur Grenze der Kirche geworden; der äusserste Mauerumfang wurde aufgegeben und ist nur noch in Trümmern vorhanden. Es sind lauter weite Räume, nicht auf Wölbung, sondern auf flaches Eindecken berechnet. Der Altar unter dem hohen Mittelramu ist modern; an einem erhaltenen Stück des äussersten Umganges ist für den ursprünglichen Altar eine eigene Tribuna eingerichtet. Die höchst rohen ionischen Capitäle passen kaum zu der beglaubigten Einweihungszeit (468—483), wenn man erwägt, dass diejenigen von S. Maria maggiore kaum 30 Jahre älter sind, allein der Zustand Roms in dieser Zeit würde am Ende jede Missform erklären.

Weit das wichtigste Gebäude dieser Gattung ist jenes berühmte Achteck San Vitale zu Ravenna, in der letzten Ostgothenzeit er- b
baut, zu Anfang der byzantinischen Herrschaft ausgeschmückt (Mitte des VI. Jahrhunderts). Nachahmung centraler Kirchen des Orients, mit oberm und unterm Umgang, dessen acht einzelne Seiten mit Stellungen von je zwei Säulen im Halbrund einwärts treten; die Kuppel der Leichtigkeit wegen aus thönernen Hohlkörpern (Amphoren) construirt, leider durch Stuccozierrathen entstellt; die Tribuna als besonderer Ausbau durch den Umgang hindurchgelegt; die jetzige Vorhalle nicht die ursprüngliche; die Aussenmauern schlicht. Der Eindruck reich, aber unruhig; das Einwärtstreten der Säulenstellungen aus einem Zweck perspectivischer Scheinerweiterung, welche erst wieder im Barock-

styl des XVII. Jahrhunderts ihres Gleichen findet. (Vgl. S. 51, S. Lorenzo.) Der untere Theil der Wände und der Fussboden sind oder waren auf das Kostbarste incrustirt.

Einen andern Nachklang byzantinischen Centralbaues gewährt die
a Kirche S. Fosca auf Torcello bei Venedig, welche dem Verfasser nur aus Abbildungen bekannt ist. Als lebensfähiges Motiv für grosse Binnenräume verdient sie die Beachtung der Architekten. — In den ältern kleinen Kirchen Venedigs selbst zeigt sich ein merkwürdiges Schwanken zwischen den beiden Systemen; es sind kurze Basiliken
b mit einer Kuppel über der Kreuzung; S. Giacometto di Rialto, angeblich schon aus dem V. Jahrhundert, ist jedenfalls das älteste dieser Kirchlein, die Bauform als solche reicht aber bis ins XV. Jahrhundert hinunter. (Z. B.: S. Giovanni Crisostomo, 1483 von Tullio Lombardo erbaut.)

c S. Tommaso in Limine, dritthalb Stunden von Bergamo (IX. Jahrhundert), ist wieder ein einfacher Rundbau; Cylinder mit Kuppel auf Säulen; runder Umgang mit hinausgebauter Tribuna.

d Endlich S. Angelo zu Perugia, wahrscheinlich noch aus dem ersten Jahrtausend; ein Sechszehneck. Über 16 (spätkorinthischen) Säulen erhebt sich der Cylinder; aus acht Ecken springen Bogen hervor gegen die Mitte und tragen das Dach; ebenso tragen sechszehn von Wandpilastern aus gegen den Cylinder hinansteigende Bogen das Dach des Umganges. Ohne die modernen Zuthaten würde dieses sehr glücklich gedachte Gebäude mit seinem ausschliesslichen Oberlicht (durch die Fenster des Cylinders) eine bedeutende Wirkung machen.

Bei all diesen Gebäuden des ersten Jahrtausends, mit ihren Säulen und andern Fragmenten aus dem Alterthum, trägt eine historische Ideenverbindung, selbst in unbewusster Weise, sehr viel zur Werthschätzung bei. Es ist ein Weltalter, das die Erzeugnisse eines andern zu seinen neuen Zwecken aufbraucht; eine Kirche, der unsere Phantasie einen geheimnissvollen Nimbus giebt und deren Andenken mit der ganzen europäischen Geschichte unlösbar durcheinander geflochten ist. Diesen mitwirkenden Eindruck elegischer Art möge man von dem künstlerischen getrennt halten. Es handelt sich eben doch um lauter zusammengesetzten Nothbehelf, dessen Ganzes nie einen wahrhaft harmonischen Eindruck machen kann. Wohin musste es schon im VI. Jahrhundert in Italien gekommen sein, wenn man für die ravennatischen Kirchen, in Ermanglung antiker Bruchstücke, die Säulen und Capitäle aus der Gegend von Constantinopel fertig holen liess? Selbst die baulichen Combinationen und Ideen kamen, wie erwähnt, theilweise von Osten her.

Und doch keimt neben der Barbarisirung der grössern Bauformen ein Rest schöner Einzelbildung weiter in Gestalt des Ornamentes zu gewissen Zwecken.

Der Schutt Roms war damals unermesslich reich an kleinern Baustücken aller Art, die Jedem zu Gebote standen. Aus steinernen und thönernen Consolen, Simsfragmenten, Cassetten u. s. w. entstand im X. Jahrhundert die sog. Casa di Pilato (richtiger Haus des Crescentius). Ausserdem aber gab es und giebt es stellenweise noch Platten von kostbaren Steinen, mit welchen einst die Wände der Paläste belegt gewesen waren; es gab Porphyrsäulen und Fragmente solcher, auch vielen grünen numidischen Marmor und Giallo antico. Diese Reste zerschnitt man und setzte daraus neue Zeichnungen zusammen; die zu Scheiben gesägten Porphyrsäulen pflegten dann die Mitte der zu verzierenden Fläche einzunehmen; das Übrige wurde mit gelbem, grünem und weissem Marmor ausgelegt. Das inzwischen sehr emporgekommene Mosaik half mit seinen Glaspasten und zumal mit Gold nach; doch blieb der Stein in Rom immer das Vorherrschende, und diese Decoration ist daher schon von Anfang an etwas Anderes als die saracenische oder moreske, welche wesentlich auf Glaspasten beschränkt blieb. Letzteres gilt, wie wir sehen werden, auch von der unteritalischen.

Die Gegenstände, um welche es sich handelt, sind Fussböden, Thürpfosten, bischöfliche Throne, Lesepulte (Ambonen, Analogien), Schranken und Einfassungen von Sitzen, Altäre und Säulen für die Osterkerze. Die der Sculptur und der plastischen Ornamentik[1])

[1]) Was von dieser in Rom vor dem XII. Jahrhundert vorkommt, ist äusserst barbarisch, und so auch Späteres, was nicht von den Cosmaten herrührt.

unfähig gewordene Kunst ergeht sich in einem angenehmen mathematischen Linienspiel, im Wechsel bunter Flächen. — Manche der betreffenden Überreste sind früh mittelalterlich, allein wir sind nicht im Stande sie auszuscheiden von denjenigen des XII. und XIII. Jahrhunderts, unter welchen sich die wichtigsten mit befinden. Damals that sich nämlich in Rom die Familie der Cosmaten (Laurentius, Jacobus, Johannes etc.) mit solchen Arbeiten hervor; für diese kleinern, decorativen Aufgaben studirten sie zum erstenmal wieder einigermassen die Bauwerke des Alterthums und sahen denselben wenigstens das Nothwendigste für die Profile der Einfassungen, Ränder, Gesimse u. s. w. ab. Dieser kleine Anfang von Renaissance macht einen erfreulichen Eindruck, obschon er die Baukunst im Grossen nicht berührte.

Von den unzerstörbaren Fussböden aus jenen harten Steingattungen enthält jede ältere und auch manche sonst modernisirte Kirche ein Stück, wenigstens im Chor. (S. Cecilia, S. Alessio, S. Crisogono, SS. Giovanni e Paolo, S. Gregorio, S. Prassede und viele Andere.) Die reichsten sind mehr oder weniger sicher und zwar spät datirt:
a der in S. Maria in Cosmedin (um 1120), der prachtvolle von S. Maria
b maggiore (um 1150), der von S. Maria in Trastevere (etwas früher),
c der sehr reiche in der Vorderkirche von S. Lorenzo fuori le mura
(XII. Jahrhundert, vielleicht erst um 1220). Im Detail Teppichmustern ähnlich, doch als Ganzes anders componirt, geben sie deutliches Zeugniss davon, welchen Werth die Kirche von jeher auf schöne Fussböden gelegt hat. Zu einer Zeit, da die Kunst sich noch an das Material halten, durch Goldgeräth, Prachtgewebe und Mosaiken den Eindruck des Heiligen und Ausserweltlichen hervorbringen muss, weil sie die ewige Form nicht mehr oder noch nicht schaffen kann, — zu einer solchen Zeit gebührte auch dem Fussboden, der ja ein geweihtes Asyl bezeichnete und den Schauplatz für die heiligsten Begehungen ausmachte, eine Ausstattung, die ihn von dem profanen Draussen auf das Stärkste unterschied.

d Ausserhalb Roms hat auch S. Vitale in Ravenna einen prächtigen
e Boden von Steinmosaik, ebenso S. Marco in Venedig. Doch herrschen
andere Dessins und Steinarten vor.

Die übrigen steinernen Schmucksachen sind hauptsächlich in folgenden Kirchen von Rom zerstreut:

S. Agnese fuori le mura: Wandbekleidung und Sitz im Chor a
(VII. Jahrhundert); Altar einer Nebencapelle.

S. Cecilia: der Altartisch; sein Tabernakel erst vom Ende des b
XIII. Jahrhunderts.

S. Cesareo: mehrere Altäre, ein reicher Bischofsstuhl mit gewun- c
denen mosaicirten Säulen, ein Pult, reiche Chorschranken, — eine der
bedeutendsten Kirchen hiefür.

S. Clemente: der Altartabernakel und die vollständige Einrich- d
tung des Chorus, s. oben S. 79 u. 83.

S. Giorigio in Velabro: zierlicher Altartabernakel. e

S. Lorenzo fuori le mura: Das Pult (Ambo) rechts das herr- f
lichste unter den vorhandenen; die Brustwehren und der Bischofsstuhl
in der hintern Kirche ebenfalls vom zierlichsten Cosmatenstyl; der Altar
vom Jahre 1148.

S. Maria Araceli: Willkürlich getrennte und neu zusammenge- g
setzte Pulte, von den Cosmaten Laurentius und Jacobus; im linken
Querschiff die Ara.

S. Maria in Cosmedin: Boden, Bischofsthron und Pult um 1120 h
im Auftrag des Cardinals Alphanus gefertigt, dessen Grab in der Vorhalle.

SS. Nereo ed Achilleo: Pult, Schranken, Candelaber, Bischofs- i
stuhl und Fussboden.

Geringere Reste in S. Balbina, S. Pancrazio, S. Saba (datirte k
Thüreinfassung des Cosmaten Jacobus) u. s. w. [1])

---

[1]) In Ravenna sind derartige Gegenstände meist aus älterer Zeit und nicht mosaicirt, dagegen
merkwürdig als späte Urkunden der antiken plastischen Decoration. In S. Apollinare *
in Classe: die Abschlüsse der Rundbank der Tribuna, entlehnt vom Bischofsstuhl des h. Damian
(† 705); der Altartabernakel am Ende des linken Seitenschiffes (806—10); beide Werke mit
schon kalligraphisch leblosen Zierrathen. — In S. Agata: der runde Ambo, spätrömisch. **
Im Dom: Chorumgang: die beiden abgesondert eingemauerten Hälften des runden Ambons †
aus der Zeit des Erzbischofs Agnellus (556—569) mit flachen Thierfiguren in lauter viereckigen
Feldern, schon sehr roh; in der Sacristei der elfenbeinerne Bischofsstuhl des h. Maximian (546 bis
556), s. d. Sculptur. — In SS. Nazario e Celso (Galla Placidia): der Altartisch aus dünnen ††
Alabasterplatten, weniger wegen der unbedeutenden Reliefs merkwürdig als weil er auf Erhellung

Die einzige wahrhaft architektonische Blüthe, welche diese Decoratorenschule hervorbrachte, sind ein paar Klosterhöfe mit kleinen Bögen auf Säulchen, innen flachgedeckt oder gewölbt. Die einfachern
a derselben (bei S. Lorenzo fuori, S. Vincenzo alle tre fontane, S. Sabina) haben nichts als den Marmor vor irgend einem frühen romani-
b schen Kreuzgang in Deutschland voraus. An dem Hof von Subiaco dagegen bemerkt man schon einen Versuch, durch ernste Annäherung an die antiken Bauformen Seele und Sinn in die Halle zu bringen,
c und in den rosenduftenden Klosterhöfen des Laterans und der Abtei
d S. Paul sind diese antiken Formen sowohl durch Anwendung des prachtvollsten Mosaikschmuckes als durch gemeisselte Marmorzierrathen zu einer neuen und ganz eigenthümlichen Belebung gediehen. (Erste Jahrzehnte des XIII. Jahrhunderts.) Unmittelbarer als in den ganzen Basiliken dieser Zeit, welche ältern Vorbildern nachfolgen, spricht sich hier der Formengeist der Epoche Innocenz III. aus. —
e Die Vorhalle des Domes von Cività Castellana zeigt ein ähnliches Zurückgehen auf classische Vorbilder, verbunden mit zierlicher Mosaicirung. — Die letzten Cosmaten arbeiteten im gothischen Styl, wovon bei Gelegenheit.

Die unteritalischen, ganz auf der Glaspaste beruhenden Zierarbeiten des XI. und XII. Jahrhunderts (denn was Älteres darunter sein mag, lässt sich schwer ausscheiden) haben, wie gesagt, einige Motive mit den saracenischen gemein, möglicher Weise sogar die Urheber.

Weit das Umständlichste und Prachtvollste in dieser Art auf
f dem italienischen Festlande: die Ambonen, die Sängertribune, die Osterkerzensäule, der Rest der Chorschranken u. A. m. im Dom von Salerno.

---

* durch hineingestellte Lampen berechnet war. — In S. Apollinare nuovo der besterhaltene Ambon, auf vier Säulen, mit reichem römischem Detail in barbarischer Anwendung etc. etc.

Auch die beiden Ambonen und das kleine Sacellum (an einem Pfeiler links) in S. Marco
** zu Venedig gehören eher dem Kreise dieser ravennatischen Decoration an als der römischen. Leblose plastische Verzierung mit Vergoldungen, aber kein Mosaik; die Steingattungen sind an sich selbst schon kostbar genug. — Ein Unicum des IX. Jahrhunderts ist endlich der mit
† Reliefiguren versehene und (nach den alten Spuren neu) bemalte Tabernakel des Hochaltars in S. Ambrogio zu Mailand.

Auch der Fussboden, von harten Steinen, ist wenigstens im Chor erhalten.

Einfachere Reste im Dom von Amalfi. (Das nahe Ravello hat a
der Verfasser nicht besucht.)

Im Dom von Capua sind am Grab Christi in der Crypta grosse b
Mosaikplatten von der ehemaligen Kanzel eingelassen, mit moresken Dessins, doch auch Mäander.

Im Dom von Sessa dient die sehr reiche Kanzel, deren Säulen c
auf Thieren ruhen, jetzt als Orgellettner; prachtvolle Mosaikplatten als Einfassungswände des jetzigen Chores; die Osterkerzensäule mit sculpirten Bändern unterbrochen.

In der Cathedrale zu Fondi: Mosaikkanzel auf Säulen mit Thieren. d

Im Dom von Terracina: eine ähnliche; die Osterkerzensäule, ge- e
wunden und gestreift, eine der prächtigsten.

Es lässt sich nicht läugnen, dass die italische Kunstübung sich mit diesem anmuthigen Spiel von Material und Farben begnügt, gleichzeitig mit den grössten Fortschritten der nordischen Architektur. Diese, von Vernützung antiker Baustücke fast seit Anfang an abgeschnitten und, was mehr heissen will, von einem andern Geiste getragen, hatte inzwischen die erlöschenden Erinnerungen des römischen Styles zu einem eigenthümlichen *romanischen Styl* ausgebildet, der um 1200 schon im Begriff war, sich zum *germanischen* zu entwickeln. Diesem romanischen Styl stellt sich nun in Mittel- und Oberitalien ein nicht unwürdiges Seitenbild gegenüber.

Das grosse Verdienst, dem Basilikenbau zuerst wieder ein neues Leben eingehaucht zu haben, gebührt, was Italien betrifft, unstreitig den *Toscanern*. Der hohe Sinn, der dieses Volk im Mittelalter auszeichnet, und dem man auch ein stellenweises Umschlagen in die Sinnesart der Erbauer des Thurmes von Babel verzeihen mag, begnügte sich schon frühe nicht mehr mit engen, von aussen unscheinbaren und innen kostbar verzierten Kirchen; er nahm eine Richtung auf das Würdige und Monumentale. Dieselbe offenbarte sich zunächst, seit dem

XI. Jahrhundert, in der Wahl des Baustoffes. Der Sandstein und Kalkstein, welchen man in der Nähe hatte, schien zu sehr der Verwitterung ausgesetzt; man holte in Carrara den weissen, anderswo schwarzen und rothen Marmor und incrustirte damit wenigstens den Kernbau, wenn man ihn auch nicht daraus errichtete. Zum erstenmal wieder erhielten die Aussenwände der Kirchen eine organisch gemeinte, wenn auch zum Theil nur decorativ spielende Bekleidung: Pilaster oder Halbsäulen mit Bogen, Gesimse, Streifen und Einrahmungen von abwechselnd weissem und schwarzem Marmor, nebst anderm mosaikartigem Zierrath. An den grössern Fassaden behauptete sich seit dem Dom von Pisa ein System von mehrern Säulchenstellungen über einander; die obern schmaler und dem obern Theil des Mittelschiffes (wenigstens scheinbar) entsprechend; unten grössere Halbsäulen mit Bogen, auch wohl eine Vorhalle (Dome von Lucca und Pistoja). Im Innern rücken die Säulen auseinander; ihre Intervalle sind bisweilen beinahe der Breite des Mittelschiffes gleich, welches allerdings sich sehr in das Schmale und Hohe zieht; in den echt erhaltenen Beispielen hat es flache Bedeckung, während die Nebenschiffe
a gewölbt werden (S. Andrea in Pistoja). An den Säulen ist häufig der Schaft, ausserhalb Pisa aber selten das Capitäl antik, obwohl die oft auffallende Disharmonie zwischen beiden (indem das Capitäl einen schmalern untern Durchmesser hat als der Schaft) auf die Annahme benützter antiker Fragmente führen könnte; ein Räthsel, welches sich nur durch die Voraussetzung einigermassen löst, dass die Capitäle etwa aus wenigen Steinmetzwerkstätten für das ganze Land bestellt oder fertig gekauft wurden. Ihre Arbeit ist sehr ungleich, von der rohsten Andeutung bis in die feinste Durchführung des Korinthischen, auch der Composita. An den bedeutendern Kirchen versuchte man schon frühe, der Kreuzung des Hauptschiffes und des Querschiffes durch eine Kuppel die möglichste Bedeutung zu geben.

Die einfachsten Elemente dieses ganzen Typus enthält wohl der
b Dom von Fiesole (1028); das Äussere dürftig, doch schon von Quadern; innen ungleiche Bogen über den Säulen; der Kreuzraum

kuppelartig zugewölbt; die Nebenräume (oder Arme des Querschiffes) mit halben Tonnengewölben bedeckt, die sich sehr ungeschickt an die Bogen des Kreuzraums anlehnen. Alle Details einfach bis zur Roheit; die Crypta (mit ionischen Säulchen) ein späterer Einbau[1]). Merkwürdiger Weise entspricht schon hier die ganz schmucklose Fassade der Kirche nicht, sondern ragt bereits als vorgesetzte Decoration über dieselbe hinaus.

Zur vollen Ausbildung des Typus reichte aber ein blosser Bischofssitz nicht aus; es bedurfte dazu des ganzen municipalen Stolzes einer reichen im Centrum des damaligen Weltverkehrs gelegenen Handelsrepublik. Wie nördlich vom Apennin Venedig, so vertrat südlich P i s a diese Stelle. Im Hochgefühl eines Sieges über die Sicilianer gründeten die von Pisa 1063 ihren D o m ; als Baumeister nennt sich R a i - a
n a l d u s.

Die schöne isolirte Lage, der edle weisse Marmor mit schwarzen und farbigen Incrustationen, die klare Absicht, ein vollendetes Juwel hinzustellen, die gleichmässige Vollendung des Baues und der benachbarten Prachtgebäude — diess Alles bringt schon an sich einen grossen Eindruck hervor; es giebt nicht eben viele Kirchen, welche diese Vorbedingungen erfüllen. Ausserdem aber thut die Kunst hier einen ihrer ganz grossen Schritte. Zum erstenmal wieder seit der römischen Zeit sucht sie den Aussenbau lebendig und zugleich mit dem Innern harmonisch zu gliedern; sie stuft die Fassade schön und sorglich ab und giebt dem Erdgeschoss Wandsäulen und Wandbogen, den obern Theilen durchsichtige Galerien, zunächst längere, dann dem Mittelschiff und dem Giebel entsprechend kürzere. Sie weiss auch, dass ihre Wandsäulen jetzt einem neuen Organismus angehören, und verjüngt dieselben fast gar nicht mehr (womit es der Baumeister von S. Micchele in Lucca versah). An den Seiten wird ebenfalls die einfachere Form, hier Wandpilaster mit Bogen und eine kleinere Reihe drüber mit geradem Gebälk, den untern Schiffen zugewiesen, die leichtere und reichere, nämlich Wandsäulen mit Bogen, dem Oberschiff. Es ist denkbar, dass orientalische Kirchen einzelne dieser Elemente darboten, aber

[1]) Das Ganze liefert den stärksten Beweis gegen die behauptete Gleichzeitigkeit von S. Miniato bei Florenz (angeblich von 1013), welches durchweg die feinste Durchbildung zeigt.

ihre Vereinigung in Einem Guss ist pisanisch. Von der Wiese hinter dem Chor aus offenbart sich dann eine andere grosse Neuerung: nach vielhundertjährigem Herumirren in den Wirkungen des Details hat die Baukunst wieder ein wahres Compositionsgefühl im Grossen errungen; sie weiss wieder bei grossen dominirenden Hauptlinien in der Einfachheit reich zu sein. Von den niedrigen Nischen der etwas höhern Querarme aus leitet sie den Blick empor zum First des Hauptschiffes und zur Kuppel und giebt als mittlere reiche Schlussform die prächtige Chornische mit ihren Galerien.

Im Innern ist der Dom eine fünfschiffige Basilica und ruht auf lauter antiken Säulen (deren Capitäle seit ihrer Überarbeitung mit Gyps für die Untersuchung meist verloren sind), theilt sonach die hemmenden Bedingungen der römischen Basiliken. Aber ein neuer Geist hat sich das gegebene Material dienstbar gemacht, um daraus vor Allem einen schlanken Hochbau zu schaffen. Nach römischer Art hätten bei dieser Breite drei Schiffe genügt; hier sind es fünf, von enger Stellung, die vier äussern gewölbt; der zweiten niedrigern Säulenreihe ist durch Überhöhung der Bogen nachgeholfen. Statt der hohen Oberwände und ihres Mosaikschmuckes sieht man dann die herrliche luftige Galerie von Pfeilern (gleichsam Repräsentanten der Mauer) und Bogen, in der Mitte von Säulen gestützt. Schon einzelne römische Basiliken haben Obergeschosse; auch die Oströmer liebten solche obere Galerien, allein sie versäumten, ihnen durch diese leichtere Behandlung den lokalen Charakter zu geben. Das Querschiff endlich wurde hier — zum erstenmal an einer Basilica — dreischiffig gestaltet, um dem Eindruck des Hohen und Schlanken treu zu bleiben; es bildet mit seinen Schluss-Nischen gleichsam zwei anstossende Basiliken. Vielleicht mehr aus praktischen als ästhetischen Gründen führte der Baumeister die durchsichtige Galerie auf beiden Seiten quer hindurch nach dem Chor zu und schuf damit jenen geheimnissvoll prächtigen Durchblick in die Querarme. — Welches Quadrat aber sollte nun als Basis der Kuppel angenommen werden, die man hier zum erstenmal mit dem Basilikenbau zu combiniren wagte? Langhaus und Querbau schneiden sich in ungleicher Breite, man nahm die ganze Breite des letztern und die des Hauptschiffes des erstern, und so ergab sich die merkwürdige ovale Kuppel, die später noch eine gothische Aussengalerie erhielt.

Während des Baues reinigte sich der Styl. Wir dürfen z. B. annehmen, dass die schon sehr gut gegliederte Galerie im Innern zu den spätern Baugedanken gehört, ebenso ihre Aussenwand, welche eine obere Pilasterordnung über den Wandbogen bildet.

Vollständiger spricht sich dann dieser gereinigte Styl im Bapti- a
sterium aus, welches 1153 von Diotisalvi gegründet wurde. (Die gothischen Zuthaten, Baldachine, Giebel, Spitzthürmchen, sind erst im XIV. Jahrhundert hinzugekommen.) Man wird hier durchgängig die Formenbildung des Domes veredelt und vereinfacht wiederfinden, die Bogenprofile, die Mosaicirung der Füllungen u. s. w. Auch meldet sich an der äussern Galerie wie im Innern, wenn nicht durchgängig, so doch vorherrschend das eigenthümlich romanische Capitäl. Ganz besonders wichtig ist aber die Unterbrechung nach jeder dritten Säule im Innern durch einen Pfeiler, und zwar im obern sowohl als im untern Stockwerk; worin sich deutlich das Verlangen nach einem höhern baulichen Organismus ausdrückt. Ebenso ist die hohe konische Innenkuppel nur eine ungeschickte Form für das Bedürfniss nach einem leichten, strebenden Hochbau. — Die Schranken um den Mittelraum und die Einfassung des Taufbeckens zeigen, welch ein neues Leben auch innerhalb der Decoration erwacht war, wie man auch hier sich von dem blossen Mosaik mit Prachtsteinen losmachte zu Gunsten einer reinen und bedeutenden plastischen Verzierung.

Seit 1174 bauten Wilhelm von Innsbruck und Bonannus b
das Campanile, den berühmten schiefen Thurm[1]). Hier ist die

---

[1]) Die berühmte Frage über Absicht oder Nichtabsicht beim Schiefbau erledigt sich bei einiger Aufmerksamkeit leicht. Offenbar wurde der Thurm lothrecht angefangen und senkte sich, als man bis in das dritte Stockwerk gelangt war, worauf man ihn schief ausbaute. — Bei diesem Anlass hat E. Förster (Handbuch etc., s. d. Art.) eine allgemeine Ansicht nicht nur über diesen Schiefbau, sondern über die Bauungleichheiten der sämmtlichen umliegenden Prachtgebäude entwickelt, welcher ich Anfangs glaubte beipflichten zu müssen, bis die Vergleichung anderer italienischer Gebäude des XI. und XII. Jahrhunderts mich wieder davon abbrachte. Der Raum erlaubt mir hier keine Widerlegung, sondern nur Gegenbehauptungen, deren Bündigkeit der Leser beurtheilen mag.

Für's Erste wagte man damals allerdings absichtliche Schiefbauten; dieser Art ist wohl die Garisenda in Bologna, ein Werk der Prahlerei des adligen Erbauers oder des *

Gliederung des Details wieder um einen Grad einfacher, und das romanische Capitäl mit seiner derben Blätterbildung hat entschieden das Übergewicht vor dem römischen. Der Composition nach ist dieses einzige Gebäude eines der schönsten des Mittelalters. Das Princip der Griechen, die Säulenhalle als belebten Ausdruck der Wand ringsum zu führen, ist hier mit der grössten Kühnheit auf ein mehrstöckiges Gebäude übertragen; es sind viel mehr als blosse Galerien, es ist eine ideale Hülle, die den Thurm umschwebt und die in ihrer Art densel-

---

Architekten; die daneben stehende Torre degli Asinelli könnte schon eher durch Senkung des Bodens schief geworden sein. Dann ist gerade der Ausbau des Thurmes von Pisa ein immerhin sehr auffallendes Werk dieser Art; die meisten Bauverwaltungen hätten den Thurm, als er sich senkte, unvollendet gelassen oder auf bessern Fundamenten neu angefangen; der pisanische Übermuth aber liess sich auf das Schwierige und vielleicht damals noch Unerhörte ein.

Weit die meisten schiefen Gebäude aber sind es ohne Absicht des Baumeisters geworden, durch ungenügende Fundamente. Das Pilotiren, als einzige Sicherung bei morastiger oder sonst bodenloser Beschaffenheit der Erde, scheint nur ungleich und allmälig aufgekommen zu sein; die Frühern machten sich auf die Senkung des Baues unter solchen Umständen gefasst und kamen dem Schaden durch Dicke der Mauern, Verklammerungen u. s. w. zuvor. Einen
* sprechenden Beleg liefert noch Pisa selbst; der von N. Pisano erbaute Thurm von S. Nicola steht sehr merklich schief, allein doch lange nicht schief genug, um als Werk der Kühnheit mit dem berühmten Campanile wetteifern zu können, welches schon als Gebäude so viel bedeutender ist; an eine Absicht lässt sich hier nicht denken, wohl aber an eine Voraussicht, wie aus der starken
** Bildung des Mauercylinders hervorgeht. Ebenso ist am Dom von Modena die wahrhaft bedrohlich aussehende Neigung des ganzen Hinterbaues gegen den ebenfalls geneigten Campanile offenbar eine unabsichtliche, nur dass der letztere allerdings mit Rücksicht auf diesen Umstand
† ausgebaut sein mag. (Dagegen stehen Dom und Baptisterium in Parma völlig lothrecht.) Am
†† Dom von Ferrara neigt die Fassade nicht unbedeutend vor, gewiss gegen den Willen des Baumeisters.

Kunstgeschichtlich viel wichtiger wäre die Ansicht Förster's über den Zusammenhang des pisanischen Schiefbaues mit den Ungleichheiten der Vermessung, schrägen und krummen Baulinien, unentsprechenden Intervallen etc.; in all diesem spreche sich nämlich eine Scheu vor dem Mathematischen, vor der völligen Gleichförmigkeit aus; es seien diess „die unbeholfensten Äusserungen romantischer Bestrebungen". Da man an griechischen Tempeln (vgl. S. 5) etwas Analoges unbedingt zugeben muss, so hat diese Annahme etwas sehr Anziehendes. Ich glaube indess die betreffenden Phänomene anders erklären zu müssen, und zwar nicht durch Mangel an Geschicklichkeit — wovon an den edeln pisanischen Bauten keine Rede sein kann —, sondern durch eine dem frühem Mittelalter eigene Gleichgültigkeit gegen das mathematisch Genaue. Letzteres verstand sich durchaus nicht immer so von selbst, wie es sich jetzt versteht.

ben Sieg über die Schwere des Stoffes ausspricht, wie die deutsch-gothischen Thürme in der ihrigen.

Das reiche System dieser drei Bauten ist natürlich an den übrigen Kirchen nur stellenweise durchgeführt, oder auch nur in Andeutungen, gleichsam im Auszug gegeben. Immer aber wirkt diese erste consequente Erneuerung eines plastisch be-

---

Den besten Schlüssel gewährt S. Marco in Venedig. Auf einer Laguneninsel errichtet, * zeigt dieses Gebäude vor Allem in seinen verticalen Theilen und Flächen viele unwillkürliche Schiefheiten, doch keine eigentlich auffallende, indem ohne Zweifel das Mögliche geschah, um sie zu vermeiden. (Der Fussboden der Kirche mit seinen wellenförmigen Unebenheiten beweist am besten, welche Opfer man bringen musste, um wenigstens Pfeilern und Mauern eine leidlich lothrechte Stellung zu sichern.) Sehr auffallend dagegen ist die Ungleichheit und Unregelmässigkeit sämmtlicher Bogen und Wölbungen, selbst der Kuppelränder. Anfangs ist man versucht, dieselbe von dem Ausweichen der Pfeiler und Mauern abzuleiten, welches auch in der That hie und da die Schuld tragen mag; bei längerer Betrachtung dagegen überzeugt man sich, dass die reine Gleichgültigkeit gegen das Regelmässige der wesentliche Grund ist. Ich glaube, dass schon die Lehrbogen nicht einmal genau gemessen waren. Man betrachte z. B. die obern Wandbogen an der Südseite des Äussern; sie sind krumm und unter sich ungleich, obschon es h i e r ganz leicht gewesen wäre sie im reinsten Halbkreis zu construiren und ihnen diese Form auf immer zu sichern; auch an eine ästhetische Absicht wird hier Niemand denken wollen, da die bunte Verschiedenheit des Details schon Abwechselung genug mit sich bringt.

Auf diesen Vorgang gestützt dürfen wir auch in Pisa das (doch sehr unmerkliche) Überhängen der Domkuppel nach hinten für eine blosse Ungenauigkeit, die schiefe Stellung des Baptisteriums (wovon ich mich näher zu überzeugen versäumt habe) für die Folge einer Bodensenkung halten. — Für die krummen Linien, ungenauen Parallelen, ungleichen Intervalle am Äussern des Domes würde ebenfalls S. Marco bündige Analogien bieten; eine nähere Vergleichung aber gewährt z. B. die Südseite des Domes von Ferrara, welche ** von auffallenden Ungleichheiten der Intervalle, Krümmungen der Horizontalen u. dgl. wimmelt, während die Anspruchslosigkeit des Baues jeden Gedanken an ästhetische Intention ausschliesst.

Die mathematische Regelmässigkeit, welche mit den bald zu nennenden florentinischen Bauten den Sieg davonträgt, musste eintreten schon in Folge der strengern Plastik des Details, welche von selbst auf genaue Vermessung hindrängt; sie war es, welche z. B. an S. Marco noch völlig fehlte. Allerdings giebt es noch weit spätere Räthsel, wie z. B. der Dom von Siena, welche wir als Räthsel müssen auf sich beruhen lassen.

deutenden Architekturstyls mit grossem Nachdruck, und auch die kleinste dieser Kirchen zeigt deutlich, dass man diesen bezweckte. Bei den kleinern beschränkt sich der Marmor auf die Fassaden; statt der Galerien kommen blosse Wandbogen vor, aber auch da ist mit geringen Mitteln, z. B. mit dem Charakterunterschied von Wandpilastern und Wandsäulen, das Wesentliche entschieden ausgesprochen. Im Innern sind oder waren es lauter Säulenbasiliken das Oberschiff meist verändert.

a Aus dem XII. Jahrhundert: S. Frediano; im Innern liefern z. B. die zwei nächsten Säulen den Beweis, dass die allzukleinen Capitäle nicht immer antike sind, mit denen man sich hätte begnügen müssen, wie man sie fand. (Vgl. S. 100.) Die Säulen dagegen scheinen sämmtlich antik.

b S. Sisto, antike Säulen von ungleichem Stoff; auch hier gerade die unpassendsten Capitäle modern. Das Äussere fast formlos.

c S. Anna, nur ein Theil der Südseite erhalten; das Übrige ein Umbau von 1610.

d S. Andrea, aussen nur die einfache Fassade alt, sowie das backsteinerne Campanile; innen die Überhöhung der Bogen durch ein besonderes Zwischengesimse erklärt; die Capitäle meist aus dem Mittelalter, mit Thierköpfen etc.

e S. Pierino, in seiner jetzigen Gestalt XII. Jahrh., aussen einfach, innen wahrscheinlich beim damaligen Umbau (des Arno's wegen?) erhöht; die Capitäle zum Theil antik; der Boden mosaicirt.

f S. Paolo all' Orto, nur der untere Theil der Fassade erhalten (wonach die Kirche eine der ältesten nächst dem Dom sein möchte). Das Innere ganz verbaut.

g S. Sepolcro, eine der im ganzen Abendland vorkommenden polygonen Heiliggrabkirchen, XIII. Jahrhundert. Hohes Achteck mit Pfeilern und Spitzbogen, mit achtseitigem Umgang, die Fenster noch rundbogig. Alle Details für Pisa auffallend schlicht. (Wird gegenwärtig grossentheils neu gebaut.)

S. Paolo in ripa d'Arno, wohl ebenfalls erst XIII. Jahr- a
hundert, mit der besten Fassade nach dem Dom; innen mit Querschiff und Kuppel; durchgängig Spitzbogen; doch unter den vieren, welche die Kuppel tragen, noch besondere Rundbogen. (In den letzten Jahren grossentheils neu gebaut.)

An S. Nicola die Fassade und der schon erwähnte Thurm b
(S. 104, *) von Nic. Pisano.

S. Micchele in Borgo; das Innere, so weit es erhalten ist, c
eine ziemlich alte Basilica; von der Fassade der obere Theil mit den schon spitzbogigen Galerien XIII. Jahrhundert, vorgeblich von Niccolò Pisano, eher von dessen Schüler Fra Guglielmo; in die Mitte treffen Säulchen statt der Intervalle.

S. Caterina, XIII. Jahrhundert, die Fassade eine noble und d
prächtige Übertragung des pisanischen Typus in die gothischen Formen. Innen einschiffige ungewölbte Klosterkirche.

(Die alte Kirche S. Piero in Grado, eine halbe Stunde see- e
wärts, mit merkwürdigen Fresken verschiedener Zeit, hat der Verfasser nicht geeshen.)

Die Kirchen von Lucca sind (mit Ausnahme der oben genannten ältern Reste) fast nur Nachahmungen der pisanischen, und zwar keine ganz glücklichen. An unendlichem und fast penibelm Reichthum thun sie es den reichsten derselben bisweilen gleich oder zuvor (figurirte Säulen, Mosaicirung möglichst vieler Flächen etc.), allein das Vorbild der Antike steht um einen kenntlichen Grad ferner (man vergleiche die Gesimsbildung), obschon auch hier nicht wenige antike Reste mit vermauert und z. B. die meisten Säulen römisch sind. Einen unbegreiflichen Stolz scheinen die Lucchesen darein gesetzt zu haben, dass in den Galerien ihrer Fassaden nicht ein Intervall, sondern ein Säulchen auf die Mitte traf. Man möchte glauben, es sei das Wahrzeichen ihrer Stadt gewesen. In Pisa ist diess Ausnahme. — Die Campanili, sowohl die marmornen als die backsteinernen, ohne besondere Ausbildung.

a S. Giovanni, XII. Jahrhundert; die Capitäle meist aus dem Mittelalter, doch gut den römischen nachgeahmt; an das linke Querschiff lehnt sich ein uraltes, zur gothischen Zeit nur umgebautes viereckiges Baptisterium. Aussen einfach, von der Fassade nur die Thür alt.

b S. Maria forisportam, XII. Jahrhundert; eine der bessern, mit Querschiff und Kuppel; die Capitäle der Säulen hier meist antik; nach alter Weise etwa in der Mitte der Reihe ein Pfeiler statt einer Säule.

c S. Pietro Somaldi, Fassade vom Jahr 1203; backsteinernes Campanile; das Innere modern.

d Der Aussenbau von S. Micchele (vgl. S. 86, d): die Chornische reich und gut, die Fassade dagegen (XIII. Jahrhundert) mit absichtlicher Übertreibung des pisanischen Princips stark über die Kirche vorragend, spielend reich; das ganze Erdgeschoss um eines vermeintlich höhern Effectes willen nicht mit Wandpilastern, sondern mit vorgelehnten Säulen bekleidet, die sich verjüngen und damit unförmlich hoch erscheinen.

Kleinere Kirchen, zum Theil nur mit einzelnen alten Bestandthei-
e len: S. Giusto, S. Giulia, S. Salvatore, S. Vincenzo etc.
f Der Übergang in's Gothische: Fassade von S. Francesco.

g Über S. Frediano vgl. S. 86, c. Was aus dem XII. Jahrhundert ist, scheint Nachbildung von älterm und weicht von dem pisanisch-lucchesischen Styl ab.

h Endlich die ältern Theile des Domes: die Fassade, von Guidetto 1204, empfindungslos reich; die Galerien auf einer dreibogigen Vorhalle ruhend, deren Inneres im Detail schon mehr gereinigt erscheint. Dann das Äussere des Chorbaues und Querschiffs, sehr edel und gemässigt (auch in der Incrustation); durch die Höhe des Querschiffes ein imposanter Anblick. Der Glockenthurm mit regelmässig zunehmender Fensterzahl, wie der von Siena.

In andern Städten Toscana's:

Der Dom von Prato, angefangen im XII. Jahrhundert, hat aus dieser Zeit noch das schmale Mittelschiff mit den weiten

Bogen über schweren Säulen mit rohen Capitälen. Anmuthig ausgebaut im XIV. Jahrhundert, trägt die Kirche im Ganzen das Gepräge dieser Zeit.

In Pistoja ist S. Giovanni fuorcivitas ein einfaches a längliches Viereck, dessen eine Langseite aber die Zierlust jener Zeit (XII. Jahrhundert) in fast kindlicher Weise an den Tag legt; unten Pilaster mit Wandbogen, drüber zwei Reihen von kleinern Wandsäulen mit Bogen; keines der drei Stockwerke entspricht den andern; die Wand gestreift und mosaicirt.

S. Andrea, Basilica des XII. Jahrhunderts, mit schmalem Mittel- b schiff, dessen hohe Obermauern schmale Fenster enthalten; die Fassade mit Wandbogen, schachbrettartiger Fläche und (als Gesims) grossem Eierstab. (Der obere Theil neuer.) — Der innern Anlage und der Zeit nach verwandt: S. Bartolommeo. c

Der Dom, mit der schon erwähnten Vorhalle und drei Säulchen- d stellungen drüber, im Innern eine sehr verbaute Basilica, mit ungleichen, doch wohl nicht antiken Capitälen, ist wohl ebenfalls aus dem XII. Jahrhundert, nicht von Niccolò Pisano. Die Seitenfassade, jetzt bloss Wandpfeiler mit Bogen, trug vielleicht einst eine obere Galerie. Der Thurm wiederholt in seinen drei obersten Stockwerken das Motiv des pisanischen: freistehende Säulchen um einen Mauerkern herum, nur viereckig statt rund. Der Chorbau modern. Das erhöhte Tonnengewölbe, welches die Vorhalle in der Mitte unterbricht, mit schönen gebrannten Cassetten des Luca della Robbia.

Der Dom von Volterra gehört ebenfalls in diese Reihe und e wird ebenfalls dem Niccolò Pisano zugeschrieben (was sich nach Andern nur auf die von 1254 datirte Fassade beziehen soll).

Wiederum einen höhern Aufschwung nahm die neue Bauweise unter den Händen der Florentiner. Sie legten zunächst in die bisher spielende Incrustation mit dem Marmor verschiedener Farben einen neuen Sinn, bildeten aber vorzüglich das plastische Detail der Architektur edler und consequenter aus, nicht ohne ein ziemlich eingehendes Studium antiker Überreste, sodass auch hier wieder ein früher

Anfang von Renaissance unverkennbar ist. Endlich fasst die Kirche S. Miniato das vorgothische Kunstvermögen Italiens auf eine so glänzende Weise zusammen, dass man die bald darauffolgende Einführung des gothischen Styles aus dem Norden beinahe zu bedauern versucht ist.

Die betreffenden Gebäude haben wohl sämmtlich kurz vor oder um das Jahr 1200 ihre jetzige Gestalt erhalten, eine Annahme, für die wir hier die Beweise schuldig bleiben müssen und die mit sonst geltenden Zeitangaben im Widerspruch steht.

a Das erste derselben ist die kleine Basilica SS. Apostoli in Florenz; die Nebenschiffe gewölbt; gleichmässige Compositasäulen tragen Bogen mit feiner antiker Einfassung; ihnen entsprechen Wandpilaster (mit vielleicht neuern Capitälen); die Capellenreihen gelten als ursprünglich; ihre Hinterwände laufen schräg, wohl aus Rücksicht auf irgend eine Bedingung des engen Platzes.

b An S. Jacopo in dem gleichnamigen Borgo ist nur eine drei-
c bogige Vorhalle mit Aufsatz, an der Badia bei Fiesole nur ein incrustirtes Stück der Fassade aus dieser (letzteres vielleicht aus einer etwas frühern) Zeit vorhanden; merkwürdig ist hier das besondere Gebälkstück (Architrav, Fries und Sims) über den Wandsäulen, neben einer sonst noch ziemlich spielenden Incrustation.

d Das Baptisterium S. Giovanni bezeichnet einen Höhepunkt aller decorativen Architektur überhaupt. Schon die Vertheilung des Marmors nach Farben im Einklang mit der baulichen Bestimmung der betreffenden Stellen (Simse, Flächen etc.) ist hier selbst edler und besonnener als z. B. am Dom [1]). Vorzüglich schön sind dann in ihrer Mässigung die plastischen Details, die Kranzgesimse der drei Stockwerke, die Wandpfeiler, welche im halben Viereck beginnen, im halben Achteck fortfahren und als cannelirte Wandpilaster die Bewegung in der Attica fortsetzen. Im Innern stehen vor den acht Nischen des Erdgeschosses je zwei Säulen, müssig, wenn man will, aber hier als bedeutendes

---

[1]) Laut Vasari wäre die Incrustation wenigstens der untern Theile des Baptisteriums ein Werk des Dombaumeisters Arnolfo, nach 1294. Allein aus Vasari's eigenen Worten schimmert hervor, dass Arnolfo nur das schon Vorhandene von entstellenden Zubauten befreite und ergänzte.

Zeugniss eines Verlangens nach monumentaler Gliederung. Sie sind von orientalischen Granit, ihre vergoldetem korinthischen Capitäle aber ohne Zweifel für diese Stelle gearbeitet, mit genauem Anschluss an römische Vorbilder. Die Galerie des obern Stockwerkes schliesst sich streng harmonisch an das untere an, mit korinthischen Pilastern und ionischen Säulchen. Die bauliche Wirkung wird beeinträchtigt durch die Mosaikfiguren auf blendendem Goldgrund, welche Friese, Brustwehr und zum Theil auch das Innere der Galerie in Anspruch nehmen, und vorzüglich durch die drückenden Mosaiken der Kuppel. Der Chorbau steht ausser Harmonie mit dem Übrigen, und sein Triumphbogen möchte wohl der Theil eines ältern Ganzen sein. — Die Bodenplatten zum Theil als Niellen mit Ornamenten, ein Ersatz für Mosaiken, wozu die harten Steine fehlen mochten.

San Miniato al Monte, vor dem gleichnamigen Thor, be- a
schliesst diese Reihe auf das Ruhmvollste. Zwar hat die graziöse Fassade mehr Willkürliches, zumal im Farbenwechsel der Incrustation, als das Baptisterium, allein daneben finden sich die zartesten antiken Details (z. B. am Dachgesimse Consolen); das Verhältniss des obern Stockwerkes zum untern ist vielleicht hier zum erstenmal nach einem rein ästhetischen Gefühl bestimmt, weil keine antiken Säulen das Maass vorschrieben. Im Innern findet man jene Unterbrechung des Basilikenbaues durch Pfeiler und Bogen, welche in S. Prassede zu Rom noch roh auftritt, in höchst veredelter Gestalt wieder; auf jede zweite Säule folgt ein Pfeiler von vier Halbsäulen mit überleitenden Bogen. Der Dachstuhl, durchaus sichtbar, ist einer der sehr wenigen, welche noch ihre einfache ursprüngliche Verzierung behalten haben[1]). Die Capitäle sind theils für das Gebäude gemacht und dann einfach, theils reich antik. Auch die Vorderwand der ziemlich hohen und bedeutenden Crypta und das Halbrund der Tribuna sind incrustirt; an letzterm erscheinen die Säulen aus Einem Stein und antik, während die grossen Säulen der Kirche aus lauter Stücken zusammengesetzt sind. Die fünf Fenster der Tribuna sind mit grossen durchscheinenden Marmorplatten geschlossen. Die Steinschranken und das Pult des Chores gehören zu den prächtigen Decorationsstücken derselben Art wie die Sachen

[1]) Ein späterer, beiläufig gesagt, in S. Agostino zu Lucca.

im Baptisterium zu Pisa; die Bodenplatten im Hauptschiffe vorn, mit Niellen ähnlich denen des florentinischen Baptisteriums [1]), tragen das Datum 1207, welches wohl das des Ausbaues der ganzen Kirche sein möchte. (Ob sie von S. Zeno in Verona, s. unten, bedingt ist?)

Man sollte kaum glauben, dass auf ein System von Kirchenfassaden wie die genannten noch eine Missbildung habe folgen können
a wie die Vorderseite der sog. Pieve vecchia zu Arezzo, vom Anfang des XIII. Jahrhunderts [2]). Mit einer solchen Anstrengung ist kaum irgendwo jeder Anklang an Harmonie, an vernünftige Entwicklung durchgehender Motive vermieden worden wie hier. Das Innere ist bei Weitem besser und durch die fast antiken korinthischen Capitäle interessant; das Äussere der Chornische dagegen wieder der Fassade würdig.

In Genua vermischt sich der romanische Styl Frankreichs mit der von Pisa ausgehenden Einwirkung. Die betreffenden Kirchen sind meist Basiliken mit einer Art von Querschiff, auch wohl mit einer (unbedeutenden und meist veränderten) Kuppel; die Säulen theils antik, theils in Schichten von schwarz und weiss abwechselnd; die Capitäle theils antik, theils antikisirend. An den Fassaden ist nirgends das reichere toscanische System von Galerien, sondern nur das einfachere von Wandpfeilern, mit Abwechslung der Farbenschichten, zu bemerken (die auch oft nur aus moderner Romantik aufgemalt sind). Zur gothischen Zeit behielt man diese ganze, für die reiche Stadt etwas dürftige Bauweise bei und ersetzte nur einen Theil der Rundbogen durch Spitzbogen.

Durch plastischen Reichthum sind nur die beiden Portale der
b Seitenschiffe des Domes (XII. Jahrhundert?) einigermassen ausgezeichnet. (Das Innere des Domes ein Umbau vom Jahr 1308, mit
c Benützung der ältern Säulen.) S. Maria di Castello ist nach den

---

[1]) Wogegen die pisanischen Boden-Mosaiken (Battistero, Dom, S. Pierino) nebst denen von S. Frediano zu Lucca noch fast ganz der christlich-römischen Technik folgen, wie sie oben S. 95 u. 96 geschildert wurde.

[2]) Das Datum der Portalsculpturen, 1216, gilt doch wohl annähernd für die ganze Fassade.

fast durchaus antiken Säulen und Capitälen zu schliessen die älteste dieser Kirchen (XI. Jahrhundert?). Die Kreuzgewölbe sämmtlicher Schiffe wohl neuer. — S. Cosmo (XII. Jahrhundert?), die Säulen a
schichtenweise von schwarzem und weissem Marmor, die Capitäle roh antikisirend. — S. Donato, XII. Jahrhundert (die Fassade etwas b
später), die hintern Säulen sammt Capitälen antik; die vordern von abwechselnd schwarzen und weissen Marmorschichten mit roh antikisirenden Capitälen; auf dem Chorquadrat ein achteckiger Thurm. (Moderne Bemalung des Innern mit gothischen Zierrathen ohne Sinn.)

Unbedeutend und nur mangelhaft erhalten: S. Stefano, c
S. Tommaso etc.

Aus gothischer Zeit und zwar noch aus dem Anfang des XIII. Jahrhunderts: S. Giovanni di Prè, Pfeilerkirche, zweistöckig d
mit Benützung eines Abhanges; in neuerer Zeit umgekehrt orientirt, so dass das Querschiff und der ehemalige Chor jetzt der Hauptthür nahe sind. — Etwas später: S. Matteo, innen mehr durch die geschmack- e
volle Umbildung Montorsoli's als durch die alte Anlage merkwürdig.
S. Agostino und S. Maria in via lata, beide innen verändert, f
ruinirt und aufgegeben.

Die Thürme sind meist von dem einfachsten romanischen Typus, der im ganzen Abendlande galt. Die neuern zeichnen sich ausser der Mittelpyramide noch durch vier Eckpyramiden nach französischer Art aus.

Von Klosterhöfen, welche im Ganzen nicht die starke Seite des enggebauten Genua sind, findet man einen rohen und sehr alten (XI. Jahrhundert?) links neben S. Maria delle Vigne, mit Würfelca- g
pitälen auf stämmigen Säulen und mit weitern Bogen; sodann einen wenig neuern mit kleinen Rundbogen auf je zwei Säulchen, Erdge- h
schoss und Obergeschoss, neben dem Dom links. — Schon weit aus der gothischen Zeit (1308) und doch kaum erst spitzbogig: der nied- i
liche, ebenfalls doppelsäulige Kreuzgang von S. Matteo (links).

Eine ganz andere, weit von allem Bisherigen abweichende Gruppe von Gebäuden bietet Venedig dar. Der eigenthümliche Genius der handelsreichen Lagunenstadt spricht sich darin von allem Anfang an ganz deutlich aus; die tiefsten nationalen Züge liegen klar zu Tage. Mit schwerer Einschränkung, durch Pfahlbau im Wasser, erkauft der Venezianer den Hort, wo seine Schätze unangreifbar liegen können; je enger, desto prächtiger baut er. Sein Geschmack ist weniger ein adlicher als ein kaufmännischer; das kostbarste Material holt er aus dem ganzen verwahrlosten Orient zusammen und thürmt sich daraus seine Kirchenhallen und Paläste. Das Vorbild Constantinopels und der eigene patriotische Ehrgeiz drängen allerdings auf das Bedeutende und Grosse hin, allein vorwiegend bleibt das Streben, möglichsten Reichthum an den Tag zu legen.

a Die Marcuskirche, begonnen 976, ausgebaut während des XI. und XII. Jahrhunderts, dem Schmuck nach fortwährend vervollständigt bis ins XVII. Jahrhundert, ist nicht als Cathedrale von Venedig (S. Pietro hatte diesen Rang), sondern als Prachtgehäuse für die Gebeine des Schutzheiligen, das Palladium des Inselstaates, errichtet. Auch für die Bauform möchte diess nicht unwesentlich sein.

Die monumentale Absicht war hier nicht minder gross als bei den Erbauern des Domes von Pisa, die Mittel wohl ohne Zweifel grösser, zumal in Betreff der Stoffe, welche seit den römischen Zeiten im ganzen Abendland kaum wieder so massenhaft kostbar aufgewandt worden sind wie an S. Marco.

Im Orient, wo man die prächtigen Steinarten zusammensuchte, standen auch diejenigen Kirchen, welche auf die damaligen Venezianer den grössten Eindruck machten: die Kuppelbauten des byzantinischen Styles; diesen wünschte man etwas Ähnliches an die Seite zu stellen. Nicht zunächst von der Sophienkirche, welche nur eine Hauptkuppel mit zwei grossen angelehnten Halbkuppeln hat, sondern von den in allen Formen vorkommenden mehrkuppeligen Kirchen der Griechen entnahm man die Anordnung der fünf einzelnen Kuppeln über den Kreuzarmen und der Mitte; byzantinisch sind auch die grossen Seitenbogen, welche, durch Säulenreihen abgetrennt, die Nebenschiffe sämmtlicher Haupträume bilden; ebenso die um den ganzen vordern Kreuzarm herumgeführte Aussenhalle; endlich die zahlreich angewandten Nischen, in welche zumal an den hintern Theilen und an der Aussenhalle die Wandfläche aufgeht, eines derjenigen Elemente des altrömischen (und jedes grossen) Gewölbebaues, an welchem die Orientalen von jeher mit Vorliebe festgehalten hatten. Die halbrunden Abschlüsse der Hauptmauern, welche uns so befremdlich vorkommen, sind ursprünglich nichts als die äussere nach orientalischer Art dachlose Gestalt der Seitenbogen, auf welchen die Kuppeln ruhen; in decorativem Sinn wurden sie dann auch dan den untergeordneten Räumen reihenweise wiederholt. (Die jetzige Verzierung derjenigen an S. Marco mit Blattwerk, Giebeln und Zwischenthürmchen stammt erst aus den XIV. Jahrhundert.)

Die Höhe der Kuppeln ist, wie man leicht bemerkt, eine falsche, d. h. der innern Schale nicht entsprechende. Nach der Mosaikabbildung (am äussersten Frontportal links) zu urtheilen, war sie es von jeher.

Vom Detail ist die Bekleidung sämmtlicher untern Wandflächen mit kostbaren Steinarten und die der obern mit Mosaik noch ganz im Sinne des ersten Jahrtausends, das sich immer auf den Stoff verliess, wenn es einen höhern Eindruck hervorbringen wollte. Alles dasjenige Detail dagegen, welches das Leben und die Entwicklung der Baumasse plastisch darzustellen hat, ist überaus ärmlich; die Gesimse jedes Ranges sind kaum zu bemerken; die Bogen, Kuppelränder u. s. w. im Innern haben nicht einmal ausgesprochene Profile, sondern nur einen unbestimmten Mosaikrand; am Aeussern bestehen die Profile theils in blosser Verzierung, theils in ausdruckslosem und willkürlichem Bandwerk. Dies Alles sind echt byzantinische, oströmische Eigenthümlichkeiten; ebenso auch die Bekleidung der äussern Wandflächen mit zerstreuten Reliefs und Mosaikzierrathen, die namentlich in den obern Halbrundwänden der Palastseite den Charakter einer vor Alter kindisch gewordenen Kunst zeigen. — Wie dieselbe in Betreff des Details beinahe nur das Längstvorhandene aufbraucht, ist namentlich in Einer Beziehung interessant zu verfolgen.

Die Leidenschaft, möglichst viele Säulen an und in dem Gebäude aufzustellen, verlangte auch eine reiche Auswahl von Capitälen. Und so ist an S. Marco angebracht, was die sieben letzten Jahrhunderte an Capitälformen producirt hatten, eine wahre baugeschichtliche Repetition. Von antiken habe ich kein einziges entdecken können, während von den Säulen wahrscheinlich sehr viele antik sind; dafür ist jeder Grad von frühmittelalterlicher Nachahmung und Umbildung der

8*

antiken Capitäle irgendwie repräsentirt. Die grossen Capitäle über den Hauptsäulen im Innern sind von der in Ravenna üblichen Art der korinthischen, zum Theil auch der Composita-Ordnung; der Akanthus ist zwar zu sehr ermattet, um noch jenen schönen elastischen Umschlag der römischen Zeit hervorbringen zu können, allein seine Blätter sind doch eigenthümlich lebendig gezackt; an einigen statt der Voluten Widderköpfe. — Sonst findet man ausser dieser gewöhnlichsten ravennatischen Form auch die mit einzeln aufgeklebt scheinenden Blättern, die zu Ravenna an S. Apollinare in Classe und an der Herculesbasilica vorkommt, sogar mit seitwärts gewehten Blättern. Korinthisirende mit bloss einer Blattreihe kommen besonders an den kleinern Säulen der Fassade vor; darunter auch solche mit Stieren, Adlern etc. an den Ecken.

Im Gegensatz zu diesen vom Alterthum abgeleiteten Bildungen macht sich dann das ganz leblose, nur durch ausgesparte vegetabilische und kalligraphische, z. B. gitterartige Verzierungen äusserlich bereicherte Muldencapitäl geltend, das in Ravenna schon seit dem VI. Jahrhundert auftaucht. Von den vielen Variationen, in welchen es hier vorkömmt, ist die rohste die an mehreren Wandsäulen des Innern, die interessanteste die an den bogentragenden Wandsäulen in der Vorhalle; da letztere ein zaghaftes Nachbild ionischer Voluten unter sich haben, so scheinen sie eher für eine Art von vermittelnden Consolen als für eigentliche Capitäle gelten zu sollen, Neben dieser Form kommt auch das echte abendländische Würfelcapitäl, doch nur vereinzelt vor. — Endlich offenbaren die Capitäle der acht freistehenden Säulen in der Vorhalle den Charakter absonderlicher Prachtarbeiten irgend einer Bauhütte von Constantinopel; es sind diejenigen mit den noch antik schönen Löwenköpfen und Pfauen. — Die beiden viereckigen Pfeiler aussen an der Südseite, welche aus einer Kirche in Ptolemais stammen, sind eine Trophäe aus der Zeit der Kreuzzüge. — Einzelne Renaissancecapitäle kamen bei Ausbesserungen hinzu.

Der Eindruck des Gebäudes ist von der historisch-phantastischen Seite ungemein bedeutend. Der Inselstaat, ein Unicum in der Weltgeschichte, hat hier geoffenbart, was er in den ersten Zeiten seiner höhern Blüthe für schön, erhaben und heilig hielt. Er hat das Gebäude auch später immer respectirt und sich selbst auf dem Gipfel seiner Macht (um 1500) wohl gehütet, es etwa durch eine Renaissancekirche zu ersetzen. Sanct Marcus war Herr und Mittelpunkt der Stadt, des Staates, der Flotten, die auf allen Meeren fuhren, der fernsten Colonien und Factoreien; geheimnissvolle Bande walteten zwischen dem ganzen venezianischen Dasein und diesem Bau. In den fünf letzten Jahrhunderten ist Niemand mehr darin begraben worden; es hätte geschienen, als dränge sich ein Einzelner in dem Raume vor, der allen gehörte. Die einzige Ausnahme, zu Gunsten des Cardinals Giov. Batt. Zeno, wurde gemacht, als die Kunstbegeisterung einen Augenblick stärker war als jede andere Rücksicht (1505—1515).

Rein als Bauwerk betrachtet, ist S. Marco von Aussen ziemlich nichtig und ungeschickt. Die Kuppeln heben sich in der Wirkung gegenseitig auf; die Fassade ist die unruhigste und zerstreuteste, die es giebt, ohne wahrhaft herrschende Linien und ausgesprochene Kräfte. Anders verhält es sich mit dem Innern. Man wird dasselbe vor allem grösser finden, als der Eindruck des Äussern erwarten liess, trotz der Bekleidung mit Mosaiken auf Goldgrund, die sonst ein Gebäude eher verkleinert, und trotz der Aussenhalle, welche für den Effect des Innern natürlich in Abrechnung kömmt. Diese scheinbare Grösse beruht auf den einfachen, gar nicht (wie am Äussern) in kleine Motive zersplitterten Hauptformen; die Mittelräume sind wirklich gross und gleichsam aus Einem Stück, die Nebenschiffe versprechen eine bedeutendere Ausdehnung, als sie in der That besitzen. Auch die Kuppeln gewähren hier eine Bereicherung der Perspective und eine scheinbare Erweiterung des Raumes. Sodann macht die ernste, gediegene Pracht sämmtlicher Baustoffe, hier im Dienste grösserer Einfachheit, immer eine grosse Wirkung. Ihr jetziges Hauptlicht hat die Kirche erst im XIV. Jahrhundert, durch das grosse Rundfenster des südlichen Querschiffes erhalten; vorher war sie nach byzantinischer Art ziemlich dunkel; die wichtigsten Gottesdienste gingen wohl bei starker Lampenbeleuchtung vor sich. — Noch grösser als die bauliche Wirkung ist aber die malerische im engern Sinn, welche S. Marco zum Lieblingsbau der Architekturmaler gemacht hat. Sie beruht auf den geheimnissvollen Durchblicken mit scharf abwechselnder Beleuchtung[1]), auf der gedämpf-

[1]) Die dunkeln, satten Farben des meisten Steinwerkes wären reflexlos ohne die eigenthümliche Spiegelglätte der Flächen desselben.

ten Goldfarbe der sphärischen und cylindrischen Flächen, und auf der ernsten Farbigkeit aller plastischen Gegenstände; abgesehen von dem hier sehr stark mitwirkenden historisch-phantastischen Eindruck.

Diesem Gebäude kann schon desshalb in und um Venedig nichts mehr gleichkommen, weil nur Ein politisch- religiöses Palladium, nur Ein Leichnam des Evangelisten vorhanden war.

Von den Kirchen der umliegenden Inseln wurden diejenigen auf
a Torcello schon bei einem frühern Anlass (S. 91, a; 94 a) erwähnt.
b Der Dom (S. Donato) in Murano aus dem XII. Jahrhundert, eine gewölbte Säulenkirche mit Querschiff auf Pfeilern, ist in der innern Decoration mit aller Anstrengung der Pracht von S. Marco genähert; Säulen von griechischem Marmor, ein ähnliches Bodenmosaik u. s. w. Aussen dagegen zeigt die Chorseite, auf welche Art sich dieser Styl ohne Marmorbekleidung in Backstein zu helfen suchte.

c Von weltlichen Gebäuden dieses Styles ist der sog. Fondaco de' Turchi, ein alter Privatpalast, das bedeutendste; eine lange Loggia mit überhöhten Rundbogen über einer starken Säulenhalle im untern Stockwerk giebt ihm ein bedeutendes Ansehen. (Mit den Türken hat das Gebäude erst seit 1621 zu schaffen.)

Ausserdem: Palast Farsetti, jetziges Municipio (nahe bei der Post) mit einer durchgehenden Stellung von Doppelsäulchen im ersten Stock und einer viersäuligen Halle im Erdgeschoss, deren Basen umgekehrte Capitäle sind. (Innen ein schönes Treppenhaus des Barock-
e styls.) — Noch bedeutender der anstossende Palast Loredan, mit bunten Incrustationen. (Soll in einen Gasthof verwandelt werden.)
f — Ein kleiner Palast zwischen Palast Micheli und Palast Civran hat sogar von jenen kleinen Zierfensterchen, wie sie an S. Marco vorkommen.

Diese sämmtlichen Gebäude mögen uns etwa das Venedig des vierten Kreuzzuges (1202) vergegenwärtigen helfen.

Zwischen Venedig und Toscana, in der Lombardei und stellenweise die ganze Via Aemilia abwärts bis an's adriatische Meer entwickelt sich, nicht ohne nordische Einwirkung, derjenige Styl des Kirchenbaues, welcher von Manchen als der lombardische schlechtweg bezeichnet wird. Mit grossem Unrecht würde man aber diese Benennung (wie schon geschehen) auf den romanischen Styl überhaupt ausdehnen; der Norden hat hier gewiss eher gegeben als empfangen, und seine Bauten sind viel strenger in einem bestimmten Sinne durchgeführt als die lombardischen; sie geben gerade das Wesentliche: den Gewölbebau mit gegliederten Pfeilern, ungleich consequenter und edler. — In Einer Beziehung aber bleiben die italienischen originell: im Fassadenbau. Die romanische Architektur des Nordens hatte von frühe an die Thürme, zu zweien, zu vieren, als wesentliche Bauglieder an den Ecken der Kirche angebracht; seit dem Vorgang normannischer Baumeister nach der Mitte des XI. Jahrhunderts wurden die Thürme sogar zum Hauptmotiv aller bedeutendern Kirchenfassaden. In Italien dagegen blieb der Thurm als Nebensache auf der Seite stehen, und die Fassade war auf irgend eine andere Weise zu decoriren. Wir sahen, wie die Toscaner durch Anwendung des Marmors, durch mehrere Stockwerke von Säulenstellungen zu wirken wussten; ihre Fassade ist immer der wenigstens annähernde Ausdruck der Kirche, d. h. eines hohen Mittelschiffes und niedrigerer Nebenschiffe. In Oberitalien dagegen wird die Frontwand nur allzu oft als ein Gegenstand beliebiger Bildung und Decoration vor die Kirche hingestellt; ohne Absatz steigt sie empor, als wären alle drei Schiffe gleich hoch; Galerien laufen querüber und am Dachrand auf und nieder; als Strebepfeiler dienen vorgesetzte Säulen, deren Capitäle in der Regel nichts tragen; Bogenwerk, Wandsäulchen, Sculpturen oft ohne allen Sinn füllen den Raum wohl oder übel aus. (Der Portalbau ist oft von grosser Pracht, seine Gliederung theils nordisch mit schräg einwärts tretenden Säulenreihen, theils südlich mit vorgesetzter Halle von zwei Säulen, in der Regel auf Löwen, theils aus beiden Motiven zusammengesetzt.) Auch an den übrigen Aussenseiten macht sich eine willkürlichere Verzierung geltend als an den bessern Kirchen des Nordens. — Über der Kreuzung der beiden Arme wird wo möglich eine achteckige Kuppel angebracht, mit Galerien ringsum, flach gedeckt.

Mehr als im Norden und in Toscana ist hier eine unbarmherzige

Modernisirung über das Innere der Kirchen ergangen. Während die Fassade das reinste Mittelalter verspricht, wird man beim Eintritt in die Kirche beinahe regelmässig durch einen Umbau im Barockstyl enttäuscht. Die historische Pietät, welche seit dem XVI. Jahrhundert manche toscanische Kirche als Werk einheimischer Künstler rettete, fiel weg bei Gebäuden, die man als Werke eines aufgedrungenen barbarischen Styles betrachtete [1]).

a Die allzu berühmte Kirche S. Michele in Pavia muss zuerst genannt werden, weil ihr vermeintliches Alter — man verlegte sie in die Zeit des langobardischen Königreiches — zu dem irrigen Zugeständniss einer Priorität Oberitaliens in dem betreffenden Styl Anlass gab. Der ganze jetzige Bau, auch innen leidlich erhalten, stammt aus der letzten Zeit des XI. Jahrhunderts. Die Fassade ist ganz beson-
b ders gedankenlos. — Später und etwas belebter: die der Augustinerkirche.

c S. Ambrogio in Mailand, vom gewölbten Vorhof aus (S. 77, f) ein bedeutender Anblick, mit einer untern und obern Vorhalle, entspricht im Innern durch keine Art von Schönheit dem classischen geschichtlichen Ruhm. Ungeschickte und frühe Umbauten (die jetzige Gestalt aus dem XII. Jahrhundert); geringes Licht; Anzahl wichtiger Alterthümer.

d S. Fedele in Como, beträchtlich verbaut, aber wegen der abgerundeten Kreuzarme mit Bogenstellungen als mittelalterliche Nachbildung von S. Lorenzo in Mailand merkwürdig.

e Der Dom von Modena in seiner jetzigen Gestalt begonnen 1099; aussen mit einer ringsum laufenden Galerie, von welcher je drei Bogen durch einen grössern Bogen auf Wandsäulen eingefasst werden; im Innern abwechselnd Säulen mit antikisirenden Capitälen, und starke Pfeiler mit Halbsäulen; die obere Galerie (von jeher) bloss scheinbar,

---

[1]) Es ist unglaublich, welche Vorurtheile oft selbst den gebildetsten Italienern in Betreff der „maniera gotica" und der vermeintlichen „Zerstörungen durch die Barbaren" ankleben. Sie halten Dinge für barbarisch, die der schönste Ausdruck und Überrest ihres eigenen städtischen Geistes im Mittelalter sind, und beklagen einen Ruin, bei dem vielleicht kaum im hundertsten Fall ein Germane das Brecheisen geführt hat, durchaus auf Rechnung des Nordens. Wo man wieder für das Gothische Partei nimmt, wie z. B. in Mailand, geschieht es in einer solchen Weise, dass es besser unterbliebe.

indem ihr Raum noch zu den Seitenschiffen gehört; hohe Crypta auf
Säulen mit romanischen Capitälen; ihr Eingang ein Lettner von ge-
raden Steinplatten auf Säulchen, deren vordere Reihe auf Stützfiguren
(Zwerge auf Löwen) ruht. Hinten drei Tribunen. Der Oberbau neuer.
Das Detail durchgängig befangen, doch nicht roh.

Der Dom von Cremona, XII. Jahrhundert. a

Der Dom von Piacenza, begonnen 1122, erhielt im XIII. Jahr- b
hundert eine Erhöhung, welche sich schon von aussen durch den Backstein im Gegensatz zum Marmor des Unterbaues kundgiebt. Innen
macht jetzt das Hauptschiff den Eindruck einer französischen Kirche
des Übergangsstyles; man hatte für nöthig gefunden, die alten (Säulen
oder) Pfeiler zu schweren Rundsäulen zu verstärken; je zweien ihrer
Intervalle entspricht nun eine Abtheilung des hohen Kreuzgewölbes.
Die Lösung der Kuppelfrage ist hier viel weniger gelungen als in Pisa;
die Kuppel entspricht — sehr unharmonisch — zweien Schiffen des
dreischiffigen Querbaues, welcher übrigens mit dem pisanischen die
halbrunden Abschlüsse gemein hat. Unter dem Chor eine weitläufige
fünfschiffige Crypta mit dreischiffigem Querbau; die Kreuzung ist durch
ein Lücke markirt, die vier Säulen entsprechen würde.

Der Dom von Parma, ein Bau des XII. Jahrhunderts, mit ge- c
gliederten Pfeilern, einschiffigem Querbau (der in Nischen schliesst)
und hoher weiter Crypta, erhielt, wie es scheint, im XIII. Jahrhundert einen höhern Oberbau wie der Dom von Piacenza, doch ohne
dabei seine innere Galerie einzubüssen wie dieser. Das Detail der
alten Bestandtheile erscheint durchgängig, zumal in der Crypta, noch
sehr unentwickelt. Der Anblick von der hintern Seite vorzüglich bedeutend.

Am Dom von Ferrara gehören dem Urbau von 1135 nur noch d
der untere Theil der Fassade und die beiden Seitenfassaden an. Die
letztern sind vorherrschend (die nördliche fast ganz) von Backstein;
eine obere Galerie, mit birnförmigen Giebelchen über den je vier und
vier zusammengehörenden Bogen, entspricht zwar nicht der weiter unten angebrachten, wo je drei Bogen von einem grössern Bogen eingefasst sind, ist aber doch wohl ebenfalls aus dem XII. Jahrhundert. —
Chor und Thurm Renaissance; das Innere vollständig (und zwar nicht
schlecht) modernisirt. Der Oberbau der Hauptfassade ist eine wun-

derliche Decoration, noch romanisch gedacht, aber in bereits gothischen Formen, aus dem XIII. Jahrhundert.

Vielleicht der edelste romanische Bau Oberitaliens ist die schöne
a Kirche S. Zeno in Verona, die in ihrer jetzigen Gestalt 1139 begonnen wurde. In der Fassade spricht sich früher als sonst irgendwo die Neigung zum Schlanken und Strebenden aus, nicht bloss durch die verticalen Wandstreifen, sondern noch deutlicher durch die Unterordnung der horizontalen Galerie, welche von jenen durchschnitten wird, statt sie zu durchschneiden. — Das Innere ist eine unverkennbare Vorstufe desjenigen von S. Miniato; eine Basilica abwechselnd auf Säulen und Pfeilern; über letztern sollten sich oben grosse Bogen als Mitträger eines Sparrendaches wölben; allein sie wurden nur über zwei Pfeilern ausgeführt, indem beim weitern Verlauf des Baues eine Erhöhung der Obermauer und ein Holzgewölbe sie unnütz machten. Die Crypta ist hoch und ausgedehnt, wie in den meisten oberitalischen Hauptkirchen dieser Zeit. Die Capitäle der Säulen scheinen fast alle im Mittelalter nach antiken Vorbildern gemeisselt, die hintersten modernisirt. (Antik: vielleicht das vorletzte rechts.) Die Bildung des Details ist durchweg ziemlich streng und gut. — (Das Innere von S. Miniato ist unläugbar schöner: je zwei Säulen zwischen den Pfeilern, statt bloss einer oder zweien, so dass die Pfeiler mit ihren Bogen grosse Quadrate abschliessen; eine geringere Länge und eine nicht bloss relativ, sondern auch (wenn wir nicht irren) absolut grössere Breite des Mittelschiffes; endlich eine vollständige Durchführung derjenigen Bedachung, welche in S. Zeno beabsichtigt und wieder aufgegeben wurde.) — Der anstossende Klosterhof mit einem eigenthümlichen Ausbau ist gleichzeitig mit der Kirche.

Die übrigen alten Basiliken Verona's, welche wir bei diesem Anlass nachholen, zeigen einige interessante Eigenthümlichkeiten. So
b hat S. Lorenzo ein oberes Stockwerk von Galerien und aussen an der Fassade zwei antik scheinende Rundthürme. Das Innere, abwechselnd Pfeiler und Säulen, letztere zum Theil mit antiken Capitälen, gehört doch wohl erst unserm Jahrtausend an; das Tonnengewölbe
c vielleicht ursprünglich. — S. Zeno in Oratorio, zwar klein und gedrückt, doch nicht sehr alt, mit einem Kuppelchen vor der Tribuna.
d — In S. Maria antica haben nur noch die Säulen ihre ursprüng-

liche Gestalt. — S. Giovanni in Fonte, das Baptisterium, ist eine a
einfache Basilica, etwa XII. Jahrhundert. — S. Stefano, Pfeiler- b
basilica von schwer zu ermittelndem Alter, mit Polygonkuppel aus romanischer Zeit; der auf hoher Crypta stehende Chor mit einem wunderlichen Umgang. (Das Grab der jüngern Placidia ist der Altar unmittelbar rechts vom Hochaltar.)

Am Dom ist die Fassade (XII. Jahrhundert) zwar besser und c
sinnvoller als die der Cathedralen von Piacenza bis Modena, doch derjenigen von S. Zeno noch nicht zu vergleichen. Sehr interessant ist die gleichzeitige Aussenverzierung der Tribuna; engstehende Wandstreifen mit einem geraden Gesimse, welches mit zierlicher Schüchternheit die Antike nachahmt. (Die Ausbauten an den Seitenschiffen ähnlich, aber erst aus dem XV. Jahrhundert.)

Im Süden ist der Dom S. Ciriaco zu Ancona [1]) (XII. und d
XIII. Jahrhundert) ein eigenthümliches Gemisch lombardischer und orientalischer Bauweise: ein griechisches Kreuz, nach jeder Richtung dreischiffig; die Mittelschiffe und ihre Fronten erhöht; gewölbter Säulenbau; in der Mitte eine Kuppel; an der Fronte gegen die Stadt ein reiches Portal. — Die Kirche S. Maria della Piazza ebenda zeigt e
in ihrer einzig erhaltenen Fassade (XII. Jahrhundert) die Bogenstellungen, die an den lombardischen Kircden noch immer einen Anschein von Sinn haben, zur bunten Spielerei entwürdigt. — Ähnlich, jenseits vom Apennin, die Fassade des Domes von Assisi (XII. Jahr- f
hundert, mit einer viel ältern Crypta); am Portal das Decorative auffallend gut gearbeitet. — In S. Flaviano vor Montefiascone ist g
der romanische Styl überhaupt nur noch wie von Hörensagen gehandhabt. (Als Doppelkirche sehenswerth.) — Die Seitenfassade des Domes h
von Foligno und die Hauptfassade des Domes von Spoleto haben i
schon eher etwas einfach Imposantes. — Aber auch einzelne ziemlich streng romanische Bauten kommen noch weit abwärts, bis nach Apulien vor; freilich ist nichts von dem Belang irgend einer rheinischen Cathedrale darunter.

[1]) Angeblich von Margheritone von Arezzo entworfen, doch wohl älter.

Da der Maassstab, nach welchem wir verfahren, nicht der der historischen Merkwürdigkeit, sondern der des bestimmten Stylbildes ist, so müssen hier eine Menge Gebäude unentschiedener, disharmonischer Bildung ungenannt bleiben. Italien ist ganz besonders reich an wunderlich zusammengeflickten, theilweise aus alten Resten, theilweise aus Zubauten aller Jahrhunderte bestehenden Kirchen; die Unterscheidung dieser verschiedenen Bestandtheile könnte ganze Abhandlungen erfordern, ohne dass das künstlerische Verlangen dabei die geringste Nahrung fände. Wir beschränken uns auf eine allgemeine Bemerkung, welche bei der Altersbestimmung vieler Gebäude zum Leitfaden dienen kann: noch während der ganzen Herrschaft des germanischen oder gothischen Baustyls in Italien (XIII. und XIV. Jahrhundert) wurde unaufhörlich, zumal bei kleinern und entlegenern Bauten, an dem Rundbogenstyl aus Gewohnheit festgehalten. Da man ferner selbst an Hauptbauten dem gothischen Styl sein echtes Detail nur mit Widerstreben und Missverstand abnahm, so bildete sich überhaupt keine so kenntliche, bis in das geringste Gesims, Blatt oder Thürmchen charakteristische Formation aus, wie in der nordischen Gothik. Rechnet man hinzu, dass die Italiener, selbst wo sie das Meiste beibehielten, doch den Spitzbogen bald wieder aufgaben, so wird es nicht mehr befremden, wenn ihre Kirchen des XIV. Jahrhunderts bisweilen von viel frühern nur unwesentlich oder fast gar nicht abweichen.

Das Eindringen der g e r m a n i s c h e n oder g o t h i s c h e n Bauformen aus dem Norden war für die italienische Kunst ein Schicksal, ein Unglück, wenn man will, doch letzteres nur für die Ungeschickten, die sich auch sonst nicht würden zu helfen gewusst haben. Wenn man z. B. am Baptisterium von Florenz das XIII. Jahrhundert auf dem besten Wege zu einer harmonischen Schönheit in antikisirenden Formen findet, so wird man sich auch bald überzeugen, dass unter der kurz darauf eingedrungenen gothischen Zierform das Grundgefühl unverletzt blieb und sich gerade unter dieser Hülle auf das Herrlichste ausbildete.

Die ersten gothischen Baumeister in Italien waren Deutsche. Es ist auffallend und beinahe unerklärlich, dass sie das aus dem Norden Mitgebrachte so rasch und völlig nach den südlichen Grundsätzen umbilden konnten. Sie gaben gerade das Wesentliche, das Lebensprincip der nordischen Gothik, Preis, nämlich die Ausbildung der Kirche zu einem Gerüst von lauter aufwärtsstrebenden, nach Entwicklung und Auflösung drängenden Kräften; dafür tauschten sie das Gefühl des Südens für Räume und Massen ein, welches die von ihnen gebildeten Italiener allerdings noch in weiterm Sinn an den Tag legten.

Ein einziges Gebäude macht, so viel mir bekannt ist, eine unbedingte Ausnahme: der Chorumgang von San Lorenzo in Neapel, a
unter Carl von Anjou ohne Zweifel unter dem Einfluss eines mitge-
brachten französischen Baumeisters [1]) errichtet. Wer sich für einen
Augenblick in den Norden versetzen will, wird in dieser hohen, schlanken Halle mit ihrem Capellenkranz sein Genüge finden; die Formen
sind allerdings nicht von deutsch-gothischer Reinheit und der Chor
selbst modernisirt. (Leider ebenso der hübsche Capitelsaal.) S. Do- b
menico maggiore hat vom nordischen Styl wenigstens die enge
Pfeilerstellung und die steilen Spitzbogen; S. Pietro a Majella c
ebenso, doch für Italien minder auffallend; am Oberbau des Domes d
(aussen am Querschiff etc.) macht sich das Festungsartige der fran-
zösisch-englischen Cathedralen geltend. An S. Giovanni maggiore e
ein stattliches Portal von noch beinahe französisch-gothischer Bildung.
(An S. Chiara das Gothische theils nie ganz ausgebaut, theils bis in's
Unkenntliche entstellt.)

Diesen vereinzelten französischen Einfluss abgerechnet, hat überall das südliche Grundgefühl den Sieg behalten. Die gothischen Formen, losgetrennt von ihrer Wurzel, werden nur als ein decoratives Gewand übergeworfen; Spitzthürmchen, Giebel, Fensterstabwerk u. dgl. sind und bleiben in Italien nie etwas Anderes als Zierrath und Redensart, da ihnen die Basis fehlt, deren Resultat und Ausdruck sie sind, nämlich das nordische Verhältniss des Raumes zur Höhe und die strenge Entwicklung der Form nach oben. Der nothwendige Ausdruck des Weit-

1) Wenn auch Vasari einen Florentiner Maglione, Schüler des Nic. Pisano, als Baumeister nennt.

räumigen dagegen, welches die Italiener bezweckten, ist die Horizontale; während sie im Norden nur als überwunden angedeutet wird, tritt sie hier als herrschend auf. Natürlich ergeben sich hiebei oft schreiende Widersprüche mit dem auf das Steile und Hohe berechneten Detail, und diejenige Kirche, die von dem letztern am wenigsten an sich hat, wird auch am wenigsten Störendes haben. — Genau besehen möchte die grosse Neuerung, die aus dem Norden kam, wesentlich ganz anderswo liegen als in der Behandlung der Formen. Nachdem schon lange in der Lombardei der gegliederte Pfeilerbau in der Art der romanischen Baukunst des Nordens ausgeübt worden war, drang er jetzt (XIII. Jahrhundert) erst recht über den Apennin. Die Säulenbasilica wich endlich auch in Mittelitalien, nicht vor dem ästhetischen, sondern vor dem mechanisch-constructiven Ruhm der nordischen, jetzt ins Gothische oder Germanische umgebildeten Bauweise. Die Wölbung im Grossen, bisher den Kuppeln und Nischen vorbehalten, dehnt sich jetzt erst über das ganze Gebäude aus und zwar sogleich in einem andern Sinn als im Norden, zu Gunsten der Weiträumigkeit, die dann bald zur Schönräumigkeit wird.

Ist es ohne Lästerung erlaubt, etwas zu Ungunsten des herrlichen germanischen Styles zu sagen und den Italienern in irgend einem Punkte dieser Frage ein grösseres Recht zuzugestehen, — so möchte ich zu bedenken geben, ob an den nordischen Bauten nicht des organischen Gerüstwesens zu viel sei, und ob nicht wegen der ungeheuern Kosten, die dasselbe nach sich zieht, manche Cathedrale unvollendet geblieben. Man wird z. B. an vielen italienischen Bauten dieses Styles vielleicht mit Befremden die Strebepfeiler, die im Norden so weit vortreten, kaum als Wandbänder angedeutet finden, die denn natürlich keines Abschlusses durch Spitzthürmchen bedürfen; der Grund ist einleuchtend: ihre nordische Ausbildung hatte das constructive Bedürfniss eines Widerlagers für die Gewölbe unendlich überschritten und wurde daher im Süden als Luxus beseitigt. Die nordische Gothik hatte ferner den Thurm zum Führer, zum Hauptausdruck des Baues gemacht und die ganze Kirche mehr oder weniger nach seinem Vorbilde stylisirt; — die Italiener fanden dieses Verhältniss weder nothwendig noch natürlich und stellten ihre Thürme fortwährend getrennt oder in anspruchloser Verbindung mit der Kirche auf; den ursprünglichen Zweck der Thürme, als Glockenbehälter (Campanili), liessen sie weder der Sache noch dem Wort nach in Vergessenheit kommen. Nun stand ihnen für die Fassade jede Form frei; die Folge war eine bereicherte Umbildung der Fassaden ihrer romanischen Kirchen, meist als isolirtes Prachtstück behandelt, das mit dem übrigen Bau nur äusserlich zusammenhängt und ihn schon an Grösse zu überragen pflegt.

Wenn man von der Pracht des Materials, der Marmorsculpturen und Mosaiken an den wenigen wirklich ausgeführten Fassaden dieser Art (Siena, Orvieto) nicht mehr geblendet ist, so wird man gerne zugestehen, dass in ihnen nicht das grösste Verdienst des Baues liegt, gerade weil sie am meisten mit gothischen Elementen, die hier decorativ gemissbraucht werden, erfüllt sind. Am ganzen übrigen Bau aber wird man das Gothische selbst als Zierform nur wenig angewandt, ja vielleicht auf Fenster und Thüren beschränkt finden; selbst die Hauptbogen, welche das Oberschiff tragen, sind seit dem XIV. Jahrhundert und bisweilen schon früher wieder rund. — Und das Oberschiff selbst, wozu die in Deutschland gebräuchliche Höhe, die das Doppelte der Seitenschiffe beträgt? Zu den engen Pfeilerstellungen des Nordens gehörte sie als nothwendige Ergänzung; über den weitgespannten Intervallen der italienischen Kirchen wäre sie schon mechanisch bedenklich und für das Gefühl überflüssig gewesen, und so erhielt das Mittelschiff nur diejenige Überhöhung, welche der Kirche ein mässiges Oberlicht sicherte. (Am Dom von Perugia sogar die drei Schiffe gleich hoch, wie an der Elisabethkirche zu Marburg, S. Stephan in Mainz etc.) Die Fenster, welche in den Cathedralen des Nordens die ganze verfügbare Wandfläche in Anspruch nehmen und recht eigentlich als Negation derselben geschaffen sind, durften in Italien wieder auf eine mässige Grösse herabgesetzt werden, da man hier gar nicht den Anspruch machte, alles Steinwerk nur so weit zu dulden, als es sich in strebende Kräfte auflösen liess; die Wandfläche behielt ihr Recht wie der Raum überhaupt. — Endlich zeigt die Pfeilerbildung, dass wenigstens die mittelitalienischen Baumeister im Stande waren, das Detail nach dem Ganzen ihres Baues nicht bloss zu modificiren, sondern neu zu schaffen. Die herübergekommenen Deutschen, wie der Meister Jakob, welcher S. Francesco zu Assisi und den Dom von Arezzo schuf, halten noch einigermassen an dem

Säulenbündel der nordischen Gothik fest; die gebornen Italiener aber organisiren ihre Stützen bald für jeden besondern Fall eigenthümlich.

Unglücklicher Weise macht gerade das berühmteste, grösste und
a kostbarste gothische Gebäude Italiens, der Dom von Mailand, in den meisten der genannten Beziehungen eine Ausnahme zum Schlechtern. Entworfen und begonnen in spätgothischer Zeit (1386) durch Heinrich Arler von Gmünd, aus einer Künstlerfamilie, welche damals einen europäischen Ruf genoss, beruht diese Kirche von allem Anfang an auf dem verhängnissvollsten Compromiss zwischen der italienischen Compositionsweise und einem spät aufflammenden Eifer [1]) für die Prachtwirkung des nordischen Details. (Wozu noch kömmt, dass die leblose Ausführung des Gothischen zum Theil erst den letzten Jahrhunderten, ja dem unsrigen angehört, nachdem eine Zeit lang im Styl der spätern Renaissance an dem Gebäude war fortgebaut worden.) Italienisch und zwar speciell lombardisch ist die Fassade gedacht, und alle Spitzthürmchen können ihr den schweren und breiten Charakter nicht nehmen; italienisch ist auch die geringe Überhöhung der mittlern Schiffe über die äussern. Im Übrigen herrscht das unglücklichste Zuviel und Zuwenig der nordischen Zuthaten; der Grundplan mit der verhältnissmässig engen Pfeilerstellung ist wesentlich nordisch; aussen weit vortretende Strebepfeiler, mit hässlichem Reichthum organisirt; die giebellosen Fenster nordisch gross, so dass das Oberlicht aus den kleinen Fenstern der mittlern Schiffe nicht dagegen aufkommen kann und das Gebäude damit den Charakter einer Kirche gegen den einer Halle vertauscht; die Pfeilerbildung im Innern eine Reminiscenz nordischer Säulenbündel, aber von sinnloser Hässlichkeit; ihre Basen wahrhaft barbarisch; statt der Capitäle ganze Gruppen von Statuen unter Baldachinen, dergleichen eher überall als dort hingehört. Am ganzen Bau ist dann das nordische Detail, auf dessen decorative Wirkung es abgesehen war, dergestalt mit vollen Händen vertheilt, dass man z. B. über die leere Gedankenlosigkeit des Chorabschlusses, über die willkürliche Bildung der (geringen) Kuppel und der Quer-

---

[1]) Vielleicht des gereisten Gian Galeazzo Visconti in Person?

fronten mit angenehmer Täuschung hinweggeführt wird. Man denke sich aber diesen Reichthum der Bekleidung hinweg und sehe zu, was übrig bleibt.

Der Dom von Mailand ist eine lehrreiche Probe, wenn man einen künstlerischen und einen phantastischen Eindruck will von einander scheiden lernen. Der letztere, welchen man sich ungeschmälert erhalten möge, ist hier ungeheuer; ein durchsichtiges Marmorgebirge, hergeführt aus den Steinbrüchen von Ornavasco, prachtvoll bei Tag und fabelhaft bei Mondschein; aussen und innen voller Sculpturen und Glasgemälde und verknüpft mit geschichtlichen Erinnerungen aller Art — ein Ganzes, dergleichen die Welt kein Zweites aufweist. Wer aber in den Formen einen ewigen Gehalt sucht und weiss, welche Entwürfe unvollendet blieben, während der Dom von Mailand mit riesigen Mitteln vollendet wurde, der wird dieses Gebäude ohne Schmerz nicht ansehen können.

Bei diesem Anlass muss auch noch der Fassade des Domes von Genua gedacht werden. Sie ist ein fast ganz getreues Nachbild älterer französischer Cathedralfronten des XIII. Jahrhunderts, nur mit denjenigen Modificationen, welche der Stoff — schichtenweis wechselnder weisser und schwarzer Marmor — nothwendig machte. In den obern Theilen, zumal dem einen ausgeführten Thurm, wird das französische Muster wieder vernachlässigt. Innen folgt auf den gewaltigen Unterbau der Thürme mit sonderbarem Contrast eine schlanke spitzbogige Basilica, sogar mit doppelter Säulenstellung, (jetzt) mit Tonnengewölben bedeckt. (Anfang des XIV. Jahrhunderts.)

Nach Beseitigung der bisher genannten, unter Ausnahmsbedingungen entstandenen Kirchen gehen wir zu den wahrhaft italienisch-gothischen über, in welchen der nordische Styl weder unmittelbar, noch in erzwungenem Mischgrad zur Geltung kommt. Vielmehr durchdringen sich hier Nordisches und Südliches auf vielartige, immer auf geistreiche Weise.

Als es noch kaum in Deutschland selber gothische Kirchen gab, erbaute Meister Jacob der Deutsche (1218—1230?) die Doppelkirche
a S. Francesco zu Assisi. Sie ist eine der wenigen Kirchen Italiens, welche das System der nordischen Bildung des Pfeilers (als Säulenbündel) in einiger Reinheit aufweisen. Allein schon die Gewölberippen sind ohne die nordische Schärfe, vielmehr als breit profilirte Träger gemalter Ornamente gestaltet, und in der Gesammtdisposition hat das italienische Raumgefühl mit seinen möglichst grossen Quadraten das Feld behalten. (Die genannten Ornamente der Gewölbebänder und Rippen sind, beiläufig gesagt, das bestimmende Vorbild für die ganze Gewölbedecoration der mittelitalischen Gothik[1]) geworden, wie sie es mit ihrer lebensvollen Eleganz verdienten; im dritten Gewölbe der Oberkirche, vom Portal aus gezählt, ist sogar noch die ganze dazu gehörende Deckenmalerei von Cimabue erhalten.) Die Mauern der Oberkirche sowohl als der Unterkirche sind mit ihren nur mässigen Fenstern hauptsächlich den Fresken gewidmet. Die Strebepfeiler aussen an der Mauer nicht eckig, sondern halbrund, Wendeltreppen enthaltend. An der schönen Hauptpforte (unten links) ein merkwürdiges Schwanken zwischen antiker und gothischer Einzelbildung. Das Innere der Oberkirche als Ganzes höchst würdig und imposant. (Die Crypta unter der Unterkirche durchaus modern.) —
b S. Chiara in Assisi giebt ähnliche Motive einfacher wieder; die grossen Strebebogen nur des Abhanges wegen errichtet.

Diese Gebäude warfen ein weites Licht über die Gegend und trugen zum Sieg des gothischen Styles in Mittelitalien nicht wenig bei. Mit S. Francesco nahm der ganze grosse Orden, der von dem dort begrabenen Heiligen den Namen führt, Partei für die Neuerung, und daneben durfte auch der Dominicanerorden nicht zurückbleiben. Die wichtigsten Kirchen der beiden mächtigen Genossenschaften werden noch besonders zu nennen sein; hier ist nur auf den allgemeinen Typus aufmerksam zu machen, der sich für ihre Gotteshäuser feststellte. Die nordischen Bettelordenskirchen des XIII. und XIV. Jahrhunderts sind bekanntlich dreischiffige flachgedeckte Säulenkirchen mit möglichst

---

1) Eine freiere Ausfüllung und Einfassung der Glieder mit Laubwerk auf weissem Grunde wurde
* z. B. in S. Anastasia zu Verona versucht, doch nicht mit besondrem Glück.

schlankem, gewölbtem, hochfenstrigem, polygon abschliessendem Chor,
dessen Dach ein dünnes Spitzthürmchen trägt. Die umbrischen und
toscanischen dagegen [1]) haben in der Regel nur ein breites, bisweilen
ganz ungeheures Schiff mit sichtbarem Dachstuhl (S. Francesco und a
S. Domenico in Siena, S. Francesco in Pisa etc.[2]) und einen Querbau, b
an welchen sich hinten fünf, sieben, ja bis eilf quadratische Capellen
anschliessen, deren mittelste, etwas grössere, den Chor ausmacht. Bei
geringern Kirchen fehlt der Querbau und es schliessen sich bloss drei
Räume, ein grösserer und zwei kleinere, an das Schiff an; bei ganz
grossen dagegen hat der Querbau Capellen an beiden Seiten und wohl
auch noch an beiden Fronten. Von aussen sind diese Gebäude ganz
schlicht, meist Ziegelbau mit Wandstreifen und Bogenfries; ihre Fassaden harren fast ohne Ausnahme noch der Incrustation; höchstens ein
Portal mit gemalter Lunette ist fertig, und noch dazu aus späterer
Zeit. Von den backsteinernen Glockenthürmen ist der von S. Fran- c
cesco zu Pisa einer der besten. — Übrigens war diese Kirchenform
nur Gewohnheit, nicht Gesetz, und gerade einige der berühmtesten
Ordenskirchen richten sich danach nicht.

Wir nennen zunächst diejenigen Gebäude, in welchen noch von der nordischen Tradition her der Pfeiler mit Halbsäulen gegliedert auftritt.

Von demselben Jacob dem Deutschen, welcher S. Francesco baute,
wurde in demselben Jahre 1218 auch der Dom von Arezzo be- d
gonnen, welchen dann nach Unterbrechungen der einheimische Künstler Margheritone 1275—1289 vollendete. Dieses schöne Gebäude wäre,
wenn obige Annahmen zuverlässig sind[3]), das frühste unter denjenigen, welche die italienische Raumbehandlung in gothischen Formen
ausdrücken; das Mittelschiff, nicht bedeutend über die Seitenschiffe
emporragend, trägt an seinen Obermauern Rundfenster; die weitgestellten schlanken Pfeiler sind schon gemischt aus vier halbachtecki-
gen Hauptträgern und vier dazwischen gesetzten Halbsäulen.

---

[1]) Die oberitalischen s. unten.

[2]) Auch wohl S. Francesco in Viterbo vor dem Umbau des Hauptschiffes. e

[3]) Die frühen und unentwickelten Formen des Äussern dienen vollkommen zur Bestätigung. Der Abstand von der nur zwei Jahre früher begonnenen Pieve ist noch immer gross genug.

9*

Die nächste Verwandtschaft mit dieser Cathedrale offenbart die be-
a rühmte Dominicanerkirche S. Maria novella in Florenz, in ihrer jetzigen Gestalt begonnen 1278 unter Leitung der Mönche Fra Sisto und Fra Ristoro. Hier finden wir einen etwas anders gegliederten Pfeiler, bestehend aus vier Halbsäulen und vier Eckgliedern dazwischen, welche als Theile achtkantiger Pfeiler gedacht sind. Wiederum aber ist die durchsichtige, schlanke Weiträumigkeit offenbar das Hauptziel gewesen, das denn auch hier ohne alle Schlaudern und Verankerungen in hohem Grade erreicht worden ist. (Auch aussen treten die Strebepfeiler nur sehr wenig vor.) Hier zum erstenmal ist die möglichste Grösse der einzelnen Theile als leitendes Princip festgehalten; ein Gewölbe-Quadrat des Hauptschiffes entspricht nicht zweien des Nebenschiffes, wie im Norden, sondern einem Oblongum, und diese Anordnung bleibt bei allen italienischen Gewölbekirchen dieses Styles eine stehende. Über so wenigen so weit auseinanderstehenden Pfeilern bedurfte und vertrug die Obermauer des Mittelschiffes, wie bemerkt, nur noch eine geringe Höhe. (Zu den Räthseln gehört hier die ungleiche Entfernung der Pfeiler von einander; die zwei hintersten, gegen das Querschiff hin, stehen am engsten, 35 Fuss im Lichten, die vordern Intervalle schwanken zwischen 44 und 46 Fuss. Eine Scheinverlängerung der Perspective war kaum der Zweck; die hintersten sind die ältesten.) Der links hinten stehende Thurm unterscheidet sich kaum von romanischen Thürmen; Eckstreifen, Bogenfriese und Bogenfenster auf Säulchen.[1]). — Die sog. Avelli an der Mauer neben der (spätern) Fassade sind als Collectivgrab des florentinischen Adels schön und einfach gedacht. — Die Kreuzgänge und innern Räume des Klosters sind, gegen frühere italienische Klosterhöfe gehalten, ebenfalls weitbogig und weiträumig, und als malerischer Anblick von grossem Reiz. (Durchgängig, auch in den innern Räumen achteckige Säulen, theils schlanker, theils schwerer; die Bogen nähern sich meist dem sogenannten Stichbogen.)

b Der Dom von Siena, unstreitig eines der schönsten gothischen

---

[1]) Bei diesem Anlass mag als artiges Curiosum das sechsseitige Thürmchen der Abbadia in Florenz
* erwähnt werden. Es stammt aus dem XIV. Jahrhundert, und seine Bogenfriese sind spitzbogig.

Gebäude Italiens, empfängt den Beschauer gleich mit einer Reihe von Räthselfragen, welche der Verfasser so wenig als die meisten Andern zu lösen im Stande ist. Wurde die sechseckige Kuppel, welche oben zu einem total unregelmässigen, schief gezogenen Zwölfeck wird und ohnehin den Bau auf jede Weise unterbricht, zuerst (XII. Jahrhundert) gebaut? Wesshalb die schiefen und krummen Linien im Hauptschiff und vollends die schiefe Richtung und die unregelmässigen Pfeilerintervalle im ganzen Chor? hat man vielleicht auf vereinzelte Stücke Felsgrund mehr als billige Rücksicht genommen? Was war von der Unterkirche San Giovanni vorhanden, als man den obern Chor begann? (Vgl. S. 103 ff.) — Wie dem auch sei, es spricht sich in dem ganzen Gebäude der italienische Bausinn schön und gefällig aus. So besonders an den Aussenwänden der Seitenschiffe; das Massenverhältniss der Fenster zu den Mauern (ein Begriff, welchen die consequente nordische Gothik gar nicht anerkennt) ist hier ein sehr wohlthuendes; die Strebepfeiler, nur mässig vortretend, laufen oben nicht in Thürmchen, sondern in Statuen aus; der schwarze Marmor, nur in seltenen Schichten den weissen unterbrechend, übertönt nicht die zarten Gliederungen, und das Kranzgesimse kann energisch wirken (XIV. Jahrhundert). Die Fassade (1284)[1], mit ihrem majestätischen Reichthnm, hat ganz die überströmende Energie des Giovanni Pisano (der wenigstens das Modell schuf) und konnte desshalb (einige Jahre später) von dem Baumeister des Domes von Orvieto an ruhiger Eleganz der Linien überboten werden. Die gothischen Einzelformen sind übrigens in verhältnissmässig reiner Tradition gehandhabt.

---

[1]) Dass die Fassade von Siena eine primitivere Anlage zeigt als diejenige von Orvieto, lehrt der Augenschein. Dass sie von Giovanni Pisano entworfen sei, läugnet Rumohr ohne einen Gegenbeweis zu leisten. Er meint: Vasari habe den Giovanni von Siena, welcher 1340 die Hinterfassade geschaffen, mit Giovanni Pisano verwechselt und darauf hin diesem die Hauptfassade zugeschrieben. Ich kann mich nur auf Romagnoli berufen, welcher die sienesischen Urkunden auch kannte und sich (Cenni, p. 14) dahin ausspricht: Giovanni Pisano habe 1284 die jetzige Hauptfassade begonnen und sei drei Jahre später zum Bürger der Stadt ernannt worden, beides laut dem Costituto III. Senese.

Im Innern hebt allerdings die Abwechselung des weissen und des schwarzen Marmors (die in dem später erbauten Chor weislich eingeschränkt ist) die architektonische Wirkung theilweise auf; die Anwendung der Papstköpfe als eine Art von Consolen unter dem Gesimse war vielleicht eine — allerdings übel getroffene — Aushülfe, als man sah, dass neben dem durchgehenden Schwarz und Weiss nur das allerderbste Gesimse ins Auge fallen würde. An sich betrachtet sind aber die Pfeiler mit ihren Halbsäulen (XIII. Jahrhundert?) gut gegliedert und leicht, und der Raum schön eingetheilt, mit Ausnahme der unerklärlichen Kuppel.

Aber an diesem Bau machte Siena nur sein Lehrstück. Ganz anders gedachte man die gewonnenen Erfahrungen zu benützen, als im Jahr 1321 der neue Anbau begonnen wurde, ein colossaler dreischiffiger Langbau, dem das Bisherige nur als Querschiff dienen sollte. Dieser neue Dom[1]), angefangen von Maestro Lando, wäre bei weitem

---

[1]) Rumohr (Ital. Forschungen II, S. 123 ff.) ist bei diesem Anlass in einen Irrthum gerathen, vor welchem ihn gerade die von ihm entdeckten und mitgetheilten Urkunden am ehesten hätten schützen müssen. Derjenige Neubau (novum opus), von welchem schon im XIII. Jahrhundert die Rede ist, war nicht der neue Dom, sondern, wie ich glaube, der Chorbau des alten; wahrscheinlich war derselbe bisher dem Chorbau von Pisa ähnlich und wurde im XIII. Jahrhundert durch den jetzigen ersetzt (wobei dem Agostino und Agnolo von Siena das Anrecht auf die Hinterfassade S. Giovanni ungeschmälert bleiben mag). Von diesem Chorbau gilt das Protocoll vom Jahr 1260, a. a. O. S. 128. Dagegen ist in dem Protocoll vom Jahr 1321, a. a. O. S. 129. f. offenbar der neue Dom gemeint: „dessen Fundamente jetzt eben gelegt werden“ und der somit unmöglich dasjenige Gebäude sein kann, über dessen gerissene Wölbungen im Jahre 1260 Rath gehalten wurde. Weiter ist von den „morae“ dieses neuen Domes die Rede, was R. durch „Pfeiler“ übersetzt, allein es sind die Strebepfeiler der Substructionen gegen den Palazzo del magnifico hin gemeint; sie senkten sich bereits, und man fand sie nicht dick genug. Einen Augenblick war Muth und Lust zum Weiterbau völlig verloren. Allein schon in dem Protocoll von 1322, a. a. O. S. 133, trägt eine grosse und frische Begeisterung den Sieg davon; man thut das Gelübde, nicht nur den neuen Dom zu bauen, sondern auch den alten damit in Harmonie zu setzen. In den nächstfolgenden Jahren muss dann dasjenige Gebäude entstanden sein, dessen unfertige Ruine wir bewundern. Die 1339 beschlossene Verlängerung der navis ecclesiae gegen die Piazza Manetti hin (a. a. O. S. 135) bezieht sich wahrscheinlich wieder auf den alten Dom; es heisst: de novo fiat et extendatur longitudo etc.; ausdrücklich wird einbedungen, dass der neue Dom desshalb nicht dürfe liegen bleiben. Diese navis ist aber wohl wiederum der schon im XIII. Jahrhundert begonnene neue Chorbau, mit dessen bisherigen Gewölben man ohnehin unzufrieden war;

das schönste gothische Gebäude Italiens und ein Wunder der Welt geworden. Nirgends ist die Raumschönheit vollkommener als in den wenigen vollendeten Hallen dieser Ruine; die Schlankheit der Pfeiler, die weite und leichte Spannung ihrer Rundbogen (freilich um den Preis eiserner Verbindungsstangen erkauft) und der Adel der Decoration stellen den alten Dom beinahe in den Schatten. In Folge des schwarzen Todes (1348) blieb das Unternehmen liegen, doch muss man aus den Ornamenten des vordern Rundfensters schliessen, dass noch im XV. Jahrhundert wieder einmal an einer Fortsetzung gearbeitet wurde. Meister, wie Cecco di Giorgio und Bernardo Rosellino, haben offenbar diesem Werke viel zu danken.

Gleichzeitig mit diesem Bau entstand auch die Fronte der Unterkirche San Giovanni. Diese ist, namentlich was die Gliederung der a
Streben betrifft, das am meisten nordisch-gothische Stück des ganzen Domes; leider unvollendet. Die ganze Fassade lehnt stark um einen Fuss rückwärts, und die Streben verringern sich (abgesehen von ihren geringen Absätzen) desshalb unmerklich nach oben zu. Von grosser Schönheit sind die Portale, ruhiger durchgeführt als die der grossen Fassade. Freilich übertrifft das einzige Seiten-Portal des Neubaues sie alle mit einander.

Der Thurm, offenbar einer der ältesten Theile, macht keine künst-

---

die neuen „certi modi et ordines magnae pulchritudinis" sind dann nichts Anderes als jene Aufsätze, welche den Chorpfeilern ein schlankes Ansehen geben, jene schönen Oberfenster, endlich jene Hinterfassade, welche die Fronte der Unterkirche S. Giovanni bildet. Dass die letztere von Agostino und Agnolo von Siena entworfen sei, wird Vasari doch nicht rein aus der Luft gegriffen haben; allerdings lautet der Werkverding vom Jahr 1340 (Rumohr, a. a. O. S. 139) auf Giovanni Agostino's Sohn, allein dieser verpflichtet sich doch nur „in praesentia et de voluntate et cum consilio, consensu et ex auctoritate praedicti mei patris praesentis et consentientis". So spricht nur ein Abhängiger und wenn auch in der Urkunde von keinem zu befolgenden Entwurf des Vaters die Rede ist, so darf man doch getrost einen solchen voraussetzen.

Rumohr war der grösste Kunstforscher, den wir seit Winckelmann gehabt haben. Allein er war nicht frei von der Untugend, die Tradition um jeden Preis in die Schule zu nehmen; er hatte viele Prädilectionen und Antipathien, und wer ihm näher nachgehen könnte, würde ihn noch auf mancher Willkür betreten. Es liegt diess weder in unserer Aufgabe noch in unserer Fähigkeit.

lerischen Ansprüche. Die Zunahme der Fensterbogen nach Stockwerken (von 1—6) ist der möglichst naive Ausdruck des allmäligen Leichterwerdens der Masse.

---

a Der Dom von Orvieto, innen eine imposante Säulen-Basilica mit sichtbarem verziertem Dachstuhl, edel gebildeten Fenstern, Querschiff und geradem Chorabschluss, muss um seiner Fassade willen hier beim Dom von Siena erwähnt werden. Als Meister wird Lorenzo Maitani von Siena, als Gründungszeit das Jahr 1290 genannt. Die Fassade ist im besten Sinne des Wortes eine veredelte Reproduction derjenigen von Siena. Das plastische gothische Detail, mit welchem es doch nie ernstlich gemeint war, wird hier möglichst beschränkt und durch Mosaikverzierung und Reliefsculpturen ersetzt, d. h. die Fläche behält ihr südliches Vorrecht vor dem nur angelernten Scheinorganismus. Wenige grosse ruhige Hauptformen genügen hier, um einen unermesslichen Reichthum von Farben und Gestalten schön zu umfassen. Auch alle rein baulichen Glieder, die Simse der drei Giebel, die wenigen Spitzthürmchen etc. sind ganz mit Mosaikmustern angefüllt, so dass diese Fassade das grösste und reichste polychromatische Denkmal auf Erden ist. (Bis auf die Stufen und Prallsteine vor der Kirche.) Bei einer so starken Absicht auf materielle Pracht ist die Schönheit der Composition ein doppeltes Wunder. (Die Nebenfassaden und die Säulen im Innern haben abwechselnde weisse und dunkle Marmorschichten. Edle Bildung der Bogenprofile und des Hauptgesimses im Innern.)

Einen schwachen Nachklang dieser dreigiebligen Anordnung ge-
b währte einst die Fassade des Domes von Neapel (1299), deren Nebengiebel jetzt durch Streben mit der höhern Mauer des Mittelschiffes zu einer empfindlichen Unform verbunden sind. (Auch die Giebelsculpturen zum Theil modernisirt.) Im Innern Pfeilerbau mit eingeklebten antiken Säulen, immer zwei übereinander an der Innenseite des Pfeilers; flache Decke.

Einen weitern und bedeutenden Schritt thut inzwischen die toscanische Baukunst mit der Umbildung des Säulenbündels, den sie doch niemals nordisch lebendig formirt hatte, zum viereckigen, achteckigen oder runden Pfeiler. Erstere Form ist ohne Frage die schönere und reichere, letztere aber für den vorliegenden Fall die wahrere. Der Säulenbündel steht in engem Zusammenhang mit dem Schlanken und Engen nordischer Gothik; er ist nicht bloss das Correspondens von so und so viel Gewölbegurten und Rippen (die man ja zum Theil beibehielt), sondern ein wesentlicher Ausdruck des Strebens nach oben. Wo letzteres nicht als leitendes Princip galt, musste er dem Pfeiler weichen; immerhin aber behielt auch dieser noch eine Andeutung des Tragens verschiedener Lasten, in Gestalt von schmalern polygonen Trägern in den einwärts tretenden Ecken. Statt eines eigentlichen Capitäls werden nunmehr zwei oder drei Blattreihen ganz schlicht um das obere Ende des Pfeilers auf allen vier oder acht Seiten (oder im Kreis, wenn es ein Rundpfeiler ist) herumgelegt; vorzüglich aber gewinnt die Basis jetzt erst eine consequente Bildung.

Schon hier begegnen wir dem sonst hauptsächlich als Bildhauer berühmten Niccolò Pisano (geboren zwischen 1205 und 1207, lebte noch 1277), als einem Anfänger alles Grossen und Neuen. In seiner frühern Zeit muss er noch der romanischen Bauweise zugethan gewesen sein, wenn S. Nicola in Pisa von ihm ist; übrigens hätte er a
schon hier das nordische Princip der Verjüngung und Umgestaltung des Thurmes nach oben auf merkwürdige Weise geahnt und nur sehr befangen ausgedrückt. (Rund, dann Achteck, weiter eine sechszehnseitige Bogengalerie um einen runden Kern, endlich ein Sechseck.)

Von seinen gothischen Bauten hat S. Trinità in Florenz b
schon viereckige Pfeiler, deren Stellung jedoch mit Rücksicht auf die Capellenreihen rechts und links neben den Seitenschiffen eine enge ist, so dass jeder Capelle ein Intervall entspricht. Sodann entwarf Niccolò um 1250 die grosse Franciscanerkirche S. Maria de Frari in Ve- c
nedig. Das Misstrauen, welches man in seine Urheberschaft setzt, ist kaum zu rechtfertigen, wenn auch dieselbe nicht urkundlich gesichert sein sollte. So viel wird Jedermann zugeben, dass diese gran-

diese Kirche kein einheimischer venezianischer Gedanke ist, dass sie auf das Stärkste contrastirt mit aller sonstigen venezianischen Raumbehandlung. — Das Innere ruht auf hohen Rundpfeilern; die Anordnung ist hier schon ganz italienisch, so dass das Mittelschiff aus möglichst grossen Quadraten besteht, die Seitenschiffe aus oblongen Abtheilungen. Sonderbarer Weise geschieht der Abschluss des prächtigen Chores mit seinen Doppelfenstern und derjenige der sechs Capellen an der Rückseite des Querschiffes nicht durch ein Fenster, sondern durch einen Pfeiler[1]). Am Äussern ist der Backstein noch ohne das Raffinement der spätern Gothik behandelt; Stein ist nur an den wenigen Baldachinen über den Giebeln und an den (kenntlich frühgothischen) Portalen gebraucht. Der Abschluss der Fassadengiebel in sonderbar geschwungenen Mauerstücken ist eine venezianische Zuthat; die echten alten geraden Linien Niccolò's laufen noch wohlerhalten darunter hin. Die Nebenseiten erinnern ganz an S. Maria novella.

Um dieselbe Zeit soll „von Dominicanern, welche Niccolò's Schü-
a ler waren", S. Giovanni e Paolo in Venedig erbaut worden sein. Diese Kirche ist die höhere Stufe der ebengenannten; sie vermeidet die Übelstände derselben. Die Verhältnisse sind beträchtlich schlanker und schöner, die hintern Abschlüsse geschehen durch Intervalle (Fenster), nicht durch Pfeiler. Über der Kreuzung wurde eine Kuppel angebracht. Nur die Fassade weicht von der edeln Einfachheit der Frari ab; sie sollte mit Marmor incrustirt werden und blieb unvollendet.

Endlich soll Niccolò Pisano auch die berühmte Kirche des heil.
b Antonius in Padua (il Santo) erbaut haben, welche 1256 begonnen wurde. Dass der Santo den Frari in der Anlage auf keine Weise gleicht, wäre kein Beweis gegen Niccolò's Urheberschaft; die Aufgabe war hier eine andere, nämlich die, ein Gegenstück zur Marcuskirche zu schaffen; eine Grabkirche zn Ehren des grossen neuen Heiligen von Oberitalien. Griff man vielleicht in einem nur halb be-

[1]) Man erinnere sich der Galerien lucchesischer Fassaden, wo auch ein Säulchen statt eines Intervalles auf die Mitte trifft. Vgl. S. 107.

wussten mystischen Drang zu der uralten vielkuppeligen Anlage? Unterscheiden wollte man das Gebäude jedenfalls von andern Franciscanerkirchen.

Es entstand keine glückliche Schöpfung. Die Fassade ist vielleicht die allermatteste des ganzen gothischen Styles. Im Innern kam das Hauptschiff auf lauter dicke viereckige Pfeiler zu stehen; nicht bloss die Kuppelträger, sondern auch die Zwischenstützen haben diese Form. Das Polygon des Chores zeigt wohl eine gewisse Ähnlichkeit der Verhältnisse mit demjenigen an den Frari, aber die Einzelbildung ist aussen und innen ungleich geringer, der Umgang und Kapellenkranz roh in Entwurf und Ausführung. Immerhin mochte der Bau mit seinen damals niedrigen Kuppeln, mit seiner (beabsichtigten oder durchgeführten) vollständigen Bemalung, mit einer Masse stylverwandten Schmuckes aller Art gerade den Eindruck hervorbringen, welchen die Andacht am Grabe des Heiligen vorzugsweise verlangte. Im XV. Jahrhundert erst baute man die Kuppelräume, welche bisher von aussen kaum sichtbar oder doch anspruchlos gestaltet sein mochten, zu eigentlichen Kuppeln mit Cylindern aus. Abgesehen von der eminent hässlichen Bedachung der mittlern Kuppel war diese ganze Neuerung überhaupt sinnlos. Die Kuppeln stehen einander nicht nur im Wege (für das Auge), sondern sogar im Lichte und bilden schon von Weitem eine widerliche Masse. Den einzigen möglichen Vortheil, den eines starken Oberlichtes, hat man nicht einmal benützt.

Später wurde dann das ganze Innere mit Ausnahme weniger Capellen überweisst und mit modernen Denkmälern angefüllt; ein Schicksal, vor welchem S. Marco gänzlich bewahrt geblieben ist. Der erste Eindruck ist durchaus weihelos und zerstreuend.

Dagegen haben die vier Klosterhöfe einen imposanten Charakter durch die Höhe und weite Spannung ihrer Bogen; sie scheinen eher für Tempelritter als für Mendicanten gebaut.

Über S. Margherita in Cortona, welches von Niccolò und a
seinem Sohne Giovanni Pisano erbaut sein soll, vermag ich keine Auskunft zu geben. S. Domenico in Arezzo ist eine ganz geringe Kirche. b

Dem Giovanni allein gehört dann, wie bemerkt, wenigstens der
Entwurf zu der prächtigen Fassade von Siena (S. 133), wonach c
er unter den Italienern der erste gewesen wäre, der sich mit der deco-

rativen Seite des Gothischen näher befreundete. Ausserdem war von
a ihm S. Domenico in Perugia erbaut, gegenwärtig mit Ausnahme des viereckigen Chores modernisirt. In Pisa selbst findet sich von
b Giovanni das Kirchlein S. Maria della Spina — ein Reliquienbehälter im Grossen und mehr durch Stoff und Reichthum (zum Theil in französisch-gothischer Art), als durch reine Gothik ausgezeichnet; —
c und das herrliche Campo santo (1283). Die Bauformen, so edel und grandios z. B. das Stabwerk der hohen, rundbogig schliessenden Fensteröffnungen[1]) sein mag, werden hier immer nur als Nebensache erscheinen neben der monumentalen Absicht, die dem damaligen Pisa eine der höchsten Ehrenstellen in der ganzen Geschichte moderner
d Cultur zuweist. — Unter den übrigen Kirchenbauten Giovanni's ist der Ausbau des Domes von Prato von Bedeutung.

Indess war es nicht dem Niccolò Pisano, sondern einem seiner Schüler, dem Florentiner Arnolfo del Cambio (gewöhnlich A. di Lapo genannt) beschieden, von jener neuen Behandlung des Pfeilers aus dem ganzen Styl eine neue Wendung zu geben. Seine Bauten fallen sämmtlich in die letzten Jahre des XIII. Jahrhunderts.

e Der wichtigste derselben ist der Dom (seit 1296). Die Florentiner verlangten von dem Meister das Unerhörte und nie Dagewesene, und in gewissem Betracht hat er es geleistet. Wer mit dem Maassstab des Kölner Domes an das Gebäude herantritt, verdirbt sich ohne Noth den Genuss. Von strenger Harmonie ist bei einem secundären und gemischten Styl wie dieser italienisch-gothische a priori nicht die Rede, aber innerhalb der gegebenen Schranken ist hier eigenthümlich Grosses geleistet. — Wir beginnen mit dem Langhaus. Arnolfo war zunächst kein angenehmer Decorator[2]); die Incrustation der ganzen obern und untern Mauern der Schiffe ist eine endlose Wiederholung einförmiger Motive; die Fenster und Thüren haben nicht bloss etwas Strenges, sondern durch das Überwiegen der Mosaikbänder etwas Lebloses (zumal wenn man damit die schönen spätern Thüren

[1]) Nach Andern wäre diess Stabwerk erst beträchtlich später eingesetzt.
[2]) Oder wer sonst nach ihm die Incrustation leitete.

zunächst beim Querschiff vergleicht); die Gesimse sind am Tüchtigsten charakterisirt. Im Innern liegt das Unerhörte in der Raumeintheilung; möglichst wenige und dünne Pfeiler mit Spitzbogen umfassen und überspannen hier Räume, wie sie vielleicht überhaupt noch nie mit so wenigen Stützen überwölbt worden waren. Ob diess ein höchstes Ziel der Kirchenbaukunst sein dürfe, ist eine andere Frage; die Wirkung ist aber, wenn man sich allmälig mit dem Gebäude vertraut macht, eine grossartig ergreifende, und wäre es noch mehr, wenn nicht eine unglückliche Galerie auf Consolen ringsum laufend die sämmtlichen Gewölbegurte gerade bei ihrem Beginn durchschnitte und auch die Obermauer des Mittelschiffes unschön theilte[1]). Die Bildung der Pfeiler und ihrer Capitäle ist eigenthümlich streng; nur in dieser Gestalt passte sie zu den ungeheuern Spitzbogen, welche darauf ruhen; Säulenbündel würden kleinlich disharmonisch erscheinen.

Mit dem Kuppelraum und den drei hintern Kreuzarmen verdunkelt sich das Bewusstsein Arnolfo's; es ist eine missrathene Schöpfung, wozu die Ruhmsucht der Florentiner ihn mag getrieben haben. Auf einmal wird mit dem nordischen Verhältniss der Stockwerke ein Pact geschlossen und dem Capellenkranz[2]) um die drei Kreuzarme nur etwa die halbe Höhe des Oberbaues gegeben, mit welchem er durch hässliche schrag aufsteigende Streben in Verbindung gesetzt wird. Die drei Kreuzarme und als vierter das Hauptschiff bilden im Innern vier grosse Mündungen gegen den achteckigen Kuppelraum, dessen vier übrige Seiten äusserst unschön durch schräge Mauermassen dargestellt sind; zwei der letztern haben Durchgänge nach den Seitenschiffen des Langhauses, die beiden übrigen enthalten die Sacristeithüren und die Orgeln. Um eine riesigere Kuppel zu haben als irgend eine andere Stadt, verzichtete man auf das System von vier Pfeilern mit Pendentifs; um diese Kuppel möglichst gross erscheinen zu lassen, hatte man auch den Kreuzarmen jenen niedrigern Capellenkranz ge-

---

1) S. Petronio in Bologna, das Nachbild, hat sie nicht. Sollte sie etwa spätere Zuthat sein?

2) Den Arnolfo doch nicht mit nordischem, polygonem Reichthum bilden durfte, weil sonst der Unterbau viel zu unruhig geworden wäre. Zwischen den viereckigen Capellen musste er keilförmige Mauermassen hineinschieben.

geben. — Und inzwischen starb der Baumeister, und es vergingen über 100 Jahre, ehe man sich wirklich an die Kuppel wagte. Nach der Abbildung einer Idealkirche zu schliessen, welche in den Fresken der Capella degli Spagnuoli bei S. Maria novella (1322) vorkömmt, hätte Arnolfo eine etwa halbkugelförmige Kuppel beabsichtigt, deren Gesimse dem Hauptgesimse des Langhauses entsprochen hätte, und die mit den Kreuzarmen im Ganzen eine Pyramide gebildet haben würde; vielleicht eine harmonischere Gesammtform, als die jetzige durch den Cylinder erhöhte Kuppel Brunellesco's mit den von ihr einigermassen gedrückten Anbauten darbietet. — Der unangenehme Eindruck des ganzen Kuppelraumes wird durch das wenige und zerstreute Licht, durch die schon beim Langhaus genannte Galerie und durch die Bemalung der Kuppel noch verstärkt; ein widriges Echo steigert ihn ins Unleidliche. Man darf nur nicht vergessen, dass ohne dieses Lehrstück keine Kuppel von S. Peter vorhanden wäre.

a Die Fassade wurde 1332 nach einem herrlichen Entwurfe Giotto's begonnen. Das Wenige, was davon vollendet war und 1588 wieder weggenommen wurde, sieht man theilweise dargestellt in einem der Frescobildetr Poccetti's im ersten Klosterhof von S. Marco. (Wand vom Eingang rechts, sechste Lunette. Die Darstellung des Domes in einem Frescobild desjenigen Kreuzganges, welcher sich unmittelbar an der Südseite von S. Croce hinzieht, ist sehr verdorben und unbedeutend.) — Ein schweizerischer Architekt, der zu früh verstorbene Joh. Georg Müller von Wyl, hat nach diesen und andern Indicien eine Fassade entworfen, wie sie für dieses Gebäude nicht vollkommener gedacht werden könnte[1]).

b Noch eine andere Gewölbekirche auf viereckigen Pfeilern, S. Maria maggiore in Florenz, wird Arnolfo zugeschrieben. Schlank, das Mittelschiff oben ohne Fenster; statt der Capitäle blosse Simse, sowohl an den Pfeilern als an den darüber emporsteigenden
c Wandpilastern. — Derselben Schule gehört S. Remigio an, mit kaum überhöhtem Mittelschiff, auf achteckigen Pfeilern mit Blättercapitälen.

Sodann baute Arnolfo selbst (seit 1294) die gewaltigste aller Bettel-

---

1) Im Stich mitgetheilt in der von Ernst Förster verfassten Biographie des Verstorbenen.

ordenskirchen: S a n t a C r o c e. Die Aufgabe war, mit möglichst a
Wenigem, wie es sich für die Mendicanten ziemt, ein Gotteshaus für ein ganzes Volk zu bauen, welches damals den Kanzeln und Beichtstühlen der Franciscaner zuströmte. Arnolfo ist hier, wie überall, streng und kalt im Detail, allein seine Disposition ist grossartig. Bei der ungeheuern Grösse des Gebäudes war es constructiv wünschbar, wenn nicht nothwendig, die Mauern der Nebenschiffe nicht durch blosse angestützte Balken, sondern durch gewölbte Bogen mit den Mauern des Hauptschiffes zu verbinden, und ihnen über diesen Bogen eigene Dächer, damit auch eine Reihe eigener Giebel zu geben. Die Pfeiler sind achteckig. An der hintern Seite des Querschiffes ziehen sich zehn Capellen von halber Höhe hin; in ihrer Mitte der polygone Chor; ausserdem sind höhere Capellen an beiden Enden und an der nähern Seite des Querschiffes angebaut. Die Ansicht von hinten (am besten sichtbar vom Garten des Marchese Berte aus) zeigt die Mauern des Chores und der Capellen mit steilen Giebeln gekrönt, welche indess kein Dach hinter sich haben. Der Thurm ganz erneut; die Fassade ohne Incrustation; der vordere Klosterhof, mit etwas abgeflachten Rundbogen, achteckigen Säulen, eigenthümlichen Basen, gilt für Arnolfo's Werk.

Überblicken wir seine Thätigkeit, so ist das, was ihm Ruhm und Bedeutung gab, gewiss mehr das Constructive, als das Formale an seinen Werken. Er geht in der weiten Spannung seiner Gewölbe und Decken, endlich in dem Entwurf seiner Kuppel über alles bisher Bekannte, namentlich aber über alle nordische Gothik (die etwas ganz Anderes wollte) hinaus.

Wo Er die Baukunst in formaler Beziehung vernachlässigt, da trat G i o t t o mit seinem hohen Sinn des Maasses als Vollender in die Lücke. Ausser dem Entwurf zur Domfassade schuf er den prächtigen „C a m p a n i l e" (seit 1334; nach seinem Tode 1336 seinem Ent- b
wurf gemäss vollendet von Taddeo Gaddi; die Sage von einem beabsichtigten Spitzdach, das über dem starken Hauptgesimse keinen rechten Sinn mehr hätte, lassen wir auf sich beruhen). Von einer Entwicklung aus dem Derben in's Leichte, wie sie etwa das Lebensprincip eines Thurmes von Freiburg im Breisgau ausmacht, sind hier nur Andeutungen vorhanden, nur so viel als streng nothwendig war;

das dritte und vierte Stockwerk sind z. B. so viel als identisch; nur das Grösserwerden der Fenster in den obern Stockwerken ist eine nachdrückliche Erleichterung. Aber an feinern Abwechslungen der Incrustation sowohl als der plastischen Details gewährt dieser schöne Bau ein stets neues Studium. Die Gliederung in Farben und Formen ist durchgängig ungleich leichter und edler als bei Arnolfo; die Fenster vielleicht das schönste Detail der italienischen Gothik.

Endlich zwei Gebäude in Florenz, welche nur in bedingtem Sinne zu den Kirchen gehören.

a Das eine ist Orsanmicchele. Als städtischer Kornspeicher 1284 von Arnolfo begonnen und 1337 von Taddeo Gaddi umgestaltet und in die Höhe gebaut, giebt das edle und stattliche Gebäude mit seinen feinen Gesimsen und seinem Consolenkranz ein Zeugniss von der schönen Seite desjenigen monumentalen Sinnes, welcher die damaligen Florentiner beseelte. Bei Anlass des schwarzen Todes 1348 wurde einem sehr wirksamen Gnadenbild zu Ehren die bisher offene untere Halle vermauert und zur Kirche umgeschaffen durch Andrea Orcagna. Ihm gehört das zierliche Füllwerk der jetzigen Fenster,
b sowie der berühmte Tabernakel im Innern. Was den baulichen und decorativen Theil betrifft, so wird man dieses Werk des höchsten Luxus niemals neben gute deutsche Altaraufsätze, Sacramenthäuschen u. dgl. stellen dürfen; es ist gerade die schwächste Seite, von welcher sich hier die italienische Gothik producirt. Statt des Organischen, an dessen volle Strenge bei vollem Reichthum unser nordisches Auge gewöhnt ist, giebt es hier Flächen, mit angenehmen aber bedeutungslosen Spielformen, zum Theil aus buntem Glas nach Cosmatenart, ausgefüllt. Die Kuppel zwischen den vier Giebeln ist wies eine Krone gestreift; das Mosaik erstreckt sich selbst auf die Stufen. (Die Ne-
c benkirche der Certosa bei Florenz, ein griechisches Kreuz ohne Nebenschiffe von reizender Anlage, wird nebst dem festungsartigen Unterbau des Klosters ebenfalls Orcagna zugeschrieben.)

Sodann steht auf dem Domplatz, dem Thurm gegenüber, das zier-
d liche Bigallo. Eine jener Confraternitäten zu frommen und mildthätigen Zwecken schmückte nach guter italischer Sitte aus eigenen Mitteln ihr Local auf das Beste aus, in einer Zeit, da kein heiliger und kein öffentlicher Raum ohne Verklärung durch die Kunst denk-

bar war. Hier entstand nun zwar keine Palastfassade wie an mehreren der sog. Scuole zu Venedig, welche eben solche Bruderschaftsgebäude sind, sondern nur ein verziertes kleines Haus, dessen Reiz ausschliesslich in der prächtigen Behandlung anspruchloser Formen liegt. Der unbekannte Urheber möchte ein Nachfolger Orcagna's gewesen sein. Die Dachconsolen sind in ihrer Art classisch und mögen hier statt derjenigen vieler andern Gebäude genannt werden.

Strenger und reicher ist die Fassade der Fraternita della Misericordia zu Arezzo (hinter der Pieve vecchia) ausgebildet; ein wahrer und in seiner Art reizender Übergangsbau, indem das obere Stockwerk den gothisch begonnenen Gedanken in den Formen der Renaissance vollendet. a

---

Endlich bieten die neuern Theile des Domes von Lucca (das Langhaus und das Innere des Querschiffes) ein ganz sonderbares und in seiner Art schönes Schauspiel. Es ist die Pfeilerbildung des Domes von Florenz, angewandt auf Verhältnisse, welche denen des Domes von Siena ähnlich sind. Nicht ein möglichst grosses Quadrat des Hauptschiffes, sondern das (doch nicht ganz vollkommene) Quadrat der Nebenschiffe bildet wieder die Basis; doch wird die Vielheit der Pfeiler durch ihre Schlankheit ausgeglichen; die Bogen fast alle rund; oben Reihen grosser Fenster mit reichem Stabwerk, welche in eine dunkle Galerie über den Nebenschiffen hineinblicken lassen; drüber kleine Rundfenster. Die Galeriefenster gehen sogar als blosse Stütze und Decoration quer durch das Querschiff und theilen auch seine beiden Arme der Länge nach. (Am Gewölbe des Hauptschiffes sind die gleichzeitig gemalten Medaillons mit Halbfiguren auf blauem Grund, an den Gewölben der Seitenschiffe eine Renaissancebemalung erhalten.) Aussen mischt sich wieder Siena, Florenz und das Streben nach Harmonie mit den ältern Theilen ganz eigenthümlich zu einem schönen Ganzen. (Alles etwa vom Ende des XIV. Jahrhunderts.) b

---

Südlich über Toscana hinaus begegnet man, hauptsächlich in Perugia und Viterbo, einer Anzahl kleiner gothischer Kirchen, welche selten mehr als ihre Fassade, etwa noch ihren einfachen Thurm in alter Form aufweisen. Ihre zum Theil hochmalerische Lage, einzelnes tüchtiges Detail und der Ernst des Materials machen ihren Werth
a aus. (Ein besonders zierliches Kirchlein in Viterbo, unweit vom Palazzo Dommunale.) Sonst offenbart sich an mehrern eine ganz wunderliche Ausartung der Incrustation, welche nicht mehr einrahmend, auch nicht mehr schichtenweise, sondern schachbrettartig, selbst gegittert zwischen rothem und weissem Marmor abwechselt. (So schon
b an S. Chiara in Assisi.) Am Dom von Perugia ist ein Anfang gemacht, dessen Durchführung das ganze Gebäude mit einem Teppichmuster würde überzogen haben. (Das Innere weiträumig, aber mit schwerem Detail, die drei Schiffe von gleicher Höhe, die Pfeiler achteckig.)

c Das einzige gothische Gebäude Roms, S. Maria sopra Minerva, begonnen um 1370, repräsentirt einen damals längst beseitigten Stand der baulichen Entwicklung und bleibt hinter der fast um 100 Jahre ältern Schwesterkirche S. Maria novella zu Florenz beträchtlich zurück. Die jetzige Restauration mit Stuckmarmor, Gold und Fresken wird die Kirche nur noch schwerer erscheinen lassen, als sie in der weissen Tünche war. Ausserdem hat noch das Innere der
d Capelle Sancta Sanctorum beim Lateran eine gothisirende Bekleidung von gewundenen Säulchen mit Spitzbogen, um 1280 vermuthlich von dem Cosmaten Adeodatus erbaut. Sie dient alten Malereien zur Einfassung. — Einzelne gothische Bogen und Bogenfriese kommen hin und wieder vor. — Von Klosterhöfen dieses Styles hat Rom meines
e Wissens nur die wenig bedeutenden bei Araceli. — Als Klosterbau
f im Grossen ist S. Francesco zu Assisi (XIII. und XIV. Jahrhundert) unvergleichlich, weniger in Betreff der Höfe als der Aussenseite, welche mit ihren Substructionen und Gängen wie eine Königsburg über der Landschaft thront.

In sehr kenntlichem Wetteifer mit den Florentinern begannen die
g Bolognesen 1390 die Kirche ihres Stadtheiligen S. Petronius, nach

dem Plan eines angesehenen Mitbürgers, Antonio Vincenzi. Das Gebäude sollte ein lateinisches Kreuz von 608 Fuss Länge werden, der in gerade Fronten ausgehende Querbau 436 Fuss lang; das Ganze durchaus dreischiffig und ausserdem mit Capellenreihen zu beiden Seiten; über der Kreuzung sollte eine achteckige Kuppel von 250 Fuss Höhe entstehen, flankirt von vier Thürmen. Sonach hätte man die Florentiner überholt in der riesenhaften vierarmigen Ausdehnung, auch durch die Zugabe der Capellenreihen ringsum; man wäre hinter ihrer (damals übrigens noch nicht erbauten) Kuppel zurückgeblieben, um nicht ebenfalls die innere Perspective durch schräge Mauermassen statt schlanker Pfeiler aufheben zu müssen; man hätte dies aber wenigstens nach aussen reichlich ersetzt durch den Effect der vier Thürme. Gegenüber nordischen Cathedralen wäre man durch die sinnlose Ausdehnung des Querbaues im Nachtheil gewesen, auch hätte die Verstärkung der Pfeiler unter der Kuppel, selbst wenn sie sich auf das Unentbehrliche beschränkte, immer den Blick in den Chor etwas beeinträchtigt. Der runde Chorabschluss endlich hätte schwerlich eine erträgliche Gestalt bekommen.

Von all diesem ist nun bloss das Langhaus und ein Ansatz zum Querschiff wirklich ausgeführt, und auch dieses nur mangelhaft, mit bloss theilweiser Vollendung der Aussenflächen, in ungleichen und zum Theil sehr späten Epochen (bis tief ins XVII. Jahrhundert).

So wie das Gebäude vor uns steht, ist es die Frucht eines Compromisses zwischen nordischer und südlicher Gothik, doch in einem viel bessern und strengern Sinn als der Dom von Mailand.

Zur Basis des Innern nahm man die Anordnung des Langhauses von Florenz mit möglichst grossen Pfeilerweiten und Hauptquadraten, steigerte aber die Höhe. Den oblongen Abtheilungen der Nebenschiffe entsprechen je zwei etwas niedrigere Capellen mit gewaltigen Fenstern; wenn dieselben sämmtlich mit Glasgemälden versehen waren, so blieb den obwohl an Umfang kleinern Rundfenstern der Nebenschiffe und des Hauptschiffes, d. h. dem Oberlicht, dennoch die Herrschaft. Die Pfeiler und ihre Capitäle sind viel weniger scharf und schön gebildet als in Florenz, wirken aber durch ihre Höhe besser; zudem sind die Bogen schlanker, die Obermauer durch keine Galerie durchschnitten. (S. 141 u. Anm.)

Aussen ist durchgängig nur das Erdgeschoss ausgeführt; den obern Theilen fehlt die Incrustation, welche in reicher Form, theils in Stein, theils in Backstein beabsichtigt war. Die untern Theile der Seitenschiffe zeigen einfache Pfeiler und ziemlich reines Fensterstabwerk mit Ansätzen zu Giebeln. Die Fassade (von Marmor) ist so wie sie aussieht nicht gut begonnen; ihre Wandpfeiler sind schräg profilirt, diejenigen gegen die Ecken hin sogar rund. Man ist auch nie recht damit zufrieden gewesen.

a Ein Zimmer am Ende des linken Seitenschiffes, das auf Verlangen (am besten um Mittag) geöffnet wird, enthält mehr als 30 Entwürfe verschiedener, zum Theil hochberühmter Architekten vom XV. bis zum XVII. Jahrhundert für eine Fassade von S. Petronio, grossentheils in einem gothischen Styl, dessen Gesetze sie nicht mehr kannten. Man kann z. B. sehen, welche Begriffe sich Giulio Romano und Baldassar Peruzzi von der Gothik machten. So viel ich habe (bei schlechtem Licht) sehen können, sind die Entwürfe in modernem Styl, z. B. von Alberto Alberti und Palladio, bei weitem erfreulicher. Eine verkleinerte Herausgabe in Umrissen würde sich gewiss lohnen.

Die Bettelordenskirchen der Via Aemilia weichen überhaupt sowohl von den toscanischen als von den deutschen ab. Es sind ganze durchgeführte backsteinerne Gewölbekirchen mit Anbauten und Querbauten aller Art, hinten mit Chorumgang und aussen abgerundetem Capellenkranz, dergleichen im Norden nur Hauptkirchen und vornehmere Klosterkirchen zu haben pflegen.[1]) Obschon die Seitenschiffe nur etwa die halbe Höhe des Hauptschiffes haben, so ist doch in der Regel eine Fassade nach lombardischer Art vorn angesetzt, deren obere Ecken also blind sind. Die Stützen sind Rundsäulen, achteckige Säulen, Pfeiler mit Säulen, Säulenbündel, je nach der Stärke des nor-
b dischen Einflusses. (In den Servi zu Bologna wechseln runde und achteckige Säulen.) Der möglichst vielseitige Chorabschluss (aussen durch ebensoviele Strebebogen repräsentirt) macht eine bedeutende

---

[1]) Letztere unterscheiden sich fast gar nicht von den Mendicantenkirchen.

Wirkung. In Bologna: S. Francesco (innen neuerlich gothisch re- a
staurirt, mit einem der schönsten Backsteinthürme des gothischen Styles); — S. Domenico (sehr lang, innen modernisirt); — S. Martino b
maggiore (Carmeliterkirche von 1313); — Servi (vom Jahre 1383, mit c
einem Porticus vorn und an der linken Seite, der sich durch ungemeine Dünnheit und weite Stellung der Säulen auszeichnet; der Baumeister war der General des Servitenordens Fra Andrea Manfredi von Faenza, der damals auch die Aufsicht über den Bau von S. Petronio führte); — S. Giacomo maggiore (Eremitanerkirche vom Ende d
des XIII. Jahrhunderts, wovon der hintere Theil und die Fassade noch erhalten). Beiläufig ist hier auch das Chorherrenstift S. Giovanni e
in monte zu nennen, als eine der ältesten spitzbogigen Kirchen Italiens (1221? Kuppel, Chor und Fassade neuer). — In Modena: S. Fran- f
cesco. — In Piacenza: S. Francesco (eine der mächtigsten Kirchen g
dieser Classe, mit dem bedeutendsten und bestgebildeten äussern Strebe- h
werk von Backstein); — S. Antonio (mit eigenthümlicher Vorhalle, i
die eine schöne Innenthür enthält); — il Carmine etc.

Nördlich vom Po folgen eine Anzahl von Ordenskirchen und auch einzelne Pfarrkirchen und Cathedralen eher demjenigen Typus, welchen Niccolò Pisano in den Frari zu Venedig aufgestellt hatte: mit weitgestellten Rundsäulen oder Pfeilern, sodass grosse mittlere Quadrate und in den Seitenschiffen oblonge Räume entstehen; über den grossen Bogen ein nur ganz mässiges Oberschiff; der Chor ohne Umgang; der Querbau mit zwei bis vier Capellen an der Hinterwand. Eigenthümlich ist: die Vermeidung der Seitenfenster.

Ein schönes und frühes Beispiel gewährt S. Lorenzo in Vi- k
cenza; auch die Fassade gut und schon desshalb beachtenswerth, weil sie zeigt, wie man sich ungefähr diejenige von S. Giovanni e Paolo zu Venedig nach der ursprünglichen Absicht vollendet zu denken hat. (Sonderbare schiefe Wölbung der Seitenschiffe, wahrscheinlich um die kleinen Rundfenster möglichst hoch oben anbringen zu können, etwa mit Rücksicht auf gegenüberstehende, lichtraubende Gebäude?) — S. Corona in Vicenza, von ähnlicher Anlage, nur alter- l

thümlicher und gedrückter; von aussen bietet der tüchtige Backsteinbau mit Anbauten und Umgebung einen malerischen Anblick [1]).

a S. Anastasia in Verona (Dominicanerkirche), nach 1261 begonnen, hat eine nur theilweise und spät incrustirte Fassade, ist aber in Betreff des Innern eine der schönsten und schlanksten Kirchen dieser Gattung, mit reinem Oberlicht und trefflicher Vertheilung des innern Schmuckes. Auch der äussere Anblick malerisch. (Das Kirchlein links vor der Fassade heisst S. Pietro martire.)

b Das Innere des Domes von Verona verbindet eine ähnliche Anlage mit gegliederten schlanken Pfeilern statt der Rundsäulen. Diese Gliederung nähert sich schon etwas derjenigen im Dom von Mailand, allein die Leichtigkeit der Bildung und die Wohlräumigkeit des Ganzen lassen diess vergessen. Da die Seitenschiffe fensterlos blieben, brach man in die (ältere) Fassade grosse gothische Fenster ein.

Die einschiffigen gothischen Kirchen Verona's theilen mit den übrigen die schöne, malerisch glückliche Behandlung des Äussern. Nichts,
was nicht auch anderswo vorkäme, aber Alles vorzüglich hübsch bei-
sammen und selbst durch Unsymmetrie reizend. Einen solchen Anblick
c gewährt besonders S. Fermo mit seiner aus Backstein und Marmor
gemischten Fassade, dem Vorbogen des Seitenportals, den Giebeln
und Spitzthürmchen des Chores und Querbaues. Im Innern das vollständigste Beispiel eines grossen Holzgewölbes, aus je drei Reihen
Consolen mit zwei halben und einem mittlern ganzen Tonnengewölbe
bestehend; den constructiven Werth können nur Leute vom Fach be-
d urtheilen. S. Eufemia ist von Aussen weniger bedeutend und im
Innern ganz erneuert.

Die gothischen Kirchen Venedigs sind mit Ausnahme der beiden genannten von keinem Belang; meist auf Säulen ruhend, deren Capitäle insgemein von auffallend roher Bildung sind. Sie wiederholen

---

* 1) Der Dom von Vicenza, innen einschiffig mit Capellen auf beiden Seiten, gehört dagegen zu den gedanken- und principlosen Gebäuden der italienischen Gothik; die Marmorfassade hat eine jener matratzenartigen Incrustationen, wie sie sonst hauptsächlich in Mittelitalien vorkommen. Der Chor geringe Renaissance.

etwa aussen im Kleinen den Chorbau von S. Giovanni e Paolo, nur mit bloss je einer Capelle zu beiden Seiten des Chores. Die einzige schöne Fassade findet sich an S. Maria dell' Orto; — einfach gut in Back- a
stein: diejenige von S. Stefano. Die Liebhaberei für rundtheilige und b
wunderlich ausgeschwungene Mauerabschlüsse, welche sogar den erhabenen einfachen Giebel der Frari nachträglich nicht verschonte, hat an S. Apollinare, S. Giovanni in Bragora und anderwärts ihr Genüge c
gefunden. — Im Carmine (1348) sind vom alten Bau nur noch die 24 d
Säulen und die Chorabschlüsse kenntlich. — S. Giacomo dall' Orio, e
wunderlich durcheinander gebaut.

Die Decken bestanden wohl ehemals durchgängig aus jenen eigenthümlich und nicht unschön construirten Holzgewölben, deren eines (erneuert) noch in S. Stefano vorhanden ist. (Vorige Seite, c.) f

---

Die gothischen Kirchen des alten Herzogthums Mailand, zum Theil von grossem decorativem Reichthum, stehen den toscanischen und manchen der ebengenannten in all dem, was die Seele der Architektur ausmacht, beträchtlich nach. Man fühlt, dass die grossen Fragen über Raum, Verhältnisse und Gliederung nicht hier entschieden werden, wo man sich noch mit der alten lombardischen Unform der in ganzer Breite emporsteigenden Fassaden begnügt und auch im Innern die Schiffe kaum in der Höhe unterscheidet, wo der Säulenbündel in gedankenloser Weise beibehalten oder mit besonders schweren Rundsäulen vertauscht wird, wo endlich das Detail schon des wechselnden Stoffes wegen beständig im Ausdruck schwankt. Neben dem Stein kommt nämlich in Oberitalien der Backstein, oft in sehr reicher Form und schönen, geschickten Motiven, zur häufigen Anwendung; — der Architekt wird eine Menge vortrefflicher Einzelideen darin ausgedrückt finden, — aber der Steinbau wurde darob an seinen eigenen Formen irre.

Vom Dom zu Mailand, welcher theils Ergebniss, theils Vorbild dieser Bauentwicklung ist, war oben schon die Rede.

Der Dom von Monza, im XIV. Jahrhundert, so wie er jetzt ist, g
von Marco di Campione neu erbaut, fünfschiffig, wiederholt in seiner Marmorfassade lauter Ziermotive, welche eigentlich dem Backsteinbau

angehören. Dieselbe ist das nächste Vorbild, zugleich das Geripp der Mailänder Fassade. Das Innere hat dicke Rundsäulen mit weitge-
a spannten Bogen, ist übrigens total verkleistert. — An S. Maria in Strata zu Monza ist die einzig erhaltene obere Hälfte der Fassade ein wirklicher und höchst eleganter Backsteinbau.

b In Mailand geben die gothischen Theile von S. Maria delle Grazie — Fassade und Schiff — den mittlern Durchschnitt lombardischer Kirchen dieses Styles. (Sonstige gothische Kirchen in Menge,
c eine der grössten S. Eustorgio, eine der edelsten S. Simpliciano.)
d — Der sehr elegante Thurm von S. Gottardo (am kaiserlichen Palast), aus Stein und Backstein gemischt, giebt mit Ausnahme der Spitzbogenfriese kein einziges Motiv, welches nicht schon im romanischen Styl vorkäme. Achteckig; die Ecken so leicht als das Übrige.

e S. Francesco zu Pavia zeigt bei einer tollen, schachbrettartigen Verzierung der Fassade doch ein gewisses Gefühl für bedeutende Wirkung.

f Der Dom von Como; die ältern Theile, von einem im Jahr 1396 begonnenen Bau, gehören zur besten lombardischen Gothik; die Pfeiler ungleich besser gebildet, ihre weite Stellung[1]) italienischer als im Dom zu Mailand. Die Fassade, eine der wenigen in der Mitte bedeutend erhöhten, hat auch sonst wohlthuende Verhältnisse, aber eine spielende Decoration. (Auflösung der Wandpfeiler in Kästchen mit Sculpturen etc.) Querschiff und Chor 1513 von Tommaso Rodari beigefügt, sind von trefflichster Renaissance. S. unten. In dieser Zeit wurden auch die Aussenseiten und Strebepfeiler des Langhauses incrustirt; die Spitzthürmchen der letztern eine höchst zierliche Übersetzung aus dem Gothischen in die Renaissance. (Ähnliches besonders an französischen Kirchen dieser Zeit, S. Eustache in Paris etc.)

g Die berühmte Certosa von Pavia, in demselben Jahr 1396 von Marco di Campione begonnen, hat dieselben Vorzüge vor dem Dom von Mailand; schlanke, edelgebildete Pfeiler von weiter Stellung. Der Hauptnachdruck liegt indess auf der Fassade, welche die prächtigste

1) Die beiden ersten Intervalle sind noch eng, so dass die Nebenschiffe hier in regelmässige Quadrate zerfallen wie im Dom von Mailand. Erst vom dritten Intervall an beginnt die Schönräumigkeit im Sinne des Italienisch-Gothischen.

des Renaissancestyls ist, wovon unten; aus dieser Zeit auch Querbau und Chor.

In Betreff des gothischen Profanbaues hat wohl Oberitalien im Ganzen das Übergewicht durch die grosse Anzahl von damals mächtigen und unabhängigen Städten, welche in der Schönheit ihrer Stadthäuser und Privatpaläste mit einander wetteiferten. Dem Style nach sind es sehr verschiedenartige Versuche, etwas Bedeutendes und Grossartiges zu schaffen; eine unbedingte Bewunderung wird man vielleicht keinem dieser Gebäude zollen, da das gothische Detail nirgends in reinem Verhältniss zu dem Ganzen steht. Allein als geschichtliche Denkmale, als Maassstab dessen, was jede Stadt an Repräsentation für sich verlangte und ihrer Würde für angemessen hielt, machen besonders die öffentlichen Paläste einen oft sehr grossen Eindruck.

An den Anfang dieser Reihe gehört schon zeitlich als ganz frühgothisches Gebäude und vielleicht auch dem Werthe und dem Eindruck nach der Pal. Communale zu Piacenza; unten eine a offene Halle von Marmorpfeilern mit primitiven, aus reinen Kreissegmenten bestehenden Spitzbogen, oben ein Backsteinbau mit gewaltigen Rundbogen als Einfassung der durch Säulchen gestützten Fenster; die Füllung mit einem auf die einfachste Weise hervorgebrachten Teppichmuster. (Der grosse Saal im Innern völlig entstellt.) Eines der frühsten Gebäude, in welchen das freistädtische Selbstgefühl sich auf ganz grossartige monumentale Weise ausspricht.

Von den berühmten Bauten Cremona's kann der Verfasser b nicht aus eigener Anschauung berichten.

Mailand besitzt ein Backsteingebäude einziger Art, aus der letzten gothischen Zeit, schon mit Renaissance gemischt: die alten Theile der Fassade des grossen Hospitals, angeblich von Antonio c Filarete, einem Florentiner; es sind die reichsten und elegantesten gothischen Fenster, die sich in diesem Stoff bilden liessen.

Der stattliche Palazzo pubblico in Como, mit Steinschichten ver- d schiedener Farben (beim Dom) folgt in der Anlage dem Palast von Piacenza, nur in viel kleinerm Maassstab.

a Ebenso derjenige in Bergamo, dessen offene untere Halle auf Pfeilern und (innen) auf Säulen ruht.

In Parma und Modena nichts von Belang.

Dagegen besitzt Bologna eine Anzahl von Denkmälern, welche die oberitalische und die toscanische Weise zu einem merkwürdigen
b Ganzen vereinigen. — Vor Allem ist die Loggia de' Mercanti (oder la Mercanzia) ein sehr schönes Beispiel gothischen Backsteinbaues, angeblich vom Jahr 1294, doch wohl ein Jahrhundert neuer und vielleicht von der Loggia de' Lanzi in Florenz (s. unten) bedingt. Der Sinn ist wesentlich ein anderer: es sollte die Fronte einer Art von Börse und Handelsgerichtslokal werden. — Das Material lud dazu ein, die Pfeiler als reiche Säulenbündel zu construiren; andererseits hängt damit die zaghafte Bildung des Hauptgesimses zusammen. Eine empfindliche Disharmonie liegt darin, dass (dem mittlern Baldachin zu Liebe) die Fenster nicht auf die Mitte der beiden untern Spitzbogen kommen. (Die Seitenfronten modern.)

Den Eindruck einer jener grossen Familienburgen des Mittelalters
c giebt, ebenfalls im Backsteinbau, am ehesten der Palazzo Pepoli, wo ausser den reichprofilirten gothischen Thorbogen noch ein gewaltiger Hof mit Hallen an der einen Seite und vorgewölbten Gängen an den drei übrigen erhalten ist. Nimmt man den zierlichen Hof des
d Hauses Nr. 373 hinzu, so vervollständigt sich einigermassen das Bild des bolognesischen Privatbaues im XIV. Jahrhundert. — Das riesige
e Schloss, welches jetzt Palazzo Apostolico heisst, hat an der Vorderseite noch einige reiche grosse Fenster; der erste Hof ruht fast nach altflorentinischer Weise auf achteckigen Pfeilern mit Blättercapitälen und nicht völlig halbrunden Bogen.

f Der Palazzo della ragione zu Ferrara, vom Jahre 1326, ein merkwürdiger gothischer Backsteinbau, hat bei der vor 20 Jahren unternommenen Erneuerung eine fast völlig neue Oberfläche erhalten.

g Der Palazzo della ragione zu Padua ist mehr wegen der ungeheuern Grösse eines gewölbten obern Saales als aus irgend einem andern baulichen Grunde merkwürdig. (Die jetzige Gestalt nach 1420.) Sehr unglückliche Beleuchtung; die Vertheilung der Fresken Miretto's nicht architektonisch motivirt; die äussere Halle von zwei Stockwerken interessant als diejenige Form, welche Palladio anderthalb Jahrhunderte später an der sog. Basilica zu Vicenza neu belebt zu reproduciren hatte.

Venedig hat vor Allem seinen weltberühmten Dogenpalast, a begonnen um 1350 von Filippo Calendario. Es ist schwer mit einem Gebäude zu rechten, welchem, abgesehen von Grösse und Pracht, auch noch durch historische und poetische Vorurtheile aller Art ein so grosser Phantasie-Eindruck gesichert ist. Sonst müssten wir bekennen, dass die ungeheure, rautenartig incrustirte Obermauer die beiden Hallenstockwerke, auf welchen sie unmittelbar ruht, in den Boden drückt. Man hat desshalb auch immer gemeint, das untere derselben habe wirklich durch Auffüllung des Bodens etwas von seiner Höhe eingebüsst, bis Nachgrabungen diess als irrig erwiesen. Jedenfalls ist schon die Proportion desselben zum obern unentschieden, geschweige denn zum Ganzen; entweder müsste es derber und niedriger, oder höher und schlanker sein als es ist. Auch hier offenbart sich der Mangel an demjenigen Gefühl für Verhältnisse, welches sich nur da entwickelt, wo die Architektur festen Boden und grossen freien Raum zur Verfügung hat. — An sich aber wirkt das obere Hallenstockwerk ausserordentlich schön und hat als durchsichtige Galerie in der Kunst des Mittelalters nicht mehr seines Gleichen. — Die Fenster der Obermauer und die Zinnen des Kranzgesimses sind blosse Decoration, dagegen die Porta della Carta (s. unten) ein sehr werthvoller und tüchtiger Bau des sich schon zur Renaissance neigenden spätgothischen Styles (1439).

Dieses wunderbare Gebäude ist nun theils Nachbild, theils Vorbild einer bedeutenden Palastbaukunst, die im XIV. und während der ersten Hälfte des XV. Jahrhunderts in Venedig blühte. Sie unterscheidet sich von der sonstigen italienischen (florentinischen, sienesischen) dadurch, dass sie sich nicht aus dem Bau fester Familienburgen entwickelt, welche dem politischen Parteiwesen als Schauplatz und Zuflucht zu dienen haben. Vielmehr ist es hier der ruhige Reichthum, der sein heiteres Antlitz am liebsten gegen den grossen Canal wendet. Das Erdgeschoss war (wenigstens früher) den Waarenlagern und Geschäften gewidmet; einfache Bogenthore öffnen sich für die

Landung der Barken und Gondeln; ausnahmsweise auch etwa eine offene Halle. In den obern Stockwerken aber, die zur Zeit des byzantinischen Styles (S. 118) nur überhöhte Bogenfenster auf Säulen gehabt hatten, entwickelt jetzt der gothische Styl ein keckes Prachtmotiv; über und zwischen den Spitzbogen folgen nämlich ebenfalls durchbrochene Rosetten, die noch mit zum Fenster gehören. In der Mitte drängen sich eine Reihe von solchen Fenstern zu einer grossen Loggia zusammen, womit die einzelnen Fenster auf beiden Seiten vortrefflich contrastiren[1]). Rechnet man hinzu die Bekleidung der Hausecken mit gewundenen Säulen, die der Wandflächen mit bunten Steinarten, die der Fenster mit birnförmigen Giebeln und die des Dachrandes mit moresken Zinnen, so ergiebt sich ein überaus fröhliches und zierliches Ganzes. Aber zu dieser leichten und luftigen Bauweise gehört auch der Wasserspiegel und das bewegte Leben der Canäle; wo solche Paläste oder ihre Rückseiten auf blossen Plätzen (Campi) stehen, wirken sie auffallend geringer, und das Auge kann den Jubel nicht mehr recht begreifen. Vor einer Nachahmung in den Strassen unserer nordischen Städte wird sich jeder besonnene Architekt wohl hüten.

a Das niedlichste dieser Gebäude ist die C a D o r o ; sie zeigt, in welchen Dimensionen dieser Styl am glücklichsten wirkt. Aus der grossen Zahl der übrigen Paläste nennen wir diejenigen am Canale grande, vom Marcusplatz beginnend: — (Rechts) das jetzige Albergo dell' Europa; nahe dabei ein kleines Gebäude, an welchem auch die reichen Balcons noch wohl erhalten sind. — (Rechts) Palast Barbaro, — und Palast Cavalli, letzterer besonders energisch in der Fenster-
b bildung. — (Links) die aneinander stossenden Paläste Giustiniani, —
c und der grosse P a l a s t F o s c a r i , welcher die Wendung des Canals
d beherrscht, mit achtfenstrigen Loggien. — (Links) P a l a s t P i s a n i a S. Polo, ebenfalls einer der bedeutendsten. — (Links) Palast Bernardo. — (Rechts) Palast Bembo. — Nach dem Rialto: (Rechts) Palast Sagredo — dann die genannte Ca Doro.

In andern Gegenden der Stadt ist beinahe kein ansehnlicher Canal, kein grösseres Campo, an welchem nicht irgend ein Gebäude dieser

[1]) Auffallend bleibt es, dass die Loggia stets aus einer geraden Zahl von Fenstern (4, 6, 8) besteht, so dass eine Säule auf die Mitte trifft. Vgl. S. 107, unten, und S. 138 oben.

Art in die Augen fiele. Ich erwähne noch den Palast neben der Aquila d'oro, die Gebäude bei S. Polo, Albergo Danieli, u. s. w. Für Aquarellmaler: Palast Cigogna bei S. Angelo Raffaele, an sich gering.

Eine Anzahl ähnlicher Gebäude findet man auch in Padua und in dem kleinen Vicenza, welches doch von jeher eine verhältnissmässig bedeutende Baugesinnung offenbart. Unter den vicentinischen Palästen wird man z. B. zwei in der Nähe von Palast Barbarano mit a
Vergnügen besuchen; sie haben ausser der Fassade auch noch ihre alten Hofhallen, Treppen, Balustraden etc., wenigstens stückweise. Ein artiges Häuschen, Nr. 1666, mit teppichartigen Arabesken bemalt. U. s. w. b

In Verona finden wir an den gothischen Palästen zwar auch den venezianischen Typus wieder, aber in einer andern Nuance, mit vorherrschender Berechnung auf Mauerbemalung. Auch die steinerne Staffage im obern Theil der Fenster hat eine eigenthümliche Gestalt. — (Der Hof des Municipio daselbst, unter dem grossen Thurm auf c
Piazza delle Erbe, theils romanisch, theils gothisch, gewährt mit seiner hallenbedeckten Marmortreppe wenigstens einen malerischen Anblick.)

Genua besitzt von diesem Styl nichts von Bedeutung. Die Gothik der paar Häuser auf Piazza S. Matteo beschränkt sich im Grunde auf die Bogenfriese, ebenso an mehrern andern Gebäuden der alten Stadttheile. Die Höfe, auf welchen hier der Accent gelegen haben muss, sind überall verbaut. Für Architekten wenigstens ein halberhaltenes Specimen: in dem anonymen Strassengewirr um Madonna delle Vigne das Haus Nr. 463; eine sculpirte Thür führt in ein Höfchen mit Spitz- d
bogenhalle und niedlicher Freitreppe, welche noch ihre gothische Balustrade hat; die Fassade abwechselnde Schichten, schwarz und weiss.

Florenz ist sehr reich an einzelnen Bestandtheilen, zumal untern Stockwerken mittelalterlicher Familienburgen, die man nur in uneigentlichem Sinne als Paläste bezeichnen könnte. (Ganze Gassen entlang z. B. um Piazza de' Peruzzi, Borgo S. Croce etc.) Eine künstlerische Form ist fast nirgends durchgeführt; die einfachen meist achteckigen Pfeiler, die hin und wieder die wenigen Bogen des Hofes stützen,

haben anspruchlose Blättercapitäle. Diese Steinhäuser waren Vesten und mussten in bürgerlichen Wirren Vieles aushalten können; gerne behalf man sich unter dieser Bedingung, so eng es anging. (Die Gänge auf starken Consolen rings um einen kleinen Hof hervorragend, in
a einem vollständigen Beispiel Palast Davanzanti, Via di Porta rossa Nr. 1125.) Belehrend ist die hier klar zu Tage liegende Entstehungsweise der modernen Rustica (Bossagen): weit entfernt, sie als ein Mittel der ästhetischen Wirkung zu benützen, meisselte man den Quader gern glatt, wenn Zeit und Mittel es zuliessen; blieb er einstweilen roh, so wurden doch um der genauen Zusammenfügung willen seine Ränder scharf und sorgfältig behauen. Eine völlige Gleichmässigkeit der Schichten oder gar der einzelnen Steine wurde selbst an öffentlichen Gebäuden nicht erstrebt. Erst die Renaissance fand, dass man die Rustica als künstlerisches Mittel behandeln und durch Abstufung aus dem Rohern in das Feinere zu bedeutungsvollen Contrasten der einzelnen Stockwerke benützen könne. (Vgl. S. 36, Anm.)

Von Privatgebäuden des XIV. Jahrhunderts, in welchen die Säulenhalle des Hofes schlankere Verhältnisse und einen Anfang räumlicher
b Schönheit zeigt, nenne ich beispielshalber Palazzo Conte Capponi
c (Via de' Bardi) und Palazzo Conte Bardi (Via del fosso 187), dessen Hof auf zwölf sehr schlanken Säulen mit überhöhten Rundbogen ruht, angeblich ein Gebäude des Brunellesco, und in diesem Fall ein frühes Jugendwerk.

Von Arnolfo, dem Erbauer des Domes, rührt bekanntlich auch
d Palazzo Vecchio her (vom Jahre 1298). Grösse, Erinnerungen, Steinfarbe und phantastischer Thurmbau geben diesem Gebäude einen Werth, der den künstlerischen bei Weitem übertrifft. Das ganze Innere nebst dem Hinterbau ist spätern Ursprunges. — Dem Agnolo Gaddi
e gehört die jetzige Gestalt des Palazzo del Podestà (oder del Bargello, vom Jahre 1345) zu, welcher an malerischer Wirkung zumal des Hofraumes seines Gleichen sucht, in Beziehung auf das Detail aber ebenfalls nicht viel mehr bietet als Zinnen, spitzbogige Fenster mit mässigem Schmuck, sehr bescheidene Gesimse, und im Hof ein (jetzt vermauertes) Stück Halle.

Bei weitem das schönste gothische Profangebäude der Stadt ist
f Orcagna's Loggia de' Lanzi (begonnen 1376). Hier be-

gegnen wir wieder demjenigen Raum- und Formgefühl, welches S. Maria novella, S. Croce und den neuen Dom von Siena schuf. Der Ort, wo die Obrigkeit ihre feierlichsten Functionen vollzog, wo sie vor dem Volk auftrat und mit ihm redete, in einer Zeit, da die Florentiner sich als das erste Volk der Welt fühlten — eine solche Räumlichkeit durfte nicht in winzigem und niedlichem Styl angelegt werden. Möglichst wenige und dabei grossartige Motive konnten allein der „Majestät der Republik" einen richtigen Ausdruck verleihen. Die einfache Halle von drei Bogen Breite umfasst einen ungeheuern Raum, mit gewaltigen Spannungen, über leicht und originell gebildeten Pfeilern; ihr Oberbau hat unabhängig von antiken Vorbildern gerade diejenige Form getroffen, welche für Auge und Sinn die hier einzig wohlthuende ist: über breiter Attica tüchtige Consolen und eine durchbrochene Balustrade.

Von dem als Kornspeicher erbauten Orsanmicchele ist schon oben (S. 144) die Rede gewesen.

Die Thore von Florenz, meist aus dem XIII. Jahrhundert, über- a
raschen durch den mächtigen Ernst der Construction, die Grösse der Pforte und die Höhe des stadtwärts schauenden Bogens. — Nebst den meisten andern italienischen Stadtthoren dieser Zeit entbehren sie der überragenden Seitenthürme, welche häufig an deutschen Stadtthoren vorkommen; in Italien z. B. am Arco dell' Annunziata zu Lucca, an b
der interessanten Porta della Vacca in Genua, an einem andern Binnen- c
thor daselbst, etc. Die wenigen daran angebrachten Decorationen durchgängig solid und einfach; im Bogen gegen die Stadt Frescogemälde, die Mutter Gottes und die Schutzpatrone darstellend.

In Pisa ist das Doganengebäude unweit der mittlern Brücke ein d
ernsterer steinerner Zierbau, das jetzige Caffe dell' Ussero gegenüber e
am Lungarno ein leichterer backsteinerner (XIV. Jahrhundert, mit einzelnen Veränderungen der Fenster im Renaissancestyl). Die Flächen, wie sie sich durch die Einrahmung mit Pilastern, Bogen etc. ergaben, sind ganz naiv mit gothischem Blattwerk ausgefüllt, nach einem schon wesentlich modernen Gefühl. Einzelne Details von feinster Eleganz.

Ganz Siena ist voll von gothischen Privatgebäuden und Palästen des XIV. Jahrhunderts; keine Stadt Italiens oder des Nordens, weder Florenz und Venedig, noch Brügge und Nürnberg ist in dieser Beziehung reicher. Man findet sie von Stein, von Backstein und gemischt,
a wie z. B. der Palazzo Pubblico; sonst mögen noch Palazzo
b Tolomei, Palazzo Saracini und als zierlichster Backstein-
c bau Palazzo Buonsignori genannt werden. — Sie können dem jetzigen Architekten nicht viel helfen; denn wenn er auch ihre nur mässigen Profile und Zierformen, wenn er selbst die beträchtliche Höhe ihrer Stockwerke nachbilden dürfte, so würde man ihm doch nicht leicht den Luxus des Materials gestatten, auf dessen echter, unverkürzter Anwendung ganz wesentlich der Effect beruht. In Mörtel und (wenn es hoch kommt) Zink nachgeahmt würden diese Formen und Massen nicht viel bedeuten.

Die durchgehende Form der Maueröffnungen ist der Spitzbogen, welcher in der Regel drei durch Säulchen geschiedene Fenster enthält. Der Bogen selbst bleibt eine müssige Verzierung; oft darunter noch ein sog. Stichbogen (Kreissegment).

Eine freie Nachahmung der Loggia de' Lanzi ist die Loggia
d degli Uffiziali am Casino de Nobili in Siena (1417). Sie hat im Kleinen dieselbe Schönräumigkeit; die Hauptglieder der Pfeiler sind hier Halbsäulen; das obere Stockwerk ist in seiner jetzigen Gestalt wohl ein Jahrhundert neuer, passt aber trefflich zum untern.

Endlich sind die Brunnen, eigentlich grosse, mit massigen Spitzbogen überwölbte Wasserbehälter, für Siena bezeichnend. Der Kunst-
e werth ist bei Fonte Branda (1193) wie bei Fonte nuova und den übrigen gering, der malerische Eindruck aber durch die phantastische Umgebung, namentlich der erstern, einer der besten dieser Art, die man aus Italien mitnimmt.

f In Pistoja sind Palazzo del Commune und Palazzo de'
g Tribunali (ehemals del Podestà) aus dem XIV. Jahrhundert; beide mit Spitzbogen über den Fenstern. Der letztgenannte Palast hat eine stattliche untere Halle mit breiten Kreuzgewölben; vier weite Rundbogen schliessen den Hof ein. Dieser ganze Raum ist überdiess sehenswerth der zahllosen gemalten Wappen wegen; man ist in den jetzigen italienischen Wappen gewohnt, eine gänzliche heraldische Gesetzlosig-

keit, eine beständige Verwechselung der Wappengegenstände mit Symbolen und Emblemen anzutreffen, die von Hause aus etwas ganz Anderes sind; hier dagegen sind alte Wappen sammt Helmzierden und Zuthaten echt heraldisch und mittelalterlich gehandhabt. Leider hat eine neuere Restauration Einiges im Styl von Theaterdecorationen hinzugefügt.

Besonders edel und glücklich ist die Fensterbildung am Palazzo a
del Commune zu Perugia, wo je 3 oder 4 durch Säulchen
getrennte Fenster zusammen in ein gutprofilirtes Quadrat eingerahmt
sind. Diese Fenster sind, wie auch das prachtvolle Portal, als Einzelschmuck nicht sehr regelmässig in die durchaus glatte Quaderfronte eingesetzt und so der Anspruch auf organische, strenge Gesammtcomposition ganz geflissentlich vermieden. Zwei Consolenfriese und oben ein Bogenfries sind die einzigen durchgehenden Glieder.

Weiter nach Süden besitzt Viterbo ein artiges gothisches Pa- b
lästchen (wenn ich nicht irre, das Vescovato) in der Nähe des Domes.
Die Brunnen, wofür diese Stadt namhaft ist (Fontana grande c
1206—1279 etc.), sind, wie die meisten italienischen Brunnen des
Mittelalters, Breitbauten, während in der nordischen Gothik auch der
Brunnen ein Stück Kirchenbau, und zwar ein Abbild des Kirchthurmes
darstellen muss. Der schönste italienische Brunnen dieser Zeit ist der d
dreischalige zu Perugia, den wir bei Anlass der Sculptur wieder erwähnen müssen. (Die Brunnen von Siena verlangten als grosse Wasserbehälter einer Bergstadt jene besondere Form.)

Von den gothischen Profanbauten der Mark Ancona und der
Romagna von Bologna abwärts bedaure ich keine Rechenschaft geben
zu können. In Ancona ist, wenn ich mich recht erinnere, die Börse e
ein stattlicher Backsteinbau dieser Zeit. In Ravenna nichts von Belang. Rimini soll Mehreres enthalten.

Rom besitzt mit Ausnahme der Minerva und einiger Flickbauten an ältern Kirchen überhaupt nichts von germanischem Styl; Neapel wenigstens keinen Profanbau von höherer künstlerischer Bedeutung. Dergleichen Gebäude reichen in der Regel, so weit damals ein freies municipales Leben reichte.

An S c h l ö s s e r n dieser Epoche, und zwar oft ungeheuer grossen, ist zumal in Mittel- und Unteritalien kein Mangel. Sie gehören nicht der Kunstgeschichte an, nehmen aber in der Geschichte des Kriegsbaues ohne Zweifel eine bedeutendere Stelle ein als unsere nordischen Adelsschlösser. Der grosse Aufschwung kam in den italienischen Festungsbau allerdings erst während des XV. Jahrh., als Päpste, Fürsten und Republiken sich auf alle Weise gegenseitig sicher zu stellen suchten. Aus dieser Zeit stammt der jetzige Bestand vieler jener „rocche", welche die italienischen Städte, auch Thalschluchten und Flüsse beherrschen; bedeutende Baumeister wie Bern. Rosellino und Andere waren ihr Lebenlang vorzugsweise mit solchen Aufgaben beschäftigt, und auch das Ausland zog die italienischen Ingenieure an sich. Ausser Stande, das Militärische an diesen Bauten zu beurtheilen, nenne ich nur um des hochmalerischen Anblicks willen die von Filippo Maria Visconti (um 1445)
a errichteten Festungswerke von Bellinzona, bestehend aus drei Schlössern und deren Verbindungsmauern nebst einer Mauer bis an den Ticino. Von den frühern viscontinischen Bauten ist das schicksals-
b berühmte Castell von Pavia auch architektonisch als Palast ausgezeich-
c net, von den spätern das Castell von Mailand, welches im XVI. Jahrhundert als die vollkommenste Veste der Welt galt; von dem alten Bau sind nur die unzerstörbaren Eckthürme und ein Theil der dazwischen liegenden Mauern ganz kenntlich erhalten, die innern Theile meist umgebaut. — Von den Angioinen-Schlössern im Königreich N e a p e l
d wird wohl das colossale C a s t e l n u o v o der Hauptstadt (unter Carl von Anjou angeblich nach einem Plan des Giovanni Pisano begonnen)
e den unbestreitbaren Vorzug behalten. Die stattlichen Mauern und Thürme Neapels vom Carmine bis über Porta Capuana hinauf sind erst aus der Zeit Ferdinands I. von Aragon (1484). — Über die Thore von Florenz s. Seite 159. — Von den Thürmen, welche das Abzeichen städtischer Adelswohnungen waren, hat sich in P a v i a (noch jetzt) am meisten, in Florenz einer oder der andere, in B o l o g n a die durch
f ihre Schiefheit allzuberühmte Garisenda und die weniger schiefe aber viel höhere Torre degli Asinelli erhalten. (Erstere wenigstens absichtlich so gebaut.) Ebenda noch einige andere.

g Ausser aller Linie steht endlich das C a s t e l l v o n F e r r a r a, bei weitem der bedeutendste Anblick, welchen Italien in dieser Gattung gewährt. Steinfarbe, Wassergräben, Vor- und Rückwärtstreten der einzelnen Theile, treffliche Erhaltung ohne entstellende Zuthaten — Alles trägt dazu bei, die Burg des Hauses Este zu einem malerischen Gegenstand zu machen, wie er sonst nicht wieder vorkömmt.

Es sei noch eine Schlussbemerkung über die gothischen Profangebäude überhaupt gestattet, die sich auch auf unsere nordischen bezieht. Nur wo sehr reichliche Mittel vorhanden waren, wird man eine gegliederte Gesammtcomposition durchgeführt finden; sonst begnügte sich das Mittelalter mit einzelnen reichornamentirten *Theilen*, die oft ganz unsymmetrisch an dem sonst schlichten aber *massiven* Bau vertheilt sind. Und solche Gebäude machen gerade oft die allerschönste Wirkung. Sie geben ein unmittelbares Gefühl des Überflusses, während sog. durchcomponirte Gebäude unserer Zeit so oft den Gedanken rege machen, es habe am Besten gefehlt.

Kleinere, *decorative Arbeiten* sind in Italien, wie angedeutet, nicht die starke Seite dieses Styles. Von einem der wichtigsten Werke, dem Tabernakel Orcagna's, ist schon die Rede gewesen; Anderes wird unten bei Anlass der Sculptur zu erwähnen sein. — In der Anordnung ist der echte Organismus des Gothischen durchgängig missverstanden oder geflissentlich bei Seite gesetzt. Aber das von diesem Zwang befreite Detail ergeht sich oft in einem eigenthümlichen harmonischen Reichthum des Stoffes, der Form und der Farbe. Die Cosmaten (Seite 96) hatten ein System von Zierformen geschaffen, welchem man gerade jetzt am wenigsten entsagen wollte und das man mit den gothischen Grundformen oft auf die ansprechendste Weise verband. Die Fassade von Orvieto zeigt, wie weit dieses Streben bisweilen führte. — Von kleinern Werken sind besonders *Altartabernakel* und *Grabmäler* der Beachtung werth.

Der *erstern* enthält Rom vier bedeutendere: in S. Paul (kurz a
vor 1300, von Arnulfus, vermuthlich Arnolfo del Cambio), in S. Cecilia b
(von demselben), in S. Maria in Cosmedin (von dem Cosmaten Adeo- c

a datus, nach 1300) und im Lateran (gegen 1370)[1]. Die mosaicirten Thürmchen, die südlich flachen Giebel u. s. w. sind nichts als Bastardformen, aber die sichere und delicate Behandlung des Einzelnen, das prächtige Material, der monumentale Sinn und die Liebe, womit das Ganze vollendet ist, geben diesen Werken einen bedeutenden Werth. — Viel lebendiger gothisch und in plastischer Beziehung reicher durchgeführt (gewundene Säulen mit Blattwerk in den Rinnen etc.)
b erscheint der erzbischöfliche Thron im Dom von Neapel, der vielleicht ursprünglich auch als Altartabernakel diente.

In Oberitalien beginnt schon statt des frei und vierseitig componirten Altartabernakels hie und da der nordische Altarschrein, d. h. eine Wand mit einfacher, doppelter oder dreifacher Nischenreihe für (meist hölzerne) Statuetten und mit geschnitzten Pyramiden als Abschluss; das Ganze bemalt und vergoldet. In einzelnen Fällen kamen solche Altäre sogar fertig aus dem Norden. Natürlich hat die spätere Zeit mit ihren vermeintlich so viel effectreichern grossen Altargemälden und Marmorgruppen diese bescheidenern Arbeiten grossentheils von den Altären verdrängt; man muss zufrieden sein, wenn sie
c überhaupt noch vorhanden sind. Im Dom von Piacenza ist z. B. ein prächtiger ehemaliger Altaraufsatz über dem Hauptportal angebracht.
d Ein anderer in S. Petronio zu Bologna. (4. Cap. links.)

An den berühmtern Kanzeln dieser Zeit ist das Architektonische in der Regel der Sculptur untergeordnet, ebenso an den Prachtgräbern von Heiligen.

Die übrigen Grabmäler, als einer der ersten Anlässe zur Entwicklung einer neuen Sculptur hochbedeutend, sind in der baulichen Anordnung höchst verschieden. Gemeinsam ist ihnen ein Hauptmotiv, welches in neuern Grabdenkmälern meist ganz übergangen wird, nämlich der Sarcophag. Um und an diesen setzt sich der ganze übrige Schmuck in vielen Variationen an, während im Norden die Grabplatte — gleichviel ob liegend oder stehend — die Grundform bleibt, weil auch Bischöfe und Fürsten insgemein in die Erde gesenkt wurden. Die älteste Weise, den Sarcophag monumental bedeutend

---

[1] Ausser demjenigen in der Kirche die Reste eines ältern im Klosterhof, von dem genannten Adeodatus.

zu machen, ist seine Aufstellung auf kurzen Säulen, wie z. B. der vermeintliche Sarcophag des Trojaners Antenor in Padua aufgestellt ist; a
man vergleiche auch das bescheidene Grabmal Gregors X. († 1276) im b
Dom von Arezzo. — Auch, wenn ich mich recht entsinne, das Grab c
des Cardinals Anchera († 1286) in einer Nebencapelle rechts in S. Prassede zu Rom. — Oder der Sarcophag wird hoch an einer Wand auf
Consolen angebracht, welche dann oft prächtig und kraftvoll gestaltet
sind; vgl. die Gräber in mehreren älteren Kirchen Venedigs, im Dom
von Florenz, im rechten Querschiff von S. Maria novella und im Kreuz- d
gang von S. Croce daselbst u. s. w.

In Padua sind die Grabmäler dieser Art eigenthümlich und nicht unschön aus allen drei Künsten gemischt. Über dem auf Consolen schwebenden Sarcophag, der bisweilen schöne Eckfiguren und eine fein individuelle Portraitstatue aufweist, wölbt sich ein Spitzbogen mit quadratischer Einfassung; auch dieser hat an den Ecken Statuetten, in der Leibung gemalte oder Relieffiguren; die Innenfläche des Bogens aber und seine Füllungen gehören regelmässig der Malerei an, welche die erstere meist mit einer thronenden Maria zwischen Heiligen, oder mit Mariä Krönung u. dgl. geschmückt hat. Ausser dem malerischen Werthe dieser Darstellungen, in welchen sich die paduanischen Giottesken mit mehr Glück und Liebe bewegen, als in den grossen Freskencyclen, ist auch die Sculptur mit ihrem oft sehr kenntlichen pisanischen Nachklang nicht zu verachten. An den beiden stattlichsten Gräbern
dieser Art, von Mitgliedern der Fürstenfamilie Carrara, in den Ere- e
mitani (rechts und links von der Thür) sind leider die Malereien verloren gegangen. Wohlerhaltene findet man z. B. in andern Theilen
derselben Kirche, sodann im Santo (Durchgang rechts zum ersten f
Klosterhof), im rechten Querschiff des Domes u. a. a. O. g

Ausserhalb Padua's kommen ähnliche, zum Theil recht schöne
Gräber vor, z. B. in S. Corona zu Vicenza (Capelle rechts vom Chor); h
sodann in Verona, nur dass hier der Oberbau insgemein wieder die
Giebelform annimmt.

Wo antike figurirte Sarcophage vorhanden sind, bedient man sich
derselben in einzelnen Fällen und verziert sie mit sonderbaren Zu-
sätzen, wie das Grabmal Savelli im Querschiff von Araceli zu Rom zeigt. i

Endlich werden grössere Architekturen bei wachsendem Gräber-

luxus zur Sitte. Blosse gothische Giebel auf gewundenen Säulchen
über dem als Sockel behandelten Sarcophag stehend kommen z. B.
a in S. Croce zu Florenz (Querschiff) vor, in Fällen, wo statt einer
Hinterwand der Durchblick verlangt wurde. Sonst ist die in Mittelitalien mehrmals und in trefflichem Styl vorkommende Gestalt die einer
vollständigen gothischen Nische mit einem Gemälde oder Mosaik; unten
steht darin der Sarcophag, mit der liegenden Statue des Verstorbenen, zu
deren Haupt und Füssen Engel schützend das Leichentuch halten. So an
b den beiden schönen cosmatischen Gräbern des Cardinal Consalvo
(† 1299) in S. Maria maggiore, rechts vom Hauptaltar, und des Bischofs
c Durandus in S. Maria sopra Minerva zu Rom[1]. — An den neapolitanischen Gräbern ist insgemein dieses Motiv mit einem der
obengenannten in eine nicht eben glückliche Verbindung gebracht; der
Sarcophag wird auf Säulen oder statt deren auf Caryatiden (allegorische Tugenden) gestellt, so dass die darauf liegende Statue kaum
mehr sichtbar ist; die beiden Engel aber, der geringen Höhe der Nische wegen meist nur klein, machen sich hier mit dem Wegziehen
des (steinernen) Nischenvorhanges mehr als billig zu thun. Der Giebel
über der Nische hat dann noch seine besondere Ausbildung und seine
Statuetten, ja oft noch einen besondern Baldachin, der das Ganze umschliesst. Ausserdem erreicht das bauliche Gehäuse namentlich an den
d Angioinengräbern in S. Chiara und S. Giovanni a Carbonara
einen ausserordentlichen, doch niemals reinen und schönen Reichthum.
Diese und das zwar von Giotto aber nicht eben glücklich angeordnete
e Grabmal Tarlati im Dom von Arezzo werden bei der Sculptur wieder
zu erwähnen sein.

Rom hat seine ältern Papstgräber in Bruchstücken, wobei die bauliche Einfassung durchweg verloren ging, in die Crypta von S. Peter, die Sagre grotte vaticane, verwiesen. Das Grab Gregors VII. im Dom von Salerno ist modern; im Dom von Perugia ruht der grosse Innocenz III mit zwei Amtsnachfolgern unterhalb einer bescheidenen Inschrifttafel (im rechten Querschiff). Allein in S. Domenico zu Perugia (linkes Querschiff) ist wenigstens ein Papstgrab ersten Ranges

---

[1] In S. Domenico zu Orvieto soll das schöne Grabmal eines Cardinals de Braye von Arnolfo herrühren.

erhalten, dasjenige Benedicts XI. († 1304) von Giovanni Pisano; ein prächtiger Innenbau unter einem Baldachin auf gewundenen und figurirten Säulen, Alles mit reicher und dabei gemessener Mosaicirung. Ein ebenfalls prächtiges Papstgrab im Cosmatenstyl ist dasjenige Hadrians V. († 1276) in S. Francesco zu Viterbo. a

---

Endlich beschliesst Verona den Kreis italisch-gothischer Gräberformen mit den berühmten Denkmälern der Scaliger, bei S. Maria antica. Neben mehrern einfachern zeichnen sich diejenigen des Can Grande (1329), des Mastino II (vor 1351) und des Can Signorio (vor 1375) als Freiarchitekturen aus; das zu Grunde liegende, verschiedenartig ausgebildete Motiv ist der erhöhte Sarcophag mit liegender Statue unter einem Baldachin auf Säulchen, der mit einer Reiterstatue gekrönt ist. Culturgeschichtlich sind diese Gräber ebenso merkwürdig als in Betreff der Kunst. Ausserhalb der Kirche, in mehr politisch-monumentaler als in religiöser Absicht von den Gewaltherrschern Verona's noch bei Lebzeiten errichtet, sind sie die Vorstufe jener ganz profanen Reiterdenkmäler, wie sie später von den Venezianern als politische Belohnung für ihre Feldherrn gesetzt wurden. Hier sind die Reiterstatuen noch klein auf dem Gipfel angebracht; das Grab eines Generals und Verwandten der Scala, des Sarego, links im Chor von S. Anastasia (1432), stellt Ross und Reiter schon beträchtlich grösser und als die Hauptsache dar (wovon unten). — Das übrige Figürliche an den Gräbern der Scaliger, selbst an dem prächtigen des Can Signorio (von Bonino da Campiglione) ist ebenfalls mehr sachlich als künstlerisch wichtig. Die sechs Helden, welche in den Baldachinen des letztern prangen, sind noch als heilige Krieger zu verstehen (die Heiligen Georg, Martin, Quirinus, Sigismund, Valentin und Ludwig IX); wenige Jahrzehnte später wären es schon eher jene unbestimmten römischen Heroen, welche an den Dogengräbern der Lombardei Wache zu halten pflegen.

Die Ursprünge der modernen Baukunst und Decoration, bei welchen wir dem innern Werthe und den Architekten zu Gefallen etwas umständlicher verweilen wollen, heissen in der jetzigen Kunstsprache die R e n a i s s a n c e. Schon die betreffenden Künstler selbst glaubten an eine mögliche Wiedergeburt der ganzen antiken Architektur und meinten diesem Ziele wirklich sich zu nähern; in der That aber bekleideten sie nur die von ihnen selbst geschaffenen Compositionen mit den antiken Detailformen. Die römischen Baureste, so grosse Begeisterung ihnen im XV. Jahrhundert gewidmet wurde und so viel reichlicher als jetzt sie auch vorhanden waren, gaben doch für die Lösung der damaligen Aufgaben zu wenige unbedingte Vorbilder. Für mehrstöckige Bauten z. B. war man fast einzig auf die römischen Theater und auf das damals noch vorhandene Septizonium Severi (am Fuss des Palatin) angewiesen, welches letztere denn allerdings einen bedeutenden Einfluss ausübte; für Prachtbekleidung von Mauern fand man nichts Besseres vor als die Triumphbogen. Von irgend einer Unterscheidung der Epochen war noch nicht die Rede; man nahm das Alterthum als Ganzes zum Muster und berief sich auf das Späteste wie auf das Frühste.

Es wird bisweilen bedauert, dass Brunellesco und Alberti nicht auf die griechischen Tempel statt auf die Bauten von Rom stiessen; allein man vergisst dabei, dass sie nicht eine neue Compositionsweise im Grossen, sondern nur eine neue Ausdrucksweise im Einzelnen von dem Alterthum verlangten; die Hauptsache brachten sie selbst mit, und zu ihrem Zweck passten gewiss die biegsamen römischen Formen besser.

Die Renaissance hatte schon lange gleichsam vor der Thür gewartet; in den romanischen Bauten Toscana's aus dem XII. und XIII. Jahrhundert zeigt sich bisweilen eine fast rein antike Detailbildung. Dann war der aus dem Norden eingeführte gothische Styl dazwischen gekommen, scheinbar allerdings eine Störung, aber verbunden mit dem Pfeiler- und Gewölbebau im Grossen und daher eine unvergleichliche Schule in mechanischer Beziehung. Während man, so zu sagen, unter dem Vorwand des Spitzbogens die schwierigsten Probleme bewältigen lernte, entwickelte sich, wie oben erläutert wurde (S. 125 ff.), das eigenthümlich italienische Gefühl für Räume, Linien und Verhältnisse, und dieses war die Erbschaft, welche die Renaissance übernahm. Sie wusste dieselbe gar wohl zu würdigen, und Michelangelo hat nicht vergebens S. Maria novella „seine Braut" genannt.

Für das XV. Jahrhundert kommt noch eine besondere Richtung des damaligen Formgeistes in Betracht. Der phantastische Zug, der durch diese Zeit geht, drückt sich in der ganzen Kunst durch eine oft übermässige Verzierungslust aus, welche bisweilen auch in der Architektur die wichtigsten Rücksichten zum Schweigen bringt und scheinbar der ganzen Epoche einen wesentlich decorativen Charakter giebt. Allein die bessern Künstler liessen sich davon im Wesentlichen nicht übermeistern; und dann hat auch diese Verzierungslust selber nach Kräften eine gesetzmässige Schönheit erstrebt; sie hat fast hundert Jahre gedauert, ohne zu verwildern, und ihre Arbeiten erreichen gerade um das Jahr 1500 ihre reinste Vollendung.

Wir können zwei Perioden der eigentlichen Renaissance trennen. Die erste reicht etwa von 1420 bis 1500 und kann als die Zeit des Suchens charakterisirt werden. Die zweite möchte das Jahr 1540 kaum erreichen; es ist die goldene Zeit der modernen Architektur, welche in den grössten Aufgaben eine bestimmte Harmonie zwischen den Hauptformen und der in ihre Grenzen gewiesenen Decoration erreicht. — Von 1540 an beginnen schon die ersten Vorzeichen des Barockstyls, welcher sich einseitig an die Massen und Verhältnisse hält und das Detail willkürlich als äussern Scheinorganismus behandelt. Auch die allerhöchste Begabung, in einem Michelangelo, Palladio, Vignola, Alessi, Richini, Bernini, hat nicht hingereicht, um etwas in jeder Beziehung Mustergültiges hervorzubringen; von ihrem unvergänglichen relativen Werth wird weiter die Rede sein.

Es lässt sich voraussehen, dass die Renaissance noch lange in der heutigen Architektur eine grosse Rolle spielen wird. Durch ihren scheinbaren Mangel an Ernst empfiehlt sie sich für jede Art von Prachtbekleidung; man glaubt mit ihr durchzukommen, ohne irgend eine Consequenz mit in den Kauf nehmen zu müssen. Ich verkenne daneben nicht die erfolgreiche Bemühung geistvoller Architekten, die Formen der Renaissance zu reinigen, sie namentlich mit der griechischen Profilbildung in Zusammenhang zu bringen. Und wenn ein Vorbild für Bauten, wie sie unser Jahrhundert bedarf, rückwärts und auswärts gesucht werden soll, so hat dieser Styl, der allein ähnliche Aufgaben ganz schön löste, gewiss den Vorzug vor allen andern. Nur suche man ihm zuerst seinen Ernst und dann erst seine spielende Zierlichkeit abzugewinnen. Man ergründe vorzüglich auch sein Verhältniss zum Material; der gewöhnliche Baustein spricht sich eigenthümlich kräftig aus; einen bestimmten Ausdruck des Reichthums wird man dem Marmor, einen bestimmten dem Erz, einen andern dem Holz, und wiederum einen verschiedenen dem Stucco zugemuthet finden; und zwischen all diesem bleibt noch ein besonderes Gebiet für die Malerei unverkürzt übrig. Äusserst beherzigenswerth bleibt es, dass kein Stoff sich für etwas ausgiebt, was er nicht ist. Es giebt z. B. keine falsche, von Mörtel nachgeahmte Rustica vor den mittlern Jahrzehnten des XVI. Jahrhunderts; wer in den guten Zeiten der Renaissance nur mit Mörtel zu bauen vermag, gesteht es zu und begnügt sich mit der Derbheit der steinernen Fenstergewandungen und Gesimse. *Aufgemalte* Rustica kommt freilich schon frühe vor, allein dann in rein decorativem Sinne, nicht mit der Absicht zu
a täuschen. (Ein sehr frühes Beispiel, vielleicht noch aus dem XIV. Jahrhundert, am Palast Conte Bardi in Florenz, via del fosso, N. 187.) Sie ist auch ganz anders behandelt als das, was etwa an modernen Häusern von dieser Art (mit Schlagschatten etc.) hingemalt wird.

Einzelne grosse Befangenheiten hängen selbst den florentinischen Baumeistern an. Die Ecken ihrer gewölbten Räume z. B. bedurften entweder gar keiner besondern Form oder aber eines vortretenden Pfeilers, auf welchem dann die von beiden Seiten herkommenden Bogen, die Träger des Gewölbes ruhten; wenigstens eines abschliessenden Pilasters. Statt dessen schlug man oft einen Mittelweg ein und liess einen ganz schmalen Pfeilerrand mit einzelnen Bestandtheilen eines Capitäls aus der Ecke hervorgucken. Über die äussere Bekleidung der Kirchen, abgesehen von der Fassade, ist man erst spät in's Klare gekommen. Die Profilirung hat lange den Charakter der Willkür und trifft das Wahre und Schöne mehr durch unbewussten Takt als vermöge eines Systems. In der Behandlung der Kranzgesimse kommen unglaubliche Schwankungen vor. An den venezianischen Bauten geht bisweilen durch die grösste Pracht ein auffallender Mangel an organischen Gedanken hindurch. Das Gefühl für schöne Verhältnisse der Flächen zu einander, für schöne Contraste ihrer Bekleidung (durch Rustica, Pilaster u. s. w.) macht gar oft einer blossen eleganten Einrahmung Platz, die alle vier Seiten mit demselben zierlichen Profil umzieht und sich weiter um nichts kümmert; so z. B. an manchen oberitalischen Bauten, u. s. w.

An allen Enden offenbart sich der Hauptmangel dieses ganzen Styles: das Unorganische. Die Formen drücken nur oberflächlich und oft nur zufällig die Functionen aus, welchen die betreffenden Bautheile dienen sollen. Wer aber auf dem Gebiet der Baukunst nur in dem streng Organischen die Schönheit anzuerkennen vermag, hat auf dem italischen Festlande mit Ausnahme der Tempel von Pästum überhaupt nichts zu erwarten; er wird lauter abgeleitete und schon desshalb nur wenig organische Style vorfinden. Ich glaube indess, dass es eine bauliche Schönheit giebt, auch ohne streng organische Bildung der Einzelformen; nur dürfen letztere nicht widersinnig gebildet sein, d. h. ihren Functionen nicht geradezu widersprechen; es darf z. B. nicht das Schwere auf das Leichte gesetzt, nicht das constructiv Unmögliche durch künstliche Mechanik erzwungen werden. Wo ein Reiz für das Auge vorliegt, da liegt auch irgend ein Element der Schönheit; nun übt offenbar ausser den schönen, strengen Formen auch eine gewisse Vertheilung der Grundflächen (Räume) und Wandflächen einen solchen Reiz aus, selbst wenn sie nur mit leidlichen, widerspruchslosen Einzelformen verbunden ist. Ja, es werden Aufgaben gelöst, Elemente der Schönheit zu Tage gefördert, welche in den beiden einzigen streng organischen Stylen, dem griechischen und dem nordisch-gothischen, nicht vorkommen, und sogar nicht vorkommen konnten. Was insbesondere die Renaissance, sowohl die frühere als die spätere, in dieser Beziehung Grosses geschaffen hat, soll im Folgenden kurz angedeutet werden.

Natürlich blieb auch in der Blüthezeit der Renaissance das Beste und Grossartigste unausgeführter Entwurf. Wir erfahren durch Nachrichten, auch wohl durch Zeichnungen, welche die grösste Sehnsucht rege machen, wie Brunellesco einen grossen Palast für die Mediceer, Rosellino eine neue Peterskirche sammt Umgebung und Residenz, Bramante einen neuen Vatican entwarf, zahlloser anderer Projekte der grössten Meister nicht zu gedenken. Die Sammlung der Handzeich-
a nungen in den Uffizien enthält von dieser Gattung wenigstens Einiges vom Wichtigsten. Für Architekten, welche mit der oft nur andeutenden Ausdrucksweise des Zeichners, namentlich mit den perspectivischen Halbansichten von Interieurs rasch vertraut sind, hat die Besichtigung derselben einen grossen Werth. Eine facsimilirte Herausgabe des Besten würde sich gewiss lohnen.

Noch eine andere Quelle kann uns das Bild dieses Styles ergänzen helfen. So reich auch eine Anzahl besonders kleinerer Gebäude mit dem heitersten Schmuck ausgestattet ist, deren Venedig vielleicht die zierlichsten enthält, so konnten doch Marmor und Erz nicht alle Phantasien verwirklichen, denen sich die decorative Neigung des XV. Jahrhunderts hingab. Wer auch diese Phantasien kennen lernen will, betrachte die in vielen damaligen Bildern dargestellten Baulichkeiten; sie sind bunt, überladen, bisweilen unmöglich, und doch nicht nur oft von grossem Reiz, sondern auch zur Kenntniss des Baugeistes jener Zeit unentbehrlich, wobei nicht zu vergessen ist, dass viele Maler zugleich Baumeister waren. Mantegna und seine ganze Schule ist sehr reich an Hintergründen von Hallen mit Reliefs; von den Ferraresen ahmte ihn Mazzolino hierin mit Übertreibung nach; Pinturicchio

ergiebt durchgängig Vieles, Dom. Ghirlandajo Einiges und Gutes (Chor a
von S. M. novella in Florenz); selbst ein Maler dritten Ranges wie
Domenico di Bartolo verleiht seinen Werken (Fresken im Hospital b
della Scala zu Siena) ein grosses Interesse durch solche Zuthaten.
Sandro Botticelli und Filippino Lippi waren vollends unermüdlich
darin. Vorzüglich aber offenbaren die Fresken des Benozzo Gozzoli
im Campo santo zu Pisa den Geist der Renaissancebauten in reichem c
Masse. Ausserdem möchte ich noch auf die kleinen Legendenbilder
Pisanello's in der Sacristei von S. Francesco de' Conventuali zu Pe- d
rugia aufmerksam machen, welche einen ganzen Cursus idealer Renaissance ohne Phantasterei gewähren. In Rafaels Sposalizio (Brera e
in Mailand) findet sich dann ein gesetzmässig schönes Zusammenwirken
der geschichtlichen Composition und des baulichen Hintergrundes, welcher hierauf rasch seinen überreichen Schmuck verliert und in die
Dienstbarkeit des malerischen Ganzen tritt. Daneben scheidet sich
(schon mit Baldassare Peruzzi's Malereien im ersten obern Saal der f
Farnesina in Rom) eine sog. Prospectmalerei als eigene Gattung aus.

Mehrere der grössten Historienmaler haben indess fortwährend
dem baulichen Hintergrund alle Sorgfalt zugewendet, wo der Gegenstand denselben irgend zuliess. So vor allem Rafael, welcher schon
wegen der Räumlichkeit der „Schule von Athen" und des „Heliodor" g
den grössten Architekten beizuzählen sein würde. Dann zeigt sich
Andrea del Sarto in seinen Fresken (Vorhalle der Annunziata zu Flo- h
renz) als ein Meister einfach edler Baukunst. Von den spätern sind
die Venezianer in dieser Beziehung am reichsten; Paul Veronese zumal, obschon alle seine Prachthallen das einzige Gebäude der Schule
von Athen nicht aufwiegen. In der Zeit der entarteten Kunst nahm
dieser Bestandtheil der Malerei schon als Hülfsmittel der Illusion einen
neuen, beträchtlichen Aufschwung, und unsere bedeutendsten Historienmaler könnten wohl einen Pater Pozzi, einen Luca Giordano und dessen
Schüler um ihre ungemeine Fertigkeit in der Linien- und Luftperspective architektonischer Gründe beneiden.

Sehr edel, obwohl etwas kalt, ist die Architektur in den Bildern Nic. Poussin's (auch wohl Claude Lorrain's) gestaltet.

Ausser den Gemälden sind auch die Intarsien (eingelegten Holzarbeiten) an den Chorstühlen mancher Kirchen sehr belehrend; mit

Vorliebe wurden darin architektonische Ansichten dargestellt, oft von
a reicher, phantastischer Art; die besten vielleicht in S. Giovanni zu
Parma. Auch wo die Intarsien geschichtliche Scenen enthalten, sind
die baulichen Hintergründe bisweilen wichtig; so an den Chorstühlen
b von S. Domenico in Bologna.

Der Erste, welcher nach emsigem Studium der Ruinen Roms mit
vollem Bewusstsein dessen, was er wollte, die Bauformen des Alterthums
wieder in's Leben rief, war bekanntlich Filippo Brunellesco
c von Florenz (1377—1446). Die Kuppel des Domes, als grösstes
mechanisches Meisterwerk alles bisher (1421) Geleistete überbietend,
ist für die grosse Stylveränderung die sich an Brunellesco's Namen
knüpft, wenig bezeichnend; die äussere Decoration an der einzigen
Seite des Achtecks, wo sie wirklich ausgeführt ist, rührt von Baccio
d'Agnolo her, und die Lanterna ist ebenfalls später. — Arnolfo, der
ursprüngliche Baumeister, scheint (S. 142) eine nicht sehr hohe Kuppel
beabsichtigt zu haben, welche die drei Arme des Kreuzes nur mässig
überragt hätte; erst Brunellesco erhob den Cylinder (sog. Tambour)
mit den Rundfenstern und darüber die gewaltige Spitzkuppel. In der
Wirkung steht sie tief unter der Kuppel von S. Peter; allein die Vergleichung ist eine ungerechte. Für's Erste würde sie ohne die abscheulichen Malereien der Zuccheri, mit einer einfachen, dem Organismus folgenden Decoration in heller Färbung[1]), einen ganz andern Anblick von innen gewähren und nicht mehr einer flachen dunkeln Decke gleichen; sodann ist hier zum erstenmal der Cylinder bedeutend behandelt und eine Aufgabe der Construction gelöst, welche man später sowohl mechanisch überbieten als auch in reichern und freiern Formen ausdrücken konnte, welche aber das erste Mal am schwierigsten war. Brunellesco war zudem auf alle Weise durch Arnolfo's Unterbau gebunden.

d Während des Dombaues begann Brunellesco auch S. Lorenzo
(1425). Auf einmal wird die Form einer Basilica oder Säulenkirche
in einem neuen und edeln Geiste belebt; die Säule erhält wieder ihr

---

1) Brunellesco selbst beabsichtigte allerdings eine Mosaicirung.

Gebälkstück und ihre antike Bildung, die Bogen ihre verzierten Profile; den gewölbten Seitenschiffen schliessen sich die Capellen als niedrigere Nischen reihenweise an, Alles mit streng durchgeführter Bekleidung von Pilastern und Gesimsen, dergleichen damals wohl noch an römischen Nischenbauten erhalten war. Die Decke des Haupt- und Querschiffes (wohl nicht mehr die alte) ist flach; über der Kreuzung eine einfache Kuppel ohne Cylinder, welche weislich keinen Anspruch macht, da sie bei ihrer Kleinheit die Kirche doch nicht beherrschen könnte. Die reichen Rundformen sparte Brunellesco für die Sacristei auf, welche über ihrem Quadrat eine polygone niedrige Kuppel und über dem zierlichen Ausbau für den Altar eine kleine Flachkuppel hat. — Aussen am Oberschiff ein regelmässiges römisches Gebälk über der sonst glatten Mauer; Brunellesco konnte sich auf die Römer berufen, welche ebenfalls die Gebälke über blosse Mauern hingeführt hatten (Tempel des Antonin und der Faustina). Die Fassade, für welche nach Brunellesco auch Rafael und Michelangelo Entwürfe machen mussten, ist vor lauter grossen Absichten ein Rohbau geblieben. Auch der erste Klosterhof soll nach Brunellesco's Entwurf gebaut sein.

Lange nach Brunellesco's Tode (1470) wurde eine zweite Basilica
S. Spirito, nach seinen (wie man glaubt, sehr frei benützten) Zeich- a
nungen begonnen. Hier sind die Capellennischen mit den Nebenschiffen gleich hoch und dafür wie für alles Detail ist Brunellesco kaum verantwortlich zu machen. (Die übertrieben grossen Portalakroterien; das Zusammentreffen zweier Fenster in einer Ecke aussen!) Auch die kleinliche Kuppel mit Cylinder über dem Kreuz (die er an S. Lorenzo vermied) ist vielleicht nicht sein Gedanke; wohl aber die Herumführung der Nebenschiffe um Querbau und Chor, trotz der oft getadelten Zweitheiligkeit der Abschlüsse. Unser Auge ist an Schluss-Intervalle von ungerader Zahl zu sehr gewöhnt, um dieser Freiheit leicht gerecht zu werden; an sich ist der perspectivische Durchblick dieser hintern Theile sehr schön.

Für die ganze Entwicklung der Renaissance von grosser Bedeutung ist die Capelle des Geschlechtes Pazzi, im vordern Klosterhof b
von S. Croce in Florenz. Die polygone Flachkuppel mit Rundfenstern über dem griechischen Kreuz ist in dieser Gestalt eine Lieblingsform

a von Brunellesco's Nachfolgern geworden. (Giuliano da San Gallo
ahmte sie u. a. nach in der Madonna delle Carceri zu Prato.) Höchst
anmuthig ist die Vorhalle, ein Tonnengewölbe auf Säulen, in der
Mitte durch einen Hauptbogen und eine Kuppel mit glasirten Cassetten
b unterbrochen. (Sie gab u. a. Ventura Vitoni das Motiv zur Vorhalle der Umiltà in Pistoja.) Obwohl vernachlässigt und unvollendet
wird dieses Gebäude, abgesehen von den Reliefs des L. della Robbia,
immer als einer der reinsten Klänge aus dem XV. Jahrhundert
wirken. (Das Innere schwer sichtbar, da die Pazzi den einzigen
Schlüssel besitzen.)

c Als städtischer Zierbau ist die Halle des Findelhauses auf
Piazza dell' Annunziata (links, von der Kirche kommend) ein wahres
Muster anspruchsloser Schönheit. Es sollte keine Wachthalle und kein
politischer Sammelort, sondern nur ein weiter, sonniger Warteraum
sein, der nun mit seiner harmlosen Decoration (den Medaillons mit
den Wickelkindern des Luca della Robbia) und seinem einfachen obern
Stockwerk die anmuthigste Wirkung macht. (Der Hof wohl nicht von
Brunellesco, aber auch nicht viel später.) — Die Halle gegenüber eine
Nachbildung von Antonio da Sangallo d. Ä. — Ursprünglich von Bru-
d nellesco, aber mehrfach verändert: die Halle auf Piazza S. Maria
novella; — dieser und der vorigen wenigstens sehr ähnlich: die ver-
e mauerte Halle an der Via S. Gallo, welche jetzt die Rückseite der
Dogana bildet.

Von vollständigen Klosterhöfen glaube ich, nach Fantozzi's
f Vorgang, dem Brunellesco den zweiten Kreuzgang von Santa Croce
in Florenz mit Sicherheit beilegen zu dürfen. Es ist einer der
schönsten der Renaissance, mit vollständig durchgeführten Bogen-
profilen und Gesimsen, die Füllungen mit Medaillons; das obere Stockwerk flach gedeckt auf Säulen mit trefflichen Consolen. — An Bauten
dieser Art gab Brunellesco den Säulen kein Gebälkstück, weil die
dünnen und zarten Verhältnisse des Ganzen dadurch übertrieben worden
wären und weil die Höhe wohl eine gegebene war.

Wie Brunellesco, allerdings mit reichlichen Mitteln von dem
grossen Cosimo ausgestattet, eine ländliche Chorherrnresidenz als
g Villa gestaltete, zeigt die sog. Badia am Fuss des Berges von Fiesole, eine halbe Stunde von Florenz. (Architekten, welche wenig

Zeit übrig haben, dürfen eher Fiesole selbst als dieses Gebäude übergehen.) Es ist ein unregelmässig schönes, dem Bergabhang folgendes Aggregat von Einzelbauten; ein reizender oblonger Hof, die untere Halle gewölbt, die obere (unvermauert) flach gedeckt; gegen Süden hinaus nach dem Garten eine Halle, deren oberes Stockwerk besonders schöne Consolen über den Säulen hat; die übrigen Räume unten sämmtlich gewölbt mit Wandcapitälen oder Consolen; — nur einfach entwickelt und ohne die Verfeinerung der letzten Zeiten des XV. Jahrhunderts, aber rein und schön erscheint das Decorative, wie z. B. die Kanzel im Refectorium und der Brunnen in dessen Vorsaal; — die Aussenmauern durchgängig glatt und nur mit den nothwendigsten Gliederungen versehen. — Die Kirche, an deren Fassade ein Stück a
des ältern Baues im Styl von S. Miniato beibehalten ist, bildet ein einschiffiges Kreuz mit Tonnengewölben, über der Kreuzung selbst mit einem Kuppelsegment; Alles ist mit absichtlichster Einfachheit behandelt; die Nebencapellen öffnen sich als besondere Räume mit besondern Pforten gegen das Langschiff; das Äussere ist glatt mit wenigen Wandstreifen und sparsamen Consolen; die ganze Kirche einzig schön in ihrer Art. (Vgl. S. 86, c. 110, c.)

Endlich entwarf und begann Brunellesco den Palazzo Pitti b
(fortgeführt von L. Fancelli, der Hof von Ammanato, die Vorbauten aus neuer Zeit; das Innere durchgängig später eingetheilt als die Fassade). Vor allen Profangebäuden der Erde, auch viel grössern, hat dieser Palast den höchsten bis jetzt erreichten Eindruck des Erhabenen voraus. Seine Lage auf einem ansteigenden Erdreich und seine wirklich grossen Dimensionen begünstigen diese Wirkung, im Wesentlichen aber beruht sie auf dem Verhältniss der mit weniger Abwechselung sich wiederholenden Formen zu diesen Dimensionen. Man frägt sich, wer denn der weltverachtende Gewaltmensch sei, der mit solchen Mitteln versehen allem bloss Hübschen und Gefälligen so aus dem Wege gehen mochte. — Die einzige grosse Abwechselung, nämlich die Beschränkung des obersten Stockwerkes auf die Mitte, wirkt allein schon colossal und giebt das Gefühl, als hätten beim Vertheilen dieser Massen übermenschliche Wesen die Rechnung geführt. (Man vergleiche z. B. die beträchtlich grössere Fassade des c
Palastes von Caserta zwischen Capua und Neapel, von Vanvitelli.)

Aber Brunellesco verstand auch den reizvollsten Zierbau, wie der
a Pal. Quaratesi (ehemals Pazzi, Via del Proconsole, N. 476) beweist. Die Fenster der Fassade und des auf Bogenhallen ruhenden Hofes sind mit Laubwerk eingefasst, die Bogenfüllungen mit Medaillons verziert, welche antike Köpfe enthalten; Rustica nur am untern Stockwerk, dessen Aussenseite offenbar einem ältern Bau angehört. Die Capitäle im Hof mit Delphinen und Candelabern.

Von den antiken Capitälen hat Brunellesco mit Vorliebe die einfachern Formen der korinthischen und der Composita-Ordnung nachgeahmt, und zwar in eigenthümlicher Umgestaltung; für die obern Stockwerke brauchte er die ionische, freilich nach sehr geringen römischen Vorbildern, worin der Missverstand überwogen haben muss. Von dem vollständigen korinthischen Capitäl hatte er einen nur mangelhaften Begriff und bildete z. B. die Stengel der Mitte ebenso zu Voluten aus wie die der Ecken. (Cap. Pazzi, Findelhaus, selbst S. Lorenzo[1]).

Was Brunellesco angefangen hatte, führte der Florentiner Michelozzo weiter, nicht mit bahnbrechenden, genialen Neuerungen, wohl aber mit vielem Verstand und Geschick für die Behandlung des einzelnen Falles im Verhältniss zu den vorhandenen Mitteln. Er er-
b baute den gewaltigen Palazzo Riccardi (damals Medici) und stufte dabei zum erstenmal die Rustica nach Stockwerken ab, vom Rohern zum Feinern. Wohl sehen die zierlichen Fenster der zwei obern Stockwerke etwas gedrückt aus zwischen dem ungeheuern Quaderbau des Erdgeschosses und dem grossen Hauptgesimse; wohl sieht man den Baumeister bei der Behandlung des erwähnten Hauptgesimses schwanken und irre gehen sowohl in den Formen als in der Dimension; allein ohne diesen Palast hätten Bern. Rosellino und Benedetto da Majano später die ihrigen nicht zu Stande gebracht. Der Hof mit seiner Säulenhalle, den beiden Gesimsen drüber und den rundbogigen Fenstern der obern Stockwerke ist das Vorbild für zahllose Hofbauten des XV. Jahrhunderts geworden.

* [1]) Das angefangene Polygon bei den Angeli (Camaldulenserkloster) in Florenz ist eine formlose Ruine geblieben.

Michelozzo selbst bildete den vordern Hof des Palazzo vec- a
chio ähnlich, nur mit Ausnahme der stärkern untern Stützen (deren
Stuccoverzierung übrigens sammt dem ganzen Arabeskenwerk der Gewölbe erst vom Jahr 1565 ist). Der Hof des Pal. Corsi (ehemals b
Tornabuoni, unweit Pal. Strozzi) hat unten eine sehr geräumige Säulenhalle (Composita) mit stark überhöhten Bogen, dann ein Gesimse
mit Medaillons und Fenster, endlich oben eine offene Halle (korinthisch).
Die Villa Ricasoli bei Fiesole zeigt nur noch in ihrer S. Michaels- c
capelle, die nahe Villa Mozzi nur noch in ihrer allgemeinen Anlage d
die Erfindung Michelozzo's; in der letztern hat die hübsche untere
Halle eine viel spätere Bekleidung.

Die Klosterbauten Michelozzo's sind einfach und zeichnen
sich neben denjenigen Brunellesco's auf keine Weise aus. In S. Croce e
gehört ihm das (völlig schlichte) Noviziat, der Gang bei der Sacristei
(mit stattlichen halbgothischen Fenstern) und die an dessen Ende gelegene Capelle Medici. Im Dominicanerkloster S. Marco sind von f
ihm beide Kreuzgänge und mehrere Treppen nebst der Sacristei, bei
deren Bau er sich gewiss mit sehr Wenigem behelfen musste.

Da im Ganzen die von Michelozzo ausgebildete Bauweise ihre
Herrschaft in Florenz sehr lange behauptete, so wollen wir eine Anzahl Bauten, deren Urheber nicht genannt werden, gleich bei diesem
Anlass aufzählen. — Von Klöstern erinnert das sehr einfache Monte g
Oliveto (vom Jahr 1472, vor Porta S. Frediano) am unmittelbarsten
an des Meisters Styl; die Kirche wiederholt das Motiv seiner Sacristeien und Capellen in grösserm Maassstabe: Kreuzgewölbe auf Wand-
consolen und ein Chorraum mit niedriger Kuppel; der ionische Klosterhof ist wohl etwas neuer. — Die Klosterbauten der Badia, besonders der h
vordere vermauerte Säulengang mit zwei trefflichen Capellen und ein
hinter der Sacristei gelegener reizender kleiner Hof mit gewölbter ionischer Doppelhalle scheinen von zwei verschiedenen Architekten her-
zurühren. — Von mehrern Meistern, deren aber keiner genannt wird,
sind die vier Höfe der sehr sehenswerthen Certosa, eine starke halbe i
Stunde vor Porta Romana; der zweite ist eine der reizendsten kleinen

Doppelhallen; der vierte oder Gartenhof liefert den merkwürdigen
Beleg, wie sehr bisweilen auf Bemalung der architektonischen Glieder
mit Arabesken (hier weiss auf braun) gerechnet wurde. Die (neuere)
a Hauptkirche selbst gering und ungeschickt. — Vom Anfang des XVI.
Jahrhunderts der kleine Hof des Scalzo (unweit S. Marco), phantasie-
voll in wenigen Formen durch die blosse Stellung der Säulen. —
b Ein anderer artiger kleiner Hof als Eingang der Confrat. di S. Pietro
c martire (unweit der Annunziata, selten offen). — Ein Klosterhof bei
d S. Girolamo 1528. — Baulich nicht bedeutend die beiden Höfe von
Ognissanti; in den vordern ragt das linke Querschiff der Kirche auf
e gothischen Bogen malersich herein. — Die drei kleinern Höfe von
S. Maria novella, aus verschiedenen Zeiten des XV. Jahrhunderts. —
f Der zweite Klosterhof al Carmine (1490), unten gewölbt, oben mit
flachem Gebälk auf Consolen, beide Stockwerke ionisch. — Aus dem
g XVI. Jahrhundert die jetzige Gensdarmerie, ehemals Kloster S. Ca-
h terina, auf Piazza S. Marco. — Die Kirche San Felice, vielleicht von
i Michelozzo selbst. — Die zierliche Sacristei von S. Felicita (1470),
k mit besonders hübschem Chörchen. — Der schöne Vorhof der Annunziata, möglicher Weise von dem ältern Antonio San Gallo (s. unten),
von welchem der mittlere Bogen an deren Aussenhalle herrührt. (Der
Rest dieser Aussenhalle erst seit 1600 von Caccini.)

Von Palästen und Privatgebäuden[1]) dieses Styles sind hier zu
l nennen: Pal. Giugni-Canigiani (Via de' Bardi N. 1333) mit einem Hof

---

[1]) Der Verfasser kennt die Landhäuser um Florenz nicht genau genug, um sie hier dem
* Styl nach einreihen zu können. (Villa Michelozzi auf Bellosguardo hat wenig Altes mehr an sich.) Immerhin muss er den Architekten die Wanderungen vor sämmtlichen Thoren der Stadt in möglichst weitem Umkreis dringend anempfehlen. Von den stattlichen (nur ausnahmsweise prächtigen) Villen bis zum Bauernhause herab werden sie hier eine Fülle ländlich-schöner Baugedanken antreffen, die eben nur in der Heimat der modernen Baukunst so beisammen sind. Was in der römischen Umgegend vorhanden ist, zeigt theils mehr den schloss- und palastartigen Charakter, theils mehr bäurische Formlosigkeit. Die Gebäude um Neapel sind bei oft grossem malerischem Reiz insgemein klein und formlos, diejenigen um Genua auffallend städtisch. Die Villen der Venezianer an der Brenta, zum Theil Anlagen des Palladio, sind dem Verfasser nur aus Abbildungen bekannt. — Florenz allein möchte in seiner Umgebung mehr praktisch Anregendes in dieser Gattung besitzen als das ganze übrige Italien. Doch muss auch den Villen in

auf ältern Pfeilern, welche zum Theil Würfelcapitäle tragen; die Treppe mit ihrem Geländer von ionischen Säulchen gewährt einen malerischen Anblick. (Der Ausbau gegen den Garten XVI. Jahrhundert.) — Der
einfach malerische Hof von Pal. Cerchi (borgo S. Jacopo N. 1762). — a
Derjenige von Pal. Casamurata (Via delle Pinzochere, N. 7717). — b
Aus späterer Zeit und sehr stattlich: Pal. Magnani, ehemals Ferroni c
(Via de' Serragli N. 2797). — Etwa gegen 1500: der Hof des Pal.
Cepperello (Corso, N. 814) mit weit gespannten dünnen Bogen auf d
Composita-Säulen und zartem Detail. — Ungefähr aus derselben Zeit
der Hof des Pal. Incontri (Via de Pucci N. 6118). — Ebenso Pal. e
Ginori (Via de' Ginori N. 5145), dessen Aussenseite schon dem unten f
zu nennenden Pal. Guadagni entspricht[1]).

Die im Ganzen vorherrschende Form ist: Säulenbau um den Hof oder um einen Theil desselben; an der Wand Consolen, in deren Bildung jeder Architekt neu zu sein suchte; an einer Seite des Hofes ein vorgewölbter Gang im ersten Stock; die Gesimse, eines über den Bogen und eines unter den Fenstern, sehr mässig; ihr Zwischenraum oft mit Medaillons, Wappen u. dgl. verziert und ebenso auch die Bogenfüllungen über den Säulen; die Fenster der obern Stockwerke bis zu Anfang des XVI. Jahrhunderts fast durchgängig halbrund; die Treppen mit Tonnengewölben und fortlaufenden Gesimsen; alle Ausläufe von einzelnen Gewölbekappen durch das ganze Gebäude auf Consolen gestützt. (Diess gilt auch von den Klosterbauten.) Durchgängig ist das Bedeutende mit mässigen Mitteln geleistet.

Als einzelnes kleines Prachtgebäude ist hier einzuschalten die strengschöne Grabcapelle des Cardinals von Portugal († 1459), von A n t o - g

---

der Brianza und um Varese (nördlich von Mailand) im Ganzen ein schöner, echt ländlicher Styl zugestanden werden. Es ist überhaupt ein Irrthum zu glauben, dass die malerische Bauweise in Italien südwärts unbedingt zunehme; die subalpinen Thäler und Ortschaften enthalten schon Manches, das südlich nicht mehr schöner und nicht häufig so schön vorkömmt.

[1]) Der alte unvollendete Palast in der Via delle Terme, vorgeblich von Brunellesco begonnen, * ist erst im vorigen Jahrhundert zum Palazzo del Commune gemacht worden.

nio Rosellino, welcher sonst vorzüglich als Bildhauer berühmt und von dem gleichnamigen Bernardo (s. unten) zu unterscheiden ist.

Noch ganz der frühern Renaissance gehört auch der grosse Florentiner Leon Battista Alberti an (geb. 1398). Er ist der erste encyclopädische Theoretiker der italienischen Kunst, ausserdem aber auch einer der ersten Architekten seiner Zeit. Sein wichtigstes
a Gebäude, die Kirche S. Francesco in Rimini, eigentlich nur Ausbau einer gothischen Klosterkirche, deren Bogen im Innern er bloss im neuen Styl überkleidete, zeigt in der Fassade und in den Aussenseiten höchst originelle und (soweit sein Bau reicht) eigenthümlich schöne
b Formen. In Mantua ist am S. Andrea noch die von ihm angegebene Grundform, namentlich in der edeln Vorhalle, doch nur mit grossen
c Veränderungen erhalten. In Florenz rührt der grosse runde Chorbau der Annunziata von ihm her (durch totale Verkleidung und Vermalung im Barockstyl unkenntlich gemacht; doch mögen die gewölbten untern Capellen sich von jeher unschön mit dem grossen Rund geschnitten haben; die Kuppel ohne Lanterna). An der reich-
d incrustirten Fassade von S. Marianovella musste er sich einer schon begonnenen gothischen Decoration anschliessen, deren sehr leise Gliederung ihm jeden nachdrücklichen plastischen Schwung verbot und ihn zum Ersatz durch Mosaicirung nöthigte; am untern Stockwerk ist die ungemein schöne mittlere Thür mit dem cassettirten Bogen von ihm; im obern Stock gab er das erste bedenkliche Beispiel jener falschen Vermittelung mit dem untern mittelst verzierter Voluten, wahrscheinlich weil ihm die von beiden Seiten angelehnten Halbgiebel (die er doch in Rimini brauchte) zu der sonstigen decorativen Haltung des Ganzen zu strenge schienen. Sein schönstes Bauwerk in Florenz,
e der Pal. Ruccellai (Via della vigna nuova), zeigt zum erstenmal die später so beliebt gewordene Verbindung von Rustica und Wandpilastern in allen drei Stockwerken; auch die dreibogige Loggia gegenüber ist von ihm. Im Auftrag derselben Familie errichtete Alberti
f 1467 in der nahen Kirche S. Pancrazio (jetzt Lotteriegebäude) den köstlichen kleinen Zierbau des „heiligen Grabes". An Pal. Stiozzi-

Ridolfi (Via della Scala 4317), ehemals auch der Familie Ruccellai a gehörig, scheint von Alberti's Bau nichts Bedeutendes mehr erhalten.

Ehe weiter von der florentinischen Architektur die Rede sein kann, müssen wir einen Blick auf Siena werfen, dessen Bauten gerade für die Zeit von 1450 an besonders bezeichnend sind. Ich schreibe das Folgende nur für geübte Augen, denn wem nur riesenhafte Massen oder decorativer Reichthum einen Eindruck machen, für den ist in Siena ausser dem Dom überhaupt nicht viel zu geniessen. Ganz besonders entzieht sich die mässige Frührenaissance an kleinen Bauten dem flüchtigen oder abgestumpften Blick.

Es sind hauptsächlich die Baumeister des Aeneas Sylvius Piccolomini (Pius II), welche die Heimath des Papstes und deren Umgebung zu verschönern unternahmen: Cecco di Giorgio[1]) von Siena und Bernardo Rosellino von Florenz; der letztere hatte schon für Nicolaus V bedeutende Aufträge ausgeführt. Beide gemeinschaftlich schufen das alte Corsignano (seitwärts von der Strasse von Rom nach Siena, einige Miglien östlich von Torrenieri und S. Quirico), zu Pienza, zur „Stadt des Pius" um; dort sollen noch ein grösserer b Palast, eine Bischofswohnung, die Kirche und die Hallen des Platzes

---

[1]) Romagnoli, der die sienesische Kunstgeschichte aus den Urkunden kannte, unterscheidet einen Maler und Decorator Francesco di Giorgio um 1460 (welchem die Vollendung der vorgebauten Capelle am Pal. pubblico, einige Ornamente in S. Francesco und die Gemälde in der Academie angehören) von dem berühmten Baumeister Cecco di Giorgio Martini, den er bis ins XVI. Jahrhundert leben lässt. — Milizia nennt den berühmten Baumeister Francesco und setzt dessen Lebenszeit in die Jahre 1423—1470, wonach ihm wichtige sienesische Bauten nicht mehr angehören könnten. Rumohr (Ital. Forschungen II, S. 177 ff.) lässt den Francesco di Giorgio nur als Festungsbaumeister gelten und erkennt sonst einzig den herzoglichen Stall zu Urbino als dessen Werk an. Alle übrigen Gebäude, welche demselben in Pienza, Siena u. a. a. O. zugeschrieben werden, seien von Bernardo Rosellino, welchem insbesondere „ein feiner Sinn in der allgemeinen Anlage und vornehmlich in der Zusammenstellung ganzer Gebäudegruppen" vindicirt wird. Für den Palast zu Urbino werden ein Dalmatiner Luciano und der unten vorkommende Baccio Pintelli als Architekten genannt. — Ich bin oben im Text den Annahmen Romagnoli's gefolgt, ohne desshalb zwischen ihm und Rumohr entscheiden zu wollen.

eine vollständige Baugruppe edler Frührenaissance darstellen. Leider
kann der von Rom Abreisende aus bekannten Gründen nur mit un-
verhältnissmässigen Opfern seine Etappen selber bestimmen, und so
wird Pienza selbst bei mehrmaligen Reisen dem Kunstfreund in der
Regel entgehen. Ähnlich verhält es sich mit Urbino, wo Cecco di
a Giorgio den berühmten Herzogspalast baute. Von Rosellino werden
eine Anzahl Bauten in der Mark Ancona namhaft gemacht.

b In Siena ist von Rosellino der Palast Nerucci; als
c Cecco's Hauptwerk erscheinen die Paläste Piccolomini (jetzt
d del Governo) und Spannocchi (alles 1460—1472). Der gemeinsame Styl dieser Bauten beruht noch auf dem mittelalterlichen
Fassadenprincip, und die antikisirende Verzierung (Gesimse, Consolen,
Eierstäbe u. s. w.) ist nichts weniger als rein gehandhabt, allein
Brunellesco hatte das Gefühl für schöne Verhältnisse der Stockwerke
geweckt und Michelozzo (an seinem Pal. Riccardi in Florenz) eine
gesetzmässige Abstufung der Rustica, der Fenster und der Gliederungen zum erstenmal durchgeführt, und diese Fortschritte eigneten
sich die Sienesen für ihre Bauten an. Der Charakter einer ernsten
Pracht wird wohl selten in so mässigen Dimensionen so bedeutend
erreicht worden sein. Nichts Einzelnes, z. B. keine mittlere Loggia,
drängt sich vor; das Ganze wirkt gleichmässig imposant; der Moment,
da das Schloss zum Palaste wird, drückt sich hier eigenthümlich
schön aus. (Der ehemals reizende Hof des Pal. del Governo ist schon
lange etwas verbaut.)

Cecco wusste sich auch kleinern Aufgaben anzupassen und er-
e scheint dann für die jetzige Architektur besonders lehrreich. Der Pal.
della Ciaja (jetzt Costantini, wenn ich richtig gehört habe), der
nur ein elegantes Privathaus sein sollte, ist ohne Rustica, mit einfach
zierlichsten Gesimsen und Fensteraufsätzen und edler Pforte eines der
f liebenswürdigsten Gebäude von Siena; ber Pal. Bandini-Piccolo-
mini (von Backstein mit steinernen Einfassungen) kann vollends als
kleines Renaissancehaus im vorzugsweisen Sinne gelten. – In der
g Loggia del Papa (1460) gab sich Cecco seiner Neigung für dünne,
zarte Bogen von weiter Spannung uber die Gebühr hin; ebenso zeigen
h seine beiden einfachschönen Klosterhöfe bei S. Francesco,
wie er im Gewölbebau um jeden Preis (noch mehr als Brunellesco) den

Eindruck des Leichten und Schwebenden hervorzubringen strebte. —
Der Palazzo del Magnifico ist der Lage wegen etwas formlos; den a
Pal. de' Diavoli (vor Porta Camollia) kenne ich nicht. — Von den b
Kirchen soll die Osservanza (½ Stunde vor Porta Ovile) ganz von c
Cecco erbaut sein; in der Stadt gehören ihm die köstlichen kleinen
Fassaden von S. Caterina und Madonna delle Nevi an. d
Die Sacristei im Carmine kenne ich nicht.

Das Kirchlein Fontegiusta — zwölf Kreuzgewölbe von vier e
Säulen und acht Wandsäulen gestützt, mit einem obern Stockwerk,
das innen nicht sichtbar ist — rührt von Franc. Fedeli aus Como
(1479) her. — In Cecco's spätern Jahren war vielleicht der junge
Baldassare Peruzzi sein Schüler.

Von irgend einem trefflichen Meister gegen 1500 muss die
Decoration des obern Oratoriums in S. Bernardino herrühren. Pilaster, f
Friese und Flachdecke gehören zum Geschmackvollsten der Blüthezeit. — Die Decoration im untern Raum von S. Caterina etwas später g
und nicht mehr so rein.

Das Resultat zu ziehen aus der speciell toscanischen Palastbaukunst, war indess nicht den Bauherren von Siena, sondern dem Florentiner Benedetto da Majano bestimmt. Nach seinem Entwurf (ob noch bei seinen Lebzeiten, ist ungewiss) begann 1489 der Bau des
Palazzo Strozzi. Mit Ausnahme des ausser aller Linie stehenden h
Pal. Pitti ist dieses majestätische Gebäude die letzte und höchste Form, welche ein Steinhaus ohne verbindende und überleitende Glieder durch den blossen Contrast in der Flächenbehandlung erreichen kann. Dieser Contrast ist hier ohne Vergleich glücklicher gehandhabt und die Fenster zu den Flächen besser vertheilt als am Pal. Riccardi; das weltberühmte Kranzgesimse (nur an der hintern Seite und an einem Theil der Nebenfassaden ganz ausgeführt) und der bei aller Enge und Tiefe doch schöne Hof wurden später nach Cronaca's Entwurf hinzugefügt.

Es folgt das ältere Brüderpaar Giuliano und Antonio di San Gallo, deren Ruhm durch die ausgebreitetere Thätigkeit ihres Neffen, des jüngern Antonio, mit Unrecht etwas in den Schatten geräth. Dem

Giuliano werden wir in Rom wieder begegnen; Florenz besitzt von ihm
a den noch in seiner Vermauerung reizenden Klosterhof von S. Maria
Maddalena de' Pazzi (wunderlich ionisch[1]) mit geradem Gebälk, die
b rundbogigen Haupteingänge ausgenommen) und den Pal. Gondi
(Piazza S. Firenze). Die Fassade desselben giebt das florentinische
Princip in anspruchloser Gestalt wieder; das Erdgeschoss hat starke,
das mittlere schwache, das oberste keine Rustica; die Fenster sind
einfach rundbogig und lassen bis zu den Gesimsen einen weiten und
bedeutend wirkenden Raum übrig. Der Hof mit seinem Springbrunnen
und der zierlichen Treppe ist vielleicht der eleganteste dieses Styles;
die Capitäle sind von reicher, wechselnder Bildung und die Gesimse
c fein profilirt. Ungleich einfacher und nur durch Vermuthung dem
Giuliano zugeschrieben: Pal. Antinori. — In Prato erbaute Giuliano
d die kleine Madonna delle Carceri, welche allein schon den
Ausflug dahin reichlich lohnen würde; ein griechisches Kreuz, aussen
nur einfach (und sehr unvollständig) mit Marmor incrustirt; in der
Mitte eine niedrige Kuppel mit zwölf Rundfenstern; die vier Arme mit
Tonnengewölben; das innen rings herumgehende Hauptgesimse hat
einen glasirten Fries, weisse Festons und Candelaber auf blauem
Grunde; die Wände mit zierlichen Eckpilastern. — (Die mediceische
e Villa Poggio a Cajano soll ebenfalls noch erhalten sein.)

In Giul. da San Gallo's Styl scheint mir auch der Hof des Pal.
f Fossi in Florenz (Via del Fosso, N. 8020) mit seinen ebenfalls abwechselnden und sehr zierlichen Capitälen entworfen zu sein; doch
ist kein Grund vorhanden, denselben dem Meister selbst beizulegen.

Der ältere Antonio di San Gallo lebte weit in das XVI. Jahr-
g hundert hinein, und sein einziges Hauptgebäude, die Madonna in
Monte Pulciano, gehört schon dem ganz entwickelten Styl an.
Es ist die Madonna delle carceri seines Bruders auf einer erhöhten
Stufe; mit sehr erhöhter Kuppel; in den vordern Ecken des griechischen
Kreuzes erheben sich zwei Thürme (nur der eine ganz ausgeführt),
und zwar getrennt von der Kirche; sie sollten dieselbe nicht beherrschen, sondern nur den Eindruck verstärken; ihre Höhe ist derjenigen der Kuppellaterne nicht ganz gleich; ihre Organismus besteht

[1]) Nach Maassgabe eines in Fiesole gefundenen antiken Capitäls.

aus scharf vortretenden Pilastern an den Ecken und Säulenstellungen
an den Wänden; das Äussere der Kirche selbst hat bloss Eckpilaster.
Innen: Tonnengewölbe mit Rosettenbändern, die Kuppel durch eine
sehr schlanke und enge Stellung korinthischer Säulen im Cylinder
vorbereitet. Ein halbrunder Ausbau am hintern Kreuzarm enthält die
(ovale) Sacristei. — In derselben Stadt soll auch der Palast des Car- a
dinals del Monte, in San Sovino (wo Antonio später lebte) der Palast des
Cardinals von Santa Prassede und mehr als eine Kirche von Antonio's
Erfindung sein. In Cortona wird ihm, wenn ich nicht irre, der Dom[1]) b
zugeschrieben, eine einfach edle Basilica, welche ihr Tonnengewölbe
über dem Mittelschiff wohl erst in späterer Zeit erhalten hat. — Wenn
in Arezzo die Kirche dell' Annunziata dieselbe ist, welche bei Kunst- c
historikern Madonna delle lagrime heissst, so rührt auch diese herrliche
Kirche grossentheils von Antonio her und zwar in diesem Fall aus
seiner frühern Zeit. Das Äussere ist Rohbau geblieben; im Innern
scheidet sich ein von Säulen getragenener Vorraum höchst malerisch
aus; dann folgt die dreischiffige Pfeilerkirche mit lauter Tonnen- und
Kuppelgewölben; endlich über dem Kreuz die niedrige Kuppel. Die
Capitäle an den Pfeilern sehr zierlich mit Delphinen und Masken;
alles übrige Detail einfach.

Endlich gilt als sicherer Bau Antonio's die erhaben über dem d
Abgrund thronende Veste von Cività Castellana.

Hier muss eine ganz eigenthümliche Erscheinung eingeschaltet werden. Als sich die Renaissance von dem alten, rituellen Langbau nicht mehr gebunden hielt und sich ihrem freien Schönheitssinn überliess, als man von dem Kirchenbaumeister vor Allem ein schönes und phantasievolles Gebäude verlangte, da schuf (um 1509) ein sonst wenig

---

[1]) Nach Andern wäre mit der „Madonnenkirche", die er für Cortona entworfen, nicht der
Dom, sondern die kleine Madonna del Calcinajo gemeint, und auch diese wäre nicht nach *
seinem Entwurf ausgeführt, sondern das jetzige Gebäude (am Fusspfad von Camugia nach
Cortona hinauf) wäre noch das 1485 von Francesco di Giorgio begonnene. Es sieht indess
mehr dem XVI. Jahrhundert ähnlich.

a bekannter Architekt in Pistoja, Ventura Vitoni, die Kirche Madonna dell' Umiltà. Das Achteck, welches gleichzeitig Cronaca und Bramante nicht mehr für Baptisterien, sondern für Sacristeien anwandten, ist hier in bedeutender Grösse, mit einer eleganten Innenbekleidung korinthischer Pilaster und zierlicher Fenster, zum Hauptraum einer Kirche geworden, die nur leider erst in später Zeit (durch Vasari) ihre Kuppel erhalten hat, dunkel wie die florentinische. (Vitoni's Kuppel hätte vielleicht derjenigen von S. Maria delle Grazie zu Mailand ähnlich werden sollen.) Ausserordentlich fein und edel ist besonders die Vorhalle gedacht, zwei Tonnengewölbe und in der Mitte eine kleine Kuppel, über einer Pilasterarchitektur, unten herum Sockel und Sitze von Marmor. Die äussere Incrustation fehlt oder
b ist ärmlich modern. — Von demselben Baumeister das einfach niedliche Kirchlein S. Giovanni della Monache in Pistoja.

Den Beschluss der toscanischen Frührenaissance macht der schon
c öfter genannte Cronaca (1454—1509). Die Vollendung des Pal. Strozzi durch das schöne Gesimse, dessen Formen er nach einem in Rom gefundenen Fragment in vergrössertem Maassstab bildete, war in doppelter Beziehung ein Ereigniss: in Beziehung auf die Form, die hier zum erstenmal das römische Vorbild mit ganzem vollem Ernst nachahmte; sodann in Beziehung auf die Verhältnisse. Hatte man bisher geschwankt, ob das Kranzgesimse bloss im Verhältniss zum obersten Stockwerk oder zum ganzen Gebäude zu bilden sei, hatten viele florentinische Paläste durch das weit vorragende Dach mit seinen consolenartig abgestuften Balken das Kranzgesimse geradezu ersetzt oder gleichsam für unnöthig erklärt, so wurde hier ein Muster hingestellt, dessen grandioser und wohlthuender Wirkung sich kein Auge entziehen konnte. Sein Verhältniss zur Höhe und Form des Baues ist an sich ein rein willkürliches, weil seine Bildung das Resultat eines ganz andern Ensemble ist, nämlich irgend einer altrömischen Säulenhalle, die zu diesem Gesimse bei weitem nicht so hoch sein dürfte als der Palast Strozzi; gleichwohl wirkt es schön und richtig zu dieser Art von Wandfläche.

Cronaca behandelte aber auch andere Gattungen von Gebäuden mit feinem Sinn. So sollte Pal. Guadagni (Piazza S. Spirito a N. 2086) nur ein stattliches florentinisches Haus werden und erhielt diesen Charakter rein und vollständig. Der Quaderbau beschränkt sich auf das Erdgeschoss, die Ecken und die Fenstereinfassungen; mit bescheidenen Mitteln ist die Abstufung der Stockwerke trefflich durchgeführt; das oberste ist eine offene Säulenhalle, welche das weit vorgeschrägte Dach trägt. — Der Hof trefflich in der Art des Giul. da S. Gallo; an der Treppe schon der strengere Organismus, wie wir ihn bei Baccio d'Agnolo werden ausgebildet finden. — Die Sacristei b von S. Spirito ist ein höchst reizender Zierbau; achteckig, unten mit Nischen, die Wände mit Pilastern eingefasst (doch so, dass die Ecken selbst frei bleiben); viereckige Fenster an den Oberwänden, runde in den Lunetten, über welchen die einzelnen Kappen der Kuppel beginnen. — Wiederum von einer ganz andern Seite zeigt sich Cronaca in der Kirche San Francesco al Monte (vor Porta c S. Miniato), welche Michelangelo „das schöne Landmädchen" zu nennen pflegte. Es ist die einfachste Bettelordenskirche, deren Dachstuhl selbst bis in's Chor hinein sichtbar ist; schlichte Pilaster trennen unten die Capellen, oben die Wandflächen um die Fenster, — allein gerade in dieser absoluten Schmucklosigkeit treten die reinen Verhältnisse ernst und bedeutend hervor. — Ob zu dem Umbau des d Klosters der Annunziata, welcher diesem Meister zugeschrieben wird, auch der vordere Kreuzgang und die Sacristei gehört, weiss ich nicht anzugeben; beide bieten keine Formen dar, die nicht schon seit Michelozzo vorkämen.

Hier müssen wir auch den grossen Bildhauer Andrea (Contucci da Monte) Sansovino († 1529) anschliessen, wegen eines köstlichen kleinen Baues, der dem Charakter nach eher noch dem XV. Jahrhundert angehört als dem XVI., in welchem er errichtet wurde. Es ist diess der oblonge Durchgang zwischen der Kirche und der Sacristei von S. Spirito in Florenz; sechs Säulen auf jeder Seite, vor der e Wand stehend, tragen ein Tonnengewölbe; dass sie der (sehr reichen) Cassettirung desselben nicht entsprechen, benimmt dem Gebäude seinen wesentlich malerischen Werth nicht. — Was in Monte Sansovino noch von Andrea vorhanden sein mag, ist mir nicht näher bekannt. Wir werden ihm als Decorator wieder begegnen.

---

a In Pisa ist der Hof der Universität ein einfach schöner Klosterhof der frühern Renaissance, in der Art des Brunellesco; unten Bogenhallen, oben Säulen mit Holzgebälk, die nur ihre ehemaligen Consolen nicht mehr über sich haben. Beide Ordnungen ionisch; das mittlere Gesimse sehr zart. Dass Pisa, beiläufig gesagt, von da an im Gefolge von Florenz mitgeht, hat seinen Grund in der politischen Abhängigkeit seit Anfang des XV. Jahrhunderts. Die politische und die geistige Hegemonie der Florentiner setzte sich zu gleicher Zeit durch.

b Die Trovatelli, auf dem Wege nach dem Dom; wenige, aber schöne und originelle Fenster und eine zierliche Rundbogenthür, Mitte des XV. Jahrhunderts.

c Der Hof des erzbischöflichen Palastes, etwa vom Ende des XV. Jahrhunderts, zeigt eine Übertragung des Klosterhofbaues Brunellesco's in den weissen Marmor und in grössere Verhältnisse. Die obere Ordnung hatte indess ehemals gewiss Consolen und Gebälk von Holz; erst später wurden die Säulen mit Marmorpfeilern eingefasst, mit einem Marmorgebälk bedeckt und ihre Zwischenräume mit Fenstermauern geschlossen. (Der Aussenbau tüchtig modern.)

d Die beiden Klosterhöfe von S. Francesco sind von der stattlichen Art dieser Zeit.

e Ein Privatgebäude (Casa Toscanelli) in der mit Hallen versehenen Strasse Borgo wird wenigstens den Architekten von selbst in die Augen fallen. Auf einer Bogenhalle von fünf Säulen ruhen zwei Stockwerke in Backstein mit Fenstern im Halbrund. Die Gesimse, Archivolten etc. einfach und zart; es ist nicht möglich, mit Wenigerem einen so bedeutenden Eindruck hervorzubringen, als hier geschieht. Allerdings ist Raum und Stoff nicht gespart.

In Lucca ist der Palazzo pretorio ein schönes derbes a Gebäude — unten mit einer Säulenhalle, welche sich an den geschlossenen Theilen als Pilasterreihe mit Bogen fortsetzt. Wenn die obern Fenster nicht unzweckmässig verzierte Einfassungen hätten, so wäre man versucht, den Palast dem Cecco di Giorgio zuzuschreiben.

Noch eine kleine Nachlese auf den Strassen über Perugia und über Siena nach Rom.

An das gothische Carmeliterkirchlein S. Maria bei Arezzo b (vor Porta Romana eine Viertelstunde links) ist eine grosse Vorhalle im florentinischen Styl angebaut, welche zum ganz Malerischen in dieser Art gehört; sieben Bogen vorn, zwei auf jeder Seite und zwei rechts und links an die Fassade anschliessend; das Kranzgesimse allerdings etwas willkürlich gebildet mit einem vorspringenden steinernen Dachrand von lauter Rosetten; die Bogenfüllungen mit gemalten Verzierungen ausgefüllt. (Laut Vasari von Benedetto da Majano.)

In Cortona einige sehr mässige Fassaden. Wichtiger scheint das nahe Montepulciano durch die genannten Bauten. In Monte Fiascone und in dem zierlichen Viterbo, sowie auch in Orvieto habe ich bei flüchtigem Besuche keine bedeutendern Renaissancebauten bemerkt[1]). Das oben genannte Pienza muss den Beschreibungen nach all die eben genannten Städte in dieser Beziehung übertreffen.

In Perugia ist die Fassade der Confraternita von S. Bernar- c dino (bei S. Francesco) als vorherrschend figurirtes Werk hier nur vorläufig zu nennen. Von sehr schöner Frührenaissance (angeblich von Agostino della Robbia und Polidoro di Stefano): Die stattliche d Porta S. Pietro. (Das Hauptgesimse fehlt.)

Am Dom von Narni, jener wunderlichen Basilica mit Flach- e bogen, ist ein artiger Porticus vom Jahr 1497 angebracht. Viel prächtiger ist die Vorhalle am Dom von Spoleto: fünf Bogen auf Pfeilern, f die mit schlanken Säulen bekleidet sind, an beiden Enden noch besondere Kanzeln zum Vorzeigen von Reliquien und zur Predigt;

---

[1]) Die Kirche della Quercia in Viterbo soll nach der Zeichnung Bramante's erbaut sein.

Gebälk und Balustrade reich und zierlich; die Bogen des Gewölbes innen auf Consolen ruhend. (Angeblich von Bramante.)

In Rom, zu der Zeit als Brunellesco die dortigen Alterthümer zeichnete, existirte kaum ein einheimisches Kunstleben. Der päpstliche Stuhl, der nach langer Kirchentrennung einmal wieder seine unbestrittene Stelle an der Tiber einnahm, fand keine gewerbreiche und kunstliebende Bürgerschaft, sondern ein verwildertes und verkommenes Volk vor, und alle geistigen Bestrebungen, die das neubefestigte Papstthum schützt und begünstigt, tragen einstweilen den Charakter einer unstäten Colonie, eines beständigen Wechsels.

So ist es denn auch unläugbar, dass die neue Bauweise zuerst durch fremde, und zwar florentinische Künstler durchgesetzt wurde. Unter Eugen IV. erschien Antonio Filarete, der mit Donatello's Bruder Simon die ehernen Pforten von S. Peter goss. Dann kam
a Giuliano da Majano, der Erbauer des Palazzo di Venezia und der Vorhalle von S. Marco. Das Äussere des Palastes, für welches dem Künstler der Quaderbau versagt gewesen sein muss, ist nicht maassgebend, obwohl die Verhältnisse der Stockwerke zu einander immerhin bedeutend wirken. Allein der ausgeführte Theil der Halle um den grössern Hof und die analog gebildete Vorhalle von S. Marco (mit einer sehr schönen Innenthür) bezeichnen eine wichtige Neuerung; es sind die ersten consequent durchgeführten Pfeilerhallen mit Halbsäulen, unten dorisch-toscanisch, oben korinthisch. Ohne Schwierigkeit wird man darin die in's Hohe und Schmale gezogenen Formen des Colosseums wieder erkennen, von dem auch die Steine entlehnt sein sollen; nur hat Giuliano die Attiken der verschiedenen Stockwerke dieses Gebäudes für Basamente angesehen und desshalb hier auch der untern Ordnung Piedestale gegeben. Ganz ausgeführt, wäre dieser Hof eine der grössten Zierden von Rom. (Der kleinere Hof, unten mit achteckigen, oben mit runden Säulen, in der Richtung gegen Piazza Trajana hin, ist vielleicht eher von Baccio Pintelli.) — Von Leon Battista Alberti's und Bernardo Rosellino's Thätigkeit sind in Rom keine bleibenden Spuren mehr erhalten; es war dem Florentiner Baccio Pintelli bestimmt, fast alles das zu bauen oder zu

entwerfen, was aus der zweiten Hälfte des XV. Jahrhunderts in Rom auf unsere Zeit kommen sollte[1]).

Baccio war vielleicht ein geübter Techniker, allein keiner von denjenigen Künstlern, welche die neue Formenfreiheit genial und schön
zu handhaben wussten. Sein wichtigstes Werk, die Kirche S. Ago- a
stino, ist in Betreff des Innern ein ziemlich nüchterner Versuch hohen Gewölbebaues auf Pfeilern mit kleiner Kuppel, wobei er wie Brunellesco die untern Wände in Nischen auflöste. Mit der phantasievollen Annunziata von Arezzo könnte dieses (überdiess unangenehm beleuchtete) Gebäude keinen Vergleich aushalten. An der Fassade macht sich jene bei Alberti zuerst bemerkte Verbindung des obern Stockwerkes mit den hervorragenden Theilen des untern auf eine recht üble Weise bemerklich; die beiden Voluten haben nämlich die Gestalt eines colossal vergrösserten Winkelblattes des ionischen Capitäls. — An S. Maria del Popolo ist die Fassade oben umgebaut, b
sonst aber schlicht und gut; das Innere, hier ein Pfeilerbau mit Halbsäulen, von jeher etwas gedrückt, hat durch moderne Verkleisterung allen höhern baulichen Reiz verloren, und die achteckige Kuppel kann gegen die sonstige breite Masse nicht mehr aufkommen. — Einer
kleinern Aufgabe, wie S. Pietro in Montorio, genügte Baccio c
recht wohl; dieses Kirchlein, einschiffig gewölbt, mit Querschiff, Capellen als Wandnischen und polygonem Chorabschluss, bildet ein sehr tüchtiges Ganzes und würde mit der ursprünglichen Decoration einen
trefflichen Effect machen. — Beim Bau der sixtinischen Capelle d
lag vielleicht ein bindendes Programm und die Rücksicht auf die schon vorhandenen vaticanischen Bauten vor; sonst liesse sich schwer denken, dass für die päpstliche Hauskirche eine so absolut schlichte Form gewählt worden wäre. — Mehrere ältere Kirchen sind von Baccio
mit Fassaden versehen worden; so S. Pietro in Vincoli, SS. Apo- e
stoli. Er berief sich vielleicht auf die mittelalterliche Kirche S. Saba f
oder auf das frische Beispiel von S. Marco und legte eine gewölbte Doppelhalle vor die Kirche, mit weitgespannten Rundbogen, unten auf achteckigen Pfeilern, oben auf Säulen. Diess macht zwar keinen kirch-

[1]) An S. Giacomo degli Spagnuoli (1450) ist nur noch das reiche Portal bemerkenswerth, bei *
S. Salvatore in Lauro der aus derselben Zeit stammende graziöse Klosterhof, beides anonyme **
Werke.

lichen, aber immerhin einen heitern und angenehmen Eindruck. —
a Sonst erbaute Baccio auch den Ponte Sisto und hatte Antheil an
b dem Hospital von S. Spirito (die Kuppel beim mittlern Eingang?
Der Glockenthurm der Kirche? welcher der erste und vielleicht der
beste des neuen Styles in Rom ist; vgl. S. 85, b). Bloss durch Vermuthung wird ihm auch das kleine Schiff und der achteckige Kup-
c pelraum von S. Maria della Pace zugeschrieben, alles mit
Capellennischen. Pietro da Cortona hat später dem Äussern einen
ganz neuen Sinn gegeben.

Die achteckigen Pfeiler, von welchen die Rede war, sind in dieser Zeit das Zeugniss für das gänzliche Ausgehen der bequem und
für Jedermann zur Hand liegenden antiken Säulen; über die noch
verfügbaren begann damals schon eine höhere Aufsicht, sei es, dass
sie erhalten oder vernutzt werden sollten. Der unverjüngte achteckige
Pfeiler kann in jeder Steinhütte geliefert werden, und die toscanische
Baukunst hatte ihn in der gothischen Zeit und schon früher auf alle
Weise angewandt. In Rom ist vielleicht eines der frühesten Bei-
d spiele der Hof des Governo vecchio, malerisch unregelmässig, von
mehrern Stockwerken, etwa aus der ersten Hälfte des XV. Jahrhun-
e derts. — Etwas später: der Hof von Pal. Sforza-Cesarini (unweit der
Chiesa nuova). — Wiederum später und sehr hübsch: der Hof des
f Hospitals S. Giovanni de' Genovesi (im Trastevere).

g Im Jahre 1500 begann der Bau von S. Maria dell' Anima.
Das Innere ist dergestalt durch moderne Stuccatur verändert, dass
nur die halbrunden Wandnischen sich noch deutlich als florentinisches
Eigenthum zu erkennen geben. Die Fassade wird dem einen ältern
San-Gallo, Giuliano, zugeschrieben; die Verbindung von Backstein-
flächen und drei Ordnungen korinthischer Pilaster über einander, obwohl rein decorativer Natur, wirkt doch edel; bei der bescheidenen
Bildung der Pilaster und Gesimse kann die schöne Mittelthür kräftig
heraustreten. Für eine schmale Strasse und für beschränkte Mittel
ist hier das Mögliche geleistet; eine spätere Zeit hat bei ähnlichen
Aufgaben mit den dreifachen Kosten ganze Säulen nebst einer Begleitung vielfach abgestufter Wandpilaster dahinter und weit vortretenden Gebälken darüber aufgewandt und einen Schattenwurf erreicht, der
diesem Gebäude fehlt; allein hier stehen die Ziermittel gerade im rich-

tigen Verhältniss zu der harmlosen Composition des Ganzen. Von Giuliano da San-Gallo ist auch der schöne, weitbogige Klosterhof in a
S. Pietro in Vincoli (der Brunnen später); als Decorator im Sinne der edelsten Renaissance lernt man ihn kennen durch die herrliche Flach- b
decke von S. Maria maggiore, die er im Auftrag Alexanders VI. entwarf.

Vielleicht noch aus dem XV. Jahrhundert, jedenfalls aus nicht viel späterer Zeit stammen die alten Theile in den Höfen der Paläste c
Strozzi (bei der Kirche delle Stimmate) und della Valle (von Loren- d
zetto); letzterer Hof ist noch in seiner Vernachlässigung einer der schönern der Frührenaissance.

In den Abruzzen soll Aquila ein vorzügliches Gebäude der Renaissance besitzen an der Fassade von S. Bernardino, von Cola della e
Matrice, 1525. (In der Kirche selbst, wie ich durch Mittheilung eines Freundes vernehme, ein grosses Altarwerk von Robbia.)

In Neapel trat mit den aragonesischen Königen die Renaissance an die Stelle der vom Haus Anjou gepflegten gothischen Bauweise. Die Anregung kam ohne Zweifel von aussen; Alfons von Aragonien berief den Florentiner Giuliano da Majano nach Neapel. Leider ist der schöne luftige Sommerpalast Poggio Reale, den man u. a. aus Serlio's Abbildung und Plan kennt, von der Erde verschwunden; man lernt Giuliano nur noch als grossen Decorator kennen, zunächst im Triumphbogen des Alfons. Die Einrahmung dieses hohen weissen f
Marmorbaues zwischen zwei dunkle Thürme des Castello nuovo[1]) wirkt schon an sich sehr bedeutend; die Ornamente sind prächtig und selbst edel; die Composition aber, unorganisch und spielend, lässt das frühe Jugendalter dieses Styles nicht verkennen. Jahrzehnte später baute Giuliano die Porta Capuana; ein Bogen mit Säulen g
eingefasst, ebenfalls zwischen zwei Thürmen, mit hohem Fries und Attica, vielleicht das schönste Thor der Renaissance.

[1]) Gegenwärtig ist das Castell nur mit besonderer Erlaubniss zugänglich. — Galanti nennt als Urheber des Bogens einen Pietro di Martino aus Mailand.

13*

Zu derselben Zeit nahm auch ein einheimischer Künstler, Andrea Ciccione, der bisher gothisch gebaut (wie u. a. sein Grabmal
für König Ladislaus beweist) die neue Bauweise an. Von ihm ein-
a fache ehemalige Klosterhöfe bei Monte Oliveto und S. Severino
b (derjenige mit den Fresken des Zingaro), auch die Kirche Monte-
c oliveto selbst, unter deren Anbauten sich zwei einfach schöne
Capellen (rechts und links vom Portal)[1]) und eine Sacristei (links
hinten) von florentinischem Styl befinden. Das artige viereckige
d Kirchlein des Pontanus, an der Strada de' Tribunali, soll lange nach
Ciccione's Tode, erst 1492, nach seiner Zeichnung errichtet sein; über
kräftigem Sockel Composita-Pilaster und schlichte Fenster; der Aufsatz
unvollendet, das Innere glatt.

Zaghaft und selbst ungeschickt tritt der florentinische Palastbau
e mit Rustica auf in dem von 1466 datirten Pal. Colobrano, Strada
S. Trinità. (Ehemals Pal. Diomede Carafa, jetzt Wohnung des Ministers Santangelo.) — Aber noch vor dem Ende des XV. Jahrhunderts
f erbaute der Neapolitaner Gabriele d'Agnolo den Palast
Gravina, dessen ehemalige, durch den jetzigen Umbau in ihren
letzten Resten bedrohte Anlage von grösster Schönheit war: das Erdgeschoss gewaltige Rustica, das obere Stockwerk glatte Wände mit korinthischen Pilastern; über den kräftig eingerahmten Fenstern Medaillons
mit Büsten, dann das Hauptgesimse. (Das jetzige kaum das ursprüngliche.) Durch die Vermehrung der Stockwerke und das Herausbrechen
neuer Fenster geht der ganze Sinn des Baues verloren. — Von Gianfrancesco Mormandi, um welchen sich Florenz und Neapel
g streiten, ist der Pal. della Rocca, Strada S. Trinità; wenigstens
die einfachen untern Stockwerke des Hofes, Bogen auf Pfeilern, mit
der mächtigen gewölbten Einfahrt, die schon damals und seither immer für das prunkliebende Neapel bezeichnend war. An der Kirche
h S. Severino ist von Mormandi's Bau (1490) noch die einfache florentinisch schöne Aussenseite links erhalten. — Gut erhalten ist aus
i derselben Zeit der niedliche Palast Alice, Strada S. Trinità,
dessen Urheber ich nicht anzugeben weiss.

---

[1]) Vielleicht von Antonio Rosellino, der für die eine derselben die wichtigen Sculpturen schuf. Sie entsprechen so ziemlich der von ihm erbauten Capelle in S. Miniato bei Florenz.

Von den zeitlich spätern Renaissancekirchen (die doch noch dem
Styl des XV. Jahrhunderts folgen) verdient S. *Caterina a For-* a
mello, 1523 von *Antonio Fiorentino* (aus la Cava) erbaut,
auch S. *Maria la nuova* (gleichzeitig, obwohl das Datum der Voll- b
endung später lautet) wenigstens einen Blick. Merkwürdiger als beide
ist S. *Maria delle Grazie*, bei den Incurabili, erbaut 1500 (eher c
später) von *Giacomo de' Santi*, welcher noch Ciccione's Schüler
gewesen sein soll; die Capelleneingänge zu beiden Seiten des Schiffes
haben nämlich die Gestalt antiker Triumphbogen und sind fast über
und über mit reichen und schon ziemlich schwülen Zierrathen bedeckt.
Die obern Mauern u. s. w. gehören einem Umbau an.

Die wenigen Thürme dieses Styles, z. B. der von S. Lorenzo (datirt d
1487) sind höchst einfach; glatte Wände, an den Ecken Pilaster,
die Entwicklung nach oben fast null. Die obern Theile des Thurmes e
von S. Chiara, aus welchen die Neapolitaner ihre Priorität in der Renaissance beweisen wollten, sind nicht vom jüngern Masuccio —
XIV. Jahrhundert —, sondern frühstens aus dem XVI. Jahrhundert.

In *Genua* nehmen die Bauten des XV. Jahrhunderts überhaupt
keine bedeutende Stelle ein; was man davon sieht, ist überdiess nicht
frei von lange nachwirkender Gothik, wie z. B. die Capelle Johannis f
d. T. im Dom beweist, ein Werk der zweiten Hälfte des Jahrhunderts.
— Ein artiger Säulenhof der Frührenaissance in *Pal. Centurione* g
(unweit links von S. Matteo, N. 138).

Von *Kirchen* zeigt S. Teodoro die verkleisterten Anfänge einer h
gutgemeinten Innendecoration (links vom Eingang); S. Caterina am i
Hospital Pammatone, vom Jahr 1520, könnte sogar vor der Vergypsung
eine hübsche Kirche dieses Styles gewesen sein; das Portal mit schönen Medaillonköpfen ist von einfacher lombardischer Renaissance.

Von kleinern *Privathäusern* ist noch eine recht ansehnliche Zahl in den ältern Stadttheilen erhalten. Es wäre fruchtlos, in dem Gewirr von Gässchen Strassennamen anzugeben, die kein Plan enthält und die nur der Nachbar weiss; selbst die Hausnummern sind zum Theil am Erlöschen, als gingen sie einer baldigen Erneuerung entgegen. Ich kann dem Architekten nur rathen, die ganze Uma gebung von 1) Madonna delle Vigne, 2) S. Giorgio zu durchstreifen; die Stunde, die er darauf wendet, wird ihn nicht reuen. Man kennt die betreffenden Häuser durchgängig an ihren oft höchst zierlichen Portalen im Styl der lombardischen Renaissance, welche freilich nur zu oft das Einzige daran sind, was sich erhalten hat. Innen eine insgemein nur kleine Vorhalle, die aber mit ihrer einfach stucchirten Wölbung und mit der seitwärts angelegten Treppe und deren Säulchen einen oft ganz malerischen Raum ausmacht. (Unweit S. Giorgio, N. 1393, auch N. 1372; unweit der Vigne, auf Piazza Cambiaso, N. 396 ein artiges Höfchen mit Treppe, vom Anfang des XVI. Jahrhunderts; das bedeutendste dieser Art N. 487 Strada della Posta vecchia, kenntlich an dem Thürrelief eines Trionfo in paduanischer Manier; der kleine Hof wenigstens theilweise erhalten, die Säulentreppe fast ganz, mit ihren Kreuzgewölben — statt der florentinischen Tonnengewölbe —, ihren kleinen Madonnennischen, und der untern Belegung der Mauer mit buntglasirten Backsteinplatten, welche die schönsten Teppichmuster enthalten. Diess ist eines der wenigen noch kenntlichen moresken Elemente im genuesischen Häuserbau; vielleicht bot die Stadt in jener Zeit noch mehr dergleichen dar, aber die alten Höfe der bedeutendern Familienpaläste sind alle verschwunden.)

Ein etwas grösseres Gebäude dieses Styles, wie er sich in die ersten Jahrzehnde des XVI. Jahrhunderts hinein mag gehalten haben, ist
b Pal. Bruso, rechts neben S. Pancrazio N. 653.

Eine Ableitung der oberitalienischen Renaissance aus ihren wahren Quellen ist der Verf. nicht im Stande zu geben. Allem Anschein nach hätte die westliche Lombardie die Priorität für sich; Lombarden, die man nach dieser ihrer Heimath benannte, brachten den Styl bald nach 1450 halbfertig nach Venedig. Demnach ist mit den Bauten des alten Herzogthums Mailand unbedingt der Anfang zu machen. Wir gestehen jedoch, dass uns hier eher die Bequemlichkeit der topographischen Aufzählung bestimmt, indem wir, wie gesagt, eine Entwicklungsgeschichte des betreffenden Styles in diesen Gegenden doch nicht liefern könnten. Wir beginnen mit Mailand und der Umgegend, verfolgen dann die Via Emilia von Piacenza bis Bologna, wenden uns über Ferrara nach Venedig und schliessen mit den Bauten der alten venezianischen Terraferma, bis Bergamo gerechnet. Unendlich Vieles, zum Theil von grossem Werthe, liegt abseits in Landstädten; wir geben, was wir gesehen haben.

Wie zunächst in M a i l a n d die Renaissance begann, ist nach den
starken Umbauten der folgenden Jahrhunderte schwer zu ermitteln.
Einzelne florentinische Einflüsse sind wohl nachweisbar; so baute
z. B. Antonio Filarete das Ospedale maggiore in Mailand, allein
wie wir sahen, noch in einem vorherrschend gothischen Decorationsstyl; von Michelozzo dagegen existirt hinten an S. Eustorgio eine a
Capelle eleganten florentinischen Styles in der Art Brunellesco's; was
er an S. Pietro in Gessate beigefügt hat (Chor, Sacristei und Capitel- b
haus), hat Verfasser dieses nicht gesehen. Jedenfalls beginnt die fortlaufende Reihe grösserer Bauten erst mit den Sforzas, und das Bedeutendste entsteht erst unter Lodovico Moro. Und zwar hält man fast die sämmtlichen Bauten aus dem letzten Viertel des XV. Jahrhunderts für frühere Arbeiten des grossen B r a m a n t e von Urbino, dessen Name in diesen Gegenden allerdings ein Gattungsbegriff zu werden scheint. (Bramante wurde geboren in Brunellesco's Todesjahr 1444, kam nach Mailand als Ingenieur unter Giangaleazzo Sforza 1476, ging nach Rom vor 1500 und starb daselbst 1514; er war bekanntlich Oheim oder Verwandter Rafaels.) Ohne entscheiden zu können, wie Vieles ihm wirklich angehört, stellen wir die ihm zugeschriebene Gruppe von Bauten hier zusammen; mehrere darunter offenbaren schon die freie Grossartigkeit seiner spätern, römischen Schöpfungen; andere sind noch befangener. Jedenfalls ist sein früherer Styl (diese Gebäude als die seinigen angenommen) bedingt von derjenigen reichen und üppigen Renaissance, wie sie an der Certosa von Pavia (die Fassade 1473) ihren Triumph feiert; zugleich aber muss auch der schöne und sorgfältige Backsteinbau der Lombarden (S. 151 ff.) einen grossen Eindruck auf ihn gemacht haben.

Beides findet sich vereinigt in Chor, Kuppel und Querbau von
S. M a r i a d e l l e G r a z i e zu Mailand[1]). Das Innere hat eine mo- c

[1]) In den umliegenden Städten und Flecken gelten u. a. als von Bramante entworfen oder erbaut: in Busto Arsizio: eine Rotunde; — in Legnano: die Hauptkirche; — in Canobbio

derne Mörtelbekleidung und wirkt nur noch durch das Allgemeine der Raumschönheit; im wohlerhaltenen Äussern dagegen spricht sich der echte Geist der Frührenaissance mit seiner ganzen anmuthigen Kühnheit aus. Auf engem Unterbau (so dass der südliche Querarm nicht in die Strasse hinaustreten durfte) wollte Bramante eine bedeutende polygone Flachkuppel mit leichter offener Galerie errichten; in schöner und geistvoller Weise bereitet er das Auge darauf vor. Elegant abgestufte Einrahmungen theilen den Unterbau — Chor und Querarme mit runden Abschlüssen, hinter welchen noch gerade Obermauern emporragen — in schlank scheinende Stockwerke; Pilaster, Wandcandelaber, Gesimse und Medaillons grossentheils von Stein, die Füllungen von Backstein. Die genannten runden Abschlüsse der Querarme sind für die Lombardie eine traditionelle Form, die schon mit alten Beispielen wie S. Lorenzo in Mailand, S. Fedele in Como etc. zu belegen ist; der Meister, welcher sich hier vielleicht zum ersten Mal darauf einlässt, sollte später dieselbe Anlage in viel höherem Sinne an der Consolazione zu Todi und an S. Peter in Rom wiedergeben.

a Ebenfalls früh ist S. Satiro in Mailand; die Kirche nicht ohne verwirrende neuere Ausschmückung, die achteckige Sacristei dagegen (unten mit Nischen, oben mit einer Galerie, im mittlern Fries Putten und Medaillons) ein köstlicher wohlerhaltener Bau, der Cronaca's berühmter Sacristei (S. 189, b) zwar nicht an reiner Eleganz des Details gleichkommt, sie aber an Strenge und Bedeutung übertrifft.

b An S. Eustorgio wird die Kuppel einer Capelle (ich weiss nicht,
c welcher) dem Bramante zugeschrieben, im grossen Hospital der Hof
d rechts vom Haupthof, im Ospedale militare das alte Gebäude über-
e haupt, im Kloster von S. Ambrogio einer der Seitenhöfe. Die betreffenden Gebäude sind zum Theil als Casernen schwer zugänglich; an S. Ambrogio habe ich nur das sehr schöne Fragment einer schlanken Hofhalle links neben der Kirche im Gedächtniss; den Abbildungen zufolge müssten rechts zwei prachtvolle Renaissancehöfe vorhanden

am Lago maggiore: eine Kirche; — in Lodi: die Incoronata; — in Pavia: die ehemalige Klosterkirche Canepanova und der (doch nur von ihm fundamentirte) Dom. — Weiter nach Südosten: der Dom zu Carpi, von Andern dem Peruzzi zugeschrieben.

sein. Von den Klosterhöfen bei S. Simpliciano soll wenigstens ein a
Theil Bramante's Werk sein; das bekannte Lazareth vor Porta orien- b
tale wird ihm nur durch Vermuthung zugeschrieben; das für seinen
Zweck hübsch gedachte Capellchen in der Mitte des Hofes ist wohl
bestimmt neuer.

Den Schritt in das Einfache würde die herrliche Kirche S. Ma- c
ria presso S. Celso in Mailand bezeichnen, wenn sie dem Bramante sicher beizulegen wäre. Den edeln Eindruck des Backsteinvor-
hofes mit seinen Pfeilern kann selbst die bombastische Marmorfassade
des Galeazzo Alessi nicht total stören; das Innere ist eine dreischiffige Pfeilerkirche mit Chorumgang und cassettirtem Tonnengewölbe;
der Charakter ist der einer einfachen Pracht.

Von einem mailändischen Schüler Bramante's, Giov. Dolce-
buono, rührt das einfache Innere von S. Maurizio oder Monastero d
maggiore her, welches man hauptsächlich wegen der Fresken Lui-
ni's aufsucht. — S. Nazaro hat noch seinen wunderlichen achteckigen e
Vorbau vom Jahr 1518 mit den Sarcophagen der Familie Trivulzi in
den oben herumgehenden Nischen; eine Construction, zu welcher offenbar die Sacristei von S. Satiro Anlass gab.

Schon vor Bramante's Ankunft in Mailand hatte Ambrogio
Borgognone die Fassade der Certosa von Pavia begonnen f
(1473). Neben derjenigen des Domes von Orvieto ist sie das erste
decorative Prachtstück Italiens und der Welt. Der bauliche Gedanke
— ein fünftheiliges Erdgeschoss und ein dreitheiliges Obergeschoss,
beide mit Galerien abgeschlossen — ist ziemlich gering, die Anordnung
des obern Mittelfensters passt nicht harmonisch zum Übrigen; der
ohne Zweifel beabsichtigte plastische und ornamentale Schmuck über
der obersten Balustrade fehlt. Allein die unermessliche Pracht und
zum Theil auch der feine decorative Geschmack, welche das Erdgeschoss beherrschen, haben ein in seiner Art unvergleichliches Ganzes
hervorgebracht. Schon die Basis des Sockels beginnt mit Puttenreliefs
und Kaiserköpfen; am Sockel selbst wechseln Reliefs und Statuen in
Nischen; die Pilaster sind beinahe in Nischen aufgelöst, in welchen
sich Statuen befinden; was sonst von Flächen übrig bleibt, ist mit
Figuren und Zierrathen in Relief völlig bedeckt, Alles in weissem
Marmor. Das auf Säulen vortretende Portal ist edel gedacht; vollends

aber gehören die vier grossen untern Fenster zu den grössten Triumphen aller Decoration; ihre Innenstützen sind reiche Candelaber, ihre Akroterien mit betenden Engeln geschmückt.

Das Langhaus ist gothisch (S. 152). Über Querbau und Chor kann ich aus schon ziemlich alter Erinnerung nicht urtheilen; jeder der drei Arme schliesst mit drei Nischen nach drei Richtungen; wenn diese Anordnung erst der Renaissance angehört, so wäre sie für viele der unten genannten oberitalischen Kirchen ein nahes und bedeutendes Vorbild gewesen. Die in vier Galerien abgestufte Kuppel ist entschieden erst aus dieser Zeit, ihr Abschluss noch neuer.

a An der Cathedrale von Lugano ist die marmorne Fassade ein graziöses kleines Excerpt aus derjenigen der Certosa; quadratisch, mit einem höhern Erdgeschoss und einem niedrigern Obergeschoss, in dessen Mitte ein Rundfenster; Friese, Pilaster und theilweise auch die Wandflächen mit Sculpturen geschmückt.

b Es folgt der im Jahr 1513 von Tommaso Rodari begonnene Ausbau des Domes von Como (vergl. S. 152): Chor, Querbau und Aussenseiten des Langhauses, vielleicht das schönste Specimen höherer Renaissancebaukunst in diesen Gegenden. Die drei Abschlüsse im halben Zehneck; das Äussere einfach edel gegliedert; im Hauptfries an den Strebepfeilern Urnenträger für den Wasserablauf. (Die achteckige Kuppel in ihrer jetzigen Gestalt von Juvara[1]). Innen ist Chor und Querbau umzogen von einer Doppelordnung korinthischer und Composita-Säulen, welche ein herrliches Doppelsystem von Fenstern einfassen; die übrig bleibenden Flächen zwar nüchtern decorirt, aber trefflich eingetheilt; unter den untern Fenstern Nischen mit (oder doch für) Statuen. Die Wölbungen mit prachtvollen roth-weiss-goldenen Cassetten. Bei der durchgängigen Einfachheit, welche auf reine Total-

1) Die Decoration der vordern Theile des Langhauses, möglicher Weise ebenfalls von Rodari aus früherer Zeit, gehört mehr der buntern und befangenern Frührenaissance an. So die Nordthür, die Ausseneinfassungen der Fenster und die geistreichen Renaissance-Spitzthürmchen, welche über den Strebepfeilern des Querbaues und Chores, also an dem Bau der mehr classischen Zeit nicht mehr vorkommen. Hienach möge man verbessern, was S. 152 in zu allgemeinen Ausdrücken vom ganzen Bau gesagt ist. Die Inschrift über den Beginn des Hinterbaues steht an der Rückseite des Chores.

wirkung ausgeht und z. B. keine Arabesken an Pilastern und Friesen zulässt, gehört diess Gebäude wie S. Maria presso S. Celso zu Mailand schon eher der classischen Zeit als der Frührenaissance an.

Schon die genannten Bauten geben einige gemeinsame Züge kund, die auch für die folgenden wesentlich sind. Die Lombardie war schon in der vorigen Periode das Land des grossartigen und verfeinerten Backsteinbaues gewesen und behielt jetzt dieses Material bei, abgesehen natürlich von Gebäuden des äussersten Luxus, wie z. B. die Fassade der Certosa. Zweierlei Consequenzen hievon sind: 1) die Vorliebe für den Pfeilerbau mit Stucchirung; dieser gestattete kühne Gewölbe; die Säule und mit ihr die flachgedeckte Basilica kommen zur Renaissancezeit im Ganzen selten vor. 2) Die Vorliebe für reiche, kecke Dispositionen, hauptsächlich runde Abschlüsse, grosse Nischen u. s. w., die im Backstein, wo man es im Detail nicht so genau nimmt, ungleich leichter darzustellen sind als im Stein, der eine sehr consequente Durchführung des Details und eine hier mühsame Messung verlangt. Diese reichen Formen sind gleichsam ein Ersatz für den mangelnden Adel des Materials. — Weitere Folgen sind: die stets einfache und befangene Bildung der Säule, wo sie vorkömmt, wie z. B. an vielen (doch nicht den meisten) Klosterhöfen; die Decoration des Innenpfeilers, den man doch einmal nicht roh lassen wollte, durch gemalte oder selbst erhabene Arabesken; eine ähnliche Behandlung der Gesimse, der Gewölbe (Rippen sowohl als ganze Kappen, Halbkuppeln u. s. w.). Die Kuppel bleibt noch längere Zeit die mittelalterliche, polygone, aussen flachgedeckte, mit Galerien umgebene. Man sieht an der Certosa von Pavia recht deutlich, wie sie sich steigern und verklären möchte, es aber nicht über die Vervielfachung der Galerien hinaus bringt.

Die Dauer der Frührenaissance ist hier eine längere als in Mittelitalien; Bramante (oder wer es sonst war) drang mit der grossartigen Vereinfachung der Formen, die man z. B. an S. Maria presso S. Celso bemerkt, zunächst nicht durch. Der Bruch erfolgt hier erst gegen die Mitte des XVI. Jahrhunderts und dann ziemlich unvermittelt.

Die nächste bedeutende Gruppe von Kirchen, welche der Verfas-

ser aus Anschauung kennt, besteht aus S. Sisto in Piacenza,
S. Giovanni in Parma (1510) und der Steccata in Parma (1521), die
beiden letztern (und wohl gar auch die erstere) von Bernardino
a Zaccagni aus Torchiara. Die älteste ist S. Sisto[1]); für die moderne
Fassade entschädigen zwei gute ionische Kreuzgänge. Das Innere ist
von glänzend naivem Reichthum der Disposition und Ausführung;
eine Säulenkirche mit Tonnengewölben und zwei Querschiffen, über
deren Mitte Kuppeln; die Seitenschiffe mit lauter kleinen Kuppelgewölben; seitwärts davon Capellen in Nischen auslaufend, welche
indess von aussen durch eine gerade Mauer maskirt sind. Von ganz
besonders seltsamer Composition sind die beiden Schlusscapellen des
vordern Querschiffes: griechische Kreuze auf vier Säulen ruhend, mit
Kuppelchen und vier Eckräumchen, an den Enden Hauptnischen, in
den Eckräumen kleinere Wandnischen, und diess Alles so klein, dass
b man sich kaum darin drehen kann. — S. Giovanni in Parma
hat eine ähnliche Disposition, doch lauter Pfeiler (von schöner schlanker
Bildung) und nur Ein Querschiff; ausserdem (links) zwei prächtige
Klosterhöfe mit bemalten Bogenfüllungen und Friesen (die Fassade
c modern). — La Steccata endlich bildet ein einfaches griechisches
Kreuz mit runden Abschlüssen, Mittelkuppeln und vier etwas niedrigern Eckräumen, welche zu besondern Capellen abgeschlossen sind.
(Die Verlängerung des Chores neuer.) Es ist eine der schönsten,
wohlthuendsten Baumassen, welche die neuere Kunst geschaffen hat,
übrigens von aussen wie alle diese Kirchen möglichst einfach; die
einzige reichere Form ist die Galerie um die Kuppel.

Die gemeinsamen Eigenschaften dieser Kirchen sind nun: 1) Eine wahrhaft prächtige architektonische Bemalung aller Bauglieder des Innern, theilweise auch der Bauflächen, wie denn in S. Sisto der Fries über den Hauptbogen durch eine ganze hohe Attica mit lauter allegorischen Malereien grau in grau vertreten ist. (Von dieser Bemalung unten ein Mehreres.) 2) Eine merkwürdig schlechte Beleuch-

---

[1]) In dieser Kirche befand sich ehemals die berühmte Madonna di S. Sisto, welche daher den Namen der Sixtinischen führt. (In Dresden.) Als Schluss der schönen Kirche, in dem trefflichen Licht, welches jetzt die Copie geniesst, musste sie eine einzige Wirkung machen.

tung. In S. Sisto und S. Giovanni kommt das meiste Licht durch die Fenster der untern Capellenreihen, die zu beiden Seiten der Altäre in den halbrunden Nischen angebracht sind; an der Steccata hat der Meister sogar seine Fenster ohne alle Noth so weit unten als möglich angebracht. Von den Kuppeln hat leider gerade diejenige von S. Giovanni, mit Correggio's Fresken, das kümmerlichste Licht durch vier kleine Luken. In der Steccata geht dem Innern, das sonst so schön gedacht ist, sein bester Reiz durch diesen Mangel ganz verloren.

Um sich den Eindruck des Ganzen einigermassen zu vervollständigen, denke man sich bei S. Sisto und S. Giovanni eine Backsteinfassade dieses Styles hinzu, wie sie z. B. S. Pietro in Modena a
recht schön darbietet. Wie einst die gothischen, so reproducirt in dieser Epoche der Backstein die antiken Formen in einer oft eigenthümlich reizenden Weise.

In Modena ist ausser der eben erwähnten Backsteinfassade von S. Pietro nichts von höherer Bedeutung vorhanden; der zweite Klo- b
sterhof daselbst (ionische Halle) hat ein sonderbar niedriges Obergeschoss. Für Architekten: Pal. Coccapane (Strada Rua del muro), c
Backsteinbau mit reichen Gesimsen aussen und im Hof, gemalten Friesen und Decken in den untern Hallen. — Pal. Rangoni (jetzt Bellin- d
tani, Hauptstrasse) hat rechts noch ein sehr entstelltes Höfchen mit oben herumgehendem offenem Pfeilergang.

Von andern Renaissancebauten der Gegend können zwei Gebäude an der Via S. Antonio zu Piacenza und ein grosser halbzerstörter Klosterhof links neben S. Quintino in Parma für Architekten einiges Interesse bieten. Die Madonna della Campagna in Piacenza (an einem e
Ende der Stadt) scheint eine frühe Nachahmung der Steccata zu sein. Das bischöfliche Seminar in Parma, beim Dom, ist eine gute, jetzt f
vermauerte Doppelhalle.

Bologna besitzt aus dieser Zeit keine bedeutende Kirche, aber einzelne sehr werthvolle Bruchstücke von solchen. Die ganze fröhliche Naivetät der Frührenaissance lebt z. B. in der zierlichen Backsteinfassade der Madonna di Galliera (nahe bei S. Pietro), vom g

a Jahr 1470. In den allerkleinsten Dimensionen repräsentirt diesen Styl
das aufgehobene Kirchlein S. Spirito. — An der Kirche Corpus Do-
b mini (oder la Santa) ist von dem Bau des Jahres 1456 (?) ebenfalls
nur die Fassade und vollständig nur die prächtigste Backsteinthür
erhalten. Sie zeigt gerade in ihrem Reichthum den tiefen Unterschied
zwischen oberitalischer und toscanischer Decoration. — Eine vollständige, aber nur einschiffige Kirche (angeblich von 1447, doch eher erst
c nach 1500) ist S. Michele in Bosco; namentlich aussen gut und gediegen; das Portal dem Peruzzi beigelegt; von den Anbauten mehrere
d einfach gut. — An S. Bartolommeo di Porta ravegnana ist auf zwei
Seiten die reiche Pfeilerhalle des Formigine erhalten, vom Jahr
1530 und doch noch Frührenaissance, wie Alles, was noch auf vorherrschende Einzelwirkung ausgeht. (Das Innere, eine Säulenkirche
mit Tonnengewölben, vielleicht aus derselben Zeit, aber modernisirt.)
e — In S. Giacomo maggiore ist das ganze Langhaus ein sehr
schöner Einbau vom Jahr 1497 in die ältere Kirche; einschiffig, mit je
drei Bogencapellen zwischen den vortretenden Wandpfeilern. — An
f der anstossenden S. Cecilia gewährt die kleine Kuppel von aussen
einen zierlichen Anblick.

Wie langsam und gegenüber welchem Widerstand die Renais-
g sance in Bologna eindrang, beweist z. B.: die Annunziata (vor Porta
S. Mammolo), welche noch in den 1480er Jahren gothisch erbaut
wurde. Der Weiterbau von S. Petronio hielt hier den gothischen
Styl überhaupt lange am Leben.

Einzelne Capellen, oft sehr hübsch mit eigenen polygonen
h Kuppeln und Eckpilastern nach florentinischer Art: In S. Martino
i maggiore, die erste links; — in der Misericordia (vor Porta Castiglione),
die letzte rechts; überhaupt ist das Innere dieser gothischen Kirche im
k Jahr 1511 umgebaut; — in S. Stefano: ein hübsches Capellchen links
l neben dem sog. Atrio di Pilato; — in S. Giacomo maggiore: die Capella Bentivoglio (Chorumgang), datirt 1486, durch ihre halb-
m moderne Bemalung entstellt; — in S. Giovanni in Monte: an jedem
Ende des Querbaues eine.

Für Paläste der Frührenaissance (die wir hier, wie bemerkt, noch über die ersten Decennien des XVI. Jahrhunderts ausdehnen müssen) ist Bologna eine der wichtigsten Städte Italiens. Allerdings treten zwei beinahe durchgehende Beschränkungen ein, welche eine florentinische oder venezianische Entwicklung des Palastbaues hier unmöglich machen: der Backstein und die Verwendung des Erdgeschosses zur Strassenhalle. Letzterer Gebrauch, an sich sehr schön und für Sommer und Winter wohlthätig, hat eben doch das Aufkommen jeder streng geschlossenen Composition verhindert; es entstanden fast lauter Horizontalbauten, bei welchen das Verhältniss der Länge zur Höhe gar nicht beachtet, keine Mitte bezeichnet und z. B. die Thür ganz willkürlich angebracht wird.

Innerhalb dieser Schranken aber äussert sich die Renaissance hier äusserst liebenswürdig, ja es giebt in ganz Italien wenige Räume, wo der Geist des XV. Jahrhunderts uns so ergreift, wie in einzelnen Hofräumen von Bologna. Das Detail ist meist gerade so reich, als der Backstein es gestattete; allerdings liegt zwischen hier und Rom wieder ein Gebirge mehr, und die antiken Formen werden schon mehr wie von Hörensagen reproducirt. — Die Backsteinsäulen des Erdgeschosses, meist mit einer Art einblättriger korinthischer Capitäle, tragen reichprofilirte Bogen; über einem Sims setzen dann die rundbogigen Fenster des Obergeschosses an, oft sehr prächtig, mit einer Art von Akroterien seitwärts und oben; in dem (bisweilen noch bemalten) Fries finden sich runde, auch rundschliessende, auch viereckige Luken. Das Kranzgesimse mit seinen kleinen und dichtstehenden Consolen tritt nur mässig vor. — In den Höfen, wo sie wohl erhalten sind, entspricht den untern Säulen oben die doppelte Zahl von Säulchen (seltener Pilaster mit Zwischenbogen), welche eine Galerie um den grössten Theil des Hofes bilden; oder auch Fenster, die den äussern ähnlich sind. Die Friese, Einfassungen u. dgl. meist um einen Grad reicher als aussen.

Diese Bauweise dauerte bis gegen die Mitte des XVI. Jahrhunderts, und gerade aus dieser spätern Zeit giebt es Beispiele von besonderer Schönheit. Der Baumeister Formigine bemühte sich damals, den jetzt sandsteinernen Capitälen eine möglichst reiche und abwechselnde, oft figurirte Bildung zu geben. In den Höfen bemerkt man oben statt der Säulen hie und da kleine Pilaster mit dazwischengesetzten Bogen. Aussen wird auch wohl durch viereckige Fenster (statt halbrunder) der eindringenden Classicität ein Zugeständniss gemacht. — Wir zählen einige bezeichnende Beispiele aus dem XV. und XVI. Jahrhundert auf.

a Pal. Fava, N. 590, sehr schön; im Hof auch ein offener Verbindungsgang auf reichen Consolen. — Ähnlich das Haus N. 1060. — Das phantastisch schöne kleine Eckhaus N. 496 Via delle Grade. —
b Der Pal. Bevilacqua, eins der wenigen Gebäude dieser Zeit, welche unten keine Halle, sondern eine ganze und zwar steinerne Fassade haben, deren Quadern denn auch mit ganz besonderm Nachdruck behandelt, nämlich jeder einzeln verziert sind; auch alle übrigen Details sehr reich, das Gesimse eines der wirksamsten. Der Hof, mit Ausnahme der Säulen ganz von Backstein, ist der schönste dieses Styles. Man hat auf verschiedene Baumeister gerathen; wenn aber
c der reiche Porticus an S. Giacomo (um 1483) urkundlich von Gaspero Nadi erbaut ist, so wird man ihm wenigstens auch den Hof von Pal. Bevilacqua zuschreiben dürfen, der in der Zierweise mit
d jenem Porticus fast völlig übereinstimmt. — Der Pal. del Podesta (1485, von Fioravanti) sieht dem Werk einer unreifen Begeisterung für Pal. Bevilacqua ähnlich; das zahme obere Stockwerk passt nicht zu den facettirten und geblümten Quadern und den derben Halbsäulen der Pfeiler des Erdgeschosses. (Der rechts davon gelegene Portico
e de' Banchi rührt in seiner jetzigen Gestalt erst von Vignola her, der auf eine sehr geschickte Weise eine Menge kleiner Räume und Fensteröffnungen einer neuen grossartigen Haupteintheilung zu subordiniren wusste.) —

f Der Platz von S. Stefano ist fast mit lauter Gebäuden dieser Gattung umgeben; darunter N. 94, neben Pal. Isolani, noch halbgothisch (oben eine Art Bogenfries mit Köpfchen ausgefüllt); besonders artig N. 80.

g Der zierliche Palast auf dem Platz der beiden schiefen Thürme (eigentl. Pal. dell' arte degli Stracciaiuoli) mit dem Datum 1496, soll von Niemand anders als von Francesco Francia entworfen sein. Wenn man in den mehr decorativ als architektonisch gehandhabten Formen den „Goldschmied" wiedererkennen will, so haben wir nichts

dagegen einzuwenden (1620 umgebaut). — Wiederum einfach und sehr a
tüchtig: Pal. Fibbia, N. 580. — Artige Höfe: N. 1063, N. 1079,
N. 2501 (letzterer mit gemaltem Puttenfries).

Ausserdem ist der grosse Porticus der Putte di Baracano unweit b
Porta S. Stefano beachtenswerth, als Fassade einer wohlthätigen Anstalt aus den letzten Jahren des XV. Jahrhunderts.

Dem reinern Classicismus nährt sich dieser Styl z. B. in Pal.
Bolognini N. 77 unweit S. Stefano (vom Jahr 1525), mit den Pracht- c
capitälen des Formigine und den Medaillonköpfen des Alf. Lombardi.
Den bolognesischen Hofbau in classischer Umbildung zeigt sehr schön
Pal. Malvezzi-Campeggi, N. 2598, von Formigine. Für die Fas- d
saden dagegen wusste dieser Meister, als der römisch-florentinische
Einfluss nach Bologna drang, keinen rechten Rath; an dem genannten
Gebäude behielt er für Friese, Pilaster und Füllungen wenigstens eine
öde calligraphische Spielerei bei, und an Pal. Fantuzzi gab er den e
gekuppelten Halbsäulen beider Stockwerke eine ganz widersinnige Rusticaoberfläche. Naiver verläuft sich die alte bolognesische Zierlust
in den Barockstyl an dem Pal. Bolognetti (jetzt Savini, N. 1310), vom f
Jahr 1551, mit einer allerliebsten untern und obern Halle und Treppe.
Das beste Gebäude dieses Übergangsstyles aber möchte wohl Pal. g
Buoncompagni sein (N. 1719, hinter dem erzbischöflichen Palast),
vom Jahre 1545; im Hof erlöschende mythologische Grisaillen des
Girol. da Treviso.

Von Klosterhöfen der Renaissance sind zu nennen: der von h
S. Martino maggiore; derjenige der Certosa, welcher jetzt den Haupthof des Camposanto ausmacht, mit besonders reichen und schönen i
Capitälen, etc. etc.

Die völlige modern-classische Umbildung tritt dann ein mit Bart.
Triachini (Pal. Malvezzi-Medici, N. 2492, eines der besten Ge- k
bäude Bologna's), mit Francesco Terribilia (die alte Univer- l
sität, jetzige Bibliothek, der durchaus mit Rustica bekleidete Kloster- m
hof bei S. Giovanni in Monte etc.); sie neigt sich dem Barockstyl entgegen mit Pellegrino Tibaldi und seinem Sohn Domenico,
von welchen unten.

Ferrara besitzt zunächst einen der wichtigsten Renaissance-
a thürme Italiens, den Campanile des Domes. (Anfang des XVI. Jahrhunderts.) Mit Marmor, und zwar schichtenweise roth und weiss incrustirt, mit derb vortretenden Eckpilastern und Säulenstellungen dazwischen wirkt dieser Bau ganz imposant, obschon man es den Säulen ansieht, dass der Baumeister beim Backstein aufgewachsen war. (Die Fensterbogen setzen unschön ohne Mittelplatte auf.) — Die Tribuna der Kirche ein guter Backsteinbau, innen mit reich sculpirten Wandpilastern.

b Südlich gegenüber die aufgehobene, sehr verbaute Kirche S. Romano, von früher und schlichter Renaissance.

c S. Francesco (1494, wahrscheinlich von einem gewissen Pietro Benvenuti) gehört noch zu der oben mit S. Sisto zu Piacenza begonnenen Reihe. Aussen mager vertheilte Pilaster mit hübschen Friesen (Putten, Medaillons haltend); innen Säulenkirche mit lauter Kuppelgewölben und den beiden Seitenschiffen entlang mit hübsch eingefassten Capellenreihen, durch deren Fenster wiederum das meiste Licht kömmt. Auch die Ornamentirung in ähnlicher Weise an Friesen, Bogenfüllungen etc., sowie an den Pfeilern der Kreuzung auf-
d gemalt, wie in jenen Kirchen. — Von demselben Geschlecht: S. Benedetto (um 1500 von Gianbatt. und Alberto Tristani), die Fassade mit jenen von L. B. Alberti (S. 182, d) zuerst gebrauchten, von Pintelli (S. 193, a) nachgeahmten Seitenvoluten und mit Marmorpilastern; alles Übrige schlichter Backstein; die Capellenreihen auch aussen rund, ebenso die Abschlüsse des Querbaues. Innen Tonnengewölbe (in der Mitte des Langhauses durch eine Flachkuppel unterbrochen; über der Kreuzung die Hauptkuppel; die Nebenschiffe mit lauter kleinen Kuppelgewölben. Die prächtige und doch weislich gemässigte decorative Bemalung ist an den untern Theilen überweisst oder nie vorhanden gewesen. — Eine der besten dieser Reihe, obschon ebenfalls durch
e das vorherrschende Unterlicht beeinträchtigt: die Certosa S. Cristoforo (1498—1553), einschiffig mit Kuppelgewölben, geradlinigen Capellenreihen, Mittelkuppel und Querbau; die Gliederungen aussen nobel von Backstein (mit Ausnahme der noch nicht incrustirten Fassade), innen sämmtlich von Marmor; über den Capellenreihen eine hohe Attica wie in S. Sisto zu Piacenza (hier leer). — S. Maria in

Vado (seit 1475 erbaut von Biagio Rossetti und Bartol. a
Tristani) ist in der Bildung des Äussern den bisher genannten analog, innen eine Säulenkirche mit Flachdecke, ohne Capellenreihen und
Unterlicht, desshalb von schöner Wirkung. (Die Hauptfassade erneuert,
die Querbaufronte ursprünglich und der Fassade von S. Benedetto
ähnlich. — Die Nebenschiffe haben Kreuzgewölbe.) — Endlich S. An- b
drea, mit noch gothischer Fassade von 1438; innen Pfeilerkirche
mit flacher Decke über niedriger Obermauer; die Nebenschiffe mit
Kreuzgewölben; Capellenreihen mit Seitenlicht durch je 2 Fenster;
diess Alles etwa um 1500. — Von S. Giorgio ist wenig mehr als c
der schiefe Backsteinthurm aus dieser Zeit erhalten (1485, von Biagio Rossetti).

Als griechisches, gleicharmiges Kreuz mit Eckräumen wurde S. d
Spirito 1519 gegründet; nach mancherlei Schicksalen jetzt sehr verändert. — Noch zu Ende des XVI. Jahrhunderts baute Alberto
Schiatti das einfache und sehr artige Kirchlein la Madonnina in e
dieser Form (unweit Porta romana).

Von den Kreuzgängen blieb dem Verfasser zufällig derjenige f
der Certosa (jetziges Camposanto) unzugänglich; — drei durch offene
Durchblicke zu einer sehr schönen Wirkung vereinigte finden sich g
neben S. Benedetto (davon einer auf Pfeilern, die andern auf Säulen);
— ein ähnlicher bei S. Giorgio vor Porta romana; — ein vermauerter h
bei S. Maria in Vado. i

Von Profanbauten dieses Styles ist in Ferrara nicht so viel
bedeutendes erhalten als man erwarten möchte. Die schönsten Bauten
der Herzoge vom Hause Este sind untergegangen; ihr Castell ist als
malerischer, imposanter Anblick ohne Gleichen, kann aber nicht als
Palast gelten. Von den sonstigen fürstlichen Gebäuden zeigt der
jetzige Pal. Communale allerlei interessante Reste, aber nichts Zu- k
sammenhängendes mehr, mit Ausnahme des hinten angebauten herzoglichen Arsenals, welches aussen ein schlichter Backsteinbau mit Pilastern, innen eine regelrechte Basilica (nur ohne Tribuna) ist. — Die
angefangene Halle aussen im Erdgeschoss des Palastes, gegen das
Castell hin, ist erst von Galeazzo Alessi (s. unten), der längere Zeit
in Alfonso's II. Diensten stand. — Der Palazzo Schifanoja, vom l
Herzog Borso seit 1470 ausgebaut, ist architektonisch nicht bedeutend,

ausgenommen das schöne Portal mit dem Wappen darüber. — Das
a Wichtigste ist immer der Pal. de' Diamanti (jetziges Ateneo, mit
der städtischen Galerie), begonnen 1493 für Sigismondo von Este, mit
der facettirten Bekleidung, den sculpirten Pilastern und den sehr schön
gebildeten Fenstern versehen in der ersten Hälfte des XVI. Jahrhunderts, mit dem Kranzgesimse vollendet 1567 für Cardinal Luigi d'Este.
Die schönen Verhältnisse des Ganzen leiden nur durch die Disharmonie
zwischen den zarten Pilastern und der energisch sein sollenden Qua-
derbehandlung. — Der letzte estensische Zierbau gehört schon dem
classischen Styl an und verräth die Einwirkung des Palazzo del Te
b in Mantua: nämlich la Palazzina (1559), ein ehemals köstliches
Gartenhaus, nur Erdgeschoss mit Fenstern, Portal und vier Pilastern,
hinten mit (jetzt vermauerter) Loggia und einem links anstossenden,
jetzt meist unzugänglichen „teatro". Das Ganze im kläglichsten Verfall.

Die Privatpaläste des Adels sind hier, wie in den Städten
kleiner Fürsten überhaupt, nie so wichtig als in den ehemaligen Haupt-
städten der Republiken. Das argwöhnische Regiment, auch wohl der
finanzielle Druck des Hauses Este im XV. und XVI. Jahrhundert
liess keine grosse bauliche Machtäusserung aufkommen. Der einzige
c bedeutende Hof aus dem XV. Jahrhundert, der des Pal. Scrofa
(Corso di Porta romana), ersetzt aber zehn Paläste, obwohl er nur
zur Hälfte gebaut und in drohendem Verfall begriffen ist. Er zeigt
den bolognesischen Hofbau vortrefflich in das Schlanke und Leichte
übertragen, welches die Hallen Ferrara's, deren Säulen durchgängig
von Marmor sind, überhaupt kennzeichnet. — Die fehlende Fassade
d mag man sich ergänzen durch die äusserst zierliche des Pal. Ro-
verella (der dafür nur einen unbedeutenden Hof hat). Über dem
heitern Eindruck dieses Gebäudes übersieht man es gerne, dass z. B.
die Arabesken des obern und des untern Frieses derber und massiger
gebildet sind als die der Pilaster, und dass die Fenster sich auf die
damit eingefassten Flächen nicht gut vertheilen. Die Pforte marmorn;
darüber ein grosser Erker, woran diess bei der Post gelegene Gebäude
e leicht kenntlich ist. — Pal. de' Leoni, beim Pal. de' Diamanti, hat an
seinen Eckpilastern die schönsten Arabesken Ferrara's, ausserdem ein
stattliches Portal mit einem von Putten umgebenen Balcon; sonst sind
f Fassade und Hofhalle ganz einfach. — Pal. Bevilacqua und Pal. Zatti

auf Piazza Ariostea, beide mit vorderer Strassenhalle, der erstere mit einem der bessern Höfe.

Weiter im XVI. und XVII. Jahrhundert begegnet man hier einigen kleinern Palästen, welche durch harmlose Zierrathen in den Wandflächen selbst (Trophäen, Büsten, Motto's etc.) ein Echo der frühern Zierlust offenbaren; Pal. Bentivoglio; Pal. Costabili. Das beste Gebäude des etwas strengern Classicismus, Pal. Crispo (um die a
Mitte des XVI. Jahrhunderts von Girolamo da Carpi entworfen) lässt es bei blossen Denksprüchen bewenden, die aber das ganze Gebäude bedecken. — Das einfache Haus des Ariost, Strada Mirasole, b
N. 1208.

In Venedig drang der neue Styl im Verhältniss zu den Umständen spät durch. Die paduanische Malerschule und die einheimischen Sculptoren hatten schon die naturalistische Darstellungsweise ansehnlich ausgebildet, während Baukunst und Decoration noch an den gothischen Formen mehr oder weniger festhielten. Der Chorbau von S. Zaccaria wurde (1457) gothisch begonnen fast zu derselben Zeit da Mantegna schon seine heilige Euphemia malen konnte. Die Einfassungen der Prachtaltäre, welche von der muranesischen Malerwerkstatt ausgingen, sind noch bis nach 1450 gothischen Styles; Mastro Bartolommeo meisselt Statuen im Styl des XV. Jahrhunderts für seine noch gothischen Zierbauten. Seine Porta della Carta am Dogen- c
palast und die dazu gehörende Halle bis zur Riesentreppe hin (um 1439) zeigen diesen Styl in seinem Verscheiden und doch noch in eigenthümlich schöner Weise behandelt; das spätgothische, starkgebauschte Blattwerk bildet schon Friese, die im Geist des neuen Jahrhunderts gedacht sind. Sogar das Dogengrab Franc. Foscari († 1457) d
im Chor der Frari (rechts) ist noch gothisch, ein Werk der Bildhauerfamilie Bregno. An den Chorstühlen mehrerer Kirchen hält sich das Gothische bis um 1470. (S. unten.) Auch das ganze Portal von S. Giovanni e Paolo gehört dieser späten, vegetabilisch prächtigen e
Gothik an.

Als aber die Renaissance hereinbrach, fand sie in dem reichen Venedig eine Stätte ganz eigenthümlicher Art. Die edlern Steingattungen, deren ihre Decoration bedarf, um völlig zu gedeihen, wurden ihr hier bereitwillig zugestanden; von Backstein und Stucco ist keine Rede mehr, wenigstens an decorativen Theilen nicht. Der neue Styl kam gerade in die Zeit der grössten Macht des Staates und eines grossen Reichthumes der Vornehmen hinein. Ihm schien eine Hauptrolle zugedacht, wenn es sich darum handelte, der Inselstadt einen dauernden Ausdruck festlicher Freude und Herrlichkeit zu verleihen. Es fehlte an nichts als an Platz und — an wahrhaft grossen Baumeistern[1]).

Auf eingerammten Pfählen wird nie von selbst eine freie und grossartige Architektur sich entwickeln. Die einzigen bisherigen Gebäude, welche grossartig gedacht heissen können, die Kirchen S. Giovanni e Paolo und S. Maria de' Frari, waren Niccolò Pisano's Gedanken; dem Dogenpalast, so gross auch sein älterer (vorderer) Theil ist, wird man es immer ansehen, dass sein Erbauer unter den Eindrücken einer kleinräumigen Pracht aufgewachsen war[2]). Und diese Beschränkung ging nun auch der venezianischen Renaissance nach, und alle folgenden Baustyle, die in den Lagunen geherrscht haben, sind mehr oder weniger derselben unterlegen. Wir werden weiter unten finden, dass auch ein Jacopo Sansovino sich beugte. Der einzige Andrea Palladio leistete erfolgreichen Widerstand.

Von jenen grossartigen baulichen Dispositionen, wie wir sie in Brunellesco's Basiliken finden, von dem mächtigen Ernst florentinischer und sienesischer Palastfassaden, von der toscanischen und römischen Wohlräumigkeit des Hallenbaues giebt kein Gebäude Venedigs im Styl der Frührenaissance einen Begriff. Man war weder des Platzes genugsam Herr noch des festen Bodens sicher. Um so ergiebiger ist das

---

[1]) Die meisten wichtigern Bauten werden der Künstlerfamilie der Lombardi beigelegt, von welchen man einen ältern Martino Lombardo, einen Pietro L. mit zwei Söhnen Antonio und Tullio, einen Sante L. und einen späten Tommaso L. namhaft macht, anderer dieses Namens nicht zu gedenken. Allem nach zu urtheilen, waren sie wirklich Lombarden und verläugnen auch in ihren Sculpturen diese Herkunft nicht. — Girolamo Lombardi aus Ferrara steht, wie der gleichnamige Alfonso (von welchem bei Anlass der Sculptur ein Mehreres), in keinem Zusammenhang mit ihnen.

[2]) Man vergleiche damit z. B. das Stadthaus von Piacenza.

damalige Venedig an einzelnen überaus netten decorativen Effecten zu Nutz und Frommen des jetzigen Platz sparenden Privatbaues. Die Composition im höhern Sinn, nämlich nach Verhältnissen, ist an Kirchen und Palästen meist null, aber das Arrangement geschickt und die Phantasie reich und durch kein Bedenken gehemmt. Das Äussere wird an Kirchen und Palästen mit zwei, drei Ordnungen von Pilastern bekleidet, ohne dass man sich auch nur die Mühe nähme, die obern Ordnungen durch grössere Leichtigkeit zu charakterisiren, oder einen Gegensatz in den Flächen auszudrücken (S. Maria de' miracoli, Seitenfronte der Scuola di S. Marco etc.). An den Hauptfassaden sind die Pilaster wohl mit Arabesken oder mit Nischen ausgefüllt, cannelirt, in der Mitte durch Scheiben von rothem oder grünem Marmor unterbrochen u. dgl.; überall sonst haben sie ihr eigenes vertieftes Rahmenprofil, welches ihnen die Bedeutung einer Stütze, eines Repräsentanten der Säule benimmt und sie selber zum blossen Rand eines Rahmens um das betreffende Mauerfeld macht. Von einem nothwendigen Gradverhältniss zwischen der Pilaster- und der Friesdecoration trifft man kaum eine Ahnung. Für den obern Abschluss der Kirchenfassaden erlaubte man sich fortwährend die fröhliche runde Form in verschiedenen Brechungen; seit dem Bau von S. Marco war die venezianische Baukunst daran gewöhnt und hatte auch in der gothischen Zeit damit barock genug zu schalten gewusst. — Auch an den Palastfassaden behielt man die bisherige Anordnung (Seite 155) bei, nur im neuen Gewande. Die schöne Wirkung der offenen Loggien in der Mitte der Hauptstockwerke ist nicht das Verdienst des neuen Styles, sondern das einer alten Sitte. Die zwischen den Fenstern, Thüren, Gesimsen und Pilastern übrigbleibenden Flächen wurden mit bunten Steinscheiben in symmetrischer Zusammenstellung, an den Kirchen auch wohl mit Nischen, Sculpturen u. s. w. ausgeschmückt.

Im Innern sind die Paläste grössern Theils verbaut; was von Treppen und Sälen einigen Eindruck macht, ist durchgängig spätern Ursprunges. Das Erdgeschoss ist weder entschieden als blosser Sockelbau, noch als mächtiges Grundstockwerk behandelt, und diese Halbheit raubt natürlich der untern Halle jede höhere architektonische Bedeutung, wenn sie auch — in Verfall und Verkommenheit — oft ein ganz malerisches Interieur gewährt. Höfe sind entweder nicht vorhanden oder ohne Belang[1]).

Das Innere der Kirchen ist je nach der Aufgabe sehr verschieden.
a Die älteste des betreffenden Styles ist wohl unläugbar S. Zaccaria, begonnen 1457 (von Einigen dem Martino Lombardo zugeschrieben). Der Chorbau ist noch zum Theil gothisch, Umgang und Capellenkranz von gleicher Höhe damit. Die gewölbten drei Schiffe ruhen auf Säulen über hohen geschmückten Piedestalen, der Chor nach Art einiger romanischer Kirchen auf Säulengruppen. Im Detail wagt hier die Frührenaissance höchst unsichere und barocke Formen. (Wulste der Säulen, mittlere Simse des Capellenkranzes u. s. w.) Die Fassade ist mit Ausnahme des Erdgeschosses wohl um mehrere Jahrzehnte neuer; in ihren vielen Stockwerken und runden Abschlüssen zeigt sie zuerst jene nur in Venedig so ausgebildete[2]) Schreinerphantasie, welche die Bauformen aus reinem Vergnügen an ihrer Wirkung vervielfacht, ohne sie zum Ausdruck von Verhältnissen zu benützen. Diese Wirkung aber, erhöht durch das Material und ein grosses decoratives Geschick, ist für den flüchtigen Blick eine sehr angenehme.

b Nahe mit diesem Bau verwandt, nur einfacher, ist S. Michele (1466), welches Martino's Sohn, Moro Lombardo, angehört. Flachgedeckte Säulenkirche, schon vorn durch einen fast gleichzeitigen Lettner unterbrochen; hinten drei Tribunen ohne Umgang. An der Fassade ist ausser den runden Abschlüssen die unbeholfene Rusticabekleidung bemerkenswerth, eine florentinische Anleihe.

c Es folgt das kleine Juwel unter den venezianischen Kirchen: S. Maria de' miracoli, 1480 unter Mitwirkung des Pietro Lombardo erbaut. Es dauert eine Weile, bis das von einem „allerliebst" zu nennenden Eindruck beherrschte Auge sich gesteht, dass der

---

1) Bei diesem Anlass ist vorläufig auf Pal. Pisani an Campo S. Stefano hinzuweisen, welcher zwar von Renaissance nicht mehr als die Zwischenhalle seiner beiden Höfe besitzt, als vollständigster Privatbau der Barockzeit aber von Interesse ist. Die grossen Schifflaternen in den untern Hallen dieser und anderer Paläste sind Ehrenzeichen des Seecommandos der Inhaber.

2) Vielleicht durch kleinliche Römerbauten, wie Porta de'Borsari in Verona, geweckte

bauliche Gehalt des Gebäudes fast null ist. Der grosse runde Abschluss, mit buntem Scheibenwerk ausgefüllt, erdrückt die beiden delicaten Pilasterordnungen; der mittlere Bogen der obern wird auf barbarische Weise breit gezogen, um der Thür unten zu entsprechen. Auch am Chor tragen runde Abschlüsse das Quadrat, auf welchem sich die kleine Kuppel erhebt. Innen hat das Schiff ein Tonnengewölbe; die bemalte Cassettirung ist sehr verschwärzt und geht ihrem Untergang entgegen. Der Chorbau, auf zierlicher Treppe mit Balustraden bedeutend erhöht (um darunter die Sacristei anzubringen), ist in Betreff seiner innern Gestalt ein florentinischer Gedanke auf venezianischem Boden. Die Pilasterbekleidung des Innern und Äussern ist fast ohne alle Abstufung als blosse Decoration mitgegeben; von dem Werth ihrer Ornamente wird unten die Rede sein.

S. Giovanni Crisostomo, 1483 von Tullio Lombardo erbaut, a
wiederholt die Anlage kleiner frühvenezianischer Kirchen (Seite 94, b) in einem neuen und höhern Sinne; das griechische Kreuz mit seiner Flachkuppel wird durch glückliche Abstufung in Haupträume und Eckräume, durch Schlankheit der Pfeiler zu einem perspectivisch reizenden Innenbau. Aussen zwar runde Mauerschlüsse u. a. Spielereien, aber einfaches und gutes Detail, wie auch im Innern. — Eine in den meisten Beziehungen entsprechende Nachbildung, S. Felice, ist etwa b
50 Jahre jünger. — Auch S. Giovanni Elemosinario ist (1527, von c
Scarpagnino) nach diesem Vorbild gebaut. — S. Maria Mater d
Domini (von Sansovino vollendet) nähert sich durch Verlängerung des vordern Kreuzarmes wieder mehr der Langkirche und hat minder leichte Stützen. — S. Maria Formosa mit ihren tiefen, durch Zwi- e
schenfenster verbundenen Capellen, durch welche das meiste Licht kömmt, ist ein unglückliches Gebäude. — Eine moderne Nachahmung des Systemes von S. Giovanni Crisostomo, vom Jahr 1806, bietet S. Maurizio. Auch die demolirte Kirche S. Geminiano (von Sansovino) f
hatte dieselbe Anlage.

Um 1500 wurde die Kirche S. Fantino begonnen; der Urheber g
ist unbekannt. Als sehr glücklich gedachter Binnenraum bildet sie die Vorstufe zu S. Salvatore (s. d.); nur dass statt der Kuppelgewölbe noch Kreuzgewölbe angewandt sind. Der Chor wurde 1564 von Sansovino hinzugebaut. — Neben all diesen dem Centralbau sich

nähernden Anlagen entstand noch 1509 eine einfache weitbogige Ba-
a silica: S. Pietro e Paolo in Murano.

Schliesslich sind ein paar niedliche kleine Bauten des Guglielmo
b Bergamasco hier mit zu erwähnen: die Capella Cornaro (rechts)
an SS. Apostoli, mit vier reichen Ecksäulen und einer Kuppel, — und
c das sechseckige Capellchen bei S. Michele (1530), mit einfachen Ecksäulen aussen, doppelten innen und einer Kuppel; ein geistlicher Pavillon.

Die Kreuzgänge dieses Styles, soweit sie noch zugänglich sind, bedeuten künstlerisch nicht viel. (Bei den Frari, S. Giovanni e Paolo, Carmine etc.[1])

Auf dem venezianischen Thurmbau lag damals wie in allen Zeiten die Verpflichtung einer Mauerdicke ohne Unterbrechung. Man wusste aus Erfahrung, dass der Thurm trotz aller Fundamentirung sich irgendwie senken würde, und wagte desshalb nur ganz oben eine freie durchsichtige Pfeilerstellung; alles Übrige wurde nur festes Mauerwerk, mit kleinen Nothfenstern. Es ist merkwürdig, dass die Renaissance nicht dennoch eine äussere Decoration versucht, dass sie sich fast durchaus mit Wandstreifen und etwa Einem Zwischengesims be-
d gnügt hat. Der einzige etwas reichere Thurm ist der isolirt stehende
e bei S. Pietro in Castello (1474). Ein anderer ganz origineller steht
bei S. Maria dell' Orto. Später (1510) gab Bartolommeo Buono dem
f Campanile von S. Marco sein hübsches Obergeschoss sammt Spitze. —
g Wenn die Torre dell' Orologio (1496 von Pietro Lombardo) wirklich erst nach mehrern Jahrzehnden ihre Seitenflügel erhalten hat, so war sie bis dahin der einzige Thurm mit vollständiger Pilasterbekleidung in mehrern Stockwerken. Von den übrigen Thürmen des XVI.
h Jahrhunderts ist der bei S. Giorgio de' Greci einer der elegantesten.
(Wohl mit der Kirche von Jac. Sansovino.)

Zwischen den Kirchen und Palästen stehen die Scuole, d. h. Bruderschaftshäuser, in der Mitte. In Venedig vorzüglich waren die geist-

* [1]) Ausserdem enthält Treviso, wie man sagt, treffliche Bauten der Lombardi: den Dom, die Madonna grande und S. Polo. Auch ihre Sculpturen in dieser und andern Kirchen derselben Stadt werden gerühmt.

lichen Zünfte oder Confraternitäten durch Schenkungen und Vermächtnisse zu einem grossen Reichthum gelangt, welcher damals wie aller corporative Besitz noch nicht beim ersten besten Gelüste oder Bedürfniss des Staates für gute Beute erklärt werden konnte; vielmehr durfte und musste er sich am hellen Tage zeigen. Vor Allem durch Schönheit des Locales.

Die Scuola di S. Marco, bei S. Giovanni e Paolo, erbaut a
1485, hat eine der prächtigsten Fassaden des ganzen Styles. (Man nimmt an, Martino Lombardo habe den baulichen Entwurf, Pietro Lombardo das Decorative geliefert; die Bildwerke theils von Mastro Bartolommeo, theils von Tullio Lombardo.) Vom Innern hat nur noch die untere Halle ihre alte Gestalt; schlanke Säulen auf hohen gutverzierten Piedestalen tragen eine Holzdecke; vorzüglich gebildete hölzerne Consolen vermitteln beides. Das Gebäude ist jetzt als Eingangshalle mit dem zum Spital eingerichteten Dominikanerkloster verbunden. — Die Fassade ist eins der wichtigsten geschichtlichen Denkmale des alten venezianischen Lebens, dessen ganze elegante Fröhlichkeit sich darin ausgesprochen hat. Wenn es sich aber um den Kunstgehalt handelt, so rechne man etwas nach, wie z. B. Bogen jeden Grades unter sich und mit Giebeln abwechseln, wie sinnlos die Fenstersäulen mit handbreiten und dabei über und über verzierten Pilastern begleitet sind, wie wenig die Stockwerke sich unterscheiden, wie der Fries und das Ornamentband zwischen den Capitälen mit einander concurriren u. s. w. Wir sagen diess nicht, um dem Beschauer den Genuss zu verderben, sondern um den grossen toscanischen Baumeistern neben den venezianischen Decoratoren ihren Vorrang nicht zu schmälern. Die letztern haben übrigens hier in der wunderbaren Fröhlichkeit der obern Abschlüsse und deren durchbrochen gearbeiteten Zierrathen etwas in seiner Art Einziges hingestellt.

Ein graziöser Rest eines Bruderschaftsgebäudes, um einige Jahre
älter (1481) und ebenfalls vom Styl der Lombardi, ist der kleine Vor- b
hof von S. Giovanni Evangelista; zwei Wände mit Pilastern; hinten die Mauer mit der Thür nach dem innern Hof — diese einfachen Elemente sind mit liebevollster Pracht behandelt. (Hinten im Hof das schon etwas mehr dem classischen Styl genäherte Frontstück einer Kirche, vom Jahr 1512.)

a Aber diess Alles wurde überboten durch die Scuola di S. Rocco, begonnen 1517 nach einem Entwurf des Pietro Lombardo (?), ausgeführt durch eine Reihe von Architekten bis auf Sansovino herab. Hier handelt es sich nicht mehr allein um decorirte Pilaster; blumengeschmückte Säulen treten sammt ihren Gebälken in zwei Stockwerken vor; pomphafte Fenster, ein reichfigurirter Oberfries, eine Incrustation mit farbigen Steinen vollenden den Eindruck mährchenhafter Pracht; auch die übrigen Seiten des ganz frei stehenden Gebäudes sind reich ausgestattet; im Innern ist die ganze untere Halle, das reichere Abbild derjenigen in der Scuola di S. Marco, sowie die Treppe noch b aus dieser Zeit. (Die nahe Kirche S. Rocco erhielt ihre Fassade später nach dem Vorbilde derjenigen der Scuola.) Einem Eindruck von diesem Range gegenüber ist es vielleicht vergebliche Mühe, auf den Mangel aller wahren Verhältnisse aufmerksam zu machen. Das Formenspiel, mit welchem der Blick abgefertigt wird, ist ein zu angenehmes.

c Einfacher und kleiner: die Scuola bei S. Spirito; — von Jac. Sansovino (s. unten): Scuola di S. Giorgio de' Schiavoni; von dessen Schüler Aless. Vittoria: Scuola di S. Girolamo. — Noch die späte Barockzeit sucht sich in Gebäuden dieser Art der Pracht jener erstgenannten auch äusserlich zu nähern: Scuola di S. Teodoro; — Scuola del Carmine etc.

Vor den Palästen mögen einige andere Profanbauten erwähnt werden, welche ebenfalls für die Baugesinnung des damaligen Venedigs bezeichnend sind.

Wie die Frührenaissance überhaupt auch in ihren Kriegsbauten einen heitern Eindruck erstrebt, so ist diess auch hier bei der Pforte d des Arsenals (1460) der Fall. Merkwürdig sind an diesem Ziergebäude die noch fast byzantinisch gebildeten Blätter an den Capitälen. — Gegen Ende des XV. Jahrhunderts erbaute Bartolommeo e Buono aus Bergamo die „alten Procurazien" am Marcusplatz als Amtswohnung für die Procuratoren von S. Marco und als grossen Inbegriff einer Menge von Bureaux. Die innere Einrichtung ist jetzt nirgends mehr zu erkennen, immer aber wird dieses Gebäude verglichen mit dem Ernst der in ähnlichem Zweck etwa 80 Jahre später erbau-

ten Uffizien zu Florenz den grossen Unterschied der Zeiten bezeichnen; ohne eigentliche Pracht, z. B. ohne plastischen Schmuck, als
blosser Horizontalbau mit Hallen verschiedenen Ranges, giebt es doch
in hohem Grade den Eindruck eines glänzenden, fröhlichen Daseins.
— Ein anderer, etwas späterer Bergamaske, Guglielmo, errichtete
für eine Corporation 1525 am Rialto den Palazzo de' Camer- a
linghi, jetzigen Appellhof, in dem prächtigen Styl der Privatpaläste,
aber etwas gedankenlos. — Der gegenüberliegende Fondaco de' b
Tedeschi, jetzige Dogana, von Fra Giocondo da Verona
1506 erbaut, ist zwar ohne diese plastische Pracht, als einfache grosse
Waarenhalle und Factorei mit vielstöckigem Pfeilerhof erbaut, allein
Tizian und seine Schüler bemalten die sämmtlichen Aussenmauern,
sodass dieser Fondaco, wohl erhalten, eins der ersten Gebäude Italiens sein würde. Leider ist dieser malerische Schmuck bis auf wenige Spuren (an der Canalseite) verloren. — Als städtische Bureaux
und Waarenhalle sind auch die einfachen Fabbriche Vecchie c
(ebenfalls beim Rialto) 1520 von Scarpagnino erbaut[1]), welchen
in der Folge 1555 Jac. Sansovino die etwas reichern, mit Pilasterordnungen bekleideten Fabbriche nuove beifügte. Auch diese d
Gebäude machen trotz der absichtlichen Schlichtheit immer einen
stattlichen, venezianischen Eindruck.

Auf ihrem Höhepunkt angelangt (seit 1500) erhielt die venezianische Renaissance die Aufgabe, den grossen Hof des Dogenpa- e
lastes mit der erdenklichsten Pracht auszuschmücken; es geschah
durch Antonio Bregno und Antonio Scarpagnino. An
zwei Seiten kam nur das Erdgeschoss und das zunächst folgende Hallenstockwerk zu Stande; die dritte wurde nebst der entsprechenden
Rückseite gegen den Canal ganz vollendet.

Wahrscheinlich mussten eine Menge von Wünschen und Meinungen berücksichtigt werden; wahrscheinlich wurde selbst der Plan mehrmals geändert. Näher verantwortlich sind die Architekten wohl nur für die beiden untern Geschosse — eine rundbogige Halle auf

---

[1]) Mit Übergehung eines, wie Vasari versichert, ungleich schönern Planes von Fra Giocondo.

Pfeilern und darüber eine spitzbogige auf Pfeilern mit vorgesetzten Säulen — und auch hier waren sie gebunden durch die Verhältnisse, welche Calendario dem Aussenbau gegeben hatte. Man darf nicht mit allzufrischen Erinnerungen von einem Pal. di Venezia in Rom, einem Pal. Riccardi in Florenz, vollends nicht von den Bauten Bramante's hereintreten. Die sämmtlichen obern Stockwerke des Hinterbaues sind dann blosse Decoration eines unter schwankenden Entschlüssen allmälig zu Stande gekommenen Innern. Die unabsichtliche Unsymmetrie, welche auf diese Weise in die Fassade kam, ist beinahe ein Glück zu nennen, da die Architekten wohl ohnehin für eine wahre Composition im Grossen nicht ausgereicht hätten. Es kommt dabei freilich zu krausen Extremen: Fenster desselben Stockwerkes von verschiedener Höhe, doppelte Friese u. a. m., was man über dem ungeheuern Reichthum der Decoration vergessen muss. Die Canalseite ist einfacher und am Sockel facettirt. — Die artige kleine Fassade links von der Riesentreppe hat Guglielmo Bergamasco 1520 hineingebaut; sie möchte leicht das Beste am ganzen Hofe sein.

---

a Von den Privatpalästen ist Pal. Vendramin-Calergi datirt mit der Jahreszahl 1481 und dem Namen des Pietro Lombardo. Die Säulenordnungen, welche vor die Fassade gesetzt sind, die grossen halbrunden Fenster, das bedeutend vorragende Gesimse und der beträchtliche Maassstab geben diesem Gebäude ausser der ungemeinen Pracht auch einen gewissen Ernst, ohne dass in den Verhältnissen irgend eine höhere Aufgabe gelöst wäre. Die Adler im obern Fries entsprechen auf nicht eben glückliche Weise den Säulen. Die Pilaster des Erdgeschosses, welche der cannelirten mittlern und der glatten obern Säulenordnung entsprechen, sind für ihre Function viel zu zart gebildet.

Alle andern Paläste dieses Styles werden als „in der Art der Lombardi", „aus der Zeit der Lombardi" bezeichnet, aber ohne nähere Beziehung. Am Canal grande, vom Marcusplatz aus beginnend, ist
b die Reihenfolge diese: (Links) der kleine Pal. Dario, frühlich unsymmetrisch, mit bunten Rundplatten in verschiedener Anordnung verziert.
c — (Links) Pal. Manzoni-Angarani, besonders reich und schön,

mit einem Guirlandenfries über dem Erdgeschoss. — (Rechts) Pal. Contarini delle Figure, 1504, von kleinlich spielender Composition, a
mit einem unglücklichen Giebel über der mittlern Loggia; an den Mauerflächen aufgehängte Schilde und Trophäen. — (Rechts) Pal. Corner-Spinelli, vielleicht das einzige dieser Gebäude, welches b
ein höher gereiftes Gefühl für Composition verräth; ein hohes Erdgeschoss mit Rustica; darüber in zwei Stockwerken die Fenster ähnlich jenen an Pal. Vendramin, aber schön vertheilt. — (Links) Pal. Grimani a S. Polo, klein, zierlich, aber wieder etwas gedankenlos. c
— Jenseits des Rialto ist nur der genannte Pal. Vendramin von Be- d
deutung.

In andern Stadttheilen finden sich noch eine Anzahl mehr oder weniger reicher Fassaden. Eine gute an Pal. Trevisan hinter dem e
Dogenpalast; — eine artig spielende an Pal. Malipiero, auf Campo f
S. Maria Formosa, von Sante Lombardo zu Anfang des XVI. Jahrhunderts erbaut.

In Padua ist gerade die frühere Renaissance baulich nicht so vertreten, wie man es nach der weitgreifenden decorativen Wirksamkeit der dortigen Künstler erwarten sollte. Das schönste Gebäude dieser Gattung, die Loggia del Consiglio auf dem Signorenplatz, g
ist von dem schon oben genannten Ferraresen Biagio Rossetti erbaut. Die freie untere Säulenhalle, wozu das obere Stockwerk mit seinen Fenstern so glücklich eingetheilt ist, der edle Marmor, die Gediegenheit der wenigen Zierrathen, die Lage über der Treppe, der Contrast mit dem venezianischen Engbau — diess Alles giebt zusammen einen köstlichen Eindruck.

An den Privatgebäuden macht sich das damalige Schicksal Padua's als venezianischer Landstadt (seit 1405) empfindlich geltend. Hundert Jahre später unterworfen, könnte es eine Physiognomie haben wie Bologna. Statt dessen sind seine Portiken dürftig, seine Palazzi sehr mässig. Ein heiteres kleines Gebäude ist die sog. Casa di Tito h
Livio (Pal. Cicogna), unweit vom Dom, an deren Fassade allerlei kleine farbige Marmorplatten symmetrisch um die Fenster herum vertheilt sind; ein grosses sehr elegantes Mittelfenster beherrscht das

Ganze. (Wahrscheinlich war die Fassade einst bemalt.) — Mit Falconetto tritt dann der Styl des XVI. Jahrhunderts in sein Recht.

In Vicenza übersieht man zu leicht neben den Bauten Palladio's die schönen Werke der frühern Renaissance, die doch als allgemeine Zeugnisse eines schon früher vorhandenen Bausinns es erst recht erklären, wie ein solcher Meister aufkommen und eine so glänzende Laufbahn in der eigenen Heimath finden konnte.

a Im Hof des Vescovato (beim Dom) ist eine zierliche kleine Halle vom Jahr 1494 erhalten; unten Rundbogen, oben eine Fensterreihe mit Pilastern und geradem Gebälk. — Unweit von der Basilica Pal-
b ladio's findet sich das steinerne Häuschen N. 1828, noch halbgothisch, obwohl vom Jahr 1481, kenntlich an dem Motto: Il n'est rose sans espine; eines der allerniedlichsten Gebäude dieser Art, mit kleeblattförmig vortretenden Balcons, deren Consolen aus Laubwerk, Greifen, Füllhörnern bestehen; die obern Fenster mit Candelabern eingefasst, ihre Zwischenräume mit gemeisselten Arabesken verziert. Ein gleichzeitiger Nebenbau von Mauerwerk war mit farbigen Arabesken
c bemalt. — Ein grösserer Palast, dessen freie untere Halle durch Aufhöhung des Bodens halb vergraben worden ist, steht beim Ponte de'
d Giangioli. — Das Haus N. 1944, mit dem Motto: Omnia praetereunt, redeunt, nihil interit, ist unten mit einer sonderbaren, gitterartigen Verzierung überzogen, sonst von guten Verhältnissen. — Schon aus
e der classischen Zeit stammt dann das Häuschen N. 1276, ein ganz merkwürdiger Versuch, selbst in den allerkleinsten Dimensionen monumental bedeutend sein zu wollen. Mit der Fassade gelang es; mit dem Höfchen doch nicht mehr.

Von da bis auf Palladio ist eine zwar nicht reichliche, aber doch nie zu lang unterbrochene Reihe von mehr oder weniger stattlichen Privatgebäuden vorhanden, welche die Vorstufen seiner Werke bilden.

Verona war die Vaterstadt eines der berühmtesten Architekten der Frührenaissance, des Fra Giocondo (geb. um 1435, starb nach 1514). Seine Thätigkeit gehörte meist dem Auslande an, doch hat er

in der Heimath wenigstens ein wichtiges Gebäude, den Palazzo a
del Consiglio (am Signorenplatz) hinterlassen. Bei grosser Eleganz ist dasselbe doch in der Anordnung weniger gelungen als die ähnliche Loggia del Consiglio zu Padua; viertheilig, sodass ein Pfeiler auf die Mitte trifft; die Flachrundgiebel der obern Fensterreihe an das Gesimse stossend; die Sculpturnischen in der Mitte nicht gut angebracht. Vorzüglich fein und gediegen ist das bauliche Detail (Gesimse, Archivolten etc.), weniger das bloss decorative. Die Spuren der gemalten Arabesken an sämmtlichen Mauerflächen sind so weit erhalten, dass man sich das Untergegangene hinzudenken kann. —
Sonst gilt z. B. noch das schöne Portal von S. Maria della Scala als b
Werk Fra Giocondo's; Anderes ist weder bedeutend, noch sicher von ihm.

Von den Privatpalästen der Frührenaissance ist kein einziger baulich wichtig; der Ersatz hiefür lag in der speciell veronesischen Sitte, die Fassaden von oben bis unten zu bemalen, wovon bei späterem Anlass.

Von den Kirchen ist S. Nazario e Celso gothisch angefangen c
und gegen 1500 ausgebaut; S. Maria in Organo vom Jahr 1481 (die d
Fassade 1592); erstere dreischiffig mit Pfeilern, letztere eine Säulenkirche mit Tonnengewölbe, einigermassen an S. Sisto in Piacenza erinnernd, nur dass der Fries über den Bogen mit vollfarbigen Geschichten bemalt ist. (Viereckige Kuppel.) Beide Kirchen sind mehr durch ihre decorativen Zuthaten bedeutend.

Brescia besitzt vor Allem einen höchst ansehnlichen Palazzo e
communale, der 1508 von einem einheimischen Künstler, Formentone, erbaut oder doch begonnen wurde. Das Erdgeschoss, nach lombardischem Brauch mehr als zur Hälfte eine offene Halle bildend, hat innen Säulen, aussen Pfeiler mit sonderbar hineingestellten Wandsäulen (an den Seitenfronten nur glatte Pilaster); in den Bogenfüllungen tiefe Medaillons mit Büsten römischer Kaiser u. s w.; der Fries trägt bereits tüchtige Löwenköpfe. Das Obergeschoss tritt, wie am Pal. del Podestà zu Bologna, beträchtlich zurück; die Balustrade, welche einigermassen vermitteln sollte, ist nur vorn aus-

geführt. Die Wanddecoration — dünne Pilaster mit derben Arabesken, Schilde mit schwarzen Halbkugeln, Einrahmungen von grauem Marmor — hat einen spielend decorativen Charakter. Zu diesem Ganzen componirte später Jacopo Sansovino den reichen vegetabilischen Fries mit Putten und das Kranzgesimse, Palladio aber die schönen Fenster, deren Obersims mit Consolen seinen Styl leicht verräth. (Die Attica modern, der kleine Anbau rechts wohl ebenfalls von Formentone.)

Von einfacherer, älterer Renaissance sind die links gelegenen
a Prigioni, in der Mitte durch eine hübsche Durchgangshalle unterbrochen. — Privatpaläste sind wenige oder keine aus dieser Zeit vor-
b handen; Pal. Longo, an sich nicht eben bedeutend, gehört schon dem Styl des XVI. Jahrhunderts an.

Endlich eine der wunderlichsten Kirchen der Frührenaissance:
c S. Maria de' miracoli. Die Fassade, im Styl der Lombardi, hat ganz die engräumige venezianische Pracht, welche deren Bauten bezeichnet; das heiterste Detail — unterhöhlt gearbeitete Arabesken, runde Freibogen als obere Mauerabschlüsse etc. — kann den Mangel an Composition nicht ersetzen. Innen ein griechisches Kreuz mit vier Eckräumen; sonderbarer Weise haben hier diese letztern und der mittlere Kreuzraum Tonnengewölbe, während 4 Kuppeln (zwei höhere und zwei niedrigere) auf die vier Kreuzarme vertheilt sind; der Chor ein hinterer Anbau mit Tonnengewölbe. Candelaberartige Säulen zwischen den Hauptpfeilern isoliren die einzelnen Räume; die Durchblicke gewähren mit dem eigenthümlichen Lichteinfall ganz angenehme Architekturbilder, wozu der Reichthum des Einzelnen — hier eher im Styl eines Scarpagnino — ebenfalls beiträgt. Unter den Versuchen im Gebiet des Vielkuppelsystems ist diess Gebäude einer der gewagtesten. (Die obern Theile des ganzen Innern sind durch Rococostuccaturen nicht gerade entstellt, doch ihres wahren Charakters be-
d raubt.) — An S. Maria delle grazie verdient der artige kleine Hof mit dem Brünnchen wenigstens einen Blick.

---

e In Bergamo ist die an S. Maria maggiore angebaute Capelle Colleoni innen stark erneuert, aussen eine bunte, reiche und in ihrer

Art graziöse Composition, aus schwarzem, weissem und rothem Marmor, mit einer Menge von Sculpturen und den feinsten Prachtarabesken. Der Oberbau hat etwas Spielendes.

Es mag nicht sehr methodisch scheinen, wenn wir bei einem so vorzugsweise decarativem Baustyl die Werke der Decoration im engern Sinne besonders aufzählen, zumal da manche derselben von den nämlichen Künstlern herrühren, welche die Schicksale der Baukunst im Grossen bestimmten. Vielleicht aber wird man uns einstweilen der Übersicht zu Gefallen beipflichten.

Die Anfänger der Decoration dieses Styles sind nur zum Theil Architekten; ausser Brunellesco hat auch der Bildhauer Donatello und wahrscheinlich auch der paduanische Maler Squarcione einen bedeutenden Antheil an diesem Verdienst; der letztere war selbst in Griechenland gewesen, um antike Fragmente aller Art zu erwerben. Die Gunst, welche die neue Zierweise fand, ist um so erklärlicher, als das Decorative gerade die schwächste und am meisten mit Willkür behaftete Seite der bisher herrschenden italienischen Gothik gewesen war; zudem musste die begeisterte Anerkennung, welche der gleichzeitig neu belebten Sculptur entgegen kam, auch derjenigen Kunst zu Statten kommen, welche für die möglichst prächtige Einrahmung der Sculpturen sorgte. In der technischen Behandlung der Stoffe, des Marmors, Erzes, Holzes, waren die Fortschritte für beide Künste gemeinsam.

Die Gegenstände waren dieselben, wie bisher, allein die Behandlung und der Aufwand wurden offenbar bedeutender. Wenn man einzelne wenige Prachtarbeiten der gothischen Zeit, wie die Gräber der Scaliger in Verona, die Gräber der Könige Robert und Ladislas in Neapel, den Altartabernakel Orcagna's in Florenz ausnimmt, so hat schon an äusserm Reichthum die Renaissance das Übergewicht. Man vergleiche nur in Venedig die gothischen Dogengräber mit denjenigen des XV. und des beginnenden XVI. Jahrhunderts. Die Schmuckliebe

15*

ist überhaupt grösser geworden, was sich z. B. schon in der Malerei auf das Deutlichste zeigt.

Über die wichtigern Gattungen der betreffenden Denkmäler ist vorläufig Folgendes anzudeuten:

Die freistehenden Altäre mit Tabernakeln auf Säulen kommen fortwährend, doch minder häufig vor.

Eine besonders grosse Ausdehnung gewinnt der sculpirte Wandaltar; unten, an der Vorderseite des Tisches mit Reliefs, oben über dem Tische mit Statuen oder Reliefs in reicher architektonischer Einfassung versehen. Bisweilen wird die ganze betreffende Wand als grosse Prachtnische mit Bildwerk und Ornamenten aller Art ausgebildet.

Steinerne Chorschranken, Balustraden u. dgl. erhalten oft eine überaus prachtvolle Decoration.

Sängerpulte und Orgellettner werden ebenfalls nicht selten mit dem grössten Luxus ausgestattet.

Die Kanzel dagegen verliert den umständlichen Säulenbau und steht entweder auf einer Säule oder hängt auch nur an einem Pfeiler des Hauptschiffes. Der reichste decorative und figürliche Schmuck wird fortwährend daran angebracht.

Die Bodenmosaiken, wo sie noch vorkommen, wie in der sixtinischen Capelle und in den Stanzen des Vaticans, in der Grabcapelle des Cardinals von Portugal in S. Miniato bei Florenz, in der Capelle des Pal. Riccardi daselbst, u. a. a. O., wiederholen die bekannten Ornamente der altchristlichen Zeit und des Cosmatenstyles. (Eine besondere Gattung sind die von Marmor verschiedener Farben
a eingelegten Geschichten, welche den Boden des Domes von Siena ausmachen, und von welchen auch im Mittelschiff des Domes von
b Lucca ein Muster, das Urtheil Salomo's, vorkömmt.) Im Ganzen wandte man die vorhandenen Mittel nicht mehr auf einen Luxus des Fussbodens, dessen übermässige Pracht den Blick von den Bauformen abgezogen hätte. Die grossen Baumeister fühlten, dass eine einfache Abwechselung von Flächen, in Marmorplatten von 2 oder 3 Farben ausgedrückt, am ehesten in Harmonie stand mit dem Gebäude selbst[1]).

[1]) Eine besondere Gattung, deren seltene alte Beispiele gleich hier vorweg zu erwähnen sind, bilden die glasirten Ziegelböden, welche Teppichmuster nachzuahmen scheinen, zum Theil aus der florentinischen Fabrik der Robbia, von welchen z. B.

Ein ausserordentlicher Luxus, dessen Fülle jetzt noch in Erstaunen setzt, wurde auf die Grabmäler verwandt. Gegen das manierirte italienisch-gothische Grab gehalten, ist das Renaissancegrab in jeder Beziehung im Vortheil. Der bisherige Sarcophag auf Säulen oder Tragfiguren, mit seiner unsichtbar hoch angebrachten liegenden Statue, der Tabernakel auf Säulen mit seinem Gemälde im tiefen Schatten, seinen allzuhoch aufgestellten Statuetten, seinen Vorhangziehenden Engeln u. s. w. — diess Alles wurde schön und sinnvoll in vernünftigen Verhältnissen umgestaltet. Das Ganze bildet in der Regel eine nicht zu tiefe Nische, in welcher unten der Sarcophag steht; auf diesem liegt entweder unmittelbar oder über einem zierlichen Paradebette die Statue. Im obern Halbrund findet man insgemein eine Madonna mit Engeln in Hochrelief, oder auch die Gestalten von Schutzheiligen. Die Pfosten der Nische, die Enden des Sarcophages, die Ansätze und die Mitte des obern Bogens erhalten dann noch je nach Umständen eine Anzahl von Statuetten oder Relieffiguren, welche Heilige, Kinderengel (Putten), Allegorien etc. darstellen. An Gräbern von Kriegern und Staatsmännern, die zumal in Venedig und Neapel vorherrschen, macht sich eine sehr vielgestaltige Composition, bisweilen auch schon ein Missbrauch der Allegorien geltend.

In den Sacristeien und in der Nähe der Klosterrefectorien finden sich oft reichverzierte Brunnen.

Das Gitterwerk einzelner Kirchenräume ist nicht selten mit vielem decorativem Geschick behandelt.

Die wenigen ehernen Kirchenpforten, die man hauptsächlich um ihrer Sculpturen willen betrachtet, sind durchgängig (Ghiberti's Thüren) in decorativem Betracht nicht minder bewundernswerth.

Die Holzdecoration (Chorstühle, Sacristeischränke etc.) wird unten im Zusammenhang erörtert werden.

Rafael die (jetzt ganz ausgetretenen) Bodenplatten für die Loggien bezog. Etwas besser * erhalten: einige Reste in den Stanzen des Vaticans. Aus früherer Zeit: diejenigen in der Capella Bentivoglio, in S. Giacomo maggiore zu Bologna; — und diejenigen in der fünften Capelle links zu S. Petronio ebenda, letztere sechseckige Plättchen mit Ornamenten und Figuren. — In Neapel dauert die Sitte noch heute.

In profanen Gebäuden ist aus begreiflichen Ursachen weit weniger von dem alten Zierrath zu finden, als in Kirchen, und das Wenige (einzelne Thüren, Kamine u. dgl.) ist nicht immer leicht sichtbar. Da die Wände fast bis unten mit Teppichen bedeckt wurden, so contrastirten sie nicht wie bei ihrer jetzigen Nacktheit gegen die ge-
a schnitzte und vergoldete Decke. In einzelnen Beispielen (sixtinische
b Capelle, Sala de' Gigli im Pal. vecchio zu Florenz) wurde auch für den Anblick bei weggenommenen Teppichen durch bloss gemalte gesorgt. — Wir rechnen übrigens im Nachstehenden nicht nur die gemalten Einfassungen von Räumen, Öffnungen und Gemälden, so weit sie von sprechender Bedeutung sind, ebenfalls zu dieser Gattung, sondern die Decorationsmalerei im weitern Sinne. Mit einer Übersicht der Denkmäler der letztern wird vorliegender Abschnitt schliessen.

Die Architektur und das Arabeskenwerk an diesen Ziergegenständen ist noch bis über die Hälfte des XV. Jahrhunderts hinaus einfach im Vergleich mit dem spätern Raffinement, ja selbst befangen und unsicher. Vielleicht waren es weniger die grossen Baumeister, als die Bildhauer und Maler, welche die Ausbildung dieses Kunstzweiges bis zur höchsten und edelsten Eleganz übernahmen. (Wobei freilich nicht zu vergessen, wie oft die drei Künste damals in Einer Hand beisammen waren, sodass nur der Zufall über die grössere Beschäftigung und Anerkennung in einer derselben entschied.)

Die Arabeske des XV. und beginnenden XVI. Jahrhunderts ist eine fast selbständige Lebensäusserung der damaligen Kunst; von verhältnissmässig gewiss sehr wenigen, bloss plastischen antiken Vorbildern (Thürpfosten, Friesen, Sarcophagen) ausgehend, hat sie das Höchste erreicht aus eigenen Kräften. Ich glaube, ohne es beweisen zu können, dass dem Desiderio da Settignano ein wesentlicher Theil dieses Verdienstes angehört. An den ihm zugeschriebenen Werken ist die Arabeske und das Architektonische vielleicht am Frühsten ganz edel und reich gebildet. Von seiner Werkstatt ging dann Mino da Fiesole aus, der ihm eine ausserordentliche Gewandtheit und Delicatesse in der Behandlung des Marmors verdankte. Mino's Stellung in Rom erleichterte wahrscheinlich die rasche Verbreitung der ohnehin leicht mittheilbaren Decorationsmotive, die man denn auch an weit auseinander gelegenen Orten bisweilen fast identisch wiederfindet.

Eine grosse Umwandlung trat, wie wir sehen werden, mit der Entdeckung der Titusthermen ein. Das neue, aus Malerei und Plastik wunderbar gemischte System, welches man ihnen, vielleicht auch andern Resten entnahm, fand seinen reichsten und schönsten Ausdruck in den Loggien des Vaticans.

Von dieser Leistung an geht es rasch abwärts. Sowohl die gemalte, als die in Marmor und Stucco gebildete Decoration wird fast plötzlich nicht mehr mit derjenigen Liebe zum Einzelnen behandelt, welche ihr bisher zu Statten kam; sie geräth in eine völlige Abhängigkeit von den grossen baulichen Gesammteffecten, welche sich nicht mehr durch zierliches Einzelnes wollen stören lassen; sie muss der Architektur ihre inzwischen empfindungslos und willkürlich gewordene Profilirung, ihre Behandlung der Flächen u. s. w. nachmachen, anstatt durch Reichthum gegen ein einfacheres Ganzes contrastiren zu dürfen. (Diess ersetzt sich gewissermassen durch den grössern Maassstab der plastischen Figuren, welche jetzt erst in bedeutender Menge lebensgross und selbst colossal verfertigt werden.) — Innerhalb der Verzierungsweise selbst zeigt sich ebenfalls grosse Entartung. Das von Rafael so genau abgewogene Verhältniss des Figürlichen zum bloss Ornamentistischen und beider zur Einrahmung geräth ins Schwanken; ersteres wird unrein und oft burlesk gebildet (z. B. die Masken jetzt als Fratzen); letzteres verliert in den vegetabilischen Theilen den schönen, idealen Pflanzencharakter, dessen Stelle jetzt eine conventionelle Verschwollenheit einnimmt; ein allgemeiner Stoff, einem elastischen Teige vergleichbar, wird in Gedanken willkürlich vorausgesetzt. (Sehr kenntlich ausgesprochen in den sog. Cartouchen, bei welchen man sich vergebens frägt, in welchem Material sie gedacht seien.) — Im Verlauf der Zeit wird die ganze Gattung wieder von der Architektur und von der Sculptur absorbirt; d. h. die Gegenstände selbst, Altäre, Kanzeln, Grabmäler, Thürpfosten u. s. w., werden fortdauernd in Masse gefertigt, aber sie haben keinen eigenen, abgeschlossenen Styl mehr, sondern sind Anhängsel der beiden genannten Künste.

Wir greifen hier absichtlich tief in das XVI. und selbst in das XVII. Jahrhundert hinab, um eine Menge von Einzelheiten mit einem Mal vorzubringen, die sich bei den spätern Epochen der Baukunst (wo sie der Zeit nach hingehören) sehr zerstreut ausnehmen würden. Dem Styl nach ist es ohnedies meist ein Nachklang der Frührenaissance, für deren schönen und reichen Anblick die Decoration des spätern Systemes keinen rechten Ersatz gewährte, und die man daher stellenweise reproducirte.

Verschollen und verschwunden sind natürlich alle jene prächtigen Decorationen des Augenblickes, von welchen Vasari eine so grosse Menge mitten unter den bleibenden, monumentalen Kunstwerken aufzählt. Die Begeisterung, mit welcher er die Bauten und Geräthe für Festzüge, die Triumphbogen und Theater für einmalige Feierlichkeiten schildert, lässt uns die Fülle von Talent ahnen, dessen Entfaltung und Andenken mit dem hinfälligen Stoff, mit Holz, Leinwand und Stucco unwiederbringlich dahingegangen ist.

Auch die Aufzählung der decorativen Werke beginnt wie die der Bauwerke billig mit Florenz, und zwar mit Brunellesco selbst. Ohne völlige Sicherheit, aber mit grosser Wahrscheinlichkeit kann man
a ihm den Entwurf zu der Lesekanzel des Refectoriums und zu dem
b Brunnen von dessen Vorraum in der Badia bei Fiesole zuschreiben; in der leichten, edeln, auf das Ganze gehenden Zierweise spricht sich mehr der Architekt als der Bildhauer aus. In der Kirche sind die
c Aufsätze der beiden Thüren des Querschiffes sicher von ihm; von dem artigen Giessbecken mit zwei Putten in dem hintern Nebenraum rechts, durch welchen man in die Kirche geführt wird, lässt sich diess weniger behaupten. Die Leibung einer Thür im Hof mit einfach edeln Arabesken ist wohl wieder von seiner Erfindung. — Nach diesen
d Werken zu urtheilen, kann der sehr prächtige, fein incrustirte Orgellettner von S. Lorenzo mit seinen kleinlichen Motiven nicht von Bru-
e nellesco entworfen sein. Aber der köstliche Brunnen in dem linken Nebenraume der Sacristei, mit den Drachen an dem Brunnstock und

den Löwenköpfen an der untern Schale, möchte vielleicht sein Bestes in dieser ganzen Gattung und eines der trefflichsten Zierwerke der Frührenaissance überhaupt heissen dürfen.

G h i b e r t i geht als Decorator in Erz sogleich weit über die Schranken der Arabeske hinaus, am Anfang noch mit einiger Scheu, zuletzt ohne Rückhalt. Die Pfosten seiner drei Thüren haben an der a
Innenseite nur flache Arabesken, die späteste (mit den Thürflügeln Andrea Pisano's) gerade die schönsten; an den Aussenseiten dagegen stellte er Fruchtgewinde und Vögel, auch Köpfe u. a. m. in voller unterhöhlter Arbeit dar, an der Nordthür noch mässig, an der Ostthür sehr reich und schön, an der spätesten, südlichen schon überreich und naturalistisch, als wäre der Guss über den Gegenstand selbst gemacht worden. An den Pforten der Ostthür sind die Einrahmungen zwar zum Stoff und zur Function trefflich gedacht, in der Einzelform aber nicht ohne einen barocken Anklang. An den b
beiden Reliquienkasten (s. unten) ist das Ornament mehr als billig untergeordnet.

D o n a t e l l o ist in seinen Decorationen überaus gewagt. (Einfassung seiner Annunziata in S. Croce, nach dem fünften Altar rechts, c
des wunderlichen Madonnenreliefs in der Capelle Medici ebenda, mit d
buntem Glas; reiche Nische an Orsanmichele mit der Gruppe Veroc- e
chio's.) Es ist mehr die muthwillige Seite der Frührenaissance, welche mit ihrem von Rom geholten Reichthum noch nicht Haus zu halten weiss. Von seinem Bruder, dem schon genannten S i m o n e , rührt das prächtige eherne Gitter an der Capelle der Madonna della Cintola im f
Dom von Prato her, mit den durchsichtigen Friesen und Seitenfriesen von Rankenwerk und Figürchen, und den Palmetten und Candelabern als Bekrönung; ebenso die Einrahmung der Hauptpforten von S. Peter g
in Rom. — Ausserdem stammt wohl von Simone ein gewisser einfacherer Typus von Grabmonumenten, welcher schon seit Mitte des XV. Jahrhunderts, vielleicht zuerst am Grabe des Gianozzo Pandol- h
fino († 1457) in der Badia und dann noch öfter recht schön vorkömmt. Er besteht in einer halbrunden, mit Laubwerk eingefassten Nische, in welcher der mehr oder weniger verzierte Sarcophag aufgestellt ist; die Wand darunter wird durch wohl eingefasste farbige Steinplatten als eine Art Unterbau charakterisirt. (S. Croce, Capella i

a del sagramento; S. Annunziata, fünfte Capelle rechts; Dom von Prato, hinterste Capelle links u. s. w.)

b Ein sehr artiger Zierbau Michelozzo's ist das Sacellum des vordern Altars in S. Miniato mit seinem Tonnengewölbe voll glasirter Cassetten. Viel prachtvoller, nur leider durch einen barocken Auf-
c satz des vorigen Jahrhunderts entstellt, der Tabernakel in der Annunziata zu Florenz (links vom Eingang); mit farbigem Fries, Cassetten-
d werk etc. (Womit zu vergleichen: seine unruhig reiche Decoration in der Capelle des Pal. Riccardi.)

Von einem Schüler Donatello's, dem oben (S. 183) als Bau-
e meister genannten Bernardo Rosellino, ist das Grabmal des Lionardo Aretino im rechten Seitenschiff von S. Croce; bei aller Pracht noch etwas befangen, sodass der noch ganz rechtwinklig gestaltete Sarg auf schweren Stützen ruht; auch das Postament kleinlich, der Teppich der Bahre mit Raffinement verziert.

Die Bronzedecorationen, welche von Verocchio und Ant. Pollajuolo vorhanden sind, haben bei jenem etwas Schwülstiges und
f Schweres (mediceischer Sarcophag, in der Sacristei von S. Lorenzo in Florenz), bei diesem etwas barock Spielendes (Bronzegrabmal Six-
g tus IV in der Sacramentscapelle von S. Peter in Rom). Beide aber, und Pollajuolo zumal, entwickeln einen glänzenden Reichthum an Zierformen; der letztere hat sich nur durch das Motiv eines Paradebettes zu weit führen lassen, während der erstere das Motiv des Gitters (Strickwerk) auch auf den Sarg ziemlich unglücklich anwandte.

Ein bedeutender neuer Anstoss war inzwischen in die Renaissance gekommen durch Desiderio da Settignano. Das einzige
h grosse Werk desselben, das Grabmal des Carlo Marzuppini im linken Seitenschiff von S. Croce (nach 1450), wurde früher hauptsächlich wegen der naturalistischen Wahrheit einzelner Ornamente bewundert; wir erkennen darin den höchsten decorativen Schwung und Styl, der durch griechische, nicht bloss römische Muster geläutert scheint. Hier ist alle Willkür verschwunden; die glücklichste Unter- und Überordnung macht auch den vollsten Reichthum geniessbar. Was vielleicht später nicht wieder in dieser Reinheit und Pracht erreicht wurde, ist vorzüglich das Rankenwerk am Sarcophag. — Auch an dem Wandtabernakel
i der Schlusscapelle des rechten Querschiffes in S. Lorenzo ist das wenige

Ornament sehr schön. (Das Christuskind von Baccio da Montelupo.) Wahrscheinlich eher von Desiderio als von Verocchio ist auch die prächtige eherne Basis, welche jetzt in den Uffizien (zweites Zimmer a der Bronzen) eine antike, ebenfalls eherne Statue trägt. Sie will nicht ein freies Ornament, sondern ein reich verziertes Postament von wesentlich architektonischem Charakter sein. Die Reliefs auf zwei Seiten sind ebenfalls trefflich und würden dem Desiderio entsprechen.

Desiderio's Schüler war nun der in Florenz und Rom vielbeschäftigte Mino da Fiesole, durch welchen, wie es scheint, die florentinische Renaissance erst recht weit in Italien herumkam. Mino hat in einzelnen florentinischen Arbeiten seinen Lehrer nahezu erreicht; man wird namentlich in den beiden Grabmälern der Badia (des Ber- b nardo Giugni 1466 und des Grafen Hugo 1481, im rechten und linken Kreuzarm der Kirche) eine Fülle des herrlichsten decorativen Lebens in beinahe griechischen Formen, in den edelsten Profilen bemerken. Auch der Altar in der Capelle del miracolo in S. Ambrogio ist or- c namentistisch von ähnlichem Werthe. In der Annunziata hat die köst- d liche Sacristeithür etwas von Mino's Styl.

Allein die römischen Arbeiten entsprechen dieser Schönheit nicht ganz. Bei Anlass der römischen Renaissance wird wieder davon die Rede sein.

Von Benedetto da Majano ist die Kanzel in S. Croce, schon e in decorativer Beziehung eines der grössten Meisterwerke, leicht und prachtvoll. Wahrscheinlich um das zarte Gebilde nicht zu stören, versteckte der Meister die Treppe kunstreich in den Pfeiler selbst, an dessen Rückseite das schöne Thürchen mit eingelegter Arbeit den Eingang bildet[1]. — In ihrer Art ebenfalls vom Allertrefflichsten: die Marmorthür in der Sala de' Gigli des Pal. vecchio, mit zart figurirtem f Fries und Capitälen. — Von den Prachtthoren, die Benedetto's Bruder Giuliano in Neapel errichtete, ist schon Seite 195 die Rede gewesen. — Als Decoratoren in Holz werden Beide noch einmal zu nennen sein. In der Sagr. nuova des florent. Doms, wo das Getäfel von ihnen ist, kann der marmorne Brunnen, der so viel geringer ist als

[1]) Die decorativ und plastisch so viel geringere Kanzel in S. Maria novella, von Maestro * Lazzero, ist als Vorstufe dieser zu vergleichen.

ihre Marmorarbeiten, kaum auf ihre Rechnung kommen. (Eher auf
a die eines gewesenen Buggiano, von welchem der Brunnen in der
Sagrestia vecchia und der Reliefmedaillon Brunellesco's ebenda
herrührt.)

Dem Giuliano da San Gallo werden die beiden schönen
b Gräber der Capelle Sassetti in S. Trinità zugeschrieben. Sie sind vielleicht die schönsten des (S. 233, h) bei Anlass des Simone di Donatello
erwähnten Typus und überdiess durch zierliche Reliefs interessant.
(Copien nach Motiven antiker Sarcophage etc.)

Von unbekannten Meistern sind die Zierarbeiten der Certosa.
Sehr ausgezeichnet und früh, ja an diejenigen Brunellesco's erinnernd:
c der Brunnen des dritten Hofes als Sarcophag auf verschlungenen
d Drachen ruhend; das Lesepult im Refectorium.

Den Auslauf der Marmordecoration in das Derbe, Schattige und
Kräftige zeigen hier die Arbeiten des Benedetto da Rovezzano:
e die zu seinen Reliefs in den Uffizien (Gang der toscanischen Sculp-
f tur) gehörenden Einfassungen, das Kenotaphium des Pietro Soderini
g († 1522) im Chor des Carmine, das Kamin im Saal des Pal. Roselli
h del Turco und das Grabmal des Oddo Altoviti in der nahen Kirche
SS. Apostoli (linkes Seitenschiff). Die Arabeske sucht mit der nachdrücklicher gewordenen architektonischen Profilirung Schritt zu halten;
sie vereinfacht sich und verstärkt ihr Relief. — Von Benedetto ist auch
die Decoration der Kirchthür. — Noch eher der Frührenaissance zu-
i gewandt: die ebenfalls dem Benedetto zugeschriebene Thür der Badia
(gegen den Pal. del Podestà hin).

Auch ganz späte Arbeiten sind nicht zu übersehen. So beweisen
k die beiden marmornen Orgellettner in der Annunziata — reiche Balustraden mit Consolen über Triumphbogen —, dass selbst die Detailformen
der Frührenaissance zu solchen Zwecken bis gegen Ende des XVI.
Jahrhunderts hie und da wiederholt wurden, als es daneben längst
ein neues (aber freudloseres) Ornament gab. — Dagegen giebt das
l Piedestal von Benv. Cellini's Perseus an der Loggia de' Lanzi
den beginnenden Barockstyl in seiner zierlichsten Gestalt. — Bandi-
m nelli in den decorativen Theilen seiner Basis vor S. Lorenzo verfährt ungleich schöner und mässiger.

Neben all diesen Bemühungen, dem Marmor und Metall das reichste und edelste decorative Leben mitzutheilen, gab die Schule der R o b b i a das lehrreiche Beispiel weiser Beschränkung. Ihr Stoff, der gebrannte und glasirte Thon, hätte zur Noth eine Art von Concurrenz gestattet, allein in dieser goldenen Kunstzeit giebt sich kein Material für das aus, was es nicht ist, sondern jedes lebt unverhohlen seinen innern Bedingungen nach. — Die Robbia, welche lieber schön brennen und zart und gleichmässig glasiren als grosse Platten auf einmal fertig machen wollten, setzten ihre Arbeiten aus vielen Stücken zusammen und verhehlten die Fugen nicht, während der Marmor in den grössten Blöcken bearbeitet wurde. Ausserdem konnten sie mit demselben auch in der Schärfe der Behandlung nur mühsam wetteifern. Ihre Arabesken sind daher bescheiden. Allein sie ersetzen, was abgeht, durch Kraft und Tiefe der Modellirung, durch reichliche Anwendung von Fruchtkränzen, welche Strenge und Fülle in hohem Grade vereinigen, hauptsächlich aber durch die drei oder vier Farben (gelb, grün, blau, violett), welche lange Zeit und absichtlich ihre ganze Palette ausmachen. Das bloss Plastische, das farbige Plastische und das bloss Gemalte wechseln in klarster und bewusstester Abstufung. Es genügt einstweilen, auf ein Meisterwerk wie der Sacristeibrunnen in a
S. Maria novella hinzuweisen. (Vgl. Seite 228, Anmerkung.)

Die Fahnen- und Fackelhalter an einzelnen Palästen, durchgängig von geschmiedetem und gefeiltem Eisen, mit herabhängenden Ringen, beweisen in ihrer einfach schönen Behandlung ebenfalls die allgemeine Kunsthöhe, welche jedem Stück sein besonderes Recht widerfahren liess. Da sie zu dem Ernst der Rusticabauart passen mussten, so ist es leicht, sie an Pracht zu überbieten, aber für ihre Function bedurften sie der derben Form. An Pal. Strozzi sind auch noch die ge- b
waltigen und dabei reichen Ecklaternen des C a p a r r a (eigentlich Nic. Grosso) erhalten; eine ähnliche auch an Pal. Guadagni. Es ist, als c
ginge aus der Ecke des Gebäudes ein Strahl von Strebekraft in das Eisenwerk hinein.

In P i s a folgt die Renaissance hier wie im Grossen der florentinischen.

a Vielleicht das Schönste von Allem ist hier das Weihbecken im
rechten Seitenschiff des Domes; Italien erhält reichere, aber kaum
b ein edleres. — Möglicher Weise von derselben Hand: das Lesepult,
auf einem Adler ruhend, am Chor.

Im XVI. Jahrhundert arbeitete ein gewesener S t a g i (wie man
c behauptet, unter dem Einfluss Michelangelo's) das Grabmal des Gamaliel, Nicodemus und Abdias im rechten Seitenschiff, die Nische mit
d einem heiligen Bischof im rechten Querschiff des Domes und das
e Grabmal Dexio im Campo santo; lauter schwüles, überladenes Arabeskenwerk, das schon an die gleichzeitige neapolitanische Schule (um 1530, s. unten) erinnert. Benedetto da Rovezzano mit seiner einfachern Derbheit war auf einer richtigern Spur gewesen. Von Stagi oder eher von einem unbekannten Meister: die beiden figurirten Ca-
f pitäle auf der Osterkerzensäule und auf der gegenüberstehenden, im Chor des Domes.

g In S. Sisto: zwei einfach schöne marmorne Weihbecken. (Bei
h diesem Anlass sind die beiden in S. Marco zu Florenz nachzuholen.)

In L u c c a ist, abgesehen von wenigen ältern Sachen, wie z. B.
i das energische Portal des erzbischöflichen Palastes, der grosse Bildhauer M a t t e o C i v i t a l i auch für die Decoration der erste und der letzte. Seine Behandlung verräth die Schule Settignano's und die Genossenschaft des Mino da Fiesole, aber er ist durchgängig ernster, architektonischer, auch weniger fein und elastisch als die beiden. Im
k Dom ist von ihm der Zierbau des Tempietto (1484), eine Aufgabe, die vielleicht andere Zeitgenossen graziöser gelöst hätten, ohne doch einen höhern Eindruck hervorzubringen. Sodann die Kanzel (1498), die Einfassung des Grabmals des Petrus a Noceto (1472) und vielleicht auch die ganze untere Einfassung der Sacramentscapelle, beides im rechten Querarm, sowie die schönen decorativen Theile seines Regulus-Altares (1484), zunächst rechts vom Chor. Auch die Marmorpilaster in der hintersten Capelle des linken Querarmes werden ihm
l zugeschrieben. — In S. Salvatore ein Marmorrahmen um ein Altar-

bild. — In S. Frediano der neuere Taufbrunnen (als Nische) in der Nähe des alten. a

Die Weihbecken der lucchesischen Kirchen meist schön.

In Siena empfängt uns die Renaissance gleich beim Eintritt in den Dom mit den beiden marmornen Weihbecken, deren eines von b Jacopo della Quercia herrührt. (Einen antiken Fuss hat keines von beiden.) Es giebt einfach schönere Weihbecken des entwickeltern Styles in andern Kirchen von Toscana, aber keine prachtvollern. Die Aufeinanderfolge von Flachsculpturen, stützenden Statuetten, Festons, Adlern und Wasserthieren als Trägern der Schalen etc. giebt einen wahrhaft reichen und festlichen Eindruck. Die Fische im Innern der Schalen wird man der übergrossen Verzierungslust zu Gute halten[1].

Als eine Familie von Decoratoren in Marmor, und zwar wohl unabhängig von den gleichzeitigen Architekten, lernt man zunächst die Brüder Marzini kennen, deren Werke in die Jahre um 1500 fallen. Noch etwas alterthümlich: die Steinbank rechts in der Loggia des c Casino de' Nobili, mit besonders schöner Rückseite (vorgeblich nach dem Entwurf Peruzzi's, der aber damals wohl noch zu jung war. Die Bank links ist von einem ältern Meister). Von höchster Pracht und d Vollendung: die kleine Fronte der Libreria im Dom (mit einem Re- e lief des Urbano von Cortona) und der unvergleichliche Hauptaltar der Kirche Fontegiusta (1517), an welchem nicht bloss die Ornamente der ebengenannten Arbeit vollkommen gleich am Werthe, sondern auch die Figuren von höchster Bedeutung sind. Die Engel und Engelkinder, der Fries von Greifen, ganz besonders das Relief der Lunette — der todte Christus mit drei Engeln — gehören zum Schönsten und Ausdruckvollsten, was die Sculptur der rafaelischen Epoche geschaffen hat. An keinem der damaligen römischen Grabmäler wüsste ich z. B. eine Lunette von diesem Werthe nachzuweisen. — (In S. Martino soll sich ein anderer sculpirter Altar derselben Meister befinden.

---

[1]) So weit ich mich erinnere, ist auch das eine Weihbecken im Dom von Orvieto von ähnlichem Styl und Werth. a

Mehr durch seine Ornamente und Proportionen im reinsten Styl der
Blüthezeit als durch seine (zum Theil auch sehr guten und als Jugend-
a arbeiten Michelangelo's geltenden) Figuren behauptet der grosse Altar
Piccolomini im Dom (linkes Seitenschiff, zunächst vor der Fronte der
Libreria) eine classische Stelle unter den damaligen Zierbauten. Als
Meister wird ein gewesener Andrea Fusina von Mailand genannt,
der das Werk in Rom gearbeitet haben soll. Ein Triumphbogen umgiebt die Nische, in welcher sich der zierliche Altar erhebt. (Dem-
b selben Andrea soll auch das schöne Denkmal des Erzbischofes Birago
in der Passione zu Mailand, hinten rechts, angehören.)

Sodann hat Baldassare Peruzzi in der aus Stucco be-
c stehenden Wandbekleidung der runden Capelle San Giovanni (im Dom,
linkes Seitenschiff) den besten Geschmack in der Verzierungsweise der
Blüthezeit bekundet. Er hatte die Sculpturen des Neroccio, die Fresken Pinturicchio's einzurahmen und zugleich den Organismus seines
Baues zu behaupten. (Die Kuppel leider später; das Portal ein pomp-
haftes und überladenes Werk, schwerlich nach Peruzzi's Erfindung.)

Von einfachern Altareinfassungen enthält z. B. S. Domenico zwei.
In der Regel hat der Barockstyl mit seinen weit und schattig vortretenden Säulen und Giebeln diese mässigen, flachen Pilasterarchitek-
turen verdrängt oder verdunkelt. — Reich, aber schon von zweideu-
d tigem Styl: die Treppe zur Kanzel im Dom.

Ausserdem ist Siena classisch für die bronzenen oder eisernen
Fahnenhalter und Fackelhalter mit Ringen, welche im XV. Jahrhundert an den toscanischen Palästen angebracht wurden. Zwar übertreffen die genannten Laternen am Palast Strozzi in Florenz an Ruhm
e Alles von dieser Gattung, doch dürften diejenigen am Palazzo del
Magnifico zu Siena (1504), von Ant. Marzini, ihnen im Styl überlegen sein, wie sie denn zu den schönsten Erzzierrathen der Renais-
f sance gehören; eherne auch an Pal. della Ciaja; an den übrigen
Palästen (auch Piccolomini) ist das Material meist Eisen. — Es ist
nicht bloss die Schönheit des einzelnen Stückes, mit seinen Akanthusblättern und seinen energischen Profilen, was uns diese Kleinigkeiten
werth macht, sondern viel mehr der Rückschluss auf den Humor und
die echte Prachtliebe jener Zeit, die Monumentales verlangte in Fällen,
wo wir uns mit dem Flitter des Augenblickes zufrieden geben.

Das hübsche kleine Weihbecken in der Sacristei des Domes zu a
Siena, emaillirt und auf einen Engel gestützt, von Giov. Turini, und das noch einfachere bronzene in der Kirche Fontegiusta (zweite b
Säule links) von Giov. delle Bombarde (1480) haben durch denselben monumentalen Ernst, der auch im Kleinen sich nicht zur leeren Niedlichkeit bequemt, eine Bedeutung, die weit über den absoluten Formgehalt hinausgeht.

Lorenzo Vecchietta, als Bildhauer nur ein manierirter fleissiger Nachfolger des Quercia und Donatello, als Maler den bessern Zeitgenossen weit nachstehend, hat als Decorator in Marmor und in Bronze einen eigenthümlichen Werth. Das eherne Ciborium (Sacra- c
menthäuschen) auf dem Hochaltar des Domes, wovon sich in der Academie (Grosser Saal) die Originalzeichnung befindet, hat durch d
seine originelle energische Bildung auf die ganze sienesische Zierweise Einfluss gehabt; er selbst bildete (vorher oder später) den marmornen e
Aufsatz des Taufbrunnens in San Giovanni ähnlich; ein kleineres bronzenes Ciborium in der Kirche Fontegiusta (2. Altar rechts), schöner f
als diese beiden Arbeiten und in seinen untern Theilen fast griechisch lebendig, ist entweder von ihm oder von einem Schüler. Guss und Ciselirung sind durchgängig trefflich. — Das Marmorciborium auf dem g
Hochaltar von San Domenico giebt dasselbe Motiv freilich im allerreinsten und schönsten Styl der Blüthezeit wieder, sodass man es den Sienesen kaum verargen kann, wenn sie darin eine Jugendarbeit Michelangelo's [1]) erkennen wollen.

Auch Jacopo della Quercia selbst muss hier noch einmal erwähnt werden, wegen des glücklich gedachten Eisengitters an der h
Capelle des Palazzo pubblico.

Auf dem Wege von Florenz nach Rom sind ausser den genannten und noch zu nennenden Arbeiten hier noch einige anzuführen, die ich an keiner besondern Stelle unterzubringen weiss.

In S. Domenico zu Perugia, 4. Capelle rechts, ist die ganze Al- i
tarwand mit einer grossen Decoration von Stuccaturen und Gemälden

1) Im Dom von Forli wird ebenfalls das Ciborium dem Michelangelo zugeschrieben.

dieses Styles bedeckt. (Etwa um 1500.) Nur als Specimen merkwürdig; das Gemalte, z. B. die Engel und Putten der obern Lunette, passen durch ihren grössern Maassstab nicht zu den Wandstatuetten der Madonna und der beiden anbetenden Engel.

a Im Dom von Spello der Tabernakel des Hauptaltars, eine Kuppel auf vier Säulen, in graziöser und früher Renaissance.

b Im Dom von Narni, rechts, eine Altarnische sammt dem zunächst davor stehenden Bogen, beide als Triumphbogen in Stucco behandelt; noch XV. Jahrhundert.

In Rom beginnt, abgesehen von einigen frühern Arbeiten des Filarete und Anderer, der reichere Luxus des Marmorornamentes mit den 1460er Jahren und erreicht ein Jahrzehnd später eine unbeschreibliche Fülle und Pracht. Ich bin nicht im Stande, das Beste und Reinste aus dem Gedächtniss näher zu bezeichnen, oder die Entwicklung dieses Zweiges der Ornamentik historisch zu verfolgen, glaube aber, dass das grösste Verdienst, wenn nicht der Erfindung, doch der Verbreitung dieser eleganten Formen dem Mino da Fiesole angehört, welcher damals (s. unten) in Rom eine ganze Anzahl von marmornen Gräbern u. a. Prachtarbeiten schuf. Man beachte, dass von seinem Hauptwerke, dem Grabmal Pauls II., nur die figürlichen Theile (in der Crypta von S. Peter) gerettet, die decorativen dagegen untergegangen sind. — Unter den Grabmälern sind diejenigen spanischer Prälaten, welche durch Calixt III. und wohl noch durch Alexander VI. noch Rom gezogen worden sein mögen, vorzüglich zahlreich. — Pollajuolo's Arbeiten wurden schon genannt.

c Von Portaleinfassungen ist diejenige an S. Marco des
d Giuliano da Majano (S. 192) selber würdig. Auch diejenige an S. Giacomo degli Spagnuoli sehr schön.

e Die Sängertribune der Capella Sistina, mit ihrer edeln, ernsten Pracht, ist für diese gegebene Stätte und Ausdehnung ein vollkommen vortreffliches Werk zu nennen. Auch die Marmorschranken, welche den Vorraum vom Hauptraum trennen, sind vom Besten;
f ebenso die Balustrade der Capella Carafa in S. Maria sopra Minerva.

An den marmornen Altären überwiegt das Figürliche; doch sind auch die triumphbogenartigen Architekturen, welche dasselbe einfassen, nicht ohne Bedeutung. Der sehr grosse Hauptaltar von S. Sil- a
vestro in Capite und der Altar Innocenz VIII. in der Pace (eine der b
Capellen links im Achteck) sind vergoldet und nicht von reiner Form. Der herrliche Altar Alexanders VI. in der Sacristei von S. M. del c
Popolo ist auch in decorativer Beziehung der edelste dieser Gattung. Andere Altäre derselben Kirche, z. B. derjenige der 4. Capelle rechts d
und derjenige im Gange vor der Sacristei, bieten nur drei einfache e
Nischen mit Predella und Aufsatz.

An den Grabmälern bemerkt man wieder diejenigen Elemente, welche die florentinischen Decoratoren geschaffen hatten, allein mannigfach neu combinirt. Eine bestimmte Abweichung liegt dann in der fast durchgehenden Ausschmückung der Seitenpfosten der Nische mit kleinen Nischen, welche allegorische Figuren enthalten. Sodann kömmt das schöne Motiv einer über dem Sarcophag stehenden Bahre mit Teppich, welche die liegende Gestalt des Verstorbenen trägt, häufiger vor als in Florenz.

Weit die grösste Anzahl dieser Gräber enthält (seit S. Peter seinen derartigen Schmuck eingebüsst hat) S. Maria del popolo. f
Vor Allem die beiden Prälatengräber im Chor, welche der grosse Andrea Sansovino seit 1505 arbeitete. Sie geben gleich die höchste und letzte Form, welche das architektonisch angelegte Wandgrab erreichen kann; der Triumphbogen, auch sonst für Gräber oft angewandt, ist nirgends mehr mit dieser leichten Majestät behandelt; unter den Arabesken sind die des Sockels von den allerschönsten der ganzen Renaissance. — Die übrigen Prachtgräber, meist ebenfalls von Cardinälen und Bischöfen, füllen fast sämmtliche Capellen der Kirche an; alle Arten von Anordnung und Schmuck sind hier durch irgend ein Specimen repräsentirt. Die besten Ornamente vielleicht an dem Grab- g
mal Lonati (um 1500) im linken Querschiff, und an dem Grabmal h
Rocca (starb 1482) in der Sacristei. — In der Vorhalle von S. Gre- i
gorio ist das einfache Grabmal Bonsi (rechts) eines der schönstgeordneten; die beiden Brüder, welchen es gesetzt ist, sind durch zwei Reliefbüsten an der Basis des Sarcophages verherrlicht. Gegenüber das Grabmal Guidiccioni, erst vom Jahre 1643, aber mit Benützung

16*

der allerschönsten Arabesken, Capitäle etc. von einem Monument der
a Blüthezeit. — In der Kirche Araceli ist das Grabmal Gio. Batt. Savelli (1498, im Chor, links) sowohl plastisch als decorativ ausgezeichnet; am Sarcophag Genien mit Fruchtschnüren, unten Sphinxe.
b — In S. Maria sopra Minerva (Capella Carafa) zeigt sich der späte Pirro Ligorio als tüchtiger Decorator an dem Grabe Pauls IV., während in zahlreichen Grabmälern des XV. Jahrhunderts die damalige Zierweise verewigt ist; in dieser Beziehung eins der besten
c das des Petrus Ferrix (starb 1478) im ersten Klosterhof. — In SS.
d Apostoli enthält der Chor das prächtige Grab des Nepoten Pietro Riario (starb 1474), decorativ dem Grab Savelli ähnlich. — Eine An-
e zahl Grabmäler in dem bedeckten Hof hinter S. Maria di Monserrato.
f — In S. Pietro in Montorio contrastirt das schöne Grabmal links von der Thür (1510, von Dosio) mit den bloss plastischen Denkmälern Ammanati's, welche den Querbau einnehmen; — ebenso in S. Maria
g della Pace das Ornament der beiden links stehenden Grabmäler Ponzetti (1505 und 1509), beinahe von sansovinischer Schönheit, mit
h den späten überladenen Arabesken, womit Simone Mosca um 1550 die Fronte der 2. Capelle rechts überzog. Im Kreuzgang bei der
i Pace das decorativ vortreffliche Grab des Bischofs Bocciaccio (starb 1497). — Unter den Gräbern in S. Clemente hat das einfache des
k Brusato (rechtes Seitenschiff) die schönsten Arabesken. — Andere Grabmäler in vielen ältern Kirchen zerstreut.

Schon lange vor der Mitte des XVI. Jahrhunderts hört diese reiche Marmorornamentik an den römischen Gräbern fast völlig auf und macht einer Verbindung von blosser Architektur und Sculptur Platz. Bei Anlass der letztern werden wir darauf zurückkommen.

So Weniges Neapel an vollständigen Bauten der Blüthezeit moderner Baukunst aufzuweisen hat, so reich ist es dagegen an decorativen Einzelheiten, zum Theil der besten Renaissance, vom Triumphbogen des Alfons an.

l Eine ganze Schule dieses Styles gewährt die Crypta des Domes (1492), eine kleine unterirdische Basilica von drei gleich hohen flachgedeckten Schiffen, über und über mit Ornamenten bedeckt. (Oft gezeichnet, abgegossen und nachgeahmt.) Hier verräth sich nun die Renaissance nach ihren tiefsten Eigenschaften; sie genügt völlig, wo sie spielen darf; — alle Pilaster und die blossen Gewandungen, sowohl die horizontalen als die verticalen, mit ihren Arabesken, Blumen, Schilden, Guirlanden u. s. w. sind von der schönsten, leichtesten Wirkung; dagegen ist das Bauliche nur wenig organisch, die Profile zu dünn, das Tragende zu decorativ. Die menschlichen Figuren, die ohnediess auf keine Weise den Ornamenten ebenbürtig sind, auch lastend an der Decke anzubringen, war ein ganz speciell neapolitanischer Gedanke.

Das Übrige sind Nischen, Altäre und Grabmäler, in unübersehlicher Menge; an diesen Aufgaben bildete sich eine ganze grosse Decoratorenschule, welche jedoch erst im XVI. Jahrhundert und durchschnittlich erst in den nicht mehr reinen Werken durch bestimmte Künstlernamen repräsentirt ist: Giovanni (Merliano) da Nola, Girolamo Santacroce, Domenico di Auria, und eine Reihe Geringerer bis auf Cosimo Fansaga hinab, der noch in berninischer Zeit die Art der ältern Schule nicht ganz verläugnete. — Als Bildhauer ist selbst Giov. da Nola nur untergeordneten Ranges; das wenige plastisch Ausgezeichnete wird bei Anlass der Sculptur erwähnt werden. Als Decoratoren, ob von aussen abhängig oder nicht, wird man diese Künstler immer achten müssen, weil die Verbindung des Baulichen und des Figürlichen in ihren Werken im Ganzen eine sichere und glückliche ist, selbst wo die Figuren gering sind und nur gleichsam in den Kauf gegeben werden.

Was die Altäre betrifft, so dauern fürs Erste aus dem Mittelalter noch die den Altartisch bedachenden Tabernakel fort: reiche Bogen und Giebel auf 4 oder nur 2 Säulen und dann hinten angelehnt. In S. Chiara, zu beiden Seiten des Portals, ein gothischer a
und einer der Frührenaissance. — Sodann bildet sich gerade in Neapel der sculpirte Altar, mit Statuen und Reliefs in einer Wandarchitektur, oft Alles innerhalb einer grossen Nische, mit dem vollsten Luxus aus. Zum Zierlichsten gehören die Altäre zu beiden Seiten der Thür von b
Monte Oliveto (von Nola und Santa Croce); — prachtvoll und umständlich eine grosse Nische mit Altar in S. Giovanni a Carbonara c
(die Figuren zusammengesucht); ebenda noch Mehreres von ähnlicher

a Art; — in S. Lorenzo, 4. Capelle rechts, der Altar Rocchi, ausgezeichnet durch höchst delicate und schwungvolle Ornamente; — An-
b deres in S. Domenico maggiore, 7. Capelle links (Altar von Nola)
u. a. a. O. —

In den neapolitanischen Grabmälern verewigt sich eine kriegerische Aristocratie, wie in den römischen vorzugsweise eine hohe Priesterschaft; der Bildhauer durfte eher von dem altüblichen Motiv eines mit gefalteten Händen auf dem Sarcophag liegenden Todten abgehen und den Verstorbenen in der Haltung des Lebens darstellen, wobei auch die decorative Anordnung des Ganzen eine sehr verschiedenartige wurde.

Den florentinischen Typus trägt sehr deutlich das dem Antonio
c Rosellino zugeschriebene Grabmal der Maria d'Aragona (1470) in
der Kirche Monte Oliveto (Capelle Piccolomini, links vom Eingang).
d Selbst von Donatello will Neapel ein Grabmal besitzen, dasjenige
des Bischofs Rinaldo Brancacci († 1427) in S. Angelo a Nilo; vielleicht
dürfte sich die Theilnahme des berühmten Florentiners an diesem
Werke doch nur auf Einzelnes, etwa auf die beiden obern Engelkinder
beschränken; die Anordnung des Ganzen ist eher neapolitanisch und
bildet den Übergang von den Masuccio's zur neuern Art. — Als rit-
e terliches Grab bezeichnet denselben Übergang dasjenige des Sergianni
Caracciolo in der Chorcapelle von S. Giovanni a Carbonara.

f Ornamentistisch besonders werthvoll: im rechten Querschiff von
S. Maria la nuova das Grab des Galeazzo Sanseverino († 1477); —
g in S. Domenico magg. u. A. die Gräber in der Capelle del Crocefisso,
h namentlich die zweite Gruftcapelle links; im rechten Querschiff derselben Kirche das Grab des Pandono († 1514); — im Kreuzgang von
i S. Lorenzo der Sarcophag des Pudericus u. A. m.; — im Chor von
k Monteoliveto besonders das Grab des Bischofs Vaxallus von Aversa,
etc. — Man begegnet durchschnittlich denselben theils hoch, theils flach gearbeiteten Arabesken, welche damals in ganz Italien herrschend waren, wie denn die ganze neapolitanische Renaissance wenig ganz Eigenthümliches hat. Ich hätte darüber kurz sein dürfen, wenn diese Fragmente aus der Morgenfrühe der modernen Baukunst nicht gerade hier einen besondern Werth hätten. Das von massenhaften Barockbauten ermüdete Auge sucht sie mit einer wahren Begier auf.

Giovanni da Nola (s. d. Sculptur) ist vielleicht im Detail nirgends
mehr ganz rein, bei seinen Schülern tritt vollends jener Schwulst ein,
der das Architektonische wie das Vegetabilische des wahren Charakters beraubt. Als Ganzes wirken ihre Arbeiten immer; selbst den
(früher sehr überschätzten) Brunnen des Domenico di Auria bei a
S. Lucia wird man glücklich gedacht finden.

Einzelne gute Portale des XV. Jahrhunderts findet man am Gesù b
nuovo, an dem Bau neben der Annunziata, einfachere an S. Angelo c
a Nilo, an S. Arpino, u. a. a. O.

In Genua setzte sich die Zierweise der Renaissance wie der
betreffende Styl der Architektur und selbst der Sculptur nur langsam
durch. Er drang weniger von Toscana als von Oberitalien her ein.

Das frühste, noch halbgothische Denkmal, die Fronte der Johan- d
nescapelle im Dom, ist erst 1451 begonnen und das Ganze, abgerechnet die neuern Veränderungen, 1496 vollendet. Dieses einst
gewiss vorzüglich interessante Ziergebäude hat durch barocke Zuthaten im Innern seinen besten Reiz verloren; in der leichten und
schönen Anlage tönt er noch nach.

Sodann ist Genua vorzüglich reich an marmornen Thüreinfassungen, welche mit Arabesken oft reichen lombardischen Styles,
wenigstens mit Medaillonköpfen und prächtigem Obersims verziert sind.
Es war eine der wenigen möglichen Arten, dem kajütenhaften Wohnen in engen Strassen einen bessern Ausdruck zu verleihen. Die
besten, die mir zufällig vorgekommen sind, finden sich an einem Hause e
auf Piazza S. Matteo, an einem andern auf einem Plätzchen hinter
S. Giorgio, N. 1200, und im Hausflur eines grossen Gebäudes auf
Piazza Fossatello (von einer Kirche entlehnt?). Vgl. oben S. 198.

Der marmorne Orgellettner in S. Stefano ist eine leidliche, wahr- f
scheinlich florentinische Arbeit, vom Jahre 1499.

In S. Maria di Castello bildet die Nische des 3. Altars rechts, g
mit dem schönen Bilde des Sacchi (1524), der Innenbekleidung von
glasirten Platten, und der äussern Einfassung ein sehr artiges Ganzes.

Schon mehr antikisirend, in zum Theil sehr schöner Ausbildung,
die Decorationen des Montorsoli in S. Matteo, hauptsächlich die h

beiden einfachen Heiligensarcophage an den Wänden des Chores, auch die Altäre an beiden Enden des Querschiffes. — Ob die beiden
a ungeheuern Prachtkamine in den grössern Sälen des Pal. Doria auch von ihm sind, ist mir nicht bekannt.

Endlich siegt das Bemühen des reinen Classicismus auch hier
b für einen kurzen Augenblick. Der Tabernakel der Johannescapelle im Dom, von Giacomo della Porta (1532), ist eines der schönsten Decorationsstücke dieser Art, zumal was die Untensicht der Bedeckung betrifft. (Die Sculpturen an den Säulenbasen sind von Giacomo's Bruder Guglielmo.)

Mit der Decoration der oberitalischen Denkmäler (Venedig ausgenommen) können wir uns kürzer fassen. Die Seltenheit des Marmors nöthigte zur Arbeit in Sandstein, Kalkstein, Stucco, Terracotta. Zwar könnte ein fester künstlerischer Wille auch in diesen unedlern Stoffen ein Höchstes erreichen, allein die Durchschnittsbildung wird doch immer unter solchen Umständen eine geringere bleiben. Der weisse Marmor allein fordert den Künstler unablässig zum Fortschritt, zur Verfeinerung auf.

Den Übergang von der florentinischen Weise zur oberitalischen, hauptsächlich paduanischen, macht Bologna. Den vom Norden Kommenden mag die heitere Pracht, zumal der Backsteinzierrathen, wohl zunächst blenden, allein das praktische Studium wird doch erst bei den Marmorsachen von Florenz und Rom seine Rechnung finden. Nicht nur sind die bolognesischen Arbeiten oft bunt und überladen (man analysire nur einen Pilaster mit Putten, Delphinen, Candelaber, Schalen, Bändern, Fruchtgehängen etc.), sondern auch im Ausdruck des Einzelnen unfein, nicht empfunden, zumal die Sandsteinzierrathen[1]). Im XVI. Jahrhundert suchte der Baumeister Formigine sich etwas mehr der reinern antiken Form zu nähern, und manche der von ihm angegebenen Capitäle sind sehr schön (S. 207), allein in den Arabesken war er kaum wahrhaft lebendiger als die frühern. — Wir

[1]) Was die backsteinernen betrifft, so glaube ich, dass dieselben, wo sie sich identisch wiederholen, in hölzernen Modeln gepresst sind.

zählen nur Einiges von dem auf, was noch nicht bei Anlass der Architektur genannt wurde.

Zunächst eine Anzahl *Marmorschranken*, theils mit Gittern, theils mit enggestellten Säulchen oben, welche zum Verschluss der
Capellen in S. Petronio dienen. Das älteste, noch gothische Beispiel, a
4. Capelle links; — reiche und frühe Renaissance, 7. Capelle links;
— später und eleganter, 10. Capelle rechts; — das schönste 4. Capelle rechts, vom Jahr 1483; — einfach 6. Capelle rechts; — das
späteste, von Formigine, 8. Capelle rechts. — In S. Michele in bosco: b
die Mauern zu beiden Seiten des Chorgitters, die Pilaster und Thüren des Chores, vom Bessern des oberitalischen Styles.

Einzelne *Altarnischen* mit und ohne Schranken: in S. Martino c
maggiore die erste rechts (1529); in Madonna di Baracano die Ein- d
fassung der Hauptaltarnische, von der Bildhauerin Properzia de' Rossi,
die hier dem Formigine nachfolgt; — in SS. Vitale ed Agricola die e
Stuccoeinfassungen um die Fresken der grossen Capelle links, mit guten, bloss vegetabilischen Arabesken.

Die *Grabmäler* sind sammt und sonders im Styl der Arabesken weit geringer als die bessern florentinischen und römischen. Die an den Backstein und Sandstein gewöhnte Decoration konnte sich in die Vortheile des Marmors, wo sie an diesen kam, nicht hineinfinden.
Eine ganze Anzahl aus verschiedenen Kirchen stehen jetzt im Campo- f
santo bei der Certosa; andere noch in den Kirchen selbst. Ausnahmsweise arbeitet wohl ein Florentiner irgend ein Prachtstück in seiner
heimischen Art, wie z. B. *Francesco di Simone* das Grabmal g
Tartagni (1477) in S. Domenico (Durchgang zur linken Seitenthür); allein dieses ist doch nur eine plastisch und decorativ befangene Nachahmung des Grabmals Marzuppini (S. 234, h) und das Meiste, was sonst vorkömmt, ist noch viel geringer.

Als prächtige decorative Erscheinung ist das Stuccograbmal des
Lodov. Gozzadini im linken Seitenschiff der Servi (statt des 3. Altars) h
trotz seines Schwulstes diesen Marmorsachen vorzuziehen; von einem unbedeutenden Bildhauer jener Zeit, *Giov. Zacchio*. Auch das
einfachere Grabmal des Giac. Birro im Klosterhof von S. Domenico i
ist eines von den glücklich angeordneten des beginnenden Barockstyls.

Ein Gegenstück zu den metallenen Fackelhaltern der toscanischen Paläste (welche hier durch diejenigen am Pal. del Podestà nur mittelmässig repräsentirt sind) bilden die sehr stattlichen ehernen T h ü r - h ä m m e r, als springende Thiere u. dgl. in reicher Einfassung gebildet. An den zahlreichen Palastpforten, wo sie vorkommen, reichen sie allerdings nicht über das XVI. Jahrhundert und kaum in dasselbe hinauf.

---

a In P a r m a haben die zierlichen Pilaster an der Fassade von S.
b Sepolcro das Datum 1505. — Im Dom: die Marmorschranken der
4. Capelle rechts; dann unterhalb der Treppe gegen die südliche und
die nördliche Seitenthür hin zwei Grabmäler, das eine (der Familie
Carissimo) mit dem Namen des Sculptors Gio. Franc. da Grado bezeichnet, beide von den schönern Arbeiten der reifern oberitalischen Renaissance, ohne Figürliches. Im rechten Querschiff das rothmarmorne Denkmal des Barthol. Montinus 1507.

c Im Dom von R e g g i o nennt sich gleichzeitig (1508) der Goldschmied Barthol. Spanus als Verfertiger eines einfachen bischöflichen Nischengrabes mit der guten Statue des (schlafend dargestellten) Verstorbenen; Capelle links vom Chor. Anderes der Art dritte Capelle rechts.

In F e r r a r a, wo man von jeher dem Marmor weniger entfremdet war, steht die Bildung der Arabeske durchschnittlich etwas höher als in Bologna. Man lernt sie z. B. auf eine sonderbare Weise kennen an den Eckbekleidungen mehrerer sonst ganz schlichten Paläste, einer Art Programme einer künftigen durchgängigen Marmorbeklei-
d dung, zu welcher dann Zeit und Mittel fehlten. Die schönsten an Pal.
de' Leoni, der auch eine vorzügliche Thür aufweist (S. 212, e). — Die
e Pfeilerbasen in der Carthause S. Cristoforo haben ebenfalls sehr schöne
Arabesken, wobei man sogar den Namen Sansovino's zu nennen wagt.

f In M o d e n a ergiebt der Dom ausser einem guten Nischengrab (Molza, Capelle links vom Chor) ein paar merkwürdige grosse Altarnischen in beiden Seitenschiffen. Die schönste die des ersten Altares rechts, deren Füllungen von Dosso Dossi ausgemalt sein sollen.

V e n e d i g besitzt einen ungemeinen, aber einseitigen Reichthum an Ornamenten dieses Styles. Zwar liess es der gediegene Prachtsinn an weissem und farbigem Marmor, an Stoffaufwand aller Art nicht fehlen, sodass die äussere Aufforderung, schön zu bilden, so stark war als in Florenz und Rom. Allein sei es die grössere Entfernung von den römischen Alterthümern, sei es das Bewusstsein, dass der Besteller doch nur Pracht und Glanz zu würdigen verstehe — das Ornament kömmt nur in einzelnen Richtungen zu wahrhaft hoher Blüthe. Ihm fehlte auch die rechte Pflegemutter: die strengere Architektur, welche den Sinn für V e r h ä l t n i s s e im Grossen wie im Kleinen wach gehalten hätte.

Man muss hier das Ornament weniger an einzelnen Prachtarbeiten, an Gräbern und Altären aufsuchen; die vornehmern Gräber gehen nämlich schon frühe über die blosse Nischenform hinaus und werden grosse, ausgedehnte, selbst triumphbogenartige Wandarchitekturen mit Säulenstellungen und Statuen, neben welchen die Arabeske nur gleichsam in den Kauf gegeben wird; auch die Altäre nehmen eine mehr umständliche architektonische Bildung an. Während aber so die Zierdenkmäler zu Bauten werden, bleibt gerade die eigentliche Architektur, wie wir sahen, in ihrem Wesen decorativ, und so findet sich das Wichtigste von Arabesken hauptsächlich an der Aussenseite der Gebäude.

Der aufmerksame Beobachter wird bald bemerken, dass die bloss vegetabilischen, hauptsächlich für Friese passenden Arabesken im Schwung der Zeichnung und in der zugleich zarten und kühnen Reliefbehandlung den grossen Vorzug haben vor den mehr figürlichen, einen aufwärts strebenden Stamm umspielenden, welche anderweitig die Hauptverzierung der Pilaster sind. Es scheint, als hätte die Schule der Lombardi diess gefühlt; sie gab wenigstens auch den Pilastern sehr oft blosses Rankenwerk, ohne jene Schilde, Vasen, Greifen, Harpyjen, Täfelchen, Putten u. s. w. Später, zu Anfang des XVI. Jahrhunderts, folgen dann auch treffliche Pilasterbekleidungen der letztern Art, allein nur um bald einer öden Manier Platz zu machen. Im Ganzen ist man sich nur wenig klar darüber, dass tragende Glieder anders decorirt werden müssten als getragene. Unter den bessern, a n G e b ä u d e n vorkommenden Arabesken sind etwa beispielshalber folgende zu bezeichnen.

a Die Portalpilaster an S. Zaccaria. — In S. Maria de' miracoli
b hauptsächlich die Arabesken an der Balustrade über den Chorstufen,
an den Basen der Chorpilaster (mit Sirenen und Putten hübsch figurirt) und am Gesanglettner; die Friese der Chorschranken; die Pilaster der Thüren; das Übrige hat an sich nur mittlern Werth, hilft aber mit zum Eindruck eines in seiner Art einzigen Reichthums. — An der
c Scuola di S. Marco alle horizontalen und bogenförmigen Bauglieder mit dem schönsten Rankenwerk, auch die (zum Theil restaurirten) durchbrochenen Zierrathen und die Akroterien vorzüglich; die meisten
d Pilaster kaum mittelmässig. — Am Vorhof von S. Giovanni Ev. das
e Wenige sehr schön. — Am Hinterbau des Dogenpalastes (von Bregno und Scarpagnino) das Beste wohl die Arabeskenflächen im zweitobersten Stockwerk, die Pfeiler über der Riesentreppe und wahrscheinlich auch viele Fensterpilaster; wenigstens sind diejenigen an der Canalseite, welche man in der Sala dello Scudo und in der Sala de' Rilievi genau betrachten kann, die bestornamentirten in Venedig, von einem fast reinen Gleichgewicht des Ornamentalen und Figürlichen.
f — An der Scuola di S. Rocco ist das reiche Ornament durchgängig
g unrein, zumal an der Treppe. — Eine schöne Thür ist aussen am
h Gebäude der Academie (Westseite) eingemauert. — An S. Michele: die Pilaster der Pforte, die Basen der Chorpilaster, u. A. m.

Als nicht sehr frühe und doch noch ganz primitive Renaissance
i ist die marmorne Choreinfassung in den Frari (1475) geschichtlich bemerkenswerth.

In der Decoration und im Entwurf einzelner Denkmäler ist offenbar Alessandro Leopardo der Erste und der allein mit
k den Florentinern Vergleichbare. Seine Basis der Reiterstatue des Feldherrn Colleoni bei S. Giovanni e Paolo, datirt 1495, ist mit bewundernswerthem Takt componirt; leicht und schlank, mit sechs vorgelehnten Säulen, mit schönfigurirtem Fries und Sockel, hebt sie das ihr anvertraute, nichts weniger als colossale Bildwerk ausserordentlich, ohne doch durch allzugrosse eigene Ansprüche den Blick zu zer-
l streuen. Weltberühmt sind dann Leopardo's drei eherne candelaberartige Fussgestelle für die Flaggenmaste auf dem Marcusplatz, ebenfalls von glücklicher Composition und vortrefflichem Styl des Einzelnen.
m (Bei den Ornamenten der Capella Zeno in S. Marco möchten andere

Hände gewaltet haben, ausgenommen etwa an der Basis der Madonna, welche Leopardo's nicht unwürdig wäre.)

Für alles Übrige werden bestimmte Namen überhaupt nicht oder doch ohne genügende Sicherheit genannt, bis mit Guglielmo Bergamasco und J. Sansovino eine näher documentirte Reihe — freilich von geringerm ornamentalem Interesse — beginnt.

Im Dogenpalast enthalten die Sala de' Busti und die Camera a a
letto noch prächtige Marmorkamine aus der Schule der Lombardi; über gewundenen Säulchen und herrlichen Consolen etwas zu schwere Friese (sogar ein doppelter) und neuere Aufsätze.

Die Brunnen gaben in Venedig als blosse Cisternenmündungen kein geeignetes Motiv zu besonderm Schmucke her; doch musste den
beiden im Hof des Marcuspalastes eine Gestalt verliehen werden, die b
mit der Umgebung in Harmonie stand, was allerdings erst zur Zeit der beginnenden Barockformen (1556 und 1559, durch Conti und Alberghetti) geschah. Der eine ist ein vorzügliches Denkmal phantastisch reicher Decoration in der Art des Benvenuto Cellini, mit glücklicher Mischung des Zierrathes und des Figürlichen. — Von Sacristeibrunnen hat derjenige bei den Frari einen guten Marmorfries. c
— Ein ganz einfacher und sehr guter ist in der Hofhalle der Academie eingemauert.

Von Altären sind die beiden des Pietro Lombardo im Quer- d
schiff von S. Marco decorativ wohl die zierlichsten.

An Grabmälern hat wohl etwa der Sarcophag eine gute
Rankenverzierung (Grab Soriano in S. Stefano, links vom Portal, e
u. a. m.), dagegen sind die Arabesken der baulichen Einfassung, wie bemerkt, selten mehr als mittelmässig. Die Einfassung selbst ist als grosses Gerüst in der Frührenaissance meist sehr gut gedacht; ja
man könnte Denkmäler wie die Dogengräber im Chor von S. Gio- f
vanni e Paolo (Vendramin 1478, von Aless. Leopardo) und von
S. Maria de' Frari (Denkmal Tron 1472, von den Bregni) harmo- g
nischer finden als die Kirchenfassaden desselben Styles, zu welchen die organisirende Kraft nicht ausreichte; die genannten Gräber sind überdiess auch im Ornament gut. — Aber mit dem XVI. Jahrhundert wird dieses Gerüst auffallend einfacher, grösser und derber, mit vortretenden Säulen, Simsen und Giebeln; die Einzeldecoration muss

weichen, um den Statuen das fast alleinige Vorsicht zu lassen. Ebenso
ergeht es den Altären, Emporen u. s. w. Guglielmo Bergamasco hat
a z. B. in S. Salvatore den Hochaltar und den zweiten Altar links, Jac.
Sansovino ebenda das Dogengrab Venier und den Orgellettner in dieser Weise gestaltet; viel einfacher und ärmer im Detail als seine
Biblioteca ist. — Ein schönes Grabmal, bloss Sarcophag mit Büste
b und Untersatz, in S. Stefano (Capelle links vom Chor), dem Sanmicheli
zugeschrieben, sucht Reichthum und strengern Classicismus zu vereinigen. Man mag es vergleichen mit seinen veronesischen Monumenten,
c z. B. dem an der Aussenmauer von S. Eufemia. — Von verzierten
d Grabplatten eine Anzahl z. B. im Chorumgang von S. Zaccaria.

Für die *bronzenen Leuchter* gab der berühmte des Andrea
Riccio im Chor des Santo zu Padua das verlockende Beispiel eines
endlos reichen Schmuckes. Die beste spätere Arbeit ist der Leuchter
e neben dem Hochaltar der Salute, von Andrea d'Alessandro Bresciano,
mit nicht weniger als sechs Ordnungen von allerdings hübschen Figürchen, von den Sphinxen der Basis an gezählt. — Ein Werk derselben Hand sind wahrscheinlich auch die sechs Leuchter auf dem
Altar.

f Von geringerm Werth und schon vorherrschend barock: die Leuchter in S. Stefano (Capelle rechts vom Chor, aus den Jahren 1577 und
g 1617); diejenigen in S. Giovanni e Paolo (Capelle del Rosario), wel-
h chen auch die silbernen Leuchter in der Capelle des heil. Antonius
im Santo zu Padua nur zu ähnlich sind u. s. w.

In *Padua* enthält die Kirche il Santo billig das Prächtigste.
i Gleich beim Eintritt bemerkt man zwei schöne Weihbecken, das eine
mit einer guten gleichzeitigen Statuette des Täufers, das andere mit
derjenigen Christi, welche später von Tiziano Aspetti gearbeitet ist.
Dann folgt im linken Seitenschiff das pomphafte Grabmal des Antonius
k de Roycellis († 1466), von florentinischer Ordnung. Der ganze Chor
ist mit reichen Marmorwänden umgeben, deren Ornament freilich nicht
zum besten gehört; er enthält dann, links neben dem Altar, eines der
berühmtesten Decorationsstücke der ganzen Renaissance: den grossen
l ehernen *Candelaber* des *Andrea Riccio* (1507).

Dieses Werk resumirt das ganze ornamentale Wissen und Können der damaligen Paduaner; an Fleiss, Gediegenheit, Detailgeschmack hat es kaum seines Gleichen. Allein es ist des Guten zu viel; die Gliederung hat wohl doppelt so viele Absätze oder Stockwerke, als ein antiker Leuchter bei gleicher Grösse haben würde, und diese einzelnen Abtheilungen sind untereinander zu gleichartig im Maassstab. Verbunden mit der dunkeln Farbe wird dies doppelt fühlbar. Man sehe den Candelaber aus einer Entfernung von zehn Schritten an und denke sich z. B. den gleich grossen vaticanischen daneben, beide als Silhouetten wirkend[1]).

Ausserdem ist die Capella del Santo nichts als Ein Prachtstück a
von Renaissance. Ich sehe nicht ein, warum man dieses Werk dem J. Sansovino zuschreibt, während sich M a t t e o und T o m m a s o G a r v i an dem Eckpilaster rechts ausdrücklich nennen[2]). Ausser der Architektur und der glänzenden, aber nicht ganz reinen Decoration fast sämmtlicher Bauglieder gehört ihnen wahrscheinlich auch ein grosser Theil des plastischen Einzelschmuckes an; so die (allzu) reiche Figurirung der äussern Eckpilaster, deren Styl kenntlich die Schule des Leopardo verräth; die Propheten in den Bogenfüllungen nach innen und nach aussen; die Putten an den innern und äussern Friesen; vielleicht sogar die fünf Heiligenstatuen auf der obern Brüstung. Wenn aber etwas Decoratives dem Jac. Sansovino bleiben soll, so sind es am ehesten die herrlichen von Tiziano Minio ausgeführten Arabesken der gewölbten Decke. Wem die Reliefhalbfiguren der Apostel in den Lunetten derselben zugeschrieben werden müssen, mag dahingestellt bleiben.

---

1) Sonst ist wohl das Grabmal Turriani in S. Fermo zu Verona (Capelle neben dem linken *
Querschiff) ganz von Riccio; die bronzenen Reliefs rings um den Sarcophag sind in Paris geblieben und schmücken jetzt die Thür der Salle des Cariatides im Louvre; das Decorative — eine untere bauchige Säulchenstellung, drüber eherne Sphinxe, welche den Sarcophag tragen — ist zwar sorgfältig und zierlich, aber im Ganzen zu möbelhaft gedacht für ein Grabmal.

2) Die Inschrift ist wohl so zu lesen: Matthæus et Thomas sculptores et architecti fratres Garvi de Allio Mediolanensi faciebant. Am Pilaster links steht allerdings der Name des Girol. Pironi, aber nur an dem Nebenstreifen.

Vicenza ist besonders reich an grossen und prächtigen Einrahmungen der Altarbilder durch Architekturen in Marmor oder Terracotta. Da man hier und in Verona zur gothischen Zeit und auch noch später den Seitenschiffen der Kirchen keine Fenster oder nur ganz geringe runde Luken gab, so war ein genügender
a Raum für solche Decorationen vorhanden. Zunächst enthält S. Lo-
b renzo deren mehrere von Werthe; hauptsächlich aber S. Corona. Hier ist der fünfte Altar links eines der prachtvollsten Phantasiewerke, welche in dieser Gattung überhaupt vorhanden sind, und wenn nicht die Überfülle den lombardischen, die bunten Marmorscheiben der Pilaster den venezianischen Charakter verriethen, so wäre er auch eines der schönsten.

---

c In Verona enthält S. Fermo mehrere gute, darunter eine Nach-
d ahmung des Arco de' Gavi (Seite 36). — Im Dom sind diese Tabernakel merkwürdiger Weise oben spitzbogig geschlossen, wahrscheinlich um mit dem Bau in einiger Harmonie zu bleiben; übrigens meist gering, mit Ausnahme desjenigen über dem Grab der heil. Agatha (Schluss des rechten Seitenschiffes) vom Jahr 1508, welcher in den Arabesken seiner äussern Pilaster das Höchste an Delicatesse, Schwung und Reichthum erreicht, aber in Verbindung mit derselben Überfülle, welche so manche lombardische Decoration verderbt. (Das Figürliche
e überdiess nicht vom Besten.) — In S. Anastasia eine Reihe der reichsten und grössten; die innere Pilasterordnung durchgängig mit strengern Arabesken in dunkelm Stein, die grössere äussere Ordnung mit dem reichsten Rankenwerk in hellerm Marmor; einer der besten der dritte rechts; in anderer Weise architektonisch bedeutend derjenige des rechten Querschiffes; zweie links (der erste und vierte) werden bei Anlass der Sculptur vorkommen.

---

f In Bergamo kann die Fassade der Capelle Colleoni an S. Maria maggiore (Seite 226, e) beinahe eher für ein grosses Decorationsstück als für ein Bauwerk gelten. Es giebt reicher verzierte Fassaden, wie z. B. diejenige der Certosa von Pavia, bei welchen gleichwohl die Architektur viel mehr ihr Recht behauptet, als an diesem bunten, graziösen und kindlich spielenden Zierbau.

Am Dom von Como sind die Tabernakel der Denkmäler der a beiden Plinius (das eine datirt 1498) decorativ merkwürdig, weniger wegen der barock-reichen Candelabersäulen, als wegen der Consolen mit den magern nackten Tragfiguren, welche offenbar den Schlusssteinen römischer Triumphbogen nachgebildet sind. Die Thür des nördlichen Seitenschiffes, zum Theil von dem Architekten Tommaso Rodari, aber aus dessen früherer Zeit, ist auf das Reichste überladen in der lombardischen Art jener Epoche. Vielleicht von derselben Hand wie die Pliniusdenkmäler ist dann der überaus prächtige Schnitzaltar (der zweite rechts) im Innern, von welchem ein Mehreres bei Anlass der Sculptur; das Decorative ist als Ganzes nicht gut und im Detail nirgends rein, obwohl nicht geistlos; die Candelabersäulchen zu zart für die vortretenden Gesimse.

An der Cathedrale von Lugano sind die Arabeskenpfosten der b drei Hauptpforten zwar, zumal im Verhältniss zu ihrer baulichen Function betrachtet, sehr überfüllt, auch zum Theil nicht mehr rein in der Composition, aber von der elegantesten vegetabilischen Arbeit, schwungvoll und stark unterhöhlt.

Von der Certosa von Pavia wurde das Wenige, was wir nach alternden Erinnerungen und nach Abbildungen vorbringen durften, bei Anlass der Architektur (Seite 201, b) gesagt. Das im Querbau befindliche, sehr prächtige Grabmal des Giangaleazzo Visconti wurde 1490 c von einem gewissen Galeazzo Pellegrini entworfen, der sonach der Urheber des Decorativen sein möchte; an den plastischen Theilen wurde bis 1562 von sehr verschiedenen Händen gearbeitet.

Von Marmor und Erz wenden wir uns zu der Decoration in Holz, welche in der Renaissance eine so bedeutende Stelle einnimmt.

Die mittelalterliche Kirchendecoration hatte ein Princip, welchem sie aus allen Kräften nachlebte: die Zubauten, wodurch sie die Har-

monie des gothischen Gesammtbaues stören musste, so reich und prachtvoll als möglich zu gestalten; gleichsam zur Entschuldigung und zum
Ersatz für den unterbrochenen Rhythmus des Ganzen. Daher wirken
noch so manche Wendeltreppen, Lettner, Balustraden etc. im Innern
der Kirchen als Prachtstücke ersten Ranges; namentlich aber wurde
das **Stuhlwerk** im Innern des Chores mit stets neuem Raffinement
in den reichsten gothischen Zierformen und mit einem oft werthvollen
figürlichen Schmuck ausgearbeitet. Italien besitzt nun zwar aus seiner
gothischen Kunstperiode keine Chorstühle wie die des Ulmer Mün-
a sters; diejenigen der Oberkirche von S. Francesco zu Assisi würden
z. B. in Deutschland geringe Figur machen; ebenso die ältern Theile
derjenigen im Dom von Siena, das Stuhlwerk in S. Agostino zu Lucca,
in S. Domenico zu Ferrara (1384), in den Servi zu Bologna (1390),
b in S. Zeno zu Verona, selbst dasjenige im Dom von Reggio. (Am
c ehesten behaupten noch die Chorstühle im Dom von Orvieto einen
unabhängigen Werth, weniger wegen des Architektonischen, als wegen
der eingelegten Ornamente und Halbfiguren des Pietro di Minella aus
Siena um 1400.) — Allein zur Zeit der Renaissance warf sich die
Decoration mit einem Eifer gerade auf diese Gattung, welcher das
Versäumte gewissermassen nachholte. Das Stuhlwerk und die Lesepulte in einzelnen Kirchen und Capellen, auch wohl in weltlichen Gebäuden, sowie die Orgellettner und die Wandschränke in den Sacristeien, aus dieser Zeit, erreichen das Mögliche innerhalb der Grenzen
dieser Gattung, und einzelne davon werden auf immer als classische
Muster dienen. Alle Luxusschreinerei unserer Tage pflegt dieselben —
zugestandener Maassen oder nicht — wenigstens theilweise nachzuahmen, wie der Blick auf die beliebtesten Prachtmöbel der Ausstellung
von London beweist. Nur findet sie nicht immer nöthig, diesen Vorbildern ausser dem Detail auch das Princip abzusehen, welches mit
so grosser Sicherheit das Architektonische und das Decorative zu scheiden und zu verbinden wusste.

Als Nebengattung der Architektur richtet sich diese Holzschnitzerei natürlich nach den persönlichen und Schuleinflüssen derselben: dennoch stellen wir hier der Übersicht zu Liebe die wichtigern Werke der ganzen Gattung nach den wenigen Städten zusammen, welche der Verfasser daraufhin hat durchforschen können. — Sie besteht, wenn man das rein Architektonische, die Stützen, Gesimse u. s. w. abrechnet, aus zwei Darstellungsweisen: dem ausgeschnitzten Relief (vom flachen bis zum stark vortretenden und unterhöhlten) und der glatten eingelegten Arbeit (Intarsia, Marketterie), welche sowohl jede ausschliesslich, als auch beide gemischt angewandt wurden. Zu figürlicher Darstellung wurde mit Vorliebe (doch nicht allein) die Intarsia gebraucht. Stellenweise Vergoldungen kommen je später, desto häufiger vor.

Den meist lombardischen Klosterbrüdern und Handwerkern, welche als Urheber dieser zum Theil so wunderschönen Arbeiten genannt werden, will man bisweilen deren Erfindung nicht recht zutrauen; Manche glauben dem Werk eine Ehre anzuthun durch die Annahme, dasselbe sei „nach der Zeichnung Rafaels etc." ausgeführt. Dies ist derselbe Irrthum, der bei der Beurtheilung der griechischen Vasen, der pompejanischen Malereien und bei so vielen andern Punkten der vergangenen Kunst sich geltend macht; man unterschätzt das Kunstvermögen, welches in gesundern Zeiten über das ganze Volk verbreitet war. In einzelnen Fällen soll jedoch die Mitwirkung bedeutender Künstler nicht in Abrede gestellt werden.

Die Holzschnitzerei hielt sich bis gegen die Mitte des XVI. Jahrhunderts in ziemlich reinen Formen, empfand aber doch auf die Länge eine unvermeidliche Mitleidenschaft unter den grossen seitherigen Schicksalen der Architektur. Als diese offenkundig das Detail zu misshandeln und den äusserlichen Effect zum höchsten Ziel zu machen anfing, da verfiel auch die Nebengattung ins Barocke und später, der Harmonie mit den Baulinien zu Gefallen, in das Glatte und Ärmliche. Doch giebt es noch aus dem XVII. Jahrhundert treffliche Arbeiten dieser Art, und im XVIII. Jahrhundert flösste der Rococo dem Stuhl- und Schrankwerk bisweilen sein eigenthümliches neues Leben ein.

In Florenz finden sich von dieser Gattung keineswegs die prächtigsten Beispiele, aber dafür eine Reihe, welche die Stylübergänge klar macht und der Entwicklung der Architektur wahrnehmbar folgt. Laut Vasari hätte Brunellesco auch hier einen bestimmenden Einfluss ausgeübt.

Zum Alterthümlichsten innerhalb der Renaissance, mit einzelnen
noch gothischen Details, gehört das schöne Stuhlwerk in der Capelle
a des Pal. Riccardi und dasjenige im Chor von S. Miniato. — Auch die
b einfache, mit einem englischen Gruss figurirte Intarsia-Thür der Sacristei in der Badia von Fiesole ist wohl auch aus der ersten Hälfte
des XV. Jahrhunderts. Unter dem Einfluss Brunellesco's und Dona-
c tello's entstand ohne Zweifel das Täfelwerk in der Sacristei von S. Lorenzo; mit vortrefflicher einfacher Intarsia.

Darauf folgte wohl zunächst die bedeutende und als Ganzes classisch zu nennende Leistung der grossen Decoratoren Giuliano und
d Benedetto da Majano: das Getäfel der Sagrestia nuova im
Dom, mit Donatello's Fries von festontragenden Putten (gegenwärtig
grau bemalt). Einfache, das Innere der Wandschränke oder blosse
Ornamente darstellende Intarsia, von schlanken Pilastern unterbrochen,
e mit mässigen Gesimsen. — Dem Benedetto allein wird die prächtige Intarsia-Thür in der Sala de' Gigli des Pal. Vecchio zugeschrieben,
deren Marmoreinfassung von ihm ist. (Sie stellt u. a. die Gestalten
Dante's und Petrarca's dar.) — Vom Ende des XV. Jahrhunderts
f ist dann das herrliche Getäfel in der Sacristei von S. Croce, welches
als Einfassung für Giotto's Bildercyclus vom Leben Christi und des
heil. Franciscus gearbeitet wurde, der jetzt theils in der Academie
aufgestellt, theils im Auslande zerstreut ist. Nirgends mehr ist wohl
die Intarsia mit so feinem Bewusstsein abgestuft, vom fast bloss
calligraphischen Band bis zum reichbewegten Hauptfries; das Relief
beschränkt sich auf die Pilaster und die Hauptglieder des Gesimses.
(Ebenda auch älteres und befangeneres Getäfel.) — Die Thür zur Sacristei und die zur nahen Capelle Medici — geschnitzte Rosetten mit
Intarsiarahmen eingefasst — sowie die (der freien Luft wegen) ganz
geschnitzte Thür der Capella de' Pazzi im ersten Klosterhof könnten
wohl von demselben Meister sein. — Noch sicherer liesse sich diess
g vermuthen von dem einfach edeln Stuhlwerk im Chor der Badia, wo
auch noch das (wohl einzige) Mittelpult aus dieser Zeit erhalten ist,
sechseckig, drüber eine kurze decorirte Stütze, welche den (neuern)
h Obertheil trägt. — Einfachere Thüren z. B. an S. Felice, am Pal.
Guadagni etc. (Von Giul. und Antonio da S. Gallo sind keine sichern
Schnitzarbeiten vorhanden.)

Die Rücken der Chorstühle in S. Maria novella, eine (frühe) Ar- a
beit des B a c c i o d' A g n o l o (s. unten), beschliessen das XV. Jahrhundert in dieser Gattung glanzvoll, mit einer Reihenfolge der reinsten und vorzüglichsten Arabesken. (Auch die aufgesetzten Pilaster Intarsia. — Die Stühle selbst später nach ener Zeichnung des Vasari erneuert.) — Jedenfalls erst XVI. Jahrhundert: der mit weiss und Gold b
bemalte Orgellettner in S. M. Maddalena de' Pazzi. — Aus der Mitte dieses Jahrhunderts stammt wohl die Thür, welche jetzt in den Uffi- c
zien (Gang der toscanischen Sculptur) angebracht ist; lauter starkes, im neuen Sinn antikisirendes Relieforнament, aber noch von schöner Bildung[1]). — Noch das Stuhlwerk in der Hauptkirche der Certosa d
und die vom Jahr 1590 datirte Thür offenbaren einen gewissen Widerstand gegen den andringenden Barockstyl. — Von den Arbeiten des XVII. Jahrhunderts zeigen z. B. die Beichtstühle und Thüren in S. Mic- e
chele e Gaetano diesen Styl zwar siegreich, aber besonders tüchtig und ernst gehandhabt.

Ferner ist Florenz der classische Ort für B i l d e r r a h m e n; hier erfährt man am vollständigsten, wie die grossen Maler (und auch die Bildhauer) des XV. Jahrhunderts ihre Werke eingefasst wissen wollen. Das Kunstwerk steht in einem mehr oder weniger architektonischen Sacellum von einer Staffel, zwei Pilastern und einem oft reich bekrönten Obergesimse, die Pilaster mit Reliefarabesken insgemein Gold auf Blau, das Gesimse mit ganz vergoldeten; bei Nischen für Sculpturen kommt noch sonstiger baulicher Schmuck hinzu. Der grösste Schatz dieser Art sind die Rahmen der meisten Altargemälde im Querschiff f
und Hinterbau von S. Spirito; hier allein kann man inne werden, wesshalb ein Sandro, ein Filippino in glattem oder wenig verziertem goldenen Hohlrahmen keinen ganz vollständigen Eindruck macht, indem nur diese Prachteinfassung das überreiche Leben des Bildes schön ausklingen lässt[2]). Andere vorzügliche Rahmen u. a. in S. M. Mad-

---

[1]) Die Decoration der Bibl. Laurenziana siehe unten bei Anlass der Bauten Michel-Angelo's.

[2]) Noch deutlicher wird ein ähnliches Verhältniss zugestanden in den Marmorrahmen einiger altvenezianischen Altarbilder, wo der Rahmen die perspectivisch berechnete Fortsetzung der im Bilde dargestellten Architektur ist; man sieht von der Nische hinter dem Marienthron her die beiden (gemalten) Bogen auf die beiden (gemeisselten) Pilaster zukommen.

a dalena de' Pazzi. — Ein einfach schöner um die Nische eines von
Lionardo del Tasso gearbeiteten S. Sebastian in S. Ambrogio (links).
— Von Caroto, einem tüchtigen Decorator des XVI. Jahrhunderts,
b die Nische um die Madonna des Alberto di Arnoldo im Bigallo. (Ar-
chivraum.) — Wie oft und wie stark der kostbaren Holzschnitzerei
durch Stucco nachgeholfen wurde, weiss ich allerdings nicht anzugeben.

Endlich mögen hier einige geschnitzte Decken angeführt werden, in deren Pracht die Renaissance bisweilen keine Schranken kannte.
Sie sind sämmtlich auf starkfarbig (mit Teppichen, Malereien etc.) decorirte Wände berechnet und sehen, wo diess mangelt, um so schwerer
aus, da die Vergoldung meist erblichen und das Holz stark nachge-
c bräunt ist. Die reichste, noch aus dem XV. Jahrhundert, ist die der
Sala de' Gigli im Pal. vecchio (sechseckige Cassetten, ringsum ein
Löwenfries); die der anstossenden Sala d'Udienza, von Marco del
Tasso, scheint etwas neuer. Einfacher und leichter die Decken in
d Privatgebäuden, z. B. im Pal. Guadagni (Vorsaal des ersten Stockes).
Andere Decken florentinischer Künstler sind bei Anlass Roms zu erwähnen. — Nach dem Entwurf Michelangelo's soll dann die sehr
e schöne Decke der Bibl. Laurenziana gearbeitet sein; sie hat viel grössere Eintheilungen und eine freiere vegetabilische Verzierung; unten
wiederholt der Ziegelboden dieselbe Zeichnung. (Fantozzi schreibt
auch die vergoldete Decke in der Kirche der Benedictinerinnen von
S. Apollonia, Via S. Gallo N. 5747, dem M. Angelo zu; der Verfasser
hat sie nicht gesehen.) Auf diesem Princip baute Segaloni weiter,
f der 1625 die Decke der Badia entwarf, eines der trefflichsten Werke
dieser Art, von glücklich gemischtem architektonischem und vegetabi-
lischem Reichthum, freilich ohne alle organische Verbindung mit dem
g Gebäude. — Die Decke der Annunziata, von Ciro Ferri, im späten
und schon flauen Barockstyl.

---

* Der grosse Giov. Bellini in S. Zaccaria zu Venedig ist ein sprechendes Beispiel, ebenso
** derjenige in S. Giovanni e Paolo (erster Altar rechts). — Über die florentinischen Rahmen ist eine Stelle bei Vasari (Leben des Fra Bartolommeo) belehrend.

Pisa hat einige zwar späte, aber vorzügliche Arbeiten, zumal Intarsien aufzuweisen.

Im Dom ist zunächst der Bischofsstuhl gegenüber der Kanzel 1536 a
von Giov. Batt. Cervellesi (bei Vasari: Cervelliera) gearbeitet, ein Prachtstück der durch die Antike besonnen gewordenen Intarsia, das gerade in dieser Art seines Gleichen sucht. — Das Stuhlwerk im untern Theil des Chores ist etwas älter (angeblich von Giul. da Majano), ebenfalls lauter reiche Intarsia, mit Propheten, baulichen Ansichten, Musikinstrumenten, Thieren u. s. w. Die plastisch trefflichen geschnitzten Ausläufe lassen auf den Meister des Stuhlwerkes der Badia in Florenz rathen. — Die beiden Throne über den Chorstufen stattlich im beginnenden Barockstyl um die Mitte des Jahrhunderts.

Von geschnitzten Decken ist die sehr glänzende und noch streng eingetheilte des Domes vom Ende des XVI. Jahrhunderts. Ausgearteter und schon mehr als ein freies Prachtstück behandelt: diejenige b
von S. Stefano de' Cavalieri (nach 1600).

In Lucca: der Orgellettner rechts im Dom vom Jahr 1481, derb c
geschnitzt; ausser der Holzfarbe Gold und Blau. (Allerlei neuere Zuthaten.)

Die drei vordern Thüren des Domes, die mittlere von grösster Vortrefflichkeit. (In der Sacristei fünf Intarsiatafeln.)

Die Thür des erzbischöflichen Palastes, älter und einfacher. (Innen d
eine treffliche Balkendecke auf geschnitzten Consolen.)

Der Orgellettner links im Dom, gute Barockarbeit, von Sante e
Landucci 1615.

In Siena gehört das Stuhlwerk der obern Capelle des Palazzo f
pubblico, von Domenico di Niccolò (1429), der frühsten Renaissance an; die Intarsia an den Wänden stellt Figuren mit den Artikeln des christlichen Glaubens dar. (Die Orgeleinfassung später und sehr schön.) — Aus der Blüthezeit des Styles sind die Intarsien des Fra g
Giov. da Verona (1503) zu erwähnen, welche, aus einer andern Kirche entlehnt, in die Rücklehnen der Stühle zu beiden Seiten der Chornische des Domes eingelassen sind; sie stellen theils heilige Geräthschaften und Symbole, theils Ansichten von Gebäuden und Gassen

a im Sinne jener Zeit dar. — Ganz einfach und schön das Stuhlwerk
im Chor der Hospitalkirche della Scala, von Ventura di Giuliano.
Vom allerreichsten und tüchtigsten beginnenden Barockstyl das in
b dieser Art classische Stuhlwerk in der Chornische des Domes, sammt
Pult, 1569 von Bart. Negroni, genannt Riccio.

Wenn auch Handwerker, sonst namenlos, in dieser Gattung bisweilen das Herrlichste leisteten, schlossen sich doch berühmte Künstler nicht gegen die Übernahme von Zeichnungen ab. So hat Baldassare Peruzzi, der so manche kleine Kirche mit ein paar
tausend Backsteinen zum Kunstwerk schuf, auch die Holzdecoration
c nicht verschmäht. Von ihm ist der edelprächtige Orgellettner (rechts)
in der genannten Kirche della Scala, auf den stolzen Consolen, ent-
d worfen; in seinem Geist schufen die beiden Barili (1511) denjenigen
im Dom über der Sacristeithür.

Die schönste in Siena vorhandene Holzdecoration, freilich ganz
e architektonisch gedacht, sind wohl die acht eichenen Pilaster aus dem
Palazzo del Magnifico (um 1500), jetzt in der Academie (vierter Raum); Werke des Antonio Barile. Wenn die Arabesken, von Thierfüssen beginnend, ihre Gefässe, Genien, Pane, allegorischen Figuren, Seepferde u. s. w., zu einem solchen Ganzen bilden wie hier, so vermisst man den weissen Marmor kaum.

---

f In Perugia steht das Stuhlwerk und Pult des Cambio obenan;
keine Behörde der Welt sitzt so schön wie die Herren Wechselrichter der Hauptstadt von Umbrien. Mitten im Reichthum der durchgebildeten Renaissance (nach 1500) wird auf das Edelste das Mass beobachtet und der Unterschied der profanen Bestimmung von der hei-
g ligen festgehalten. — Zunächst folgt das berühmte Stuhlwerk im Chor
von S. Pietro, vollendet von Stefano da Bergamo um 1535 (mit Ausnahme der vordern Zusätze mit dem Datum 1556 und der Chiffre S. D. A. S.). Der untere Theil der Sitzrücken Intarsia, das Übrige Relief, von grosser Pracht und sehr edelm Geschmack. Die Erfindung wird ohne irgend einen bündigen Grund beharrlich Rafael zugeschrieben, der doch in seiner letzten, höchstens dem Beginn dieses Werkes entsprechenden Zeit selbst die Decoration der vaticanischen Loggien

grossentheils seinen Schülern überlassen musste. Die einzelnen rafaelischen Motive, als Mittelfiguren der Wandstücke (die Caritas und Fides aus der vaticanischen, damals noch in Perugia befindlichen Predella, der Christus aus Perugino's und Rafaels Auferstehung im Vatican, selbst der Heliodor, u. A. m.) beweisen, als bunte Auswahl
von Reminiscenzen, gerade gegen Rafaels Urheberschaft. — Von einem a
gleichzeitigen, sehr tüchtigen Holzschnitzer die Chorstühle ven S. Domenico und vielleicht auch diejenigen von S. Agostino (für welche b
man eben so willkürlich Perugino in Anspruch nimmt); an beiden
Orten die Intarsia besser als das Relief. — (Die Chorstühle des Do- c
mes glaube ich nach flüchtiger Erinnerung in dieselbe Zeit versetzen zu können.) — Der Übergang in das Barocke macht sich kenntlich an dem sehr zierlichen Stuhlwerk eines durch Gitter abgeschlossenen Raumes im Dom, rechts vom grossen Portal. — In allen bedeutendern Kirchen und Sacristeien der Stadt und Umgegend eine Menge Besseres und Geringeres dieser Art; zusammen ein vollständiger Cursus der Decoration in Holz.

In Rom findet sich von dieser Art nur sehr Weniges, aber Bedeutendes aus der guten Zeit, nämlich die Thüren der Zimmer Rafaels d
im Vatican, unter Leo X. geschnitzt von Giovanni Barile und mit Intarsia versehen von Fra Giov. da Verona. Es lässt sich denken, dass das Verhältniss der beiden Gattungen und die Grenze dessen, was sie neben den Fresken zu leisten hatten, bei dieser Aufgabe besonders gründlich erwogen wurde. — Die Pforten in den Loggien u. a. a. O. im Vatican stammen meist erst aus spätern Pontificaten her. — Das Stuhlwerk in S. Eusebio soll eine gute Arbeit e
vom Ende des XVI. Jahrhunderts sein. — Dasjenige der Capella del Coro in S. Peter erst aus der Barockzeit.

Daneben besitzt Rom vielleicht die beiden edelsten Holzdecken der Renaissance. Die eine (von Giuliano da Majano?) in S. f
Marco, noch früh und bescheiden aus der Zeit Pauls II.; die andere,
von Giuliano da San Gallo, in S. Maria maggiore, Stiftung g
Alexanders VI., von dem schönsten und dabei weise gemässigten Reichthum goldener Zierrathen auf weissem Grund, den man sonst

nur zu selten angewandt findet. — In allen nicht gewölbten Kirchen wurden dann fortwährend stattliche und prächtige Decken angebracht, allein der Barockstyl verräth sich ausser dem Detail auch in der oft bizarren, der wirklichen (und vom Auge verlangten oder vorausgesetzten) Balkenlage widersprechenden Eintheilung; die bunte Bemalung (ausser dem Gold mit Blau und Roth) vollendet den schweren Eindruck.

a Meist um das Jahr 1600: die Decken in S. Maria in Trastevere, S. Crisogono, Araceli, Lateran, S. Cesareo, S. Martino a' monti etc. Weit erquicklicher erscheinen die farblosen und auf die Holzfarbe
b berechneten Decken, z. B. in S. Lorenzo fuori le mura (hinten), und
c die sehr stattliche im grossen vordern Saal des Pal. Farnese.

Neapel ist reich an stattlichem Stuhl- und Schrankwerk etc. aus der Barockzeit, besitzt aber doch auch Einiges aus der frühen und schönen Renaissance, sowohl Intarsia als Schnitzarbeit. Dahin
d gehören die Chorstühle von Monte Oliveto, namentlich aber eine Anzahl von Thürflügeln, deren Behandlung für den Architekten wenigstens
e nicht ohne Interesse ist. So diejenigen von Monte Oliveto, die Thür, welche in S. Severino nach der Sacristei führt, die Thür an S. Arpino (Strada Trinità), die einfachern Pforten mehrerer Paläste (Colobrano-Carafa, della Pianura in einer Seitengasse rechts neben S. Paolo,
f u. a. m.). Die Pforten der Crypta im Dom sind von Erz gegossen, wahrscheinlich nach Angabe des Architekten.

Den Übergang in das Barocke bildet auch hier Giovanni da
g Nola mit den ungemein reichen Sacristeischränken der Annunziata (um 1540). Das Schnitzwerk, welches die ganze Geschichte Christi darstellt, ist eine mühselige und styllose Zugabe zu dem schon sehr unreinen Ornament.

h In der Provinz Salerno enthält die Carthause S. Lorenzo di Padulla ein sehr umfangreiches Chorgestühl mit lauter biblischen Geschichten in Intarsia. (Mittheilung eines Freundes.)

---

i In Genua ist das Stuhlwerk des Domchors eine sehr bedeutende Arbeit aus dem Anfang des XVI. Jahrhunderts, von dem Bergamasken

Francesco Zabello, welchem wenigstens die ausgedehnten bibli- a
schen Geschichten in den Intarsien der Rücklehnen zugeschrieben
werden. Allein diese sind gerade der geringere Theil; eigenthümlich
und reich belebt erscheint ehe das Decorative, zumal das durchbrochene und figurirte Rankenwerk über den Lehnen, die Friese und
runden Bedachungen. — In den meisten übrigen Kirchen Neueres
und nicht von dem Belang, den man bei dem sonstigen Luxus erwarten würde.

Bologna besitzt vor Allem die schönsten figurirten Intarsien von ganz Italien, in dem berühmten Stuhlwerk des Chores von S. Domenico, einer Arbeit des Dominicaners Fra Damiano da Bergamo (um 1530). Das Decorative tritt hier bei aller Gediegenheit doch weit zurück hinter dem unermesslichen Reichthum und der tüchtigen Ausführung des Malerischen. Schon die oben herumlaufende Inschrift ist durchzogen und umspielt von Hunderten von tanzenden und spielenden Putten. An den Stuhlrücken sind dann die Geschichten des alten und neuen Testamentes dargestellt, nicht Dutzendarbeit, nicht Reminiscenzen, sondern lauter originelle Compositionen voll Geist und Leben. Die vermuthlich frühern erinnern mehr an die umbrische, die spätern mehr an die römische Schule. Die vordere Stuhlreihe (die im Jahr 1744 einer nothwendigen Restauration scheint unterlegen zu sein) enthielt vermuthlich in ihren kleinern Rückenfeldern die Geschichte des H. Dominicus, wenigstens sind in der Sacristei noch einige etwa daher gerettete Felder dieses Inhalts, nebst einigen der grössern biblischen Reihe, in das Schrankgetäfel eingelassen. (Ebenfalls mit Fra Damiano's Namen.)

Neben dieser unvergleichlichen Arbeit ist alles übrige Schnitzwerk Bologna's untergeordneter Art. Doch mag man im Palazzo b
apostolico (Vorsaal des zweiten Stockwerkes) die Thür mit Reliefornamenten nicht übersehen, welche u. a. das stets schönheit verkün-
dende Wappen Papst Julius II. enthalten. Aus derselben Zeit möchte c
das einfach gute Stuhlwerk der Misericordia herrühren. — In S. Pe- d
tronio ist das sehr ausgedehnte des Chores von unbedeutender Bildung;
dagegen enthält die achte Capelle rechts Stücke des alten Stuhlwerkes

aus S. Michele in Bosco, von dem Olivetanermönch Fra Raffaele
da Brescia, mit guten Reliefpilastern und Intarsien perspectivischen
a Inhalts; in der fünften Capelle links sind die Intarsiaornamente des
Stuhlwerkes (von Giacomo de Marchis und seinen Brüdern, 1495)
b sogar von florentinisch schöner Bildung. — In S. Michele in Bosco:
die beiden Beichtstühle rechts, wohl des Fra Damiano würdig. — In
c S. Giovanni in Monte erscheint das Stuhlwerk des Paolo Sacca
(1523), eine saubere und tüchtige Arbeit, technisch wie eine Vorstufe
des Letztern (die Intarsien bloss Bau- und Schrankansichten). — We-
d niger bedeutend: das Stuhlwerk der Certosa, theils vom Jahr 1539,
theils (nachgeahmt) 1611.

Die sehr zahlreichen Bilderrahmen aus der Werkstatt des Formigine können mit dem schönen Styl der oben genannten florentinischen keinen Vergleich aushalten. Überhaupt steht in Bologna die Reliefschnitzerei durchgängig tiefer als die eingelegte Arbeit.

---

e In Parma hat der Dom ein noch halbgothisches Stuhlwerk vom
Jahr 1473, bezeichnet: Cristoforo Lendenari. Dieser harmlose Meister fand einen Verehrer und Nachahmer („cultor") in Lucchino
Bianco von Parma, welcher das Getäfel der Sacristei, wenigstens
einen Theil desselben, schnitzte. (Meist Intarsia.) — Weit das Präch-
f tigste aber sind die Chorstühle von S. Giovanni, als deren Verfertiger
Zucchi und Testa genannt werden. In der Anordnung halbrunder Muscheln oben, in der Behandlung der Reliefarabesken, in den zu Drachen belebten und durchbrochenen Seitenstützen haben diese vorzüglichen Arbeiten etwas mit dem Gestühl in Genua gemein, in den höchst saubern Intarsien der Rücklehnen, welche lauter bauliche Ansichten von originellster Renaissance darstellen, sind sie von einzigem Werthe. (Vgl. S. 173.)

g Im Battistero: Stuhlwerk von ähnlichem Styl und wohl von denselben Händen wie in S. Giovanni.

h Gute Rahmen dieses Styles: um das Altarbild im Battistero, um die Bilder in der ersten und zweiten Capelle rechts in S. Giovanni. Wie die Schule Correggio's einrahmte, zeigt z. B. das erste

Bild rechts in S. Sepolcro (eine heil. Familie von Girolamo Mazzola), a wo sich auch eine der stattlichsten Barockdecken mit herabhängendem Zapfenwerk und gewaltigen Consolen befindet.

Von Thüren ist die mittlere des Domes vorzüglich schön, auch b die zu beiden Seiten und die etwas strengern des Battistero (in alter Form erneuert).

In Modena enthält der Domchor ein Stuhlwerk, welches dem c des Domes von Parma ähnlich und von demselben Lendenari 1465 gefertigt ist.

Das umfangreiche Stuhlwerk im Dom von Ferrara (1498—1525) d ist in der Decoration flüchtig neben den bessern bolognesischen Arbeiten: die Intarsien überdiess sehr verdorben. — Ein ähnliches Stuhlwerk in S. Andrea daselbst.

In dem reichen Venedig, das die Bergamasken so nahe unter der Hand hatte, ist die in Rede stehende Gattung lange nicht so vertreten, wie man erwarten sollte. Die Prachtliebe selbst verhinderte zum Theil das Aufkommen der Holzschnitzerei: statt manches Getäfels findet man eine Bekleidung mit kostbaren Marmorarten. Die Chorstühle der Kirchen aber sind grossentheils neuer.

Nicht sehr alt, aber doch noch halbgothisch sind diejenigen in e den Frari, 1468 von Marco da Vicenza geschnitzt; mit keckem durchbrochenem Laubwerk, hohen geschwungenen Giebeln und Spitzthürmchen. Die Relief-Halbfiguren der Rücklehnen sind bedeutender als die darunter befindlichen Intarsien (bauliche Ansichten u. dgl.). — Ganz in derselben Art, nur einfacher: das Stuhlwerk in einer f grossen Nebencapelle rechts an S. Zaccaria; dasjenige im Chor von S. Stefano.

Es folgt das Getäfel und Schrankwerk hinten in der Sacristei von g S. Marco, seit 1520 verfertigt von Antonio und Paolo da Mantova, Vincenzo da Verona u. A., mit guten geschnitzten Einfassungen und grossen Intarsien; diese stellen unten das Innere der Schränke dar, oben Stadtansichten, die mit den Wunderthaten des S. Marcus staffirt sind, gute Compositionen in sorgfältiger Ausführung, doch mit Fra Damiano's Stuhlwerk nicht zu vergleichen. — Schöne a Intarsiaarabesken der guten Zeit sieht man an dem Getäfel im Chor der Kirche (gegen das Schiff zu).

Mit dem Beginn der Barockzeit fanden reiche, geschnitzte Historien oder Brustbilder, begleitet von buntquellendem Ornament, hier einen ausgesprochenen Vorzug. Dieser Art ist das Stuhlwerk des
b Niederländers „Alberto di Brule" im Chor von S. Giorgio maggiore, das noch spätere Wandgetäfel in der Cap. del rosario und im linken Seitenschiff von S. Giovanni e Paolo, dasjenige in den obern Sälen der Scuola di S. Rocco, im Chor des Carmine etc. Bei grossem Luxus und einer oft raffinirten Behandlung des Figürlichen ist das Decorative doch ohne rechte Freudigkeit, als wäre es nur eine Nebensache.

Dafür sind in Venedig noch eine Anzahl geschnitzter Decken der Frührenaissance vorhanden, dergleichen man vielleicht sonst nirgends beisammen findet. Da es sich nicht um heilige, sondern um Palasträume u. dgl. handelte, so durfte auch die Decoration hier weniger ernst architektonisch, mehr reich und spielend verfahren. Daher überwiegt nicht die Balkenlage und Einrahmung, sondern der Zierrath; nicht die Cassette, sondern die Rosette, als Schild, Blume etc. mit der grössten Pracht — in der Regel gold auf blau — stylisirt.
c Zwei dergleichen finden sich in den vom Brand des Jahres 1574 unberührt gebliebenen Zimmern des Dogenpalastes (Sala de' Busti und Camera a letto, beide zur jetzigen Antikensammlung gehörend); ein
d sehr reicher, mit figurirten Mittelfeldern, und ein ganz vergoldeter mit Cherubim in der Academie (Räume des alten Klosters der Carità). —
e Von Kirchendecken dieses Styles ist die (beträchtlich erneuerte) in S. Michele erhalten, mit quadratischen Cassetten. Ein schönes Stück einer Holzwölbung in S. Giacomo dall' Orio (rechtes Querschiff).

Von Gemälderahmen ist wohl nach den noch gothischen
f der muranesischen Altarbilder (Academie, zweite Nebencapelle rechts an S. Zaccaria, sowie Pinacoteca zu Bologna) als einer der schönsten
g der ganzen Renaissance derjenige zu nennen, welcher das Bild Giov. Bellini's in der Sacristei der Frari umgiebt (1488); oben Sirenen und Candelaber. Andere geringere: zweite Capelle links vom Chor, um den Johannes Donatello's; dritte Capelle links vom Chor, um das Bild des Basaiti.

Über die Marmorrahmen mancher venezianischen Altarbilder vgl. S. 261, Anm. 2. Ihre Arabesken sind nirgends von besonderm Werth.

In Padua ist das höchst prachtvolle Stuhlwerk im Chor von S. Giustina, mit zahllosen Historien, erst aus der beginnenden Barockzeit; dasjenige in der nahen Capella S. Prosdocimo (Capitelhaus) dagegen von früher Renaissance mit guten Intarsien (Ansichten u. dgl.). Der Rahmen um das Bild Romanino's ist dieses schönsten Gemäldes von Padua nicht unwürdig. — Sehr grosse Intarsiatafeln mit Figuren findet man in der Sacristei des Santo. a b

Von Holzdecken hat diejenige im Obergeschoss der Scuola del Santo gemalte Cassettirungen der guten Zeit. c

---

Mit Verona gelangen wir in die Gegenden, wo die grössten Virtuosen dieser Gattung heimisch waren. Einiges sehr Bedeutende haben sie auch an Ort und Stelle hinterlassen.

Ein bescheidenes, aber graziöses Stuhlwerk der Frührenaissance findet sich hier im Chor von S. Anastasia, mit bloss decorativen Intarsien. — Allein dasselbe verschwindet neben den Arbeiten des in diesem Fach berühmten Fra Giovanni da Verona. In der Kirche seines Klosters, S. Maria in organo, ist von seiner Hand[1]) zunächst der grosse hölzerne Candelaber (Capelle rechts vom Chor), von schönstem Detailgeschmack, doch nicht ganz glücklich componirt; der Tempietto am obern Theil, mit den Statuetten auf Sphinxen und Harpyien giebt einen unklaren Contour. Sodann das Stuhlwerk des Chores (1499), im Geschnitzten und Durchbrochenen wie in den Intarsien (welche oben Stadtansichten und Schrankbilder, unten Arabesken enthalten) von gleichmässiger Schönheit und Gediegenheit ohne Raffinement; auch der Chorpult in echter Form erhalten. Ferner das Getäfel der linken Wand in der Sacristei, später, reicher, ja z. B. in den candelaberähnlichen Wandsäulchen schon ziemlich überladen. — Neben diesen Arbeiten des Giovanni befinden sich andere Stücke, nämlich d e

[1]) Man glaubt, auch der Thurm der Kirche sei nach Giovanni's Entwurf gebaut.

a die Wandsitze vor dem Hochaltar und das Getäfel der rechten Wand in der Sacristei, welche in der Holzarbeit nur schlicht, aber durch die aufgemalten Landschaften des Caroto und Brusasorci merkwürdig sind.

b In Brescia enthält der Chor von S. Francesco ein noch halbgothisches Stuhlwerk, mit calligraphisch zierlichen Intarsien, und einen der prachtvollsten Gemälderahmen des ganzen Styles.

c In Bergamo endlich ist wenigstens ein Prachtstück, und zwar des Fra Damiano selbst, erhalten: das hintere Stuhlwerk im Chor von S. Maria maggiore, mit den geistvollsten Intarsien, bestehend aus Puttenfriesen verschiedener Ordnung und sehr schönen historischen Mittelfeldern. — Das vordere Stuhlwerk desselben Chores, von den Brüdern Belli, ist etwas älter; der ringsum gehende Aufsatz bildet eine leichte hölzerne Bogenhalle mit geschnitzten Akroterien (Meerwundern, Candelabern etc.). Die Intarsien der Sitzrücken, welche kirchliche Geräthe und Symbole zu Stillleben geordnet darstellen, könnten wiederum von Fra Damiano sein.

Den Beschluss der plastischen Decoration machen die Schmucksachen, Gefässe und Prachtgeräthe hauptsächlich des XVI. Jahrhunderts, deren Styl wesentlich durch einen weltbekannten Künstler, den Florentiner Benvenuto Cellini (1500—1572) sein Gepräge erhielt.

Der einzige Ort, wo documentirte Sachen Benvenuto's in einiger
d Anzahl beisammen sind, der Tesoro des Pal. Pitti in Florenz, ist dem
Verfasser unzugänglich geblieben. Indess ergiebt sich ein Bild des
Styles aus den Vasen, Schalen u. a. Schmuckgegenständen, welche
e (nebst Neuerem) in den Uffizien, Abtheilung der „Gemme" aufgestellt
f sind; Einiges findet sich auch in der Galerie des Pal. Pitti (Durch-
g gang zu den hintern Zimmern); dann im Museum von Neapel (Abtheilung der Terracotten, zweiter Saal), sowie zerstreut a. a. O. Manches von diesen Prachtgegenständen ist auch älter als Benvenuto oder sonst von seiner Art unabhängig.

Das gegebene Motiv war in der Regel: irgend ein kostbares Mineral, hauptsächlich Agate, Jaspen, Lapislazuli, auch wohl schöne Glasflüsse in mehr oder weniger freier, selbst phantastischer Form zum Gefässe zu bilden und mit Henkeln, Fuss, Rand, Deckelgriff etc. von Gold mit Email oder Edelsteinen zu versehen; oder man fasste eine Vase von Bergkrystall mit eingeschliffenen Ornamenten oder Geschichten auf dieselbe Weise ein; Seemuscheln u. dgl. erhielten meist einen geringern Schmuck. Ausserdem giebt es noch hie und da ganz metallene Goldschmiedearbeit mit Email und Edelsteinen aus dieser Zeit.

In dem vegetabilischen Ornament, in der Bildung der Arabeske darf man hier wohl nirgends mehr die unabhängige, elastische Schönheit der frühern Renaissance suchen, allein innerhalb der Grenzen der Gattung hätte diese wohl überhaupt kaum eine Stelle gefunden. Das Wesentliche ist der vollkommene Einklang der reichen Formen und der Farben; der Gefässprofile und der Einfassungen und Zuthaten, der hier erreicht ist; allerdings scheinbar nur ein conventioneller Einklang, der aber gleichwohl classische Gültigkeit erlangt hat. Kostbare Steinarten, bei deren Bildung der Künstler schon auf die Form des eben vorhandenen Stückes Rücksicht nehmen, und die er zu irgend einem Phantasiemotiv verarbeiten musste, gestatteten in der goldenen Einfassung nichts streng Architektonisches, auch keinen zu grossen plastischen Reichthum, sondern verlangten gerade die delicaten Henkel, Ränder etc. von Gold und Email, welche wir hier sehen. Und zwar wechselt insgemein flacheres Email auf Gold mit Reliefornamenten rings um die Edelsteine. In den Farben ist mit feinstem Sinn das Richtige getroffen: zu Lapislazuli u. dgl. eine Einfassung von Gold und Perlen; zu rothbraunem Agat eine Einfassung von weissen Emailzierrathen und Diamanten auf schwarzem Grunde u. s. w. Eine Hauptconsequenz der freien Gefässform aber war die phantastische (und doch noch nicht fratzenhafte) Ausbildung einzelner Theile der Einfassung zu Masken, Nymphen, Drachen, Thierköpfen u. dgl., und hier scheint Benvenuto vorzüglich in seinem Elemente gewesen zu sein. Statt der reinen Arabeske gab er Leben und Beweglichkeit.

Von den geschliffenen Krystallsachen ist einiges bloss ornamentistischer Art, wie z. B. die herrlich mit Gold und Roth emaillirte a Deckelschale in den Uffizien (mit den verschlungenen Buchstaben H und D, Heinrich II. und Diane de Poitiers?), das Bedeutendste aber figurirt; so (ebenda) eine Art von Trajanssäule mit reicher Basis, zwei Schalen mit Nereidenzügen, eine Flasche mit Bacchanal, u. s. w.

Ausserdem befindet sich hier ein berühmtes Denkmal: das Kästchen Clemens VII. mit den in den Krystall geschliffenen Passionsgeschichten des Valerio Vicentino. Wie die Robbia, so ist Valerio durch seinen Stoff zu einer Einfachheit der Darstellung genöthigt worden, deren Mangel die Reliefs der grössten Meister jener Zeit nur bedingt geniessbar macht. So glaubt man eines der reinsten Denkmäler damaliger Sculptur vor sich zu sehen; es fragt sich aber, ob Valerio im Marmor ebenso einfach und bedeutend geblieben wäre. Vielleicht dem hohen Werthe dieser Compositionen zu Liebe wurde die Einfassung des Kästchens eine nur schlicht architektonische. (Zu
b vergleichen mit den Relieftäfelchen Verschiedener im ersten Zimmer der Bronzen, ebenda.)

c Anders das farnesische Kästchen des Joannes de Bernardi im Museum von Neapel, an welchem die reiche, bewegte Metalleinfassung das Übergewicht hat über die Krystallschliffe (Jagden, Thaten des Hercules etc.). Als decoratives Ganzes einzig in seiner Art, ist es im Einzelnen bei trefflicher Arbeit doch minder erfreulich als das ebengenannte[1]).

Leider ist von den erzgegossenen Prunkgegenständen, nach welchen Benvenuto's Lebensbeschreibung die Lust rege macht, nichts Sicheres mehr erhalten[2]). — Die, welche bald nach ihm kamen, erbten das feine Gleichgewicht seiner Behandlung nicht, wurden auch wohl

[1]) Da wir diesen Kleinsculptoren, welche zugleich Medailleurs waren, weder hier noch bei Anlass der Sculptur einen Abschnitt widmen können, so müssen wir auf die Lebensbeschreibung des Valerio Vicentino und der Übrigen bei Vasari, sowie auf die Anmerkungen der Herausgeber verweisen.

* [2]) In der Bibliothek des Museums zu Neapel wird dem Benvenuto der Deckel eines Mess-
** buches, in Mantua (Sacristei von S. Barbara) ein Becken, im Schatz von S. Peter zu Rom eine Reihe von Leuchtern zugeschrieben. — Unter den Bronzen der Uffizien (I. Zim-
† mer) ist nur „Helm und Schild Franz I." von ihm, und auch hier liessen sich Zweifel erheben.

der sinnlosen spätmediceischen Liebhaberei für das Seltene und Schwierige unterthan. (Apostelstatuetten von kostbaren Steinen und Exvoto- a
relief Cosimo's II. in den Uffizien.) — Von dieser Sinnesweise sonst kunstverdienter Regenten ist dann die florentinische Mosaiktechnik in „harten Steinen" (pietre dure) ein unvergänglich zu nennendes Denkmal. Wir dürfen die unglaublich kostspieligen Arbeiten dieser Fabrik aus dem XVII. und XVIII. Jahrhunderte übergehen, da der selbständige und eigenthümliche künstlerische Zug darin ungemein schwach ist. Das Beste sind vielleicht einzelne Tischplatten mit Ornamenten auf schwarzem Grunde; von Arbeiten grössern Maassstabes nennen wir bei diesem Anlass die Reliefverzierungen von feinen Steinen in b
der Madonnencapelle der Annunziata, die Wappen in dem grossen c
Kuppelanbau von S. Lorenzo und das Chorgeländer im Dom von Pisa. d

Das römische Mosaik, welches nicht auf dem principiellen Luxus harter Steine, sondern auf der mittelalterlichen Glaspaste beruhte und eine natürliche Fortsetzung des alten, nie ganz vergessenen Kirchenmosaikes war, konnte denn auch bis auf unser Jahrhundert ganz andere Dienste leisten. Zur Zeit des Maratti, unter der Leitung des Cristofari, gab es die grössten modernen Altarbilder mit der Wirkung des Originals wieder. (Altäre von S. Peter.) e

---

Einen Übergang von der plastischen Decoration zur gemalten bilden u. a. die sog. M a j o l i k e n , überhaupt die glasirten Geschirre des XVI. Jahrhunderts, in dessen zweiter Hälfte hauptsächlich zu Castel Durante im Herzogthum Urbino eine ganze Schule mit diesem Kunstzweig beschäftigt war. — Der Verfasser kennt die wichtigste Sammlung, die der Apotheke der Kirche von Loretto, nicht aus Anschauung; f
eine Menge der besten Geschirre befinden sich ohnediess im Ausland (Sammlungen in Paris, Berlin etc.); in Italien bewahrt z. B. das Museum von Neapel (zweiter Saal der Terracotten), die Villa Albani g
bei Rom (am Billardsaal) u. a. Sammlungen noch manches Gute. h

Es sind fast die Farben der Robbia (S. 237), gelb, grün, blau, violett, auf welche sich die Majolikenmaler beschränkten; in diese trugen sie Geschichten und Ornamente über, erstere grossentheils nach Compositionen der römischen Schule, auch Rafaels selbst, wesshalb

18*

die Sage nicht ermangelt hat, sogar ihn persönlich zum Geschirrmaler zu machen. (Einer der Urbinaten dieses Kunstzweiges hiess überdiess Raffaele Ciarla, was Spätere unrichtig verstanden.) Auch Gio. Batt. Franco lieferte viele Zeichnungen. Unseres Erachtens ist indess das Ornament bei Weitem das Wichtigere, sowohl die kecke plastische Bildung des Gefässes selbst mit Thierfüssen, Fruchtschnüren, Muschelprofilen etc., als die aufgemalten Zierrathen. Für die letztern war die Beschränkung in den Farben offenbar eine jener wohlthätigen Schranken, welche das Entstehen eines festen und sichern Styles begünstigen. Das schon etwas vorgerückte XVI. Jahrhundert verräth sich allerdings in einzelnen barocken Formen, allein im Ganzen ist das Ornament doch vom besten dieser Zeit (namentlich wo es zart und dünn auf einem vorherrschenden weissen Grunde steht).

Was giebt diesen einfachen Geschirren einen solchen Werth? unsere jetzige Fabrication liefert ja ihre Sachen viel sauberer und raffinirter. — Die Majoliken sind eben keine Fabricate, sondern Handarbeit, aus einer Zeit allverbreiteten Formgefühls; in jeder Scherbe lebt ein Funke persönlicher Theilnahme und Anstrengung. Sodann sind sie wirkliche Gefässe; das Schreibzeug (es giebt deren sehr schöne) will keinen Altar, die Butterbüchse kein Grabdenkmal vorstellen.

a Im Museum von Neapel (a. a. O.) ist auch noch das einfach prächtige Service des Cardinals Alessandro Farnese (blau mit aufgemalten Goldornamenten) zu beachten.

Von der gemalten Decoration endlich und von ihren wichtigsten Leistungen muss hier in einigem Zusammenhang die Rede sein. (Der Verfasser bedauert, diesem Capitel aus Mangel an Kenntnissen bei Weitem nicht die wünschbare Reichhaltigkeit geben zu können.)

Die Gattung als solche ruht hauptsächlich auf den Schultern einiger grossen Historienmaler, deren Sache sie auch in Zunkunft sein und immer wieder werden wird. Alle blossen Decoratoren, welches auch ihr Schick und ihre Keckheit sein möge, können sie auf die Länge nicht fördern, ja nicht einmal auf der Höhe halten; von Zeit zu Zeit muss der Historienmaler im Einklang mit dem Architekten die Richtung im Grossen angeben. Die Gattung ist entstanden als Einfassung um historische Fresken, als deren Begrenzung im baulichen Raum. Schon die Malerei des XIV. Jahrhunderts hatte gerade diese Arabesken sehr schön in ihrer Art ausgebildet und mit Polygonen, Medaillons u. dgl. unterbrochen, aus welchen Halbfiguren (Propheten, Sibyllen u. dgl.) hervorschauen. Die meisten der unten zu nennenden Fresken dieser Zeit sind so umgeben. Das XV. Jahrhundert konnte eine solche Einfassung noch viel weniger entbehren; wie der Prachtrahmen für das Tafelbild, so war die Wandarabeske für das Fresco nichts anderes als die nothwendige Form, in welcher der überreiche Lebensinhalt des Gemäldes harmonisch auszuklingen strebte. Ausserdem aber wurde sie auch zur blossen Decoration von Bautheilen nicht selten angewandt.

Sie will während des XV. Jahrh. meist noch die Architektur und Sculptur nachahmen: daher ihre Einfarbigkeit, grau in grau, braun in braun, u. s. w. etwa mit einzelnen aufgesetzten Goldverzierungen; auch wiederholt sie die uns vom Marmor her bekannten Motive, nur reicher und mit stärkerem Aufwand figürlicher Zuthaten. In letztern scheute man sich auch an der heiligsten Stätte nicht vor der antiken Mythologie. Wo der Raum es zuliess, wurden über Gesimsen und Postamenten noch allegorische Figuren, Putten u. dgl. meist in derselben Farbe hingemalt.

An den gewölbten Decken aber, und bald auch an den Wandpfeilern etc. versuchte man gegen Ende des Jahrhunderts reichere Farben, z. B. Gold auf Blau, und colorirte endlich die einzelnen Gegenstände theils nach dem Leben, theils conventionell. Einzelne Künstler setzten auch die Zierrathen plastisch, in Stucco auf. Bisweilen wird sogar die Wirkung der Fresken durch eine so reiche und bunte Einfassung beeinträchtigt.

Abgesehen von den in den Bildern selbst und zwar sehr reichlich (S. 172 etc.) dargestellten Architekturen giebt die Einfassung von
Filippo Lippi's Fresken im Dom von Prato eines der frühern Bei- a
spiele der Gattung; ebenso die Einrahmungen des Benozzo Gozzoli b
im Camposanto zu Pisa. Domenico Ghirlandajo ist hierin meist sehr

a mässig, Filippino Lippi in den Fresken der Cap. Strozzi in S. Maria
b novella zu Florenz und der Cap. Carafa in der Minerva zu Rom dagegen schon viel reicher, und die peruginische Schule geht vollends oft über das Maass hinaus. Von Pinturicchio sind fast alle (unten zu nennenden) Fresken reich mit gemalten Pilastern, Gesimsen
c u. s. w. verziert; die erste, dritte und vierte Capelle rechts in S. Maria del Popolo und die Gewölbemalereien im Chor geben eine umständliche Idee von seiner Behandlungsweise; an den Gewölben eines der
d Zimmer, welche er im Appartamento Borgia des Vaticans ausmalte, sind hochaufgesetzte Stuccozierrathen, Gold auf Blau mit naturfarbigen Figuren (vielleicht von Torrigiano?) angebracht, Alles in dem nur beschränkt antikisirenden, heitern Styl des Jahrhunderts. (Später,
e in der Libreria des Domes von Siena finden wir ihn viel behutsamer.)
f Ein sehr bedeutendes Denkmal dieser Art sind dann Perugino's Fresken im Cambio zu Perugia. Die untern Zimmer im Pal. Colonna
g zu Rom, welche nach der Beschreibung noch bezeichnender sein möchten, sind dem Verfasser nicht bekannt. Von einem Zeitgenossen Pe-
h rugino's sind die decorativen Malereien in der hintern Kirche von S. Lorenzo fuori le mura.

Eine ganz besondere Vorliebe für diese Zierrathen verräth auch
i Luca Signorelli, der in der Madonnencapelle des Domes von Orvieto reichlichen und originellen Gebrauch davon machte und selbst einzelne seiner Staffeleigemälde (z. B. eine Madonna in den Uffizien) mit einfarbigen Medaillons versah. Er hatte ein tiefes Gefühl von dem Werthe der Gattung, und wollte in den kleinen Figuren des decorativen Theiles seiner Fresken in Orvieto ein mythologisches Gegenbild zu seinen Weltgerichtscompositionen darstellen. Kein Maler des spätern Italiens hat wohl die Sache so ernst genommen.

Peruginer und Sienesen haben auch die Eintheilung und Ver-
k zierung der Decken in zwei vaticanischen Zimmern zu verantworten. In der Stanza dell' Incendio liess Rafael die Arbeiten seines Lehrers ganz, in der Camera della segnatura von den Malereien Soddoma's einen Rest und vielleicht die Gesammtanordnung bestehen.

Im XVI. Jahrhundert dauert der bisherige Styl ausserhalb Roms
l noch einige Zeit fort. So z. B. in Franciabigio's Einfassungen um die Malereien A. del Sarto's im Scalzo zu Florenz. — Ridolfo Ghir-

landajo's gemalte Ornamente in der Sala de' Gigli und in der Cap. a S. Bernardo des Palazzo vecchio sind in dieser Art mittelmässig, zumal die letztern, wo die figurirten und die ornamentirten Felder einander ganz gleichartig sind (Grau auf Gold). — Besonders zierlich und mit grosser Absicht behandelt sind die Einfassungen der Fresken b A. Aspertini's in S. Frediano zu Lucca (links).

Es ist schwer, in dieser Gattung die Grenzen der Decoration scharf zu bestimmen. Neben der bloss einfassenden Arabeskenmalerei tritt, wie man sieht, hauptsächlich an den Gewölben eine d e c o r i r e n d e Malerei auf, deren Inhalt, abgesehen von einzelnen örtlichen oder allgemein symbolischen Beziehungen, ein wesentlich freier ist. Der kirchliche Bilderkreis nämlich, welcher sich zur Zeit der Giottesken auch über die Gewölbe erstreckt hatte, verliert seinen Alleinwerth; neutrale, bloss für das Auge angenehme Figuren und Scenen, Reminiscenzen aus der alten Mythe und Geschichte nehmen selbst an geweihter Stätte seines Stelle wenigstens theilweise ein. Es ist das Wesen der Renaissance, dem Schönen, Lebendigen und Charaktervollen, auch wenn es beziehungslos ist, den Vorzug zu geben.

Beträchtlich grösser als in Mittelitalien war der Aufschwung der gemalten Decoration in Oberitalien, dessen Backsteinbau gewissermassen darauf als auf einen Ersatz für die mangelnden Quader angewiesen war (Seite 204). Zudem hatte hier die am meisten decorativ gesinnte Schule, die von P a d u a, ihren Sitz. Erhalten ist Wenigeres als man erwarten möchte, doch wenigstens Ein wichtigstes und umfassendes Beispiel.

Der grosse A n d r e a M a n t e g n a, als er in den Eremitani zu c Padua eine gothische Capelle von der gewöhnlichen Form (eines Quadrates und eines polygonen Ausbaues) mit den Geschichten der Heiligen Jacobus und Christophorus auszumalen hatte, gab auch den einfassenden und bloss baulichen Theilen einen Schmuck, der in der Art dieser Zeit classisch heissen kann. Die je sechs Bilder der beiden Seitenwände erhielten zunächst gemalte Rahmen grau in grau mit

Fruchtschnüren, Köpfen u. s. w.; über diese hängen oben prachtvolle farbige Fruchtschnüre herunter, an welchen Putten herumklettern. Von den dunkelblauen Gewölben heben sich die Rippen als grüne Laubwulste mit grauen Arabesken eingefasst ab; im Polygon schwingt sich von Rippe zu Rippe die reichste Fruchtschnur mit weissen Bändern; im Quadrat umgeben ähnliche Fruchtschnüre die Medaillons mit den Evangelisten auf Goldgrund. Der übrige blaue Raum dient als Hintergrund für die Gestalten des Gottvater, einiger Apostel und (im Quadrat) rother geflügelter Putten mit Spruchbändern. (Alles so weit erhalten, dass man sich den Eindruck des Ganzen herstellen kann.)

Ungleich tiefer steht bei aller Pracht und Zierlichkeit die Deco-
a ration der Capella S. Biagio (links) an S. Nazario e Celso zu Verona, ein frühes Werk des in der Folge als Architekt berühmten Giov. Maria Falconetto. (Auch das Figürliche zum Theil von ihm, zum Theil von Franc. Morone.) Weder in dem viereckigen Unterbau und dem polygonen Ausbau noch in der Kuppel folgt Einfarbiges, Mehrfarbiges, Goldfarbiges mit der rechten Consequenz aufeinander; aber die Detailwirkung ist noch in dem kläglichen Zustande des Ganzen eine sehr angenehme. In der Kuppel zwei Kreise Cassetten für Engelgestalten; der Cylinder mit steinfarbener Pilasterstellung für Heilige; der Fries darunter ein Nereidenzug auf farbigem Grunde; an den Zwickeln die farbigen Evangelisten zwischen steinfarbenen scheinbaren Reliefs etc.

Den Ausgang der paduanischen Weise in die der classischen Zeit bezeichnet dann recht schön und würdig die Gewölbeverzierung in
b der Sacristei von S. Maria in organo zu Verona, von Franc. Morone, welcher wenigstens die eigentlichen Malereien geschaffen hat.

Eine Auswahl von guten gemalten Arabesken für schmale Wand-
c streifen bietet S. Nazario e Celso in Verona (Füllungen an den Pfeilern zwischen den Seitenaltären); Fruchtschnüre mit und ohne Putten, goldene Candelaber, Ziergeräthe aller Art etc. auf dunkelm Grunde. (Um 1530?)

Für Parma scheint ein im historischen Fach unbedeutender Maler, Alessandro Araldi († 1528), der Hauptrepräsentant der

von Padua ausgegangenen Zierweise gewesen zu sein. Von ihm ist in a
dem Kloster S. Paolo zu Parma, hinter dem Gemach mit den Fresken Correggio's, das Gewölbe einer Kammer mit Arabesken, Panen, Meerwundern, kleinen Zwischenbildern etc. auf blauem Grunde ausgemalt; in den Lunetten ringsherum heil. Geschichten. Diesen oder einen ähnlichen Styl zeigen nun auch die ältern Verzierungen der Pilaster und b
Gewölberippen in S. Giovanni, auch die schöne mosaicirte Nische des c
rechten Querschiffes im Dom (mit Goldgrund). Auch in S. Sisto zu d
Piacenza gehört Manches an den betreffenden Bautheilen derselben Art an. — Mit der grossen Umwälzung aber, welche Correggio in die Malerei jener Gegend brachte, drang auch in diese Gattung ein anderer Styl ein; die Putten (Kinderengel) verdrängen das Vegetabilische mehr und mehr und füllen endlich die Pilaster, Friese etc. fast ganz an. Von den Schülern Correggio's hat sich Girolamo Mazzola durch die Bemalung des Gewölbes im Hauptschiff des Domes viel- e
leicht einen grössern Namen verdient, als durch seine Altarbilder, und wenn man darüber streiten kann, ob die Kappen eines mittelalterlichen Gewölbes überhaupt bemalt werden sollen, so wird man doch zugeben, dass die Aufgabe wohl selten schöner gelöst worden ist. (Farbige Medaillons mit Brustbildern, Putten, Fruchtkränze, zweifarbige Einrahmungen der Gewölberippen u. s. w.) Die neuern Malereien in S. Giovanni, hauptsächlich der Fries, sind weniger glücklich, indem f
hier Vollfarbiges (Sibyllen, Putten u. s. w.) und Einfarbiges (heilige Geschichten), noch dazu von verschiedenem Maassstab, auf Einer Fläche vereinigt sind. Die Pilasterverzierungen etc. in der Steccata scheinen g
von geringern Händen zu sein, ebenso die neuern Bestandtheile in h
S. Sisto zu Piacenza.

Ferrara hat in dieser Beziehung Einiges nicht bloss aus der guten Zeit, sondern auch von einem grossen Künstler aufzuweisen. Im Erdgeschoss des erzbischöflichen Seminars sind noch die grau in i
grau gemalten Decken zweier Gemächer von Garofalo (bez. 1519) erhalten, welche einen frisch von Rom gebrachten Schwung verrathen, noch nicht in der Art der Loggien, sondern der Stanzen. Der Styl der Ornamente ist der Zweifarbigkeit vortrefflich und ohne Schwere

a angepasst. — Darauf folgt, ebenfalls noch vom Besten, die Bemalung von S. Benedetto; ausser einem durchgehenden Fries mit Genien sind vorzüglich die Tonnengewölbe mit ihren von reichen Bändern eingefassten Cassetten beachtenswerth; dies Alles ist nur grau in grau mit wenigem Goldbraun; die Farbigkeit wurde aufgespart für die Flachkuppel, und die figürliche Composition in vollen Farben für die Hauptkuppel und die drei Halbkuppeln der Abschlüsse. (Diese von Vincenzo Veronesi ausgemalt.) Die untern Theile sind weiss geblieben, oder überweisst.

Den Ausgang der Gattung in sinnlosem Schwulst zeigen hier die
b von Girolamo da Carpi in S. Francesco gemalten Zierrathen (um 1550,
c Seite 210) und vollends diejenigen in S. Paolo (1575).

Von den Arabesken profaner Gebäude sind diejenigen, welche die zahlreichen Malereien Dosso Dossi's und seiner Schule im Castell umgeben, nicht von höherer Bedeutung. Freier und angenehmer er-
d geht sich dieselbe Schule in den Deckenmalereien der sämmtlichen einigermassen erhaltenen Räume der Palazzina (Seite 212, b); der allerdings erst von den Loggien abgeleitete Styl offenbart hier durch den Rauch der Schmiedewerkstatt hindurch, als welche das Gebäude jetzt dient, seinen unzerstörbaren Reiz.

Von venezianischen Arbeiten gehört die Mosaicirung des Sacristeigewölbes in S. Marco hieher, von welcher unten.

Die grosse Veränderung, welche zunächst in Rom mit diesem Decorationsstyl eintritt, datirt wohl hauptsächlich von der Entdeckung der Thermen des Titus, welche man nicht nach den erhaltenen Resten in den jetzt zugänglichen Theilen, sondern nach ihrem damaligen Bestande würdigen muss. Die rafaelische Kunstgeneration lernte hier in den ersten Jahren des XVI. Jahrhunderts eine Menge neuen mythologischen und allegorischen Stoffes, einen neuen antiken Styl, eine neue Eintheilung der baulichen Flächen und Glieder, neue Farbenwerthe, eine neue Abwechslung von Stuccorelief und Zeichnung in bestimmtem Verhältniss zu den Farben, endlich den überaus dauerhaften antiken Stucco selber kennen. Sie verarbeitete diese Elemente auf glänzend geniale Weise, so dass ihre Werke neben den antiken eine ganz selbständige Gültigkeit behalten.

Die Verzierung der Loggien im zweiten Stockwerk des Cortile di San Damaso im Vatican geschah im Auftrag des vor Allem prachtliebenden Leo X. — Rafaels Verdienst bleibt es, dass die Loggien die schönste und nicht etwa bloss die prachtvollste Halle der Welt wurden. — Hier ist es der Mühe werth, dass sich das Auge nach Kräften anstrenge, um sich Alles, was noch irgend kenntlich ist, anzueignen. Nicht die Unbill der Witterung, sondern der elendeste Muthwille hat hier den grössten Schaden angerichtet; es hat eiserner Werkzeuge bedurft, um den Stucco des Giovanni da Udine von Wänden und Pfeilern abzulösen. — Die grossen Kupferstiche, welche noch colorirt bisweilen im Handel vorkommen, gewähren zwar eine sehr schätzbare Aushülfe, allein sie geben die Detailzeichnung und die Wirkung des Ganzen doch nur ungenügend wieder.

Von den Gemälden wird unten die Rede sein. Für die Ausführung des Decorativen bediente sich Rafael hauptsächlich des genannten Giovanni da Udine, eines Malers der venezianischen Schule. Wie viel demselben vorgezeichnet, wie viel seinem eigenen Ermessen überlassen wurde, ist gänzlich unbekannt; Rafael war damals mit Aufträgen überladen, und gleichwohl muss nicht bloss die Anordnung des Ganzen, sondern auch die Zeichnung sehr vieler Einzelheiten von ihm herrühren. Eine genaue Rechenschaft über seinen Antheil wird allerdings nie zu geben sein[1]). Man sieht die Tausende einzelner Figurenmotive durch, die alle von Einem Geiste durchdrungen und im rechten Stoff an der rechten Stelle angebracht sind, und fragt sich immer von Neuem, welcher Art die geistige Verbindung zwischen Rafael und seinen Ausarbeitern gewesen sein möchte. Vergebens wird man sich in andern Kunstschulen nach etwas Ähnlichem umsehen. Damit konnte es nicht gethan sein, dass der Meister seine Leute auf die antiken Reste ähnlicher Art, zumal auf die Titusthermen verwies, denn so viele einzelne Figuren und Gruppen, so viel decoratives Detail von

[1]) Laut Vasari hätte er freilich Alles selber vorgezeichnet; unter den Executanten wäre Perin del Vaga der beste gewesen.

dorther entlehnt sein mag, so ist eben die Composition im Ganzen eine völlig neue und originelle. Gerade das Wesentliche, die aufsteigende Pilasterverzierung, gewährten die antiken Vorbilder nicht, oder ganz anders.

Das grosse Geheimniss, wie das Unendlich-Viele zu einem harmonischen Eindruck zu gestalten sei, ist hier vermöge der *Gliederung* und *Abstufung* gelöst. Die Hauptpilaster, die Nebenpilaster, die Bogen, die Bänder und Gesimse verschiedenen Ranges erhalten jede Gattung ihr besonderes System von Verzierung; die Architektur bleibt noch immer die Herrin des Ganzen. Was die Fenster der Mauerseite von Wandfläche übrig liessen, wurde durchsichtig gedacht und erhielt auf himmelblauem Grunde jene unübertrefflich schönen Fruchtschnüre, in welchen der höchste decorative Styl sich mit der schönsten Naturwahrheit verbindet, ohne dass nach einer optischen Illusion gestrebt worden wäre, die das Auge hier gar nicht begehrt. Innerhalb der viereckigen Kuppelräume ist die Umgebung der je vier Gemälde sehr frei und verschiedenartig verziert, wie dies bei einer Reihenfolge isolirter Räume angemessen war.

Eine Analyse dieses Ganzen würde ein umfangreiches Buch werden. Wie hier Stuccatur und Malerei, Figur und Ornament, die Farben der Gegenstände und ihrer Gründe sich zu einander verhalten (oder verhielten), davon muss das Auge sich im Detail überzeugen[1]. Wer sich die Aufgabe setzt, bei jedem Besuch des Vaticans etwa *eine* Abtheilung des Ganges genau durchzusehen, der wird einen bleibenden Eindruck davontragen und vielleicht in einer Anzahl von Figuren und Gruppen die unmittelbare rafaelische Zeichnung erkennen.
a (Die Gewölbemalereien in dem Gang zunächst unter diesen Loggien sind ganz von *Giov. da Udine*; sie stellen Rebenlauben dar, mit andern Pflanzen schön durchflochten und mit Thieren belebt.)

Ein ähnliches decoratives Gefühl, nur in einem andern Stoff anders ausgesprochen, offenbart sich in den wenigen erhaltenen Randarabesken

[1] Auch die Mitwirkung der einst glasirten Bodenplatten (S. 228, Anm.) ist dabei in Erinnerung zu bringen.

der rafaelischen Tapeten (erste Reihe). Auch hier nimmt man eine a bedeutende Mitwirkung des Giov. da Udine an. Ganz kleine, isolirte Figuren und Ornamente wären hier nicht schön und deutlich genug darzustellen gewesen; daher grössere Figuren; auch bildet jedes Randbild ein Ganzes, sowohl in decorativer Beziehung, als vermöge des durchgehenden allegorisch-mythologischen Inhaltes. Das Vorzüglichste: die Parzen.

Eine wesentlich andere Aufgabe gewährte die grosse gewölbte Decke b des vordern Saales im Appartamento Borgia. In den daran stossenden Zimmern hatte Pinturicchio, wie gesagt, die Gewölbe im Styl der frühern Renaissance verziert; seine Arbeit erscheint erstaunlich unfrei, wenn man in den vordern Saal tritt, den Giov. da Udine und Perin del Vaga unter Rafaels Beihülfe verzierten. Die Vertheilung der Farbenflächen, die edle Mässigung der Ornamente, welche an einer Decke so wesentlich ist, die vortreffliche Bildung des Details geben diesem Saal einen hohen Werth, auch wenn man nicht wüsste, dass die Figuren der Planetengottheiten von des Meisters eigener Erfindung sind. Die vier Victorien um das päpstliche Wappen sind einer der höchsten Triumphe figürlicher Decoration.

In den Stanzen hatte Rafael, wie gesagt, frühere Deckenverzie- c rungen angetroffen und ganz (Stanza dell' incendio) oder theilweise (camera della segnatura) geschont. Was er mit der Decke der Sala di Constantino vorhatte, ist unbekannt. In der Stanza d'Eliodoro sucht er durch den ziemlich einfachen blauen Teppichgrund der vier Deckenbilder den Eindruck des Leichten hervorzubringen. Auch dürfen hier die bloss architektonischen Einfassungen der Kuppelbilder in der Ca- d pella Chigi (S. Maria del popolo zu Rom) nicht übergangen werden. Sie sind in ihrer Einfachheit vom edelsten Decorationsstyl gerade dieser Gattung; durchweg vergoldet; zu den Mosaiken vortrefflich stimmend. — Höchst meisterhaft hat Giovanni da Udine in der Far- e nesina die Festons gemalt, welche die Geschichten der Psyche einfassen.

Endlich die untere offene Vorhalle der Villa Madama bei Rom. f Die Ausführung des Gebäudes gehört notorisch dem Giulio Romano, welchem man die trefflichen Friesmalereien der untern Zimmer, auch den schönen Fries mit Festons, Candelabern und Amoren, schwerlich streitig machen wird. Aber in der Vorhalle, welche von Giovanni da Udine decorirt ist, weht der Geist der Loggien noch so rein, dass Rafael, der den Bau schwerlich erlebte, doch als der moralische Urheber erscheint. In einzelnen der eingesetzten Historien glaubt man auch Motive seiner Erfindung zu erkennen. Vielleicht wurde die Decoration nie ganz vollendet; im vorigen Jahrhundert wurden die herabgefallenen Theile durch Rococozierrathen ersetzt, und gegenwärtig lässt der Besitzer Alles zur Ruine werden.

Die Stuccaturen in den untern Hallen des schönen Pal. Massimi, wahrscheinlich von Giovanni da Udine, gehören ebenfalls noch zum Besten dieser Zeit. Ohne Zweifel arbeitete Giovanni unter dem Einfluss des Baumeisters Peruzzi.

---

a Was wir nun noch beizufügen haben, ist neben diesen Leistungen nur von bedingtem, immer aber noch von beträchtlichem Werthe. Es sind meistens gewölbte Decken, denn die Pilaster überliess man fortan fast durchgängig der Architektur; ausserdem ist bei diesem Anlass eine besondere Gattung von Mauerdecoration im Grossen zu erörtern.

b Von Rafaels Schülern malte Perin del Vaga[1]) den Pal. Doria in Genua aus. Das Decorative ist noch sehr schön, aber zum Theil überzierlich und bei Weitem nicht mehr in dem grossen und freien Geist der Loggien und des Ap. Borgia gedacht. In der untern Halle der Flachdecke mit schweren, wirklichen römischen Geschichten bedeckt, statt des luftigen Olymps der Farnesina; in der Galeria die Gewölbeverzierungen im Einzelnen überaus elegant und vom feinsten Farbensinn beseelt (gemalte Mittelbilder; die Eckfelder Reliefdecoration grau auf blau, grau auf Gold u. s. w.; prächtige Motive in den Bändern), aber nicht mehr sicher der Architektur subordinirt; im Saal der Giganten eine höchst reiche und glücklich originelle Einrahmung; in den (einzig noch sichtbaren) neun Zimmern der Stadtseite theils ähnliches, nur einfacheres Arabeskenwerk als Einfassung mythologischer und allegorischer Gegenstände an Zwickeln und Kappen der

* 1) Seine Malereien in verschiedenen Räumen der Engelsburg sind nebst den Stuccaturen des Raff. da Montelupo dem Verfasser unzugänglich geblieben. Laut Vasari führte Perino eine Anzahl kleinerer decorativer Werke jeder Gattung aus, wovon noch Manches, jetzt namenlos, vorhanden sein könnte.

Gewölbe, theils farblose Stuccaturen[1]). Die Wände, mit Ausnahme der Galeria, waren sämmtlich auf Behängung mit Teppichen berechnet.

Perino fand in Genua selbst eine nicht unbeträchtliche Nachfolge, die ihn aber doch nirgends erreichte und ihm nur die Effecte absah.
Das Umständlichste in dieser Art ist die innere Decoration des Pal. a
Spinola (Strada S. Caterina); auch das Erdgeschoss von Pal. Pallavicini (Piazza Fontane amorose). Sonst wiederholt sich in den un- b
tern Hallen und an den Treppen der ältern Paläste ein System etwas magerer Arabesken und sparsamer Phantasiefiguren auf weissem Grunde, wie diese meist etwas dunkeln Räume es verlangten; oft dienen die Decorationen als Einfassungen um mythologische und historische Mittelbilder; andere Male herrscht sogar das Gemälde mehr als für diese Räume billig vor und namentlich mehr in historisch wirklicher Raumbehandlung, als die Deckenmalerei leicht verträgt.

Von den ältern und bessern Arabesken geben folgende Gebäude an den untern Hallen, Treppen und obern Vorsälen einen Begriff:
Pal. Imperiali (Piazza Campetto); — Pal. Spinola (Str. S. Caterina c
N. 13); — Pal. Lercari (jetziges Casino, Str. nuova); — Pal. Carega d
(jetzt Cataldi, gegenüber).

In der aus Stuccaturen und Malereien gemischten Gewölbeverzierung der Kirchen geht M o n t o r s o l i mit der Decoration von S. e
Matteo voran; auch hier war Perin del Vaga, speciell die Galeria des Pal. Doria, Anhalt und Vorbild. Die schwebenden Putten, womit Luca Cambiaso die Felder der Nebenschiffgewölbe bemalte, sind an sich zum Theil trefflich, aber viel zu gross für die kleinen Räume, an deren Rändern sie sich bei jeder Bewegung stossen müssten. — Eine ganz endlose Pracht von Gewölbeverzierungen und grossen historischen, daher schwer lastenden und ohnediess nur improvisirten Gewölbefresken verdankt dann Genua der Künstlerfamilie der C a r l o n i und ihren Nachtretern. Das Ornamentale ist und bleibt durchgängig um einen Grad besser als in Neapel.

Parallel mit der Thätigkeit Perino's geht die des G i u l i o R o-
m a n o, der in seinem berühmten Hauptbau, dem Palazzo del Tè in f
M a n t u a, ein nicht minder glänzendes System von Decorationen aller

[1]) Für die Stuccoarbeit überhaupt brauchte Perin den Silvio Cosini aus Fiesole.

Art aufstellte. Durch ein Missgeschick an dem Wiederbesuch Mantua's verhindert, darf ich über dieses sehr einflussreiche Werk nichts Näheres angeben.

Auch Jacopo Sansovino hat in dieser Gattung wenigstens
a Eine wichtigere Arbeit angegeben und geleitet: die Scala d'oro im Dogenpalast zu Venedig (1538). Als Ganzes steht diese Leistung aber wiederum eine beträchtliche Stufe tiefer als die Arbeiten des Perin del Vaga. Schon die gemeisselten Arabesken der Pilaster sind schwülstig und unrein; ebenso an den Tonnengewölben die Stuccoeinfassungen des Aless. Vittoria, der sonst in den kleinen Relieffeldern manches Hübsche anbrachte, ebenso wie Battista Franco in den gemalten Feldern allegorischen und mythologischen Inhaltes. (Franco besass gerade für solche einzelne Figuren und kleine Compositionen von idealem Styl eine entschiedene Begabung, wie auch seine Gewölbemalereien
b in S. Francesco della Vigna, erste Capelle links, darthun. Vgl. S. 276.) Das Ganze ist bei blendender Pracht schon im Princip nicht glücklich, indem die gemalten Arabeskenfelder im Loggienstyl von den nebenhergehenden Stuccaturen erdrückt werden.

c Wenige Jahre vorher (1530) hatte noch die Frührenaissance mit schönen Mosaikzierrathen auf Goldgrund das Gewölbe der Sacristei von S. Marco geschmückt. Einem Teppichmuster ähnlich, schlingt sich reiches weisses Ornament um Medaillons mit Heiligenfiguren; derber farbig sind die Ränder der Gewölbekappen verziert; in der Mitte concentrirt sich der Schmuck zur Form eines Kreuzes.

Es giebt ausserdem eine von Sansovino oder von Falconetto entworfene, von Tiziano Minio ausgeführte ganz harmonische und vor-
d züglich schöne Decoration: nämlich die weisse, wenig vergoldete Stuccatur am Gewölbe der Capelle des H. Antonius im Santo zu Padua (S. 255). Leicht und doch ernst, trefflich eingetheilt; leises und doch vollkommen wirksames Relief der Zierrathen und des Figürlichen.

e Ganz in der Nähe steht Pal. Giustiniani (N. 3950), dessen etwa gleichzeitige beide Gartenhäuser, von Falconetto erbaut, eine theils stucchirte, theils gemalte Decoration — Ornamente und Figuren — enthalten, welche man ihrer Schönheit wegen von Rafael erfunden glaubt. Es ist wenigstens anzunehmen, dass der ausführende Künstler

(Campagnola) ohne Kenntniss der Loggien dieser Schöpfung nicht fähig gewesen wäre.

Giovanni da Udine selber soll in seinen alten Tagen als Glasmaler die Fenster der Bibl. Laurenziana in Florenz und die des a
geschlossenen Ganges im dritten Hof der Certosa mit jenen Arabesken b
ausgefüllt haben, welche zwar sehr hübsch und für das Tageslicht vortheilhaft, aber doch ein so matter Nachhall der Loggien sind, dass man sie lieber einem Andern zutrauen möchte. — Es sind von den letzten Glasgemälden (bis 1568[1]) der italienischen Kunst, Reparaturen und moderne Arbeiten ausgenommen; auch wollen sie bloss zarte Zierrathen rings um ein kleines einfarbiges Mittelbild oder Wappen vorstellen.

Kehren wir zur gemalten Mauerdecoration der Interieurs zurück. Sie hatte inzwischen das Schicksal der Geschichtsmalerei getheilt und sich zum schnellen und massenhaften Produciren entschlossen. Ihr höchstes Princip wird die Gefälligkeit, das angenehm gaukelnde Spiel vegetabilischer, animalischer und menschlicher Formen nebst Schilden, Gefässen, Masken, Cartouchen, Täfelchen, auch ganzen eingerahmten Bildern, auf meist hellem Grunde. Nicht die Phantasie ist es, die da fehlt; eine grosse Fülle von Concetti aller Art strömt den Decoratoren zu; Laune und selbst Witz stehen ihnen reichlich zu Gebote; als Maler gehören sie noch immer dem furchtlosen XVI. und XVII. Jahrhundert an; aber das Gleichgewicht ist verloren, die schöne Vertheilung des Vorrathes nach Gattungen und Functionen im architektonisch gegliederten Raume. Sie glaubten, der Werth der Loggien beruhe auf dem Reichthum, während doch die Gesetzlichkeit dieses Reichthums das Wesentliche ist.

---

[1]) Also schwerlich von Giovanni, der schon 1564 starb. — In einem Zimmer des Pal. Grimani zu Venedig (bei S. Maria formosa) sollen noch Decorationen von Giovanni, nebst Gemälden des Salviati erhalten sein. Quadri's „otto giorni" melden nichts davon. a

a Hieher gehören u. a. die im Jahre 1565 ausgeführten Arabesken
im vordern Hof des Pal. vecchio in Florenz, hauptsächlich von
Marco da Faenza. — Einen viel grössern Aufwand von Geist ver-
b rathen die Deckenarabesken im ersten Gang der Uffizien von Poccetti,
welcher auch die Perlmutter-Incrustation der Tribuna angab. (Um
1581.) Sie sind vielleicht die wichtigste von diesen spätern Leistungen,
überreich an trefflichen Einzelmotiven, die in unsern Zeiten sich erst
recht würden ausbeuten lassen, aber als Compositionen im (allerdings
wenig günstigen) Raum sehr unrein. (Die Fortsetzung im entschiedenen Barockstyl bis in den Rococo hat wieder ihren besondern Werth.)
Und doch ist Poccetti an anderer Stelle auch in der Anordnung noch
c einer der Besten, wie das mittlere Gewölbebild in der Vorhalle der
d Innocenti, die Deckenfresken in der Sacramentscapelle und S. Anto-
e ninscapelle zu S. Marco, die Halle des Seitenhofes links in Pal. Pitti
u. a. zum Theil mit Stuccatur gemischte Malereien beweisen.

In Rom concurrirte mit den Arabesken eine andere Gattung:
die theils reine, theils zur Einfassung von eigentlichen Gemälden die-
nende, vorherrschend architektonische Stuccatur. Überaus prächtig
und monumental wirkt vor Allem die mit wappenhaltenden Genien
f und reichstem Cassettenwerk stucchirte Sala regia im Vatican, von
Perin del Vaga und Daniel da Volterra; ein kleines Specimen
g derselben Art bietet die hinterste Capelle des linken Querschiffes in
S. Maria del Popolo. Auch der figurirte und ornamentale äussere
h Schmuck des Palazzo Spada zu Rom, von dem Lombarden Giulio
Mazzoni (gegen 1550), gehört hieher. Wie schon Giulio Romano
seine grossen mythologischen Bilder gerne in Stuccosculpturen ein-
i rahmte, zeigt der grosse Saal desselben Pal. Spada; eine unrichtige Übertragung in einen kleinen Maassstab ist die sog. Galeriola daselbst. Von
sonstigen tüchtigen römischen Stuccaturen des sinkenden XVI. Jahr-
k hunderts nennen wir beispielshalber: das Gewölbe von S. Maria a'
monti; — den hintern Raum rechts an S. Bernardo; — in S. Pudenziana
die Prachtcapelle links, von Franc. da Volterra, mit Mosaiken nach
l Fed. Zucchero; — in S. Peter: das nur zweifarbig stucchirte Gewölbe
der Vorhalle, von Maderna, welchem eine besondere Vorliebe für diese
Gattung vorgeworfen wird. Bald herrscht mehr der Stucco, bald mehr
das Fresco vor. Letzteres ist nur zu oft mit schweren historischen

Gegenständen in naturalistischem Styl überladen, die am wenigsten a an ein Gewölbe gehören. Eine Menge einzelner Prachtcapellen an Kirchen geben den Beleg hiezu. — Blosser Stucco, und noch sehr schön, an den Treppengewölben im Palast der Conservatoren auf dem Capitol.

Wenn hier der allgemeine Verfall der Gattung sich in den nachrafaelischen Gängen der Loggien von Pontificat zu Pontificat urkundlich verfolgen lässt, so hat die bloss gemalte Arabeske in Rom vielleicht nicht einmal diejenige Nachblüthe aufzuweisen, die Poccetti für Florenz repräsentirt. Die Malereien in der Sala ducale des Vaticans, in b der vaticanischen Bibliothek, in der Galeria geografica ebendaselbst c sind den florentinischen kaum gleichzustellen und interessiren mehr durch die Ansichten römischer Gebäude und die Landschaften des Matthäus und Paul Bril, welche wenigstens in der Geschichte der Landschaft eine bestimmte Stelle einnehmen. — Von Cherubino Alberti und seinem Bruder Durante ist zu wenig vorhanden; die Decke der Cap. Aldobrandini in der Minerva verräth einen sehr tüchtigen De- d corator; ebenso die der Sagrestia de' Canonici im Lateran.

Im Ganzen aber unterliegt die römische Arabeske zu sehr dem Sachlichen, den geschichtlichen und symbolischen Zuthaten, und verliert darob ihre Heiterkeit. Wie sollte sie z. B. in der Gal. geografica e zwischen der ganzen Kirchengeschichte (in den Bildern des Tempesta) mit ihrem echten Spiel aufkommen können? Rafael hatte in den Loggien so weislich das Heilige von der Arabeske gettrennt gehalten.

Auch in Venedig war bald von der Decoration, wie sie noch in der Scala d'oro und in den oben (S. 288, d und e) genannten paduanischen Werken lebt, grundsätzlich keine Rede mehr. Man gewöhnte sich daran, die Gewölbe weiss zu lassen (Kirchen Palladio's), die flachen Decken aber mit grossen Ölgemälden zu überkleiden. (Räume des Dogenpalastes seit den Bränden von 1574 und 1577, Scuola di S. Rocco, viele f Sacristeien, kleinere Kirchen etc.) Die Zweckmässigkeit von Deckengemälden überhaupt und den hohen Werth mancher der betreffenden insbesondere zugegeben, bedurfte es doch eines idealen Styls, um selbst die idealen allegorischen Scenen erträglich zu machen, geschweige denn die schwer auf dem Auge lastenden historischen. Statt dessen wird eine naturalistische Illusion erstrebt; die einzelnen Geschichten machen den Anspruch, durch Goldrahmen hindurch als wirkliche Vorgänge gesehen zu werden, wovon bei Anlass der Malerei das Nähere. Die Rahmen selber bilden eine bisweilen grossartige Configuration, allein ihre Profilirung ist schon höchst barock und (zu Vermeidung des Schattens) meist flach. Nebenfelder werden wohl mit einfarbigen Darstellungen (bronzefarben, blaugrau, braun) einfacherer Art ausgefüllt, allein die starke goldene Einrahmung macht jeden zartern decorativen Contrast zu den farbigen Hauptbildern unmöglich. — Immerhin sind wenigstens die Räume im Dogenpalast von den prächtigsten dieser Zeit; das stattliche untere Wandgetäfel, die Thüren mit ihren Giebelstatuen, die pomphaften Kamine mit allegorischen Figuren oben und Marmoratlanten unten vollenden den Eindruck von Machtfülle, der in diesen Sälen waltet. Wenn es sich aber um wohlthuende, reine Stimmung handelt, so wird diese in den Räumen der rafaelischen Zeit sich eher finden lassen.

Ausser diesen Wand- und Deckenverzierungen gab es schon seit Anfang der Renaissance eine Verzierung der Fassaden, wie sie dem schmucklustigen Jahrhundert zusagte[1]).

Die Mörtelflächen zwischen den Fenstern, auch Bogenfüllungen, Friese etc. wurden, wo man es vermochte oder liebte, mit Ornamenten oder mit Geschichten bedeckt. Diess geschah theils al Fresco, theils allo Sgraffito (d. h. die Wand wurde schwarz bemalt, ein weisser Überzug darauf gelegt und dann durch theilweises Wegschaben des

[1]) Für diese ganze Gattung vgl. bei Vasari die Biographien des Vincenzo da S. Geminiano, des Peruzzi, des Polidoro und Maturino, des Fra Giocondo und Liberale, des Christofano Gherardi genannt Doceno (für die ganze gemalte Decoration wichtig), des Sanmicheli, des Garofalo und anderer Lombarden, des Taddeo Zucchero, etc. — Dieser Quelle zufolge muss das Erhaltene zum Verlorenen in einem winzigen Verhältniss stehen. Die Fassadenmalerei bestimmte noch um 1550 offenbar die Physiognomie mancher Städte in wesentlichem Grade.

letztern die Zeichnung hervorgebracht). Natürlich haben alle diese
Arbeiten mehr oder weniger gelitten, auch wohl totale Erneuerungen
erduldet. Es ist eine schwierige Frage, wie weit die architektonische
Composition auf diesen Schmuck rechnete; an der Farnesina zu Rom a
z. B., für welche bestimmte Aussagen existiren, vermisst doch das
Auge denselben nicht, obschon er verschwunden ist (mit Ausnahme
der Bogenfüllungen auf der Tiberseite im Garten, welche noch Victorien, Abundantien etc. von rafaelischer Erfindung enthalten). In Rom
war das Sgraffito und das einfarbige Fresco damals sehr beliebt;
doch hat sich von Polidoro da Caravaggio und seinem Gehülfen Maturino nicht viel mehr erhalten, als der Fries mit der Geschichte der b
Niobe (an dem Hause Via della maschera d'oro, N. 7), welcher als
grosse mythologische Composition eines der besten Werke der rafaelischen Schule ist; ausserdem Einiges an Pal. Ricci (Via Giulia). c

Ein Hauptsitz der Gattung aber wurde, wiederum wohl durch
Perin del Vaga, Genua, wo noch an der Gartenseite des Pal. Doria d
Aussenmalereien von der Hand Jenes erhalten sind[1]). Die genuesischen
Paläste, welchen bei dem vorherrschenden Engbau die kräftigere architektonische Ausladung versagt war, bedurften am ehesten eines Ersatzes durch Malereien. Das Ornament nimmt hier nur eine untergeordnete Stelle ein; es sind vorherrschend ganze grosse heroische und allegorische Figuren, selbst Geschichten, in mässiger architektonischer (d. h. bloss gemalter) Einrahmung. Das Vollständigste und Beste, was mir aus der Zeit Perins selber in dieser Art vorgekommen
ist, sind die Malereien am jetzigen päpstlichen Consulat (Piazza dell' e
Agnello, N. 643); zwischen Friesen und Trophäen und andern von Putten sieht man Heldenfiguren, Schlachten, Gefangene, mythologische Siege etc. noch recht gut dargestellt. Auch die grau in grau gemalten
Siege des Hercules, an der Rückseite des Pal. Odero (jetzt Mari, f
von Salita del Castelletto aus sichtbar), sind von ähnlichem Werthe.
Dann folgt Pal. Imperiali (Piazza Campetto), vom Jahr 1560, mit g
seinen theils bronze- theils naturfarbenen Aussenmalereien; — Pal. h
Spinola (Str. S. Caterina, N. 13); — die Stadtseite des Gasthofes Croce

[1]) Den S. Georg von Carlo Mantegna, an der Stadtseite des Pal. di S. Giorgio, kann man * kaum mehr erkennen.

a di Malta; — Pal. Spinola (Str. nuova), sehr vollständig durchgeführt, auch im Hofe. — Der Inhalt ist bisweilen speciell genuesisch; berühmte Männer und Thaten der Republik. Oft aber auch sehr allgemein, sodass man in Ermanglung anderer Gedanken z. B. mit den zwölf ersten römischen Kaisern vorlieb nahm, die in der Profankunst dieser Zeit ja ein förmliches Gegenstück zu den zwölf Aposteln bilden — der architektonisch sehr bequemen Zahl zu Liebe, in der uns nun einmal ihre Biographien bei Sueton überliefert sind. (Man hat sie im XVI. und XVII. Jahrhundert auch unzählige Male neu in Marmor dargestellt.)

Eine andere, eigenthümliche Ausbildung dieses Zweiges zeigt Florenz, wo wiederum der schon genannte Poccetti darin das Beste scheint geleistet zu haben. Schon die Frührenaissance hat hier in bloss ornamentalen Sgraffiti einiges Treffliche aufzuweisen, wie
b z. B. die Fassaden Borgo S. Croce N. 7894 und Via de' Guicciardini N. 1696 beweisen, beide wohl noch aus dem XV. Jahrhundert. In der Folge wurden phantastische Figuren, Pane, Nymphen, Medaillons in dem noch schönen beginnenden Barockstyl, auch ganze grosse historische Compositionen einfarbig an den Fassaden angebracht, wo sie zu den derben Fenstereinfassungen, Nischen mit Büsten, Wappen
c u. dgl. recht glücklich wirken. Haus via della Scala N. 4372; mehrere Paläste Ammanati's, wie Pal. Ramirez, Borgo degli Albizzi N. 440 u. s. w. (Wozu noch der grosse Palast auf Piazza S. Stefano in Pisa zu rechnen.) — Aber auch die Bemalung in Farben wurde nicht selten versucht und hat sich verhältnissmässig besser gehalten, als man denken sollte. Wir nennen nur die Fresken (nach Salviati)
d an Pal. Coppi, Via de' Benci N. 7912 und den sehr auffallenden Pal.
e del Borgo auf dem Platz vor S. Croce, dessen Malereien unter Leitung und Theilnahme des in seiner Art grossen Giov. da San Giovanni zu Stande kamen. Ihr Zweck war gleichsam, die mangelnde Raumschönheit der nordisch fensterreichen Fassade zu ersetzen. (Die
f zwei kleinern, farbig bemalten Paläste in Pisa auf dem genannten Platz sind sehr verwittert.)

Das Anmuthigste dieser Richtung ist vielleicht der Fries mit Genien in dem hübschen kleinen Hof der Camaldulenser (Via degli Alfani) a links von der Kirche, nach 1621. In der zweifarbigen Malerei tönt hier ein Echo der Robbia nach, obwohl die Formen der Putten schon maniriert sind.

Mit der völligen Ausbildung des Barockstyles (seit etwa 1630) nahm diese Art von Decoration auch in Florenz ein Ende; man scheint sie als etwas Kleinliches oder Kindisches verachtet zu haben; mit ihr zehrt die Architektur das letzte freie Zierelement auf. An ihre Stelle tritt, wo man der Decoration bedurfte, die Perspectivenmalerei, in welcher sich einst schon Baldassare Peruzzi auf seine Weise versucht hatte. Wir werden bei Anlass der spätern Epochen darauf zurückkommen.

Venedig besitzt in dieser Gattung nur noch Weniges und im Zustande fast totaler Zerstörung durch die Feuchtigkeit, aber von so grossen Meistern, dass man gerne auch die Trümmer aufsucht. So war der Fondaco de' Tedeschi am Rialto (jetzige Dogana), ein grosses b einfaches Gebäude des Fra Giocondo vom Jahr 1506, vollständig bemalt von Tizian und seinen Schülern; hie und da ist noch ein schwacher Schimmer zu erblicken. Etwas besser erhalten sind die Malereien an der Oberwand des Klosterhofes von S. Stefano, von c Giov. Ant. Pordenone, theils alttestamentliche Geschichten, theils vorzüglich schön belebte nackte Figuren (meist Kinder) und Tugenden. Dieser Rest ist vielleicht die bedeutendste Aussenmalerei der goldenen Zeit, welche überhaupt erhalten ist, und wiegt alles Gleichartige in Genua weit auf.

Endlich muss Verona vor allen Städten Italiens durch Menge und Werth bemalter Fassaden ausgezeichnet gewesen sein. Eine besondere climatische Ursache oder irgend ein innerer Fehler des Mörtels hat leider bei Weitem das Meiste davon zerstört, und auch das Erhaltene ist nur dürftig erhalten, ungleich weniger als z. B. ähnliche Malereien in Florenz. An vielen Häusern ist nur etwa das Hauptbild eines religiösen Inhaltes wegen geschont und (freilich auch durch Übermalung) gerettet worden, während man die unscheinbar gewordenen Malereien der ganzen übrigen Fassade der Übertünchung Preis gab. Und doch wäre gerade das Ganze dieser Decoration unentbehrlich; mehr als irgendwo in Italien ist das Architektonische darauf berechnet, ja der Renaissancebau tritt aus keinem andern Grunde in Verona so mässig und einfach auf, als weil ihm die Malerei zur wesentlichen Ergänzung diente.

Schon zur Zeit des gothischen Styles war es in diesen Gegenden zur Gewohnheit geworden, die Wandflächen mit regelmässig, teppichartig wiederholten buntfarbigen Ornamenten zu bedecken und diese mit reichern, bewegtern Friesen und Bändern zu umziehen; das Mittelalter konnte des Bunten viel vertragen, zumal da letzteres unter der Herrschaft eines gesetzmässigen Farbensinnes stand. Zur Zeit der Renaissance dauerte ein ähnlicher Schmuck fort: nur tritt jetzt das Figürliche erst in sein volles Recht. Man begnügt sich nicht mehr mit dem einzelnen Bilde einer Madonna zwischen zwei Heiligen, sondern die ganze Fassade wird zum Gerüst für ruhige und bewegte, heilige und profane, einfarbige und vielfarbige Darstellungen.

Und zwar sind es grossentheils Arbeiten von sehr tüchtigen, selbst hie und da von grossen Künstlern. Schon im XIV. Jahrhundert schuf z. B. ein Stefano da Zevio die Fresken einer thronenden
a Madonna zwischen Heiligen und einer Geburt Christi an dem Hause N. 5303[1]); noch ist genug davon erhalten, um die süsse Schönheit der Jungfrau, den Jubel der blumenbringenden Engel zu erkennen. Im folgenden Jahrhundert hat Andrea Mantegna selber diese Fassadenmalerei nicht verschmäht, und seine besten veronesischen Nachfolger fanden daran eine ganz wesentliche Beschäftigung; bis gegen Ende des XVI. Jahrhunderts folgen dann die veronesischen Schüler der Venezianer. Es erhellt hieraus schon, welchen Werth diese bemalten Fassaden auch in technischem Betracht haben müssen; mehrere derselben enthalten von den bestcolorirten Fresken der damaligen Zeit

---

[1]) Das jetzige Telegraphenamt. — Ich bedaure, nur nach den Hausnummern citiren zu können, die in Verona wie in mehrern andern Städten Italiens auffallend und sträflich vernachlässigt, ja halbe Gassen entlang nicht mehr sichtbar sind.

Von Mantegna selbst soll Casa Borella, N. 1310, bemalt a sein; die grössern Wandflächen, durch goldfarbige Pilaster mit Arabesken abgetheilt, enthalten geschichtliche Scenen, auf baulichem Hintergrunde mit blauem Himmel; ein Fries ist mit Fruchtschnüren und Putten belebt, die Räume über den Fenstern mit Medaillons, welche Halbfiguren enthalten und von Putten auf dunklem Grunde begleitet sind. — Wie hier durchgängige Farbigkeit, so herrscht dagegen an Pal. Tedeschi, N. 962 (bei S. Maria della Scala) das Be- b streben, die Wirkung dem Relief zu nähern durch einfarbige Darstellung und zwar in gelb. Der Inhalt ist, wie es diese Schule ganz besonders liebte, classisch-historischer Art, die Allocution eines Kaisers. Nur die Arabesken über den Fenstern sind gelb auf blau. — (N. 835, wieder mit Malereien Mantegnas selbst, hat Verfasser dieses c nicht finden können.) — Noch aus dem XV. Jahrhundert stammt auch die Bemalung des Häuschens N. 4800 mit farbigen Novellenscenen, eingefasst von farbigen Pilastern und grauen Friesen; — ebenso der Fries von N. 73 (bei Ponte della Pietra): auf violettem Grund steinfarbige Putten in allen möglichen Verrichtungen des Pizzicarol-Gewerbes darstellend. — Aus der besten Zeit, etwa bald nach 1500, sind die Malereien zweier kleinen Häuser auf Piazza delle Erbe; d eines mit Mariä Krönung, zwischen festonhaltenden Putten etc.; — und ein anderes, wo das obere Bild eine biblische Scene, das untere eine Madonna zwischen Aposteln, der Zwischenfries einen von Putten begleiteten Medaillon enthält, wahrscheinlich eine der schönsten Arbeiten des Caroto. — Wie sonderbar aber bisweilen in dieser goldenen Zeit Heiliges und Profanes gemischt wurden, zeigen die Malereien eines Hauses zwischen diesem Platz und der Aquila nera, von Aliprandi und Andern: man sieht den Sündenfall nach Rafaels Bild in den Loggien, eine Madonna mit S. Antonius von Padua, weiter oben aber tanzende Bucklige, eine Bauernhochzeit und eine Wasserfahrt. — Ganz farbig, wie an den drei letzgenannten Häusern, sind auch die colossalen mythologischen Malereien des Cavalli an einem Eckhaus der Piazza delle Erbe (Casa Mazzanti), worunter sich auch eine Darstellung des Laocoon befindet. — Es ist zu bemerken, dass an all diesen Fassaden kein Versuch vorkömmt, eine perspectivische gemalte Architektur mit scheinbar an Balustraden und Fenstern sich bewegenden Figuren illusionsmässig zu beleben. Hans Holbein, der dieses Ziel mehr als einmal verfolgte, muss die Anregung dazu anderswoher empfangen haben.

a Der Palazzo del consiglio, erbaut von Fra Giocondo da Verona, hat an den freien Mauerflächen nur gemalte Ornamente, diese aber durchgängig[1]).

Gegen die Mitte des XVI. Jahrhunderts hin gewinnt die Gattung eine neue Ausdehnung und einen fast ausschliesslich mythologischen Inhalt; die einfarbige Darstellung, und zwar nach Stockwerken und Abtheilungen in den Tönen wechselnd (grün, roth, grau, violett, goldbraun etc.), beginnt entschieden vorzuherrschen. Allerdings büssten die venezianisch geschulten Maler hiebei einen ihrer besten Vortheile ein, ohne dass ein Ersatz eingetreten wäre durch jene höhere classische Auffassung, wie sie etwa in Polidoro's Niobidenfries lebt. Allein je nach der Begabung des Einzelnen kam es doch zu sehr bemerkenswerthen Schöpfungen.

Unter diesen ist vorzüglich die Bemalung zu nennen, womit Do-
b menico Brusasorci den Pal. Murari della Corte völlig bedeckte. (N. 4684, jenseits Ponte nuovo.) Die Strassenseite enthält in farbigen, die Fluss- und Rückseite in einfarbigen Bildern und Friesen eine ganze Mythologie, die Geschichten der Psyche, die Centauren- und Lapithenkämpfe, die Hochzeit des Seegottes Benacus (Lago di Garda) mit einer Nymphe, Tritonenzüge etc.; von Historischem den Triumph des Paulus Aemilius und die Gestalten berühmter Veroneser. — Ausserdem gehört zum Bessern: die Bemalung von N 1878, Opfer und Waffenweihe, von Torbido: — N. 5502, Allegorisches und eine Scene aus Dante, von Farinati; — N. 5030, Casa Murari bei SS. Nazario e Celso, mit umständlichen mythologischen Malereien und farbigen Friesfiguren, von Canerio und Farinati; — N. 1579 grosse

---

[1]) Bei diesem Anlass nennen wir einige Häuser, an welchen nur noch die Hauptbilder er-
* halten sind: N. 2987 auf Piazza Brà: Madonna von Monsignori; — N. 2988: Madonna von Caroto; — N. 5522 jenseits Ponte delle navi: Madonna mit Heiligen, Hauptwerk von Franc. Morone; — N. 4562: der Gekreuzigte mit Gottvater zwischen zwei Heiligen, von Bart. Montagna; — das Haus neben N. 1140 unweit Ponte nuovo: treffliche Pietà mit Heiligen. Manches Gute ist dem Verfasser entgangen.

Fassade mit lauter Einfarbigem in der Art von Palazzo Murari; — N. 4195, Casa Sacchetti mit einfarbigem Fries von Battista dal Moro. a
U. A. m.

Mit dem Ende des XVI. Jahrhunderts stirbt die Gattung aus. Sie theilt das auffallende Schicksal der ganzen Kunst des venezianischen Gebietes, welche es nach 1600 in keiner Weise mehr zu einer Nachblüthe brachte, wie wir sie in Bologna, Florenz, Rom und Neapel anerkennen müssen.

In Brescia war diese Fassadenmalerei einst ebenfalls sehr im Schwunge; ein bedeutender Localmaler, Lattanzio Gambara, hat sogar die beiden Häuserreihen einer Strasse (eines Theiles des jetzigen b
Corso del teatro) mit fortlaufenden farbigen Darstellungen mythologischen Inhaltes versehen. (Manches von ihm ausserdem in Thorhallen, Höfen etc., z. B. N. 318.) Neuerer Umbau hat das Meiste zerstört.

Ungefähr mit dem XVI. Jahrhundert nimmt die moderne Baukunst einen neuen und höchsten Aufschwung. Die schwierigsten constructiven Probleme hatte sie bereits bewältigen gelernt, das Handwerk war im höchsten Grade ausgebildet, alle Hülfskünste zur vielfältigsten Mitwirkung erzogen, der monumentale Sinn in Bauherrn und Baumeistern vollkommen entwickelt, und zwar gleichmässig für das Profane wie für das Kirchliche.

Die Richtung, welche die Kunst nun einschlug und bis gegen die Mitte des Jahrhunderts mehr oder weniger festhielt, ging durchaus auf das Einfachgrosse. Abgethan ist die spielende Zierlust des bunten XV. Jahrhunderts, die so viel Detail geschaffen hatte, das zum Eindruck des Ganzen in gar keiner Beziehung stand, sondern nur eine locale Schönheit besass; man entdeckte, dass dessen Wegbleiben den Eindruck der Macht erhöhe. (Was schon Brunellesco, San Gallo, Cronaca gewusst und sich stellenweise zu Nutze gemacht hatten.) Alle Gliederungen des Äussern, Pilaster, Simse, Fenster, Giebel werden auf einen keineswegs trockenen und dürftigen, wohl aber einfachen Ausdruck zurückgeführt und die decorative Pracht dem Innern vorbehalten; auch hier waltet sie nicht immer, und wir werden gerade einige der ausgezeichnetsten Innenbauten so einfach finden als die Aussenseiten.

Sodann lässt sich ein gewisser Fortschritt in das Organische nicht verkennen. Die Gliederungen (Pilaster, Simse u. dgl.) hatten bisher wesentlich die Function des Einrahmens versehen; ja die Frührenaissance hatte ganze Flächen und Bautheile mit vierseitigen Rahmenprofilen umzogen (Dom von Como etc.), in der Absicht, den Raum zu beleben. Jetzt erhalten jene Glieder von Neuem ihren eigentlichen wenn auch ebenfalls nur conventionellen Werth; man sucht sie deutlicher als Stütze etc. zu charakterisiren und holt von Neuem Belehrung bei den Trümmern des Alterthums. Brunellesco hatte deren Formen nachgezeichnet, jetzt erst mass man genau ihre Verhältnisse und lernte sie als Ganzes kennen. Sie als Ganzes zu reproduciren, lag nicht im Geist und nicht in den Aufgaben der Zeit, man baute keine römischen Tempel und Thermen, — aber dazu fühlte man sich mächtig genug, mit Hülfe der Alten einen eben so imposanten Eindruck hervorzubringen wie sie. Die Muster waren dieselben, die schon das XV. Jahrhundert beschäftigt hatten: für freie Säulenhallen die Tempel Roms, für Wand- und Pfeilerbekleidungen die Halbsäulensysteme der Theater, die Triumphbogen, die Pilaster des Pantheons, die Wölbungen der Thermen u. s. w., wobei im Einklang mit der beginnenden Kunstarchäologie die Epochen der Blüthe und des Verfalls schon beträchtlich mehr unterschieden wurden als früher. Man latinisirte noch einmal die Bauformen, wie damals viele Literatoren es mit der Sprache versuchten, um in dem antiken Gewande die Gedanken des Jahrhunderts auszusprechen.

Der bedeutendste dieser Gedanken war hier im Grunde die neue Vertheilung der baulichen Massen; jetzt erst entwickelt sich die (schon bei Brunellesco verfrüht ausgebildete) Kunst der Verhältnisse im Grossen. Jener neuerwachte Sinn für die organische Bedeutung der echten antiken Formen muss sich diesem Hauptgedanken ganz dienstbar unterordnen[1]).

---

[1]) Auf den ersten Anschein möchte man glauben, dass die Anwendung der antiken Säulenordnungen zu bestimmten Verhältnissen genöthigt habe. Allein thatsächlich behandelte

Was sind nun diese Verhältnisse? Sie sollen und können ursprünglich nur der Ausdruck für die Functionen und Bestimmungen des Gebäudes sein. Allein das erste Erwachen des höhern monumentalen Baues giebt ihnen eine weitere Bedeutung und verlangt von ihnen nicht bloss das Vernünftige, sondern das Schöne und Wohlthuende. In Zeiten eines organischen Styles, wie der griechische und der nordisch-gothische waren, erledigt sich nun die Sache von selbst; eine und dieselbe Triebkraft bringt Formen und Proportionen untrennbar vereinigt hervor. Hier dagegen handelt es sich um einen secundären Styl, der seine Gedanken freiwillig in fremder Sprache ausdrückt. Wie nun die Formen frei gewählt sind, so sind es auch die Verhältnisse; es genügt, wenn beide der Bestimmung des Baues einigermassen (und sei es auch nur flüchtig) entsprechen. Dieses grosse Maass von Freiheit konnte ganz besonders gefährlich wirken in einer Zeit, die mit der grössten Begier das Ausserordentliche, Ungemeine von den Architekten verlangte.

Es gereicht den Bessern unter ihnen zum ewigen Ruhm, dass sie diese Stellung nicht missbrauchten, vielmehr in ihrer Kunst die höchsten Gesetze zu Tage zu fördern suchten. Dadurch, dass sie es ernst nahmen, erreichte denn auch ihre Composition nach Massen eine dauernde, classische Bedeutung, die gerade bei der grossen Freiheit doppelt schwer zu erreichen war. Etwas an sich nur Conventionelles drückt hier einen Rhythmus, einen unläugbaren künstlerischen Gehalt aus. Die Theorie, welche Stockwerke und Ordnungen messend und beurtheilend den Gebäuden nachging, umfasste gerade dieses freie Element aus guten Gründen nicht; man wird bei Serlio, Vignola und Palladio keinen Aufschluss in zusammenhängenden Worten, nur beiläufige Andeutungen finden; dagegen eine Menge Recepte für Einzelverhältnisse, zumal der Säulen.

Die constructive Ehrlichkeit und Gründlichkeit, welche noch keinen pikanten Widerspruch zwischen den Formen und den baulichen Functionen erstrebte, war ebenfalls der Reinheit und Grösse des Eindruckes förderlich. Bei diesem Anlass muss zugestanden werden, dass manche

man diese Ordnungen ganz frei und gab ihnen diejenige Ausdehnung zum Ganzen, diejenigen Intervalle zu einander, welche zweckdienlich schienen.

Bauherren an Material und Baufestigkeit zu ersparen suchten, was sie an Raumgrösse aufwandten. Vielleicht haben die beiden folgenden Jahrhunderte im Ganzen solider gebaut als das XVI., das ihnen an künstlerischem Gehalt so weit überlegen bleibt.

Erst mit dem XVI. Jahrhundert wird der Aufwand an Raum und Baumaterial ein ganz allgemeiner; es beginnt jene allgemeine Grossräumigkeit, auch der bürgerlichen Wohnungen, jener weite Hochbau der Hallen und Kirchen, welcher schon aus technischen Gründen den Wölbungen und Kuppeln den definitiven Sieg über die Säulenkirche verschafft und auch an profanen Gebäuden die Pfeilerhalle in der Regel an die Stelle der Säulenhalle setzt. (Das XVII. Jahrhundert verfolgt diese Neuerung noch weiter, bis in die Übertreibung). — Diess hindert nicht, dass auch in kleinen Dimensionen, bei beschränktem Stoff und äusserst bescheidener Verzierung bisweilen Unvergängliches geleistet wurde. Ein mitwirkender, doch nicht bestimmender Umstand zu Gunsten des Pfeilerbaues war das Seltenwerden disponibler antiker Säulen, welches z. B. schon früher in Rom den Pintelli (Seite 194) zur Anwendung des achteckigen Pfeilers veranlasst zu haben scheint. Vollends so grosse antike Säulen, wie sie zu dem jetzigen Baumaassstab gepasst haben würden, gab man nicht mehr her oder hob sie für einzelne Prachteffecte im Innern auf, für Verzierung von Pforten, Tabernakeln u. s. w. — Ausserhalb Roms blieb namentlich in Florenz der Säulenbau weit mehr in Ehren; wir werden sehen, aus welchen Gründen.

Die Wahl der Formen im Grossen war jetzt noch freier als im XV. Jahrhundert. Wenn nur etwas Schönes und Bedeutendes zu Stande kam, das der Bestimmung im Ganzen entsprach, so fragte der Bauherr nach keiner Tradition; es war in dieser Beziehung ganz gleich, ob eine Kirche als Basilica, als gewölbte Ellipse, als Achteck gestaltet wurde, ob ein Palast schlossartig oder als leichter durchsichtiger Hallenbau zu Stande kam. Der moderne Geist, der damals nach jeder Richtung hin neue Welten entdeckte, fühlt sich zwar nicht im Gegensatz gegen die Vergangenheit, aber doch wesentlich frei von ihr.

Die erste Stelle wird hier wohl dem grossen Bramante von Urbino nicht streitig gemacht werden können (geb. 1444, welches das Todesjahr Brunellesco's ist; † 1514; bekanntlich Oheim oder Verwandter Rafaels). Er hat noch den ganzen Styl des XV. Jahrhunderts in schönster Weise mit durchgemacht und in den letzten Jahrzehnten seines Lebens den Styl der neuen Zeit wesentlich geschaffen. An Höhe der Begabung und an weitgreifendem Einfluss ist ihm bis auf Michelangelo keiner zu vergleichen.

Seine frühere Thätigkeit gehört der Lombardie an (Seite 199). Es ist mir nicht möglich zu entscheiden, wie Vieles von den ihm dort zugeschriebenen Bauten ihm wirklich gehört; in der Umgegend von Mailand wird sein Name, wie gesagt, ein Gattungsbegriff. — Fragen wir, was er aus dieser oberitalischen Tradition mitbrachte, so ist es (im Gegensatz die Florentiner) die Vorliebe gegen den gegliederten Pfeiler, für kühnwirkende halbrunde Abschlüsse und hohe Kuppeln, Elemente, welche die lombardische Frührenaissance aus ihrem Backsteinbau (S. 151, 203) entwickelt hatte. Seine Grösse lieg nun darin, dass er in der spätern Zeit seines Lebens diess Alles seinem hohen Gefühl für Verhältnisse dienstbar machte.

Von den Gebäuden, welche Bramante kurz vor und unter Julius II., überhaupt in seiner spätern Lebenszeit ausführte, sind die ausserhalb Roms gelegenen dem Verfasser nicht oder nur aus Abbildungen bekannt: die Kirche von Loretto mit Ausnahme der Kuppel; die Santa a
casa in dieser Kirche; der bischöfliche Palast daselbst; S. Maria del b
Monte in Cesena; endlich S. Maria della Consolazione in Todi. Die c
letztere muss, nach den Stichen zu urtheilen, eines der in sich vollkommensten Gebäude Italiens sein; über vier (von innen und aussen mit zwei Pilasterstellungen bekleideten) Halbrotunden, welche die Arme eines griechischen Kreuzes bilden, erhebt sich eine hohe Kuppel (deren Cylinder ebenfalls von innen und aussen mit Pilastern versehen ist). Das Ganze durchaus ein Hochbau, beträchtlich schmaler als hoch, selbst die Lanterna ungerechnet.

Unter den römischen Bauten gilt als der frühste, vom Jahr 1504,
der Klosterhof bei S. M. della Pace (links von der Vorderseite d
der Kirche, durch eine Strasse davon getrennt)[1]. Dieser kleine ver-

[1]) Ganz in der Nähe zwei gute Häuserfassaden derselben Zeit.

nachlässigte Hof ist an und für sich schon eine Revolution des ganzen bisherigen Hallenbaues. Unten Pfeiler mit Pilastern und Bogen; oben Pilasterpfeiler mit geradem Gebälk, das in der Mitte jedes Intervalls durch eine Säule unterstützt wird; — in dieser Form motivirte Bramante die Nothwendigkeit, das obere Stockwerk von seinem bisherigen Holzgesimse mit Consolen (S. 177, oben) zu befreien und ihm eine monumentale Bildung zu geben, die mit dem Erdgeschoss in reinster Harmonie steht. (Baupedanten tadeln jede Säule über der Mitte eines Bogens, allein hier ist durch das bedeutende Zwischengesimse mit Attica und durch die Schmächtigkeit der Säule jedes Bedenken gehoben.)

Es folgt Bramante's einzig ganz ausgeführtes und erhaltenes
a Meisterwerk: die schon früher begonnene, aber erst später vollendete Cancelleria mit Einschluss der Kirche S. Lorenzo in Damaso. Die gewaltige Fassade, welche beide Gebäude mit einander umfasst, zeigt eine ähnliche Verbindung von Rustica und Wandpilastern wie Alberti's Pal. Rucellai in Florenz, aber ungleich grandioser und weniger spielend. Das Erdgeschoss, hoch und bedeutend, bleibt ohne Pilaster; sie beleben erst, je zwei zwischen den Fenstern, die beiden obern Stockwerke. Das stufenweise Leichterwerden ist sowohl in der Gradation der Rustica und in der Form der Fenster als auch in jener obern Reihe kleiner Fenster des obersten Stockwerkes ausgedrückt; letztern zu Gefallen hätten die Baumeister der höchsten Blüthezeit noch kein besonderes Stockwerk creirt, wie Spätere thaten. Gestalt und Profilirung der Fenster, der Gesimse[1]), sowie alles Einzelnen sind an sich schön und in reinster Harmonie mit dem Ganzen gebildet. Allerdings gewöhnt sich das Auge in Rom leicht an den starken und wirksamen Schattenschlag der Barockbauten und vermisst diesen an Bramante's mässigen Profilen; allein mit welcher Aufopferung aller Hauptlinien pflegt er erkauft und verbunden zu sein! — An den Seitenfassaden Backsteinbau statt der Rustica.

Der Hof der Cancelleria ist der letzte grossartige Säulenhof Roms. Bramante benützte dazu wahrscheinlich die Säulen der alten (fünfschiffigen oder zweistöckigen) Basilica S. Lorenzo in Damaso, die er

[1]) Von den Thüren ist die störend barocke des Palastes von Domenico Fontana, die sehr schöne der Kirche von Vignola, dem man sie kaum zutrauen würde.

abbrach. Das Mittelalter hatte sie auch nur von irgend einem antiken Gebäude genommen, und wir dürfen vermuthen, dass sie ihre jetzige, dritte Bestimmung harmonischer erfüllen als die zweite. Es sind 26 im Erdgeschoss, 26 im mittleren Stockwerk, mit leichten, weiten Bogen; das Obergeschoss wiederholt das Motiv desjenigen der Fassade, nur mit je einem Pilaster zwischen den Fenstern, statt zweier. Der wunderbare Eindruck des Hofes macht jedes weitere Wort überflüssig.

Die Kirche S. Lorenzo endlich, wie sie Bramante neu baute, a
ist trotz moderner Vermörtelung noch eines der schönsten und eigenthümlichsten Interieurs; ein grosses gewölbtes Viereck, mit Hallen trefflich detaillirter Pfeiler auf drei Seiten; hinten die Tribuna; mit fast ausschliesslichem Oberlicht durch das mächtige Halbrundfenster links; reich an malerisch beleuchteten Durchblicken verschiedener Art.

Wir wissen nicht, war es Bramante's eigne Überzeugung von der abgeschlossenen Vollkommenheit seiner Fassade, oder das Verlangen des Bauherrn, was ihn bewog, das Wesentliche derselben an dem schönen Palast auf Piazza Scossacavalli zu wiederholen. (Später Pal. b
Giraud, jetzt Torlonia benannt.) Das Wichtigste aber sind die Unterschiede zwischen beiden; es wird nicht bloss ein Stück aus dem langen Horizontalbau der Cancelleria wiederholt, sondern die geringere Ausdehnung zu einer ganz neuen Wirkung benutzt; das Erdgeschoss höher und strenger, die obern Geschosse niedriger, die Fenster des mittlern grösser gebildet. Das Portal auch hier neuer und schlecht[1]); der Hof ein überaus einfacher Pfeilerbau mit Bogen und Pilastern.

Auf die einfachsten Elemente reducirt findet man Bramante's Palastbauart in dem zierlichen kleinen Hause eines päpstlichen Schreibers c
Turinus gegenüber dem Governo vecchio. Wenn wir hier auf Bramante wenigstens rathen dürfen, so ist dagegen der ihm wirklich zugeschriebene Pal. Sora (jetzt Caserne, unweit Chiesa nuova) das Werk d
eines Stümpers jener Zeit.

Endlich war Bramante der glückliche Meister, welcher dem vati- e
canischen Palast seine Gestalt geben sollte. Seit Nicolaus V hatten die grössten Architekten (S. 172) Pläne gemacht; durch Un-

[1]) Die Portale der Renaissance haben vorzüglich, seit das Fahren allgemeine Sitte wurde, den breitern Barockportalen weichen müssen. In Neapel (S. 196, g) waren es von jeher breite und hohe Einfahrten.

beständigkeit, anderweitige Beschäftigung und baldigen Tod der Päpste
hatte es jedoch bei einzelnen Stückbauten sein Bewenden gehabt, hauptsächlich in der Nähe von S. Peter (Appartamento Borgia, Cap. Sistina, Cap. Nicolaus V. etc.); Innocenz VIII. legte in beträchtlicher
a Entfernung davon das Lusthaus Belvedere an (nach der Zeichnung
des Antonio Pollajuolo). Die Verbindung des letzteren mit den übrigen
Theilen und eine gänzliche Umbauung der letzteren mit neuen Gebäuden war nun Bramante's Aufgabe. Allein nur in dem vordern dreiseiti-
b gen Hallenhof, dem Cortile di San Damaso, ist seine Anlage einigermassen vollständig ausgeführt (zum Theil durch Rafael, zum Theil
lange nach seinem Tode) und erhalten. Die Aufeinanderfolge der
Motive von den starken untern Pfeilern, zu den leichtern der beiden mittlern Stockwerke und zu den Säulen des obersten ist sehr
schön behandelt, überdiess finden sich hier Rafaels Loggien und eine
Aussicht über Rom, die nicht zu den vollständigen, aber zu den schönsten gehört. Doch dieser Hof sollte bei Weitem nicht das Hauptmotiv des Gesammtbaues bilden.

Dieses war vielmehr denjenigen Bauten vorbehalten, welche den
c grossen hintern Hof und den Giardino della Pigna umgeben. Man
denke sich die Querbauten der vaticanischen Bibliothek und des Braccio nuovo hinweg und an deren Stelle ungeheure doppelte Rampentreppen, die aus dem tiefer gelegenen untern Hof in den genannten Giardino hinaufführen; man setze an die Stelle der Seitengalerien, welche nur in bastardmässiger Umgestaltung und Vermauerung vorhanden sind, diejenige grandiose Form ununterbrochener Bogenhallen und Mauerflächen, welche Bramante ihnen zudachte, so entsteht ein Ganzes, das seines Gleichen auf Erden nicht hat. Man kann den Backsteinbau mit mässigem Sims- und Pilasterwerk, den Bramante theils anwandte, theils anwenden wollte, leicht an Pracht und Einzelwirkung überbieten; für das grosse Ganze war er fast vollendet schön gedacht. Er ist ferner abgeschlossen durch eine Hauptform, vor deren imposanter Gegenwart jeder Mittelbau neuerer Paläste gering und unfrei erscheinen würde, so gross und reich er auch wäre[1]). Wir mei-

[1]) Eine Centralform von analoger Empfindung ist es, was z. B. dem Tuilerienhof fehlt und immer fehlen wird. Kein Schmuck kann Composition und Linien im Grossen ersetzen.

nen jene colossale Nische mit Halbkuppel, über welcher sich ein halbrunder Säulengang mit tempelartigen Schlussfronten hinzieht. Sie ist wohl factisch nur eine Schlussdecoration, allein sie könnte der feierlichste Eingang zu einem neuen Bau sein. (Die Aussennischen des alten Roms, S. 56 Anm.) Am untern Ende des Hofes entspricht ihr gewissermassen eine nur unvollständig ausgeführte Exedra.

Endlich ist die schöne flache Wendeltreppe am Belvedere[1]) nach a
Bramante's Plan ausgeführt; in der Mitte auf einem Kreise von immer acht Säulen ruhend, die von den schwerern zu den leichtern Ordnungen übergehen.

Von dem grossen Tribunal- und Verwaltungsgebäude, welches b
Julius II. durch Bramante wollte ausführen lassen, sind noch Anfänge von Mauern des Erdgeschosses an mehrern Häusern der Via Giulia sichtbar. Nach der sehr derben Rustica der gewaltigen Steinblöcke zu urtheilen, hätte der Palast einen wesentlich andern Charakter als alle bisher genannten erhalten.

Was Bramante für einen Antheil an dem jetzigen Bau von S. P e t e r hatte, wird bei Anlass Michelangelo's zu erörtern sein. — Nur ein Kuppelbau ist in Rom nach seinem Plan ausgeführt: das runde Tem- c
pelchen, welches im Klosterhof von S. P i e t r o i n M o n t o r i o die Stelle der Kreuzigung Petri bezeichnet; ein schlanker Rundbau, unten mit dorischem Umgang und zwölf kleinern Nischen, innen mit vier grössern und mit dorischen Pilastern; das Obergeschoss innen und aussen einfach, die Kuppel als Halbkugel; zu unterst eine Crypta. Allein die Absicht Bramante's wird erst vollständig klar, wenn man weiss, dass rings um dieses schöne Gebäude nur ein schmaler freier Raum und dann ein runder Porticus von viel grössern Säulen beabsichtigt war; die vier abgeschnittenen Ecken hätten dann vier Capellen gebildet. Der Meister wollte also sein Tempietto aus einer bestimmten Nähe, in einer bestimmten Verschiebung, eingefasst (für das Auge) durch Säulen und Gebälk seines Porticus betrachtet wissen. Es wäre somit das erste Denkmal eines ganz durchgeführten perspectivischen Raffinements. — Auch das Nischenwerk ist hier von

[1]) Der eine Eingang, den man sich an den Tagen des nichtöffentlichen Besuches kann öffnen lassen, ist in der Nähe des Meleager.

ganz besonderer Bedeutung. Die runde Form (vgl. S. 303) sollte sich an diesem so kleinen Bau in den verschiedensten Graden und Absichten wiederholen und spiegeln, als Hauptrunde des Kernbaues, des Umganges, des grössern Porticus, als Kuppel, dann als Nische des Innern, des Äußern, der Porticuswand und selbst der Porticuscapellen — Alles streng zu einem Ganzen geschlossen. Das Nischenwerk der bisherigen Renaissance erscheint gegen diese systematische Aufnahme und Erweiterung altrömischen Thermen- und Palastbaues gehalten wie ein blosser befangener Versuch.

Ohne dass sich eine eigentliche Schule an Bramante angeschlossen hätte (womit es sich in der Baukunst überhaupt anders verhält als in Sculptur und Malerei), lernten doch die Meister des XVI. Jahrhunderts alle von ihm. Ganz besonders hatte er in dem Grundriss von S. Peter, den man (was Kuppelraum und Kreuzarme betrifft) vielfach änderte, aber nie völlig umstiess, ein Programm grandiosen Pfeilerbaues mit Nischen aufgestellt, wonach alle Künftigen sich zu richten hatten. Die toscanische Schule, mit all ihren bisherigen Kuppeln und Gewölbekirchen, war hier durch ein neues System der Massenbelebung, ein neues Verhältnis von Nischen und Eckpilastern überflügelt; sie hatte sich noch immer stellenweise auf den Säulenbau verlassen; Bramante gab ihn im Wesentlichen auf.

Seine Pfeiler mit Pilastern, wenigstens an Aussenbauten, sind vielleicht die einfachsten, welche die Renaissance gebildet, ohne Cannelüren, mit nur sehr gedämpftem Blattwerk etc. der Capitäle; und wenn die Schönheit in der vollkommenen Harmonie des Einzelnen zum Ganzen besteht, so sind sie auch die schönsten.

Allein schon die nächsten Nachfolger begnügten sich damit nicht gerne. Sie behielten aus der früheren Renaissance die Wandsäulen, wenigstens zur Fensterbekleidung bei, auch wohl zur Wandbekleidung. Demgemäß traten dann auch die betreffenden Gesimse weit und starkschattig hervor. Man vergass zu leicht das, wovon der grosse Meister allein ein völlig klares Bewusstsein scheint gehabt zu haben: dass nämlich einem abgeleiteten, mittelbaren Styl wie dieser, sobald die Zeit der naiven Decoration vorüber ist, nur die gemessenste Strenge und

Öconomie auf die Dauer zu helfen im Stande ist, dass er dadurch allein den mangelnden Organismus würdig ersetzen kann.

Gleich derjenige, welcher Bramante am nächsten stand, R a f a e l, ging in seinen Palästen über dieses Mass hinaus. Sein Schönheitssinn sicherte ihn allerdings vor Klippen und Untiefen.

Von den wenigen nach seinem Entwurf ausgeführten und wirklich noch vorhandenen Gebäuden ist P a l. V i d o n i in Rom (auch a
Stoppani und Caffarelli genannt, bei S. Andrea della Valle) arg verbaut, sodass das Rustica-Erdgeschoss, auf dessen starken Contrast mit den gekuppelten Säulen des obern Stockwerkes Alles ankam, fast nirgends mehr die ursprünglichen Öffnungen zeigt; auch die obern Theile sind modernisirt. — Besser erhalten, aber zweifelhaft ist Pal. b
Uguccioni (jetzt Fenzi) auf Piazza del Granduca in Florenz. Auch hier unten derbste Rustica und dann ein ionisches und ein korinthisches Obergeschoss mit gekuppelten Wandsäulen. (Von Andern dem Palladio zugeschrieben; die Ausführung wahrscheinlich erst lange nach Rafaels Tode.) — Ganz sicher ist der herrliche P a l. P a n d o l f i n i, c
jetzt Nencini, ebenda (Via S. Gallo), von Rafael entworfen, aber erst etwa ein Jahrzehnt nach seinem Tode ausgeführt und wohl nicht ohne Veränderungen, etwa an der Gartenseite. Es sind die Formen eines nur bescheidenen Gebäudes in grossen Dimensionen und mächtigem Detail ausgedrückt; Rustica-Ecken; die Fenster oben mit Säulen, unten mit Pilastern eingefasst und mit Giebeln bedeckt; über einem Fries mit grosser Inschrift ein prächtiges Hauptgesimse; nach einem bedeutenden Rusticaportal neben dem Gebäude wiederholt sich das untere Stockwerk als Altan, eines der reizendsten Beispiele aufgehobener Symmetrie. — Von Anbauten an römischen Kirchen ist die ganz einfache Vorhalle der Navicella und die köstliche Capella Chigi d
in S. Maria del Popolo von Rafael angegeben. e

Diese ausgeführten Bauten werden von den früher (S. 173) genannten Architekturen in seinen Gemälden natürlich weit übertroffen.

Von den Werken eines andern Urbinaten, der vermuthlich zu Bramante in einiger Beziehung stand, G i r o l a m o G e n g a (1476—1551) können wir nur die Namen (nach Milizia) angeben, für Die, welche

a die Romagna besuchen: ein Palast auf Monte dell' Imperiale bei Pesaro, die Kirche S. Giovanni Battista in dieser Stadt, das Zoccolantenkloster in Monte Barroccio, der bischöfliche Palast in Sinigaglia. (Die Fassade des Domes von Mantua wird eher von Giulio Romano sein.)
b Von Girolamo's Sohn Bartolommeo war einst ein Palast des Herzogs von Urbino zu Pesaro, die Kirche S. Pietro zu Mondavio vorhanden, auch eine Anzahl Gebäude auf Malta. Was von all diesen Bauten noch existirt, können wir nicht angeben.

In der zweiten Generation ist Bramante's Vaterschaft noch sehr kenntlich bei dem berühmten Giulio Romano (1492—1546), der als Baumeister eher als jenen an an Rafael anknüpft. (Wobei zu bedenken bleibt, dass wir Rafael von dieser Seite nur wenig kennen.)

Giulio's frühere Bauthätigkeit gehört Rom, die spätere Mantua
c an. Das wichtigste und älteste Werk der römischen Periode ist die
Villa Madama[1]) am Abhang des Monte Mario (für Clemens VII, damals noch Cardinal Giulio de' Medici erbaut, aber nie vollendet und jetzt allmälig zur Ruine verfallend, nachdem schon längst der Garten aufgegeben worden). Das gerade Gegentheil von dem, was der Durchschnittsgeschmack unserer Zeit ein freundliches Landhaus zu nennen pflegt. Kaum je zum Wohnen, eher nur zum Absteigequartier bestimmt; möglichst Weniges in möglichst grossen Formen, von einer einfachen Majestät, wie sie dem vornehmsten der Cardinäle und schon halb designirten Nachfolger auf dem päpstlichen Stuhl gemäss zu sein schien. Nur Eine Ordnung von Pilastern; ja in der Mitte, wo die dreibogige Halle mit den oben (S. 285, f) erwähnten Arabesken sich öffnet, nur Ein Stockwerk, über hoher, malerisch ungleich vortretender Terrasse; das Wasserbecken unten dran ehemals durch Ströme aus den Nischen belebt. Auf der Rückseite eine unvollendete Exedra mit Wandsäulen und Fenstern, ein Kreissegment bildend, wahrscheinlich bestimmt, einen Altan zu tragen[2]).

d Das kleinere Casino der Villa Lante auf dem Janiculus ist gegenwärtig unzugänglich und auch durch Abbildungen nicht bekannt. —

---

[1]) Vasari sagt: Manche glauben, der erste Entwurf rühre von Rafael her.

[2]) In einer alten, doch verdächtigen Restauration ist die Exedra zur runden Halle erweitert, welche erst den Mittelbau des vermuthlichen Ganzen bildet (??).

Der Pal. Cicciaporci an der Via de' Banchi, nur halbvollendet und a
vernachlässigt, ist ein schöner und eigenthümlicher Versuch Giulio's, ohne Wandsäulen und stark vortretende Glieder, mit bescheidenem Baumaterial einen neuen und bedeutenden Eindruck hervorzubringen. — Die Reste des Pal. Maccarani auf Piazza S. Eustachio geben in b
ihrem jetzigen Zustand nur den dürftigsten Begriff von der Absicht des Künstlers. — Welchen Antheil er an der Kirche Madonna dell' c
Orto im Trastevere gehabt haben mag, ist aus der heutigen Gestalt derselben schwer zu entnehmen.

Die spätere Lebenszeit Giulio's verstrich bekanntlich in Mantua. Es ist dem Verfasser nicht vergönnt gewesen, die schönen, aber ziemlich frühen Jugendeindrücke, die ihm diese Stadt hinterlassen, zu erneuern; er muss sich damit begnügen, Giulio's Hauptwerke zu nennen. Der Palazzo del Tè (abgekürzt aus Tajetto), ein grosses fürstliches d
Lusthaus, ist die bedeutendste unter den erhaltenen Anlagen dieser Art aus der goldenen Zeit, aussen fast zu ernst, mit Einer dorischen Ordnung, innen mit Hof, Garten und Zubauten das vollständigste Beispiel grossartiger Profandecoration. (Vgl. S. 212 b.) Am alten Pa- e
lazzo ducale ist ein Theil von Giulio; unter seinen übrigen Palästen wird besonders sein eigenes stattliches Haus gerühmt. Von den man- f
tuanischen Kirchen gehört ihm das jetzige Innere des Domes und die g
(in der Nähe der Stadt gelegene?) Kirche S. Benedetto, eine hoch- h
bedeutende Anlage, wenn sie noch erhalten ist. (Von einem Nachfolger, Giambattista Bertano, ist 1565 die Kirche S. Barbara erbaut, i
mit einem schönen Thurm von vier Ordnungen.)

Auch der grosse Baldassare Peruzzi (1481—1536) gehört zu denjenigen, auf welche Bramante einen starken Eindruck gemacht hatte. Seine Thätigkeit theilt sich hauptsächlich zwischen Siena und Rom, und zwar mit mehrmals wechselndem Aufenthalt. In Siena werden ihm eine ganze Anzahl meist kleiner Gebäude, auch einzelne Theile solcher zugeschrieben; bedrängt und sehr bescheiden wie er war, entzog er sich auch untergeordneten Aufträgen nicht. (Seine decorativen Arbeiten S. 240, 264.) Laut Romagnoli wären von ihm die Paläste Pollini k
und Mocenni nebst dem Innern von Villa Saracini; der Arco alle due l

a porte; das Kloster der Osservanza ausserhalb der Stadt; die Kirchen S. Sebastiano und del Carmine, die Fassade von S. Marta, das Meiste an S. Giuseppe, der jetzige Innenbau der Servi (oder Concezione) und der kleine Hof hinten über S. Caterina. So vieles mir von diesen Bauten bekannt ist, sind es lauter Aufgaben, bei welchen mit sehr sparsamen Mitteln, hauptsächlich durch mässiges Vortreten backsteinerner Pfeiler und Gesimse in schönen Verhältnissen, das Mögliche geleistet ist, mehrmals mit genialer Benützung des steil abfallenden Erdreichs. Für das flüchtige Auge ist hier kein auffallender Reiz geboten; man muss die äusserste Beschränkung des Aufwandes mit erwägen, um das Verdienst des Baumeisters zu würdigen. Vielleicht
b wird das in seiner Armuth so reizend schöne Höfchen bei S. Caterina, in welchem der Geist Bramante's lebt, am ehesten den Beschauer für
c diese unscheinbaren Denkmäler gewinnen [1]). (In der Concezione dürfen die spitzbogigen Gewölbe der Seitenschiffe der Basilica nicht befremden; Peruzzi hatte das Gothische studirt und sogar für S. Petronio in Bologna eine Fassade dieses Styles entworfen. S. 148, a.)

In Rom hatte er bedeutenden Antheil am Bau von S. Peter (s.
d unten bei Michelangelo). Sodann gehört ihm die berühmte F a r n e s i n a, die er im Auftrag des sienesischen Bankiers Agostino Chigi erbaute. Es ist unmöglich, eine gegebene Zahl von Sälen, Hallen und Gemächern anmuthiger in zwei Stockwerken zu disponiren, als hier geschehen ist. Neben der vornehm grandiosen Villa Madama erscheint diese Farnesina als das harmlos schönste Sommerhaus eines reichen Kunstfreundes. Durch die besonnenste Mässigung der architektonischen Formen behält der mittlere Hallenbau mit den vortretenden Seitenflügeln eine Harmonie, die ihm eine Zuthat von äussern Portiken mit Giebeln u. dgl. nur rauben könnte. Die einfachsten Pilaster fassen das obere und das untere Stockwerk gleichsam nur erklärend ein; das einzige plastische Schmuckstück, das denn auch wirkt wie es soll, ist der obere Fries. (Über die Bemalung s. S. 293, a.) Die kleinen Mittelstockwerke (Mezzaninen) sind (wie in der guten Zeit überhaupt, zumal an einem kleinen Gebäude) verhehlt; die Fenster des

---

1) In der Villa Santa Colomba, die dem Collegio Tolomei gehört, soll sich eine vorzügliche schöne Wendeltreppe von Peruzzi erhalten haben.

untern sind ganz ungescheut zwischen den Pilastercapitälen, die des obern im Fries angebracht. Die malerische Ausstattung, deren Ruhm das Bauwerk als solches in den Schatten stellt, wird unten zur Sprache kommen.

Der Raum war hier frei, Licht und Zugang von allen Seiten gegeben. Aber Peruzzi wusste, ohne Zweifel von seinen sienesischen Erfahrungen her, auch im Engen und Beschränkten gross und bedeutend zu wirken; Bedingungen solcher Art steigerten seine Kräfte, ähnlich wie ungünstige Wandflächen für Fresken diejenigen Rafaels. Eines der ersten Denkmäler Italiens bleibt in dieser Hinsicht der Pal. a
Massimi zu Rom; an einer engen, krummen Strasse, die denn allerdings die strengeren Fassadenverhältnisse unanwendbar machte. Peruzzi concentrirte gleichsam die Krümmung, machte sie zum charakteristischen Motiv in Gestalt einer schönen und originellen kleinen Vorhalle, die schon in den wachsenden und abnehmenden Intervallen ihrer Säulen und in ihrem Abschluss durch zwei Nischen diese ihre aussergewöhnliche Bestimmung ausspricht. Von ihr aus führt ein Corridor in den Hof mit Säulen und geraden Gebälken, der mit seinem kleinen Brunnen und dem Blick auf die Treppe ein wiederum einzig schönes und malerisches Ganzes ausmacht. Die Decoration, durchgängig strenger classicistisch als die oben angeführten Sachen in Siena, verräth die späteste Lebenszeit des Meisters. (Ausgeführt von Udine).

Ebenso der kleine Palast an der Strasse, welche von Pal. Massimi gegen Pal. Farnese führt; nach den Lilien zu urteilen, möchte b
er ebenfalls für die Farnesen gebaut sein. Die Urheberschaft Peruzzi's wird bezweifelt; jedenfalls würde ihm dieses trotz Vermauerung der Loggien und Verunzierung aller Art noch immer schöne Gebäude keine Unehre machen. Als enger Hochbau mit vielen Fenstern nähert es sich etwas den genuesischen Palästen.

Der Hof von Pal. Altemps, vorn und hinten mit reichstucchirten c
Pfeilerhallen, auf der Seite mit Pilastern, wird ebenfalls dem Peruzzi zugeschrieben. — Bei diesem Anlass ist am besten aufmerksam zu machen auf einen schönen Palast, dessen Namen und Erbauer ich d
nicht habe erfragen können, Via delle coppelle N. 35[1]). Der beschei-

[1]) Möglicher Weise vom jüngern San Gallo, der laut Vasari unweit S. Agostino einen Palast für Messer Marchionne Baldassini gebaut hat. Perin del Vaga malte darin einen Saal.

dene und elegante Pilasterhof steht etwa zwischen Giulio Romano und Peruzzi in der Mitte.

a Wenn in Bologna die grossartige Fassade des Palazzo Albergati von Peruzzi ist, so muss ihm irgend einer der bolognesischen Decoratoren das Erdgeschoss verdorben haben. Die Fenster, auf einfach derbe viereckige Einfassung berechnet, bilden mit ihrem jetzigen niedlichen Rahmen von Cannelüren, Consolen u. s. w. keinen echten Gegensatz mehr zu den gewaltigen Fenstern des Obergeschosses. Auch die Thüren und der Sims über dem Sockel sind Peruzzi's unwürdig.
b — Die Fassade des Pal. Fioresi, mit ihren dünnen Säulchen unten vor den Pfeilern, oben vor der Wand, ist bestimmt nicht von ihm entworfen, sondern eine rechte Frührenaissanceform. (Das Innere viel später, übrigens gut disponirt, besonders die Treppe.)

---

c Hieher ist auch am ehesten Pal. Spada einzureihen, dessen Urheber (um 1540) nicht genannt wird. Dieses eigenthümliche Gebäude muss uns ein verlorenes ähnlicher Art ersetzen, nämlich das Haus, welches Rafael nach seinem oder Bramante's Entwurf für sich selbst im Borgo unweit S. Peter erbaute. Pal. Spada erscheint, nach Allem zu urtheilen, wie eine Copie davon. Es ist ein geistvoller Versuch, ein architektonisches Gefühl durch die Sculptur, durch Statuen in Nischen, und freibewegten vegetabilischen Schmuck, nämlich Fruchtschnüre von Genien getragen etc. auszudrücken. (Wenn ich nicht irre, so kam die Idee von ähnlich b e m a l t e n Fassaden, S. 293, her und ist als Übertragung dieser zu betrachten.) Am Pal. Spada ist das Erdgeschoss als ruhige Basis behandelt, aussen Rustica, innen eine schöne dorische Pfeilerhalle; erst die obern Stockwerke entwickeln aussen und innen jene plastische Pracht. Der Executant war, wie gesagt, ein Lombarde, Giulio Mazzoni[1]).

d (In der Nähe, gegen Ponte Sisto zu, zwei gute einfache Renaissancehäuser.)

---

* [1]) Casa Crivelli, Via S. Lucia, ist nur ein sehr geringes Specimen dieser Gattung. — S. unten, S. 316,e, die Villa Pia.

Neben Bramante, Giulio und Peruzzi erscheint *der jüngere
Antonio da San Gallo* († 1546) als ein sehr ungleiches und vielleicht innerlich nie ganz selbständiges Talent. Dagegen wurde ihm
Gunst und hohe Stellung in reichem Masse zu Theil. Seine Arbeiten
zeugen immer von der goldenen Zeit, weil sie wenig Falsches und
Überladenes haben; allein sie sind meist etwas nüchtern. — Die achteckige Kirche S. Maria di Loreto (auf Piazza Trajana) ist innen a
durch neuere Stucchirung, aussen durch die abgeschmackte Lanterna
des Giovanni del Duca entstellt, war aber von jeher keine der edlern
Renaissancekirchen. — Das Innere von S. Spirito einfach und tüchtig; b
die nahe gelegene Porta schon sehr empfindungslos. — Das Innere von c
S. Maria di Monserrato ist nach allen (auch ganz neuerlichen) Re- d
staurationen kaum mehr sein Eigenthum; der ehemals schöne kleine
Hof dahinter (den der Verfasser zum letztenmal in vollem Umbau begriffen sah) war es vielleicht nie. — Dagegen ist Pal. Sacchetti (Via e
Giulia) unstreitig von ihm und sogar zu seiner eigenen Wohnung erbaut, überdies wohl erhalten; von allen Gebäuden jener Zeit vielleicht
dasjenige, das bei grossen Dimensionen und einem gewissen Luxus am
wenigsten Eigenthümliches hat. — Was wäre vollends aus Pal. Far- f
nese geworden, wenn nicht Michelangelo später den Bau auf seine
Schultern genommen hätte? Der colossale Massstab allein hätte das
Gebäude nicht gerettet. Die kleinen, eng an einander gerückten Fenster stehen zu den enormen Mauermassen im allerschlechtesten Verhältniss, und ihre prätentiöse Bekleidung mit Säulen lässt diess nur
noch empfindlicher bemerken. Alle Hallen und Treppen des Innern
haben etwas Schweres und Gedrücktes, und eine abscheuliche Gesimsbildung. Nur die schöne dreischiffige Eingangshalle mit dem herrlich cassettirten Tonnengewölbe in der Mitte macht eine auffallende
Ausnahme; der Hof aber ist von Michelangelo (auch das untere Stockwerk, so viel davon nicht einwärts schaut), der bekanntlich auch das
grosse Kranzgesimse des Palastes angab. — An der Sala regia des g
Vaticans ist bloss die allgemeine Anordnung von San Gallo; die bedeutende Wirkung beruht aber wesentlich auf den Stuccaturen (S. 290 f)
und auf den Wandgemälden (als Ganzes, denn im Einzelnen sind sie
nicht zu rühmen). Mit der anstossenden Capella Paolina verhält es sich

a ähnlich. — Die beiden kleinen Kirchlein auf den Inseln des Bolsener Sees kenne ich nicht aus der Nähe.

Endlich werden diesem Meister eine Anzahl von Schloss- und b Festungsbauten zugeschrieben. Wenn das majestätische Hafencastell von Cività vecchia wirklich von ihm ist (man traut es gewöhnlich dem Michelangelo zu), so würde er in der Kunst, mit wenigen Formen gross zu wirken, einer der ersten gewesen sein. Er übertraf hier noch die seinem Oheim, dem ältern Antonio, zugeschriebene c Veste von Cività castellana. Das Castell von Perugia kam vor seiner theilweisen Zerstörung (1849) diesen beiden im Styl nicht gleich. Die d Festungsmauern von Nepi sind wenigstens in ihrem seculären Verfall höchst malerisch; die Bauten in Castro kenne ich nicht. (Das Castell von Palo auf der Strasse nach Cività vecchia soll von Bramante sein.)

Von dem als Archäolog in zweideutigem Ruf stehenden Pirro e Ligorio (starb 1580) ist die um 1560 erbaute Villa Pia im grossen vaticanischen Garten. Mit der passenden vegetabilischen Umgebung wäre sie der schönste Nachmittagsaufenthalt, den die neuere Baukunst geschaffen hat; kein Sommerhaus wie die Farnesina und Villa Madama, sondern nur ein päpstliches Gartenhaus nebst Vorpavillon, zwei kleinen getrennten Eingangshallen, kühlenden Brunnen und einem köstlich unsymmetrisch angebauten Thurm mit Loggia, Alles terrassenförmig abgestuft. Hier tritt denn auch die reiche plastische Fassadenverzierung, als scheinbarer Ausdruck ländlicher Zwanglosigkeit in ihr bestes Recht.

In Florenz hat gerade der kurze Moment der höchsten Blüthe keine Denkmäler ersten Ranges zurückgelassen. Doch ist derselbe (abgesehen von den beiden rafaelischen Palästen) durch einen höchst ansprechenden Künstler in kleinern Bauten vertreten, durch Baccio d'Agnolo (1460—1543). Er übernahm die Palastarchitektur ungefähr da, wo sie Cronaca gelassen; das Äussere überschreitet fast nie die Formen, welche dieser am Pal. Guadagni entwickelt hatte, und ist meist weniger bedeutend. In den Höfen ist das bisherige florentinische Princip mit der einfachsten Eleganz durchgeführt; selbst die reichern Säulenordnungen erscheinen Baccio zu bunt und er beschränkt sich meist auf die sog. toscanische, welcher er aber bisweilen durch eine feine Blattlage um den Echinus eine leise Zierlichkeit zu geben sucht.

Eine Ausnahme bildet zunächst die mehr plastisch durchgeführte a Fassade von Pal. Bartolini (jetzt Hôtel du Nord, bei S. Trinità). Die Ecken bedeutend als Pilaster mit Rustica behandelt, zwischen den Fenstern Nischen; über den Fenstern (als frühstes und desshalb vielverspottetes, bald mit Übertreibung nachgeahmtes Beispiel) Giebel, abwechselnd rund und geradlinig, etwa von den Altären des Pantheons entlehnt; bisher nur an Kirchen gebräuchlich; die Fenster noch mit besonders derb gegebenen Steinkreuzen; das schwere und rohe Gesimse angeblich auch von Baccio. — Ein anderes höchst originelles Gebäude ist der kleine Pal. Serristori auf dem Platz S. Croce; Baccio b musste hier das Recht des Überragens der obern Stockwerke, zwar nicht vorn, aber auf beiden Seiten nach den Nebengassen, benützen und mit seinem classischen Detail in Einklang bringen; es ist lehrreich zu sehen, wie ihm diess gelang.

Andere Paläste sind aussen schlicht, zeigen aber den Organismus des Hofes vorzüglich fein und angenehm durchgeführt. So vor Allem Pal. Levi (Via de' Ginori N. 5146), wo die Schlusssteine der Bögen c noch Acanthusconsolen bilden. — Pal. Roselli del Turco, bei SS. Apostoli, ist für Architekten sehenswerth wegen der schönen und nachdrücklichen Gliederung der innern Räume, besonders der Treppe (Consolen, Gesimse, Steinbalken, Lunetten). Von Einzelheiten sind der stattliche eiserne Ring an der Ecke und das figurirte Kamin im vordern Saal nicht zu übersehen.

Nur unscheinbar in seinem jetzigen Zustande, aber für Architekten wichtig ist endlich ein Lusthaus, welches von Baccio für die Familie d Strozzi Ridolfi erbaut und 1638 von Silvani vergrössert wurde. Absichtslos unregelmässig, mit Säulenhof, Nebenhof, Gartenhalle und Thurm bildet es eine für ergänzungsfähige Augen sehr reizende halbländliche Anlage. (Via Gualfonda oder Chiappina, N. 4432.)

Von Kirchen Baccio's ist mir nur das Innere von S. Giuseppe f (1519) bekannt; eine schlichte korinthische Pilasterordnung mit Gesimse umzieht die Bogeneingänge der ebenfalls ganz einfachen Capellen; am Oberbau scheint Manches verändert. — Die von Baccio

entworfene (und auf der einen Seite schon ausgeführte) Umkleidung
a der Domkuppel mit Galerie und Gesimse, die recht gut für diese Stelle gedacht war, blieb unvollendet, weil Michelangelo sagte, es sei ein Heuschreckenkäfig, dergleichen die Kinder in Italien aus Binsen flechten. — Die Zeichnung zum Fussboden des Domes wird u. a. Künstlern auch dem Baccio zugeschrieben; es ist das bedeutendste Werk dieser Art, welches aus der Blüthezeit vorhanden ist. — Der Thurm von
b S. Spirito wird nur in Florenz bewundert; derjenige von S. Miniato ist nur unvollkommen erhalten. — In S. Maria novella steckt der, wie
c man sagt schöne, Orgellettner Baccio's in dem jetzigen hölzernen verborgen.

Mehrere Gebäude, deren Urheber nicht genannt wird, zeigen eine
d grosse Ähnlichkeit mit seinem Styl. So u. a. der kleine mittlere Hof des (sonst neuern) Pal. Bacciochi (Via de' Pucci N. 6117).

e Von Baccio's Sohn Domenico rührt der stattliche Pal. Buturlin (einst Niccolini, Via de' Servi N. 6256) her; die Fassade wiederholt noch den Typus des Pal. Guadagni; innen ein schöner zwölfsäuliger Hof und darüber der Oberbau; die Formen um einen Grad kälter als in den Bauten des Vaters.

Ein Nachahmer Baccio's, dessen Thätigkeit bis gegen Ende des XVI. Jahrhunderts reicht, Giov. Ant. Dosio (geb. 1533), muss wegen eines vorzüglichen Gebäudes schon in dieser Reihe genannt werden:
f wegen des Pal. Larderel (Via de' Tornabuoni N. 4191), welchen man wohl nicht den schönsten Palast, allein das edelste Haus der florentinischen Architektur heissen könnte. Es ist die Vereinfachung des Pal. Bartolini, streng der Horizontale unterworfen, mit dreimaliger toscanischer Ordnung an den Fenstersäulen. — Dosio's übrige Bauten
g folgen dem Styl der Zeit, so die Capelle Gaddi in S. Maria novella (zweite d. l. Querschiffes) der Säuleneinschachtelung des Michelangelo (die tüchtigen Stuccaturen der Decke von Dosio's eigener Hand); auch die Capelle Niccolini in S. Croce hat nichts Eigenthümliches;
h wohl aber der in seiner Einfachheit merkwürdig malerische Hof des Arcivescovado, welcher mit äusserst Wenigem einen bedeutenden Eindruck hervorbringt.

Sonst trägt in Florenz noch den kenntlichen Stempel der goldenen
i Zeit der Mercato nuovo des Bernardo Tasso 1547 (nicht von

Buontalenti). Edler, grossartiger und einfacher liess sich die Aufgabe für dieses Klima nicht wohl lösen, als durch diese Halle geschehen ist.

Dem Bildhauer Baccio da Montelupo wird die Kirche S. Paolino in Lucca zugeschrieben, die dem Styl nach um 1530 fällt. Innen und aussen der einfachste, sogar trockene Pilasterbau; nur die Frontwände innen mit vorgekröpften Säulen verziert. Es ist Brunellesco's Badia von Fiesole ins XVI. Jahrhundert übertragen, selbst in Betreff der Anordnung der Seitenschiffe. a

---

In Padua wurde während der ersten Jahrzehnte des XVI. Jahrhunderts die Kirche S. Giustina erbaut von Andrea Riccio, b eigentlich Briosco, den wir schon als Decorator und Erzgiesser genannt haben. Nach seinem berühmten Candelaber im Santo zu urtheilen (Seite 254), würde man einen schmuckliebenden, im Detail wirkenden Baumeister der Frührenaissance in ihm erwarten, allein die Justinenkirche giebt nichts als grossartige Disposition in ungeheurem Massstab. Die Grundlage ist eine ähnliche wie in den oben (Seite 203 ff.) erwähnten Kirchen südlich vom Po, verbunden mit dem in der Nähe Venedigs unerlässlichen Vielkuppelsystem, allein die Durchführung geschieht mit lauter Mitteln, die auf das Ganze berechnet, also über die Frührenaissance hinaus sind.

Die Nebenschiffe wurden mit ungeheuern Tonnengewölben bedeckt, welche unmittelbar die jedesmalige Hochkuppel oder Flachkuppel tragen; hohe Durchgänge durchbrechen unten die Stützwände; Reihen von tiefen Capellen schliessen sich auf beiden Seiten an. Die Querarme sind rund abgeschlossen, ebenso ihre Seitenräume und die des beträchtlich verlängerten Chores, sodass das Auge überall auf Nischen trifft.

Von den Kuppeln würde die mittlere mit ihren vier kleinen Eckkuppeln genügen und wahrscheinlich auch dem Künstler genügt haben.

Die paduanische Sitte zwang ihn, noch drei andere Kuppeln rechts, links und hinten beizufügen, die er zwar etwas kleiner und weniger schlank als die mittlere bildete; gleichwohl sind sie derselben im Wege, decken sich, schneiden sich unschön und tragen zur Wirkung des Innern sehr wenig bei. Immerhin sind die Thorheiten der Baumeister des Santo nach Kräften vermieden. Eine auffallend geringe, rohe Bildung und dunkle Färbung der Pilastercapitäle, auch der Gesimse macht es nötig, das Auge etwas an dieses Innere zu gewöhnen, welches nicht nur an Grösse, sondern auch an Wohlräumigkeit eines der ersten der goldenen Zeit ist.

Aussen ist die Fassade noch nicht incrustirt. Die Seitenschiffe haben lauter einzelne Flachgiebel, den grossen Tonnengewölben des Innern entsprechend.

Seit der Mitte des Jahrhunderts wurde dann von Andrea della
a Valle und Agostino Righetto der jetzige Dom zu Padua erbaut. Dass ein Entwurf von Michelangelo zu Grunde liege, ist kaum glaublich, da die Verwandtschaft mit den nahen oberitalischen Bauten viel grösser ist, als diejenige mit den seinigen; wohl aber mag man bei der Behandlung der kuppeltragenden Tonnengewölbe und ihrer Eckräume auf sein Modell von S. Peter hingeblickt haben, welches damals einen noch ganz frischen Ruhm genoss. Das Langhaus wird zuerst durch ein kürzeres Querschiff mit kleinerer Kuppel unterbrochen, dann durch ein grösseres mit einer (modernen) höheren Kuppel und runden Abschlüssen. Die Seitenschiffe sind lauter kleine Kuppelräume mit anstossenden Capellen. Die Bildung der Pilastercapitäle und Gesimse zeigt die Übelstände derjenigen von S. Giustina in noch höherem Grade.

Die Wirkung dieses Innern hängt, wie bei so vielen Kirchen, vom Schliessen und Öffnen der Vorhänge ab. Hat man die Kirche bei geschlossenen Vorhängen der Kuppelfenster und offenen der (weitherabreichenden) Chorfenster gesehen, so glaubt man in ein ganz anderes Gebäude zu treten, wenn das Verhältnis ein entgegengesetztes ist. Die Bequemlichkeit der Sacristane, welche sich mit den Vorhängen in der Kuppel nicht gerne abgeben, raubt bisweilen einem Gebäude jahrelang seine beste Bedeutung. — Die Fassade ebenfalls nackt.

Wie aus Trotz gegen den venezianischen Engbau sind diese Kirchen in colossalem Massstab angelegt. Mässiger verfuhr in dem zur Provincialstadt gewordenen Padua der Profanbau, welcher sich hier in den ersten Jahrzehnten des XVI. Jahrhunderts hauptsächlich an den Namen des Veronesers Giov. Maria Falconetto (1458—1534) knüpft. Was er am Pal. del Capitaniato gebaut hat, möchte sich a
etwa in Betreff der Fassade gegen den Signorenplatz auf die mittlere Pforte mit dem Uhrthurm, in Betreff derjenigen gegen den Domplatz (jetziges Leihhaus) auf das obere Stockwerk über der (mittelalterlichen) Bogenhalle beschränken; beides keine Bauten von höherm Belang. Sodann gehören ihm mehrere Stadtthore: P. S. Giovanni, P. Savona- b
rola etc. Das erstgenannte (1528) ahmt, aussen mit Halbsäulen, innen mit rohgelassenen Pilastern, die Form eines einfachen antiken Triumphbogens nach, selbst in der Anordnung der Fenster[1]). Die Kirche delle c
Grazie, welche ihm zugeschrieben wird (unmöglich mit Recht), ist ein geringer Barockbau; die kleine Musikhalle, die er gebaut haben soll, la Rotonda genannt, habe ich nicht erfragen können[2]).

Weit das Schönste, was Falconetto hinterlassen hat, findet sich am Palast Giustiniani, ehemals Cornaro, beim Santo, N. 3950. Der Hof dieses von aussen unscheinbaren Gebäudes wird von zwei im rechten Winkel stehenden Gartenhäusern begränzt (datirt 1523), d
die noch im äussersten Verfall jenen unzerstörbaren Charakter der Lustgebäude des goldenen Zeitalters an sich tragen. Das eine mit Wandsäulen, das andere mit Pilastern in zwei Stockwerken; jenes einen obern und einen untern Saal, dieses ein köstliches achteckiges Gemach mit Nischen, ein paar Nebenräume, und oben eine offene Loggia enthaltend; die Räume grossentheils voll der herrlichsten Malereien und Arabesken (S. 288, e). Der Geist des wahren Otium cum dignitate, der in diesen Räumen lebt, wird freilich heutzutage so selten, dass ein volles Verständnis des Gebäudes eine gewisse Anstrengung er-

---

[1]) Die übrigen Thore von Padua sind etwas früher, z. B. Porta S. Croce und Porta Livia *
von 1517; Porta Portello soll von Gugl. Bergamasco sein.

[2]) Einen wunderlichen Rundbau — breiter Umgang mit Nischen um ein ganz schmales **
Kuppelchen auf acht Säulen — findet man allerdings in Gestalt der Kirche S. Maria del Toresino; noch aus dem XVI. Jahrhundert mit Ausnahme der Fassade.

fordert. Unser Geschlecht sucht in seinen derartigen Zierbauten nicht
den Genuss, sondern die Abspannung oder die Zerstreuung, daher ist
ihm entweder das Formloseste oder auch das Bunteste willkommen.

Das Vorbild Falconetto's hielt in Padua noch einige Zeit die bes-
a sere Architektur aufrecht. Der obere Hof im Pal. del Podesta und
mehrere einfache Privatpaläste geben hievon Zeugniss. Auch der
b vierte Klosterhof bei S. Giustina, dessen Bogenpfeiler unten mit ionischen, oben mit korinthischen Halbsäulen bekleidet sind, ist ein gutes
Gebäude. (Es soll sich unter den Höfen dieses Klosters einer von
Pietro Lombardo befinden, was kaum auf einen von den fünfen passen
kann, welche ich gesehen habe, ausgenommen etwa auf den zweiten,
c noch halb mittelalterlichen. Sonst sind mir nur die einfachen Renai-
sancehöfe beim Seminar bekannt.)

In Verona ist die Blüthezeit der Baukunst repräsentirt durch
Michele Sanmicheli (1484–1559), welcher seine wesentlichen
Anregungen schon frühe in Rom fand und auch seine ersten Gebäude
d im Kirchenstaat ausführte. (Dom von Montefiascone; S. Domenico (?)
in Orvieto; auch Privatgebäude an beiden Orten.) Später wurde ihm
hauptsächlich als Festungsbaumeister Ruhm und reichliche Beschäftigung zu Theil, doch blieb ihm nicht nur Zeit und Anlass für Prachtbauten übrig, sondern er durfte auch den Festungsbau selbst mit einer
Majestät der Ausführung behandeln, welche nur selten wieder so gestattet und noch seltener wieder erreicht worden ist.

Im Dienst seines Souverains, der Republik Venedig, vergrösserte
und verbesserte er fast alle Befestigungen, welche dieselbe nah und
e fern (bis Cypern) besass. Bei Venedig selbst gehört ihm die Forti-
fication des Lido; in Verona die wichtigsten Basteien und Thore.
Der militärische Werth seiner Neuerungen wird sehr hoch angeschla-
gen; wir haben es nur mit dem Styl seiner Thore zu thun. — Von
unfertigen Römerbauten, wie zum Beispiel das Amphitheater von Verona, abstrahirte er (vielleicht von allen Architekten zuerst?) die Be-
fugniss, nicht bloss Flächen, sondern auch Gliederungen (Säulen, Wandsäulen, Pilaster etc.) mit Rustica zu bekleiden; sein Zweck war, den
ernsten, trotzigen Charakter des Festungsbaues mit der Schönheit des

dorischen Säulensystems und seiner Verhältnisse zu verbinden. Allerdings entstanden Zwitterformen, indem die regelrecht gebildeten Gebälke und Capitäle zu dem roh gelassenen Übrigen nie passen können, allein Sanmicheli war der Künstler dazu, dieses vergessen zu machen.
Porta nuova zeigt sowohl an den beiden Fronten als (und hauptsäch- a
lich) in der Durchfahrt mit deren Seitenhallen eine imposante Anwendung seines Princips ohne alles Schwere und Plumpe, in vortrefflichen
Verhältnissen. Porta Stuppa (oder Palio), schon lange zugemauert, b
eine quer über den Weg gestellte Halle von fünf Bogen mit (nicht ganz richtig erneuerter) Attica, wirkt durch Einheit des Motives in diesen gewaltigen Dimensionen noch grossartiger. (Man bemerkt, wie Sanmicheli durch sehr schlanke Bildung seiner dorischen Halbsäulen
die rohe Bossirung derselben wieder aufzuwägen suchte.) Porta c
S. Zeno, anspruchsloser, ist ebenfalls von ihm; Porta S. Giorgio da- d
gegen (1525) der unbedeutende Bau eines weniger Entschlossenen.

Von dieser einseitigen Beschäftigung her behielt Sanmicheli (und nach ihm fast die ganze spätere veronesische Architektur) eine Vorliebe für das Derbe auch an den Erdgeschossen der P a l ä s t e. Er behandelte sie mit lauter Rustica, ohne sich doch entschliessen zu können, ihnen in diesem Fall den entschiedenen Charakter eines blossen Sockelgeschosses zu geben, wie Palladio nachmals und wie z. B. Rafael und Giulio Romano schon um dieselbe Zeit thaten. Gleichwohl wirken diese Gebäude immer sehr bedeutend durch die mächtige Behandlung des Obergeschosses mit seinen wenigen und grossen Theilen und der ernsten Pracht seiner Ausführung.

Das frühste dieser Gebäude in Verona möchte Pal. Bevilacqua e
sein; oben mit spiralförmig cannelirten Säulen, zwischen welchen abwechselnd grosse triumphbogenartige und kleinere Fenster mit Ober-
luken sich öffnen. — Pal. Canossa; aussen einfacher; das ganze Erd- f
geschoss eine offene Halle, durch welche man in einen Pilasterhof nach Art der römischen Schule hinausblickt, dessen Hintergrund die herrliche Landschaft jenseits der Etsch bildet. (Das kleine Mittelstockwerk oder Mezzanin gehört aussen noch zum untern Rusticageschoss; im Hof bildet es schon ein nicht glückliches besonderes Glied.) — Es
folgt der einfach herrliche Pal. Pompei; hier gab Sanmicheli die untere g
Ordnung auf und verlieh dem Erdgeschoss schon mehr den Charakter

eines blossen Unterbaues; die obere dorische Ordnung fasst fünf grosse
Fensterbogen (über welchen Masken) ein; der Hof ist nicht bedeutend.
a Pal. Verzi, auf Piazza Brà N. 2989, der einfachste. — Die alte Gran-
b Guardia auf demselben Platz ist nicht von Sanmicheli, sondern von
seinem Verwandten Domenico Cortoni; die beiden Stockwerke stehen
in keinem guten Verhältniss zu einander.

c In Venedig ist von Sanmicheli der Pal. Grimani (jetzige Post),
welcher in der grossartigen Eintheilung der Fassade über alles Mass
venezianischer (auch Sansovinischer) Raumbehandlung hinausgeht,
dabei gleichwohl auch den Eindruck des Phantastisch-Festlichen erreicht, welchen die Baukunst am Canal grande verlangt. Im Erdgeschoss emancipirt sich der Meister von seiner continentalen Derbheit,
und vollends die untere Halle ist wohl die einzige wahrhaft würdige in
d ganz Venedig. — Auch Pal. Corner-Mocenigo, auf Campo S. Polo, ist
sein Werk. Ebenso Pal. Soranzo in Castelfranco (zwischen Padua und
Treviso), wenn er noch vorhanden ist.

Von einzelnen Portalen in Verona werden die beiden auf dem Sig-
e norenplatz, an der Polizei und am Tribunalgebäude, ihm beigelegt.
f Von seinen Kirchenbauten ist dem Verfasser die berühmte Ma-
g donna di Campagna wegen ihrer Entfernung, die Rundcapelle bei
S. Bernardino wegen Verwendung der Kirche zum Kriegsmagazin un-
h zugänglich geblieben. — An S. Giorgio in Braida soll nach Einigen
bloss der Thurm, nach Andern der Kuppelraum oder gar das Ganze
von Sanmicheli sein; einschiffig und ohne Querbau, gleichwohl aber
von reicher und bedeutender Gliederung des Innern. (Vortretende
Pfeiler mit Halbsäulen; im Cylinder der Kuppel ein Kreis von 20
i Pilastern; der Chor etwas enger, mit rundem Abschluss.) An S. Maria
in Organo (Seite 225, d) ist die unvollendete Fassade nach seinem
Entwurf gebaut (1592).

Nur mit einigem Widerstreben reihe ich hier den grossen Baumeistern der Blüthezeit auch den Florentiner Jacopo Sansovino an. (Geb. 1479, † 1570; er hiess Tatti, erhielt aber jenen Beinamen von dem grossen Andrea Contucci-Sansovino, desser vertrauter Schüler in der Sculptur er war.) Alle Andern in dieser Reihe haben ihre Bauwerke frei und grossartig nach einer innern Nothwendigkeit zu gestalten gewusst; Jacopo dagegen, der mitten unter den erhabensten Bauten von Rom und Florenz die erste Hälfte seines Lebens zugebracht hatte, bequemt sich in der Folge als bauliches Factotum von Venedig zu allen Spielereien und Liebhabereien der dortigen Frührenaissance und hilft dieselben verewigen. Es muss ihm bei grossen Gaben des Geistes und Herzens doch am wahren Stolz gefehlt haben, der lieber eine glänzende Bestellung ausschlägt, als sie gegen besseres Wissen durchführt.

In Rom ist von ihm das Innere von S. Marcello am Corso und a
der Pal. Niccolini an der Via de' Banchi angegeben; ersteres immer b
eines der bessern unter den kleinern Interieurs dieses Styles. — In
Venedig bekam er eine Menge von Aufträgen und genoss bis an
seinen Tod eine künstlerische Stellung parallel mit seinem Altersge-
nossen Tizian. — Unter seinen Kirchen ist wohl die beste S. Giorgio c
de' Greci (1550); einschiffig mit Tonnengewölbe (das in der Mitte von
einer Kuppel unterbrochen wird), aussen ein schlanker Hochbau von
zwei Ordnungen, zu welchen vorn noch eine Art von Oberbau als
dritte kommt. In der Behandlung des Ganzen erkennt man leicht die
Überlegenheit des an die Rechnung im Grossen gewöhnten Florentiners; allein derselbe lässt sich doch herbei zu der venezianischen Behandlung des Pilasters (mit Rahmenprofil) und zu einer überaus kleinlichen Verzierung jener obersten Ordnung der Fassade, dergleichen
ihm in Rom nicht durchgegangen wäre. — Gleichzeitig baute er (1551)
die Fassade der nahen Scuola di S. Giorgio degli Schiavoni, in dem- d
selben schreinerhaften Geist, wie die meisten Scuole von Venedig.

Das Innere von S. Francesco della Vigna (1534) ist ein wahrer e
Rückschritt ins Oberitalienische, wenn man S. Marcello in Rom (1519)
damit vergleicht. Nüchterne Pilaster; tiefe Seitencapellen, aus welchen
das meiste Licht kömmt. — An S. Martino (1540) sieht man, dass f
Sansovino bei geringern Mitteln seine Tüchtigkeit wieder fand; er
hat einem quadratischen flachgedeckten Raum durch glückliche Eintheilung der Wände in niedrigere und höhere Capellen Bedeutung zu
geben gewusst. (Aussen fehlt die Incrustation). — Wiederum von geringerer Anlage: S. Giuliano (1555). — Die Fassade von S. Sebastiano g
ist aber doch hoffentlich nicht von ihm; so tief kann er nicht gefallen h

a sein. In Padua kann S. Francesco von ihm nur umgebaut, nicht erbaut sein.

b Die Loggia unten am Marcusthurm (1540), ehemals der Warteraum für die Procuratoren, welche während der Sitzungen des grossen Rathes die Wache zu befehligen hatten, ist im Grunde mehr eine plastische Decoration als ein Gebäude. Dass die Attica viel zu hoch ist, würde man weniger empfinden, wenn die vorgekröpften Gebälke die beabsichtigten Statuen erhalten hätten.

c Von Sansovins Palästen ist offenbar der frühste Pal. Corner della Cà grande (am Canal gr. rechts); man könnte sagen, es sei sein letztes Gebäude von römisch-modernem Gefühl der Verhältnisse; unten Rustica, die beiden obern Stockwerke mit Bogen zwischen Doppel-
d säulen (1532). — Wenige Jahre später (1536) begann er die Biblioteca an der Piazzetta[1]), welche man wohl als das prächtigste profane Gebäude Italiens bezeichnen darf. Hier zuerst erfuhren die Venezianer, welche Fortschritte das übrige Italien seit den letzten Jahrzehnden in der Ergründung und Neuanwendung der echten römischen Säulenordnung gemacht hatte; alle bisherige venezianische Renaissance war eine Nachfolge des Alterthums auf blosses Hörensagen hin neben diesem einzigen Werke. Von dem römischen Pilasterbau mit Halbsäulen, wie man ihn von den Theatern und Amphitheatern her kannte, war hier nicht bloss das Allgemeine abstrahirt, sondern die sicherste Künstlerhand hatte diese Formen mit der gediegensten plastischen Pracht durch und durch belebt. Wir dürfen glauben, dass Venedig sich an der grandios energischen Behandlung der Halbsäulen und Gesimse, an dem derben Schattenschlag der Gliederungen, vorzüglich aber an dem ungeheuern Reichthum des Figürlichen kaum satt sehen konnte. Allein das Gebäude ist seinem innersten Wesen nach eben nicht mehr als eine prächtige Decoration, wie die Venezianer sie gerade haben wollten. Mit dem Programm, eine Bibliothek auf diesen Raum zu bauen, hätte sich etwas Bedeutenderes, durch Verhältnisse und Eintheilung Sprechendes componiren lassen. Man brauchte nicht einmal an Bramante, nur z. B. an Peruzzi zu den-

---

[1]) Jetzt theilweise Palazzo reale.

ken, ja nur an Palladio's Basilica zu Vicenza. Immerhin ist es eine der glänzendsten Doppelhallen auf Erden, wenn nicht die glänzendste.

Die Bewunderung war denn auch so gross, dass später (1584)
S c a m o z z i zum Bau seiner neuen „Procurazien", welche von der a
Biblioteca aus den Marcusplatz entlang gehen, geradezu das Motiv
dieser letztern wiederholte. Zum Unglück aber bedurfte sein Bau
eines dritten Stockwerkes, welches er aus eigner Macht hinzu componirte. Kein Zeitgenosse hätte etwas viel Besseres hingesetzt; aber
man durfte auf Sansovins Halle überhaupt nichts setzen, da ihr decorativer Sinn mit den beiden Stockwerken vollkommen abgeschlossen
ist. — Die zweite Fortsetzung, auf der Seite gegenüber S. Marco,
(zum Theil an der Stelle der demolirten Kirche S. Geminiano) ist in
ihrer jetzigen Gestalt aus der Zeit Napoleons. (Von S o l i , der indess
nicht ganz dafür verantwortlich ist.) — Als das anerkannte Prachtstück
von Venedig übte der Bau Sansovins eine dauernde Herrschaft über die
Phantasie der Spätern aus. Es ist nicht schwer, denselben, mit einem
Erdgeschoss von facettirter Rustica vermehrt, wieder zu erkennen, z. B.
in der reichen und mächtigen Fassade von Pal. Pesaro am Canal grande b
(schief gegenüber von Cà Doro), erbaut von L o n g h e n a (um 1650);
ebenso in dem Pal. Rezzonico desselben Architekten, mit einem Erd- c
geschoss von Rustica mit Säulen. Schon Scamozzi hatte in den etwas
öden Formen seines Pal. Contarini dagli Scrigni eine Art von Repro- d
duction versucht. (Beide letzgenannten Paläste am Canal grande links
nicht weit von Pal. Foscari.)

Selbst an Kirchen kehrt jene für unübertrefflich gehaltene Anordnung von Wandsäulen und Fenstersäulen in zwei Stockwerken noch
ganz spät wieder. So an S. Maria Zobenigo, 1680 von S a r d i er- e
baut, der sein Vorbild an erstickendem Reichthum zu übertreffen
wusste. (Die Wandsäulen verdoppelt; die Piedestale oben mit See-
schlachten, unten mit Festungsplänen in Relief bedeckt.)

Die übrigen Paläste Sansovins sind wenig mehr als Umkleidungen
der venezianischen Renaissance mit seinen strengern Formen. So Pal. f
Manin, unweit vom Rialto, u. a. m.

a Die Fabbriche nuove wurden schon erwähnt (S. 221, c). An der Zecca, einem seiner spätern Gebäude, hat Sansovino durch Rusticahalbsäulen an allen Fenstern seiner zwei obern Stockwerke einen Eindruck des Ernstes hervorgebracht, der mit der Biblioteca zu contrastiren bestimmt ist. Der Hof ist vielleicht bedeutender als die Fassade;
b wie der schöne Hof der Universität zu Padua (1552, eine doppelte Halle mit geraden Gebälken) verräth er noch die frühern, festländischen Inspirationen des Meisters.

Von seinen unmittelbaren Schülern hat Alessandro Vittoria
c an dem einfachen Pal. Balbi (Canal grande, links, bei Pal. Foscari) am meisten Takt und Geschmack bewiesen. — Als Gegenstück zu der Zecca, d. h. als ernstere Coulisse zum Dogenpalast, wie es die Zecca für die Biblioteca ist, erbaute später Giovanni da Ponte
d (1512—1597) die Carceri. Ob die berühmte Seufzerbrücke ebenfalls von ihm ist, weiss ich nicht anzugeben; einstweilen pflegt man ihm,
e vielleicht nur seinem Namen zu Ehren, die berühmte Brücke Rialto zuzuschreiben. (Abgesehen von dem mechanischen Verdienst, das wir nicht beurtheilen können, ist es ein hässlicher und phantasieloser Bau. Ein neuerer Sammler scheint den wahren Autor, einen gewissen Andrea Boldù, ausgemittelt zu haben.)

---

f An der schönsten modernen Kirche Venedigs, S. Salvatore, hat Sansovino nur die Ausführung leiten helfen; entworfen ist sie von Giorgio Spavento unter Theilnahme des Tullio Lombardo, vollendet schon 1534, mit Ausnahme der beträchtlich spätern Fassade. Hier trägt das in S. Marco halbunbewusst, an S. Fantino bewusster ausgesprochene Princip seine reifste Frucht; drei flache Kuppeln hintereinander ruhen auf Tonnengewölben, deren Eckräume, von schlanken Pfeilern gebildet, ebenfalls mit kleinen Kuppelgewölben bedeckt sind. So entsteht eine schöne, einfach reiche Perspektive, die das Gebäude grösser scheinen lässt, als es ist. Allerdings trägt hiezu auch die Farblosigkeit und das einfache Detail, sowie die glückliche Vertheilung des Lichtes bei. (Welche letztere man doch erst einer spätern Durchbrechung der anfangs dunkeln Kuppeln verdanken soll.)

An das Ende dieser Reihe gehört der grosse M i c h e l a n g e l o B u o n a r r o t i (1474—1563); seine bauliche Wirksamkeit begann erst verhältnissmässig spät, als seine bedeutenderen Zeitgenossen schon ihre Systeme ausgebildet hatten, und sie bezieht sich als Vorbild mehr auf das jüngere Geschlecht, welches dann über ihm selbst die Alten vergass.

Michelangelo hat sich nicht zur Architektur gedrängt. Seine dämonisch gewaltige Formenbehandlung in der Sculptur und Malerei brachte die Bauherren darauf, von ihm auch Rath, Entwurf und Leitung für die Gebäude zu verlangen. Der erste Auftrag (1514 durch Leo X) war eine F a s s a d e für S. L o r e n z o in Florenz; sein Plan a
wurde allen andern, auch demjenigen Rafaels, vorgezogen. Man bewahrt eine Skizze desselben noch im Palazzo Buonarroti, den er selbst viele Jahre bewohnte und den sein Neffe, der als Dichter bekannte Michelangelo Buonarroti der jüngere zu einem Museum für das Andenken des Oheims eingerichtet hat. (Via Ghibellina N. 7588, sichtbar Donnerstags.) Der untere Theil der Fassade wäre mit grandios zwischen Säulenstellungen angeordneten Reliefs bedeckt worden; in Betreff des obern, dem Mittelschiff entsprechenden, lässt die Zeichnung Zweifel zu; die Vermittlung zwischen beiden, die von andern Baumeistern in grossen Voluten gesucht wurde, sollte hier bloss durch colossale Statuen geschehen. — Beträchtlich später, jedenfalls erst unter Clemens VII, kam wenigstens die Bekleidung der Innenseite der b
Fassade zu Stande, wobei der Gang zu Vorzeigung von Reliquien das Hauptmotiv lieferte; Michelangelo hatte die Einsicht, der Gliederung der Kirche Brunellesco's sich anzuschliessen, sodass er nicht für die (übrigens glücklichen) Verhältnisse dieses Säulen- und Pilasterbaues verantwortlich ist.

Ganz frei gestaltend treffen wir ihn erst in der berühmten G r a b - c
c a p e l l e d e r M e d i c e e r (sog. Sagrestia nuova) am rechten Querschiff derselben Kirche. Keinem Künstler ist je freiere Hand gelassen worden; man kann kaum entscheiden, ob er die Capelle für seine Denkmäler baute oder die Denkmäler für die Capelle meisselte (um 1529). Als Ganzes ist sie ein leichtes, herrliches Gebäude, welches das Princip brunelleschischer Sacristeien auf das Geistvollste erweitert und erhöht darstellt. Es ist nicht bloss die reinere und vollständigere

Handhabung einer untern und einer obern Pilasterordnung, was hier den ganzen Fortschritt des XVI. Jahrhunderts im Verhältniss zum XV. klar macht, sondern vor Allem ein höheres Gefühl der Verhältnisse. Man übersieht daneben einzelne schon überaus bedenkliche Füllformen, z. B. die Nischen über den Thüren u. dgl.; man rechtfertigt die Schrägpfosten der obern Fenster vielleicht sogar durch altetruskische Vorbilder und die Ausfüllung der beiden Grabnischen mit einer spielenden Architektur durch den Vortheil, dass die Figuren um so viel grösser scheinen. Der Contrast des dunkeln Steinwerkes mit dem geweissten Mauerwerk kommt wohl überhaupt nicht auf Michelangelo's Rechnung[1]).

Seine wahre Grösse liegt hier wie überall in den Verhältnissen, die er nirgends, auch nicht von den antiken Bauten copirt, sondern aus eigener Machtfülle erschafft, wie sie der Gegenstand gestattet. Sein erster Gedanke ist nie die Einzelbildung, auch nicht der constructive Organismus, sondern das grosse Gegeneinanderwirken von Licht- und Schattenmassen, von einwärts- und auswärtstretenden Partien, von obern und untern, mittlern und flankirenden Flächen. Er ist vorzugsweise der im Grossen rechnende Componist. Vom Detail verlangt er nichts als eine scharfe, wirksame Bildung. Die Folge war, dass dasselbe unter seinen Händen ganz furchtbar verwilderte und später allen Bravour-Architekten für die gröbsten Missformen zur Entschuldigung dienen konnte.

Noch im Auftrag Clemens VII begann Michelangelo im anstossen-
a den Kloster die Biblioteca laurenziana. Die Vorhalle mit der Treppe ist jenes ewig lehrreiche Bauwerk, in welchem zuerst dem Sinn aller Einzelformen absichtlich Hohn gesprochen wurde. Zwischen einwärts vortretenden Mauermassen mit barocken (blinden) Fenstern stehen je zwei Säulen dicht an einander wie in engen Wandschränken; darunter gewaltige Consolen; das obere Stockwerk ist unvollendet. Die berühmte Treppe, von Vasari nach einer Zeichnung Michelangelo's hineingebaut, sollte monumental aussehen und doch jenen Wandorganismus nicht stören, daher ihre Isolirung; dem unbeschadet dürfte sie

[1]) Eine Zeitlang waren bedeutende Theile der Capelle in der That bemalt und stucchirt, und zwar von der Hand des Giovanni da Udine.

etwas weniger halsbrechend gefährlich sein. — Das Ganze hat wohl einen bestimmten Sinn, der sich deutlicher aussprechen würde bei vollendetem Oberbau. Der Künstler hat mit allen, auch den verwerflichsten Mitteln das Gefühl des Strebenden hervorzubringen gesucht; wir wissen aber nicht mehr, was er damit wollte. Eine baldige Nachahmung blieb nicht aus; Ammanati stellte Säulen in enge Wand- a
nischen an der Fassade der Jesuitenkirche S. Giovannino; Giov. da Bologna an den Wänden seiner eigenen Gruftcapelle hinten in der b
Annunziata u. s. w.

Das Gebäude der Laurenziana selbst ist wieder baulich einfach c
und würdig, und wenn hier das Detail der Verzierung wirklich, wie man annimmt, von Michelangelo angegeben ist, so besass er im Kleinen den feinsten Schönheitssinn, den er im Grossen der Bizarrerie aufopferte. Die holzgeschnitzte Decke, deren edles und reiches Verzierungsmotiv sich in der Zeichnung des Backsteinbodens wiederholt, soll „nach seiner Idee" von Tasso und Caroto, das einfach classische Stuhlwerk von Ciapino und del Cinque, die bloss zweifarbigen lichten Arabesken der Fenster, wie oben bemerkt, von Giov. da Udine ausgeführt sein. Die Thür, eines der ersten Beispiele perspectivischen Scheinreichthums durch Verdoppelung der Glieder, ist erweislich von Michelangelo.

Seine r ö m i s c h e Thätigkeit ging zum Theil mit Plänen verloren, die nicht ausgeführt wurden. (Entwurf zu einem Palast für Julius III. an der Ripetta, fünf Pläne für S. Giovanni de' Fiorentini, welche sämmtlich nicht mehr vorgefunden wurden, als im vorigen Jahrhundert die jetzige Fassade, von Galilei, zur Ausführung kam. U. a. m.) Doch sind ausser dem Bau von S. Peter, den er erst nach 1546 übernahm, einige Bauten von ihm ausgeführt vorhanden, welche die Grösse und Richtung seines Geistes gerade an sehr verschiedenen Aufgaben darthun.

Von ihm ist zunächst am P a l. F a r n e s e das bewundernswürdige d
grosse Hauptgesimse (dessen Wirkung er vorher durch hölzerne Modelle erprobte) und die beiden untern Stockwerke des Hofes. Diese imposantesten Palasthallen Roms sind, wie ohne Mühe zu erkennen ist, den beiden untern Ordnungen des Marcellustheaters fast genau nachgebildet, nur dass die Metopen mit Waffen und der ionische Fries

mit Fruchtschnüren und Masken ausgefüllt wurden. Nirgends mehr hat sich Michelangelo so völlig dem Alterthum angeschlossen; hier lag die Genialität darin, sich unterzuordnen. (Die hässlichen Doppelgesimse in den Hallen kommen wohl noch auf Sangallo's Rechnung S. 315, f.) Das oberste Stockwerk des Hofes scheint von Giacomo della Porta hinzugefügt. Als dieser die Loggia an der Hinterseite des Palastes zu bauen hatte, wusste er keinen andern Rath, als das grandiose Motiv von Michelangelo's Hofe nach aussen zu wiederholen, und er that wohl daran, nur hätte er das Gesimse mit den anstossenden Stücken des grossen Gesimses nicht so vermitteln dürfen. — Die grandiose Absicht, den Blick aus dem Hofe zu einem architektonischen Durchblick bis an die Longara zu erweitern, blieb ohne Folge.

a Aus den letzten Lebensjahren Michelangelo's rührt sodann Porta Pia her. (Der Oberbau erst neuerlich und wohl nicht genau nach seiner Absicht vollendet.) Ein verrufenes Gebäude, scheinbar reine Caprice; aber ein inneres Gesetz, das der Meister sich selber schafft, lebt in den Verhältnissen und in der örtlichen Wirkung der an sich ganz willkürlichen Einzelformen. Diese Fenster, dieser starkschattige Thorgiebel u. s. w. geben mit den Hauptlinien zusammen ein Ganzes, das man auf den ersten Blick nur einem grossen, wenn auch verirrten Künstler zutrauen wird. Innerhalb der Willkür herrscht eine Entschiedenheit, welche fast Nothwendigkeit scheint.

b Der Umbau der Diocletiansthermen zur Kirche S. Maria degli Angeli ist durch einen neuen Umbau des vorigen Jahrhunderts unkenntlich geworden. Erhalten blieb jedoch in dem dazu gehörenden Carthäuserkloster der einfache hundertsäulige Gartenhof, dessen mittlere Cypressen sogar von Michelangelo gepflanzt sein sollen. Die für den Orden traditionelle Anlage findet sich, wenn auch nicht in derselben Ausdehnung, mehrfach wieder, aber dann mit reichem Detail, das zu der Gesammtwirkung gar keine Beziehung hat. (Aufgemalte
c Ornamente am Gartenhof der Certosa bei Florenz, plastische an dem
d von S. Martino in Neapel.) Hier ist nur gegeben, was zum Ganzen beiträgt.

Auch die jetzige Anordnung und zum Theil auch die Gestalt der capitolinischen Bauten rührt von Michelangelo her. So wie sie sind, entsprechen sie gewiss nicht seinem ursprünglichen Gedanken,

sondern sind in Ermangelung eines Bessern allmälig unter schwankender Benützung seiner Entwürfe zu Stande gekommen. Er selbst legte schon 1536 die beiden Flachtreppen an, deren vordere mit den Ba- a
lustraden zu beiden Seiten und oben an der Terrasse so wesentlich für die Wirkung des Ganzen ist. Im Jahr 1538 erhielt unter seiner Leitung die Reiterstatue Marc Aurels ihren jetzigen Platz in der Mitte der ganzen Anlage. Wahrscheinlich gehört ihm auch der Entwurf zum jetzigen Senatorenpalast, und gewiss dessen herrlich angelegte b
Doppeltreppe, welche mit dem Brunnen und den beiden Flussgöttern ein wahrhaft einziges plastisch-architektonisches Ganzes bildet und für die Treppe der Laurenziana reichlich entschädigt. Zu den beiden Seitenpalästen, die erst ein Jahrhundert später (derjenige des Mu- c
seums zuletzt) im Detail nach dem Geschmack dieser Zeit ausgeführt wurden, lag ein Plan von ihm vor; sie sind zu originell gedacht, zu richtig im Verhältniss zum Senatorenpalast, als dass man die Idee einem Andern beimessen möchte. Für alles Einzelne aber, namentlich für das hässliche Mittelfenster des einen, ist derselbe Giovanni del Duca verantwortlich, welcher auf Sangallo's Kirche an Piazza Trajana die barocke Laterne setzte. Auch die schräge Richtung auf den Senatorenpalast zu wurde am ehesten wohl von Michelangelo angegeben. Die beiden hintern Hallen über den Treppen nach Araceli und dem d
tarpeischen Berge hin sind von Vignola entworfen.

Eine theilweise Benützung von Michelangelo's Ideen trat bei vielen Gebäuden ein; manches wird auch nur sagenhaft mit seinem grossen Namen in Verbindung gebracht. So soll z. B. die Sapienza e
in Rom, welche theils von Giac. della Porta, theils erst gegen 1650 erbaut wurde, auf einem Entwurf Michelangelo's beruhen, und wenn man die grandiose Wirkung des Pfeilerhofes (ohne den Oberbau) und der hintern Fronte in Betracht zieht, so gewinnt die Behauptung Glauben. — Porta del popolo ist viel zu zahm für Michelangelo, zu- f
mal an der Aussenseite. — In S. Maria maggiore ist der zweite Anbau von der Hauptfronte kommend links (Cap. Sforza) von Giac. della g
Porta oder Tiberio Calcagni nach einem willkürlich veränderten Plan Michelangelo's ausgeführt.

Ausserhalb Roms wird bei Anlass der Madonna di Carignano in Genua, einem notorischen Bau des Alessi, nur eine Nachahmung des

ursprünglichen Plans von S. Peter, und zwar eine trefflich modificirte, zuzugeben sein. — Wie weit beim Dom von Padua Michelangelo's Angaben befolgt wurden, vgl. S. 320, a. — Die ihm zugeschriebene
a Decke des Laterans steht so weit unter derjenigen der Laurenziana, dass eine andere Angabe, wonach sie von Giac. della Porta entworfen ist, ungleich mehr Glauben verdient.

Erst als Greis erhielt Michelangelo durch Paul III. den Auftrag
b zur Vollendung der S. Peterskirche, von welcher hier im Zusammenhang die Rede sein muss. Ohne auf die Geschichte des Baues im Einzelnen, auf den Wechsel der Entwürfe näher einzugehen, beschränken wir uns auf dasjenige, was wirklich ausgeführt und noch vorhanden ist.

Bramante hatte das Gebäude 1506 angefangen, mit der Absicht, ein griechisches, gleicharmiges Kreuz mit grosser mittlerer Kuppel zu errichten. Ihm gehört die Abrundung der Kreuzarme zu Tribunen, die er (S. 303) in der Lombardie gelernt und später auch an der Madonna della Consolazione zu Todi in Anwendung gebracht hatte. Schon in verschiedenen Gestalten ist uns diess griechische Kreuz mit abgerundeten Armen begegnet, z. B. (S. 204, c) an der Steccata in Parma (1521); es galt seit Bramante ohne Frage als die vollkommenste Kirchenform, sodass z. B. Leo X unter den Plänen für S. Giovanni de' Forentini demjenigen des Jacopo Sansovino (s. dessen Leben bei Vasari) den Vorzug gab, weil er diese Gestalt hatte. — Die Theorie wird über diese Grundform sich immer in verschiedene Ansichten spalten; sicher aber würde dieselbe, nach Bramante's Plan ausgeführt — vier Halbrunde mit quadratisch vortretenden Ecken — an sich eine grosse Wirkung machen, zumal wenn man den Bau in des grossen Meisters Weise organisirt denkt. (Dazu zwei Seitenthürme und eine sechssäulige Vorhalle.)

Von Rafaels neuem Entwurf ist nichts Ausgeführtes vorhanden. — Von Baldassare Peruzzi stammt die Flankirung der Kuppel mit vier kleinen Kuppeln (wovon später nur die beiden vordern ausgeführt wurden). Die Combination mehrerer Kuppeln ist eine venezianische, aus dem Orient übernommene Idee; die Renaissance fühlte indess, dass die Kuppeln einander nicht gleich oder ähnlich (wie an S. Marco in Venedig und am Santo in Padua), sondern einander subordinirt sein müssten (wie dies Andrea Riccio 1521 an der prächtigen Justinenkirche zu Padua zuerst und zaghaft durchführte). Aber auch so modificirt ist der Gedanke wohl kein glücklicher; die grosse Form einer Hauptkuppel müsste möglichst einfach und deutlich mit ihrem quadratischen Unterbau contrastiren; will man die vier Ecken des letzteren noch besonders hervorheben, so sind vier Thürme, wie sie Galeazzo Alessi an der Kirche Carignano zu Genua auf den vier Eckräumen (einstweilen auf zweien) anbrachte, das Richtigere und weniger Störende. Allerdings gewinnt die scheinbare Grösse der Hauptkuppel durch Zuthat kleinerer Trabanten von einer analogen und dabei reichen Form, allein diess sind keine architektonischen Principien.

Nach der Zwischenherrschaft des jüngern San Gallo trat Michelangelo ein. Es bedurfte seines ganzen schon gewonnenen Ruhmes und seiner Verzichtung auf jeden Lohn, um seinem Entwurf den Sieg zu sichern. Eine der Frescoansichten des damaligen Roms in der vaticanischen Bibliothek stellt den Bau ungefähr so dar, wie Er ihn haben wollte: ein gleicharmiges Kreuz, dessen vorderer Arm in der Mitte der Fassade eine nur viersäulige, aber in riesigem Massstab gedachte Vorhalle aufweist. Die Kuppel hätte diesen vordern Arm des Kreuzes ebenso völlig beherrscht, als die gleich langen drei übrigen Arme. — Von dem jetzt vorhandenen Gebäude hat Michelangelo zunächst die Aussenseiten der hintern Theile des Unterbaues mit Pilastern und Attica zu verantworten. Sie sind eine bizarre, willkürliche Hülle, die Bramante's Entwurf schmerzlich bedauern lässt; die vier Ecken zwischen den halbrund heraustretenden Tribunen sind durch schräge Wände abgestumpft; die Fenster zeigen eine Bildung, die an Caprice mit der Porta Pia wetteifert[1]). Viel gemässigter verfuhr Michelangelo im Innern, dessen Organismus (Pilaster, Nischen, Gesimse, auch wohl die Angabe des Gewölbes) wenigstens soweit ihm angehört, als nicht späterer, zumal farbiger Schmuck einen neuen

[1]) Milizia sucht wenigstens die Verantwortung wegen der Attica auf Carlo Maderna zu schieben.

Sinn hineingebracht hat. (Wem das sehr bizarre Nischenwerk in den drei Tribunen zur Last fällt, weiss ich nicht anzugeben; die Stuccaturen ihrer Halbkuppeln sind erst aus dem vorigen Jahrhundert.) Das hier ausgesprochene System ist es, welches einen so ungeheuren Einfluss auf den Innenbau der ganzen katholischen Welt ausgeübt hat und als Kanon in tausend Variationen nachgeahmt wurde. Als einfaches Gerüst ist diese Bekleidung grossartig gedacht; das Vor- und Zurücktreten des Gesimses ist verhältnissmässig sparsam gehandhabt, sodass dem letztern seine herrschende Wirkung bleibt; die Pilaster sind ebenfalls noch einfach; erst die Nachahmer wollten durch Vervielfältigung der Glieder die Wirkung überbieten. Die Cassettirung der grossen Tonnengewölbe, zwar erst beträchtlich später, aber doch wohl nach der Absicht des grossen Meisters ausgeführt, ist in ihrer Art classisch zu nennen und unbedenklich als das beste Detail der ganzen Kirche zu betrachten, während die Einzelbildung der Pilaster und Gesimse doch nur von mittlerm Werthe ist.

Die Kuppel Michelangelo's, an Form und Höhe derjenigen der frühern Baupläne gewaltig überlegen, bietet vielleicht von aussen die schönste und einfachste Umrisslinie dar, welche die Baukunst auf Erden erreicht hat. Hier zuerst ist der Cylinder in colossaler Grösse zum Ausdruck tragender Kräfte (in Gestalt der gekuppelten Säulen mit vorgekröpftem Gebälk) erhoben: über das Wie? wird man wohl streiten, aber schwerlich innerhalb dieses Styles eine andere Lösung angeben können. (Was an Ste. Geneviève in Paris möglich war, der offene Säulengang ringsum, war bei den viel grössern Verhältnissen von S. Peter unmöglich und wäre constructiv jedenfalls werthlos.) Endlich ist die überhöhte Schale mit der Lanterna im Gedanken wohl abhängig vom Florentiner Dom, aber in der Ausführung und in den Verhältnissen unvergleichlich viel schöner, erstere schon durch die Rundung.

Ins Innere fallen durch die grossen Fenster des Cylinders jene Ströme von Oberlicht, welche die Kirche wesentlich beherrschen. Die Wände des Cylinders und der Schale sind auf das Glücklichste organisirt durch Pilaster, Attica und Gurte, welchen sich die Mosaiken sehr zweckmässig unterordnen. Wenn man sich das schlechte spätere Nischenwerk der vier Hauptpfeiler sammt ihren Statuen hinwegdenkt und das Ganze überhaupt auf seine wesentlichen Formen reducirt, so übt es einen architektonischen Zauber, der sich bei jedem Besuch erhöht, nachdem der historische Phantasieeindruck längst seine aufregende Kraft verloren hat. Hauptsächlich das harmonische Zusammenwirken der zum Theil so ungeheuern Curven verschiedenen Ranges, welche diese Räume um- und überspannen, bringt (wie ich glaube) jenes angenehm traumartige Gefühl hervor, welches man sonst in keinem Gebäude der Welt empfindet, und das sich mit einem ruhigen Schweben vergleichen liesse. (Das Innere grosser gothischer Kathedralen giebt den entgegengesetzten Eindruck eines unaufhaltsam raschen „Aufwärts!" — der ebenfalls unvergleichlich ist in seiner Art.)

Die nächsten Seitenräume und Eckcapellen sind wohl in der Anlage nach Michelangelo's Entwurf gebaut, aber ihr ganzer Schmuck, sowohl die Marmorbekleidung der Pfeiler und Wände als die Mosaiken und Statuen sind spätern Ursprunges, und die Farbenwirkung ist gewiss eine ganz andere als die, welche er beabsichtigte.

Doch im Grossen wich erst Carlo Maderna, auf Geheiss Pauls V. (seit 1605), von dem Plane Michelangelo's ab; durch den Weiterbau des vordern Armes wurde das Kreuz wieder ein lateinisches und die Kirche auch nach der Längendimension die grösste der Welt. Unter dem Einfluss der damaligen Bauprincipien wurde das Mittelschiff möglichst weit und gross bei einer doch im Verhältniss nur mässigen Länge; Maderna's Pfeiler stehen beträchtlich weiter auseinander als die der hintern, ältern Theile. Dafür wurden die Nebenschiffe nur klein, und zwar in ovale Kuppelräume getheilt, an welche sich Capellen, d. h. ziemlich flache Nischen anschliessen. Im dritten Buche des Serlio sieht man, welche ganz andere Bedeutung Rafael in seinem Plan eines lateinischen Kreuzes diesen Partien im Verhältniss zu dem ungleich schmälern Mittelschiff zugedacht hatte. In Madernas Bau verhindert überdiess die beträchtliche Breite der Pfeiler den reichern Einblick in die Nebenschiffe, sodass diese für die Wirkung im Grossen kaum in Betracht kommen. — Aussen ging der vordere Anblick der Kuppel für jeden nahen Gesichtspunkt verloren, und es musste eine neue Fassade componirt werden, diessmal als breite Fronte, indem die Rücksicht auf die drei übrigen abgerundeten Arme des Kreuzes wegfiel. Von aller Beziehung zur Kuppel und zum Rest des Baues überhaupt abgelöst, fiel sie aus, wie sie zu Anfang des XVII. Jahrhunderts ausfallen musste, als ungeheure Decoration, deren Theile auf alle Weise vor- und rückwärts, aus- und einwärts treten ohne Grund und Ursache. Selbst mit Anschluss an dasjenige Motiv, welches Michelangelo an den übrigen Aussenseiten der Kirche durchgeführt, hätte sich etwas viel Grossartigeres machen lassen. Aber derselbe Maderna schuf auch das Innere der Vorhalle, welches eine der schönsten modernen Bauten in ganz Rom ist. Die vorgeschriebene Einfachheit in Gliederung und Farbe lässt die Wirkung der Verhältnisse ungestört.

Nach Maderna's Tode kam der noch junge Bernini über das Gebäude (1629). Von den Glockenthürmen, welche an beiden Enden der Fassade (wo das Auge sie nicht verlangt) prangen sollten, baute er einen und musste ihn wieder abtragen. Beträchtlich später, schon als Greis (1667) legte er die berühmten Colonnaden an, bei Weitem das Beste, was er überhaupt gebaut hat. Die Bildung des dorischen Details ist nicht nur einfach, was sie bei der hundertmaligen Wiederholung der Formen durchaus sein musste, sondern kalt; allein fast gar nicht barock. (Die Säulen der äussern Curven sind dicker als die der innern.) Was die Gesammtanlage betrifft, so ist vor allem Maderna seinem Nachfolger den grössten Dank schuldig; Bernini hat das Mögliche gethan, um die Fassade zu heben und gross scheinen zu lassen. Diess geschah namentlich durch die Annäherung der beiden nächsten Hallenenden, über welche sie soweit emporragt, während zugleich das Auge über das (in der That ziemlich starke) Ansteigen des Platzes getäuscht und damit in der Meinung erhalten wird, sie stehe beinahe auf demselben Plan mit den Colonnaden. Träten die Hallenenden weiter auseinander als die Fassade breit ist, so würde jene Vergleichung wegfallen. In dem elliptischen Grundplan der Colonnaden selbst liegt wiederum eine Scheinvergrösserung, indem das Auge ihn eher für rund hält, ihm also eine Tiefe zutraut, die er nicht hat — Die Stelle ist richtig gewählt; wenn S. Peter ein Atrium haben sollte, von welchem aus die Kuppel sichtbar war, so musste dasselbe in einige Entfernung zu liegen kommen, selbst ohne die mitbestimmende Rücksicht auf den schon vorhandenen Vorbau des vaticanischen Palastes. —

Ausserdem drückte Bernini auch dem Innern durch die von ihm hineingesetzten plastischen Werke (und mittelbar durch die Nachahmungen seiner Schüler und Nachfolger) ganz entschieden seinen Stempel auf. Leider blieb es dabei nicht; er bekleidete die Pfeiler der Seitenschiffe mit jenen Engeln, welche Papstbüsten, Tiaren etc. tragen, mit jenen pamfilischen Tauben u. s. w. auf buntem Marmorgrund; er war es auch, welcher die vier Kuppelpfeiler mit jenen kläglichen Nischen und Loggien versah, welche diesen wichtigsten Theilen des Gebäudes Einfachheit und Nachdruck rauben. Die vier Statuen mussten entweder wegbleiben oder gigantisch gross (und dann in anderm Styl!) gebildet werden; gegenwärtig sind sie viel kleiner als die drüber an den Zwickeln der Kuppel angebrachten Evangelisten in Mosaik.

Es ist eine alte Klage, dass S. Peter innen kleiner aussehe, als es wirklich ist. Ich weiss nicht, ob Jemand, der ohne diess Vorurtheil zum erstenmal hineintritt, die Kirche nicht doch ungeheuer gross finden würde; jedenfalls hängt viel von der Beleuchtung und von der Menschenzahl ab. Am Ostermorgen weiss Jeder, dass er sich im grössten Binnenraum der Welt befindet. Auch in der Abenddämmerung wachsen die Dimensionen, nicht nur weil (wie überall) das Einzelne verschwindet, sondern weil Farben und Vergoldung erbleichen, welche bei Tage die betreffenden Flächen dem Auge nähern und damit kleiner scheinen machen. Was davon noch unter dem Einfluss Michelangelo's zu Stande kam (wenn auch erst lange nach seinem Tode), nämlich die Mosaicirung der Kuppel und die Cassettirung der Tonnengewölbe, lässt sich architektonisch wohl völlig rechtfertigen; grell wirkt erst Bernini's Incrustation und naturalistisch die Kuppelmosaiken der Nebenräume, welche indess für die Wirkung des Ganzen nicht in Betracht kommen. Entschieden verkleinernd für das ganze Gebäude erscheint dann der Effect des entsetzlichen Tabernakels und der Cathedra Petri, beides Arbeiten des Bernini. Hier allein wird das Auge zu einer falschen Rechnung beinahe genöthigt (S. 80). Die Weihbeckenengel, von welchen man gewöhnlich spricht, täuschen nicht lange und nicht stark genug, um den Eindruck des Ganzen mit zu bestimmen.

Keine kunstgeschichtliche Eintheilung hält nach Jahr und Datum vollkommen Stich und bei den langelebenden Architekten des XVI. Jahrhunderts ist eine schärfere Stylabgrenzung nach Epochen vollends misslich. Doch wird man in denjenigen Bauten, welche etwa zwischen 1540 und 1580 fallen, einen vom Frühern abweichenden Charakter nicht verkennen. Es ist die Zeit der grossen Theoretiker, eines Vignola, Serlio, Palladio, Scamozzi; ihre Absicht ist wohl ganz die ihrer Vorgänger: das Alterthum zu reproduciren, allein ihre Mittel sind andere. Die Ausdrucksweise erscheint einerseits schärfer: vortretende Halbsäulen- und Säulensysteme statt der früher herrschenden Pilaster und Wandbänder; demgemäss eine derbe Bildung der Fenster und Portale; auch im Innern namentlich der Kirchen eine stärkere Bekleidung mit den classischen Einzelformen, während früher das Gerüst des Baues wie es war eher nur auf irgend eine harmonische Weise decorirt wurde. Von einer andern Seite ist diese selbe Ausdrucksweise um einen beträchtlichen Grad kälter; statt des reichen Details der Frührenaissance, statt des einfach harmonischen Details der Blüthezeit finden wir hier ein zwar noch verhältnissmässig reines, aber schon kaltes und gleichgültiges Detail. Vom Ende des XVI. Jahrhunderts an beginnt dann der Barockstyl, welcher das Detail misshandelt, weglässt oder vervielfacht, je nachdem es zu willkürlichen Effecten verwerthet wird.

Die Zeit von 1540—1580 ist im Vergleich mit der frühern mehr die des rechnenden, combinirenden Verstandes, gleichwohl aber voll Geist und Originalität. Sie rechnet sehr im Grossen, und wer etwas in ihren Werken finden will, muss ihren Gesammtcompositionen und Dispositionen nachgehen und die Säulenordnungen für das nehmen, was sie hier sind: für eine conventionelle Bekleidungsweise. Auch ohne sie können die Umrisse und Verhältnisse des Ganzen Seele und Bedeutung haben. — Die Gesinnung der Bauherren, welche jetzt mehr als je zuvor auf das Grossräumige ging und dieser Rücksicht jede andere nachsetzte, stand in völligem Einklang mit der Richtung der Architekten.

Die Bauten Michelangelo's, der mit der goldenen Zeit begann und durch seine spätere Willkür schon den ganzen Barockstyl einleitete und zu rechtfertigen schien, wurden bereits aufgezählt. Von den zunächst zu nennenden Baumeistern waren mehrere seine unmittelbaren Schüler und Executanten, andere seine Anhänger, alle mehr oder weniger von ihm berührt. Man darf sie darob bewundern, dass sie seine Extravaganzen noch nicht mehr im Sinne eigener Willkür ausbeuteten.

An ihrer Spitze steht Giacomo Barozzi von Vignola (1507—1573), dessen Handbuch der Säulenordnungen (Trattato degli ordini) die Architektur der letzten zwei Jahrhunderte völlig beherrscht hat und noch jetzt stellenweise einen grossen Einfluss ausübt, nachdem seit hundert Jahren die echten griechischen Ordnungen bekannt und abgebildet sind. Als ausübender Künstler begann er mit einigen Bauten in Bologna; ausser den oben (S. 208, e) genannten Banchi wird eine Casa a
Bocchi und in dem nahen Minerbio ein Palazzo Isolani genannt, über dessen Vorhandensein ich keine Kunde habe. — Sein frühster Colossalbau, der Pal. Farnese in Piacenza, ist interessant als eines der ersten b
Gebäude, in welchen durchaus kein herrschendes Einzelmotiv vorkömmt, sondern nur die Verhältnisse sprechen, und zwar beim einfachsten Detail, das überdiess nur stellenweise wirklich ausgeführt ist. Die Abstufung der Stockwerke ist der (allerdings nicht genügende) Gehalt des ungeheuern Gebäudes, welches übrigens nicht zur Hälfte vollendet und jetzt eine Caserne ist.

In Rom hatte er grossen Antheil an der prächtigen Villa, welche c
Papst Julius III (1550—1555) an der Via Flaminia baute und die noch jetzt als Vigna di Papa Giulio benannt wird. Wer die Urheber und Erfinder der einzelnen Motive dieses ehemals grossen Ganzen sind, lässt sich nicht mehr ausmitteln; Vasari, der an mehrern Stellen (in den Biographien des Taddeo Zucchero zweimal und in der Übersicht seiner eigenen Werke) davon spricht, schreibt die Hauptideen dem baulustigen Papste zu, sich selber aber die Redaction derselben; diese habe Michelangelo durchgesehen und verbessert, Vignola aber bloss ausgeführt; ausschliesslich von ihm (Vasari) sei der Entwurf zu dem Brunnen unten (d. h. im hintern Hofe), welchen dann Vignola und Ammanati ausführten. Abgesehen von seinen Urhebern

interessirt uns das Gebäude in ähnlichem Sinne wie Ligorio's Villa Pia (S. 316, e), als letzte Villa der Renaissance. An Reiz und Anmuth kommt es der Farnesina, an Würde der Villa Madama, an Vollständigkeit der Ausführung[1]) und Erhaltung dem Palazzo del Tè allerdings bei Weitem nicht gleich; man glaubt die schwankenden und zum Theil kleinlichen Einfälle des Bauherrn noch jetzt zu erkennen, doch bleibt das Ganze sehr sehenswerth. An der Strasse selbst (10 Minuten vor Porta del Popolo) beginnt die Anlage mit einem nicht grossen aber grossartig gedachten, übrigens unvollendeten Palast, in dessen Fenstereintheilung und Säulenloggia sich am ehesten Vignola's Erfindung verräth. Von hier führt ein Seitenweg rechts zwischen den Gartenmauern zur eigentlichen Villa hinan, deren Fassade ein schlechtes Gemisch abwechselnder Bauentschlüsse ist; auch die Gemächer im Innern verdienen höchstens wegen der Fresken der Zuccheri einen Blick. Gegen den Hof bildet das Gebäude eine halbrunde Säulenhalle; dann folgen rechts und links stuccoverzierte Hofwände und hinten eine offene (jetzt mit Glasthüren verschlossene) Säulenhalle, durch welche man in den hintern Brunnenhof sah[2]). Dieser enthält in zwei Stockwerken Nischen und Grotten und in seiner Mitte eine halbrunde Vertiefung mit Brunnenwerken, zu welcher Treppen hinabführen. Zur Ergänzung des Eindruckes gehört der Schatten aussenstehender Bäume (und die Bekanntschaft mit dem Charakter Julius III. wie ihn Ranke schildert).

Von Vignola allein ist (oder war!) alles Architektonische an den
a Orti Farnesiani auf dem Palatin: Portal, Grotten, Rampentreppen, Brunnen und oberer Doppelpavillon in glücklich gedachter perspectivischer Folge. Blieben die Trümmer ihrem natürlichen Verfall überlassen, so hätten sie ihre bestimmte Ruinenschönheit; leider kömmt moderne absichtliche Zerstörung hinzu. Die wenige noch erhaltene Decoration zeigt, dass die Renaissance vorüber ist, dass der mehr auf Gesammteffecte ausgehende Styl die Oberhand erhalten hat. (Die

---

[1]) Die sehr ausgedehnten Gartenanlagen mögen während des kurzen Pontificates blosse Anfänge, ja blosse Entwürfe geblieben sein. Der betreffende Grund und Boden ist längst anders vertheilt.

[2]) Derselbe wird auf Nachfrage bei den dort casernirten Carabinieri geöffnet.

Rustica soll hier das Ländliche ausdrücken.) — Ob Porta del Popolo, a wenigstens die Aussenseite, dem Vignola mit grösserm Recht als dem Michelangelo zugeschrieben wird, bleibe dahingestellt. — Bei Weitem das Wichtigste, was von Vignola vorhanden, ist das grosse ebenfalls farnesische Schloss Caprarola, dreissig Miglien von Rom, aussen b fünfeckig, innen mit rundem Hof, alle Gemächer mit historischen Fresken ausgemalt von den Zuccheri. Ehemals ein Wallfahrtsort für alle Künstler und Kunstfreunde, jetzt kaum je von Solchen besucht die ihr Leben in Rom zubringen. Auch der Verfasser hat das Gebäude auf der Strasse von Rom nach Viterbo aus weiter Ferne ansehen müssen.

Von Vignola's Kirchenbauten ist das kleine Oratorium S. Andrea c an der Strasse nach Pontemolle die bekannteste; quadratischer Unterbau mit Pilastern, runder Oberbau mit niedriger Kuppel. Als landschaftlicher Gegenstand seit der Geburtsstunde der modernen Landschaft überaus beliebt, hätte das kleine Gebäude selbst die Kritik eines Milizia entwaffnen dürfen. — Die Kirche Madonna degli Angeli d in der Ebene unterhalb Assisi zeigt noch den grossartigen Grundriss Vignola's, Gewölbe und Kuppel aber sind neuer. — Endlich ist der Gesù in Rom (1568) ein höchst einflussreiches Gebäude geworden; e hier zuerst war möglichste Höhe und Weite eines gewölbten Hauptschiffes und Beschränkung der Nebenschiffe auf abgeschlossene Capellen in derjenigen Art und Weise durchgeführt, welche nachher der ganze Barockstyl adoptirte. Frühere einschiffige Kirchen mit Capellenreihen, deren wir eine Menge angeführt haben, gewähren im Verhältniss den Capellen eine viel grössere Tiefe und dafür dem Hauptschiff eine geringere Breite. Die nächste bedeutende Wirkung äusserte der Gesù auf Maderna's schon erwähnten Ausbau von S. Peter (S. 337).

Giorgio Vasari (1512—1574), unschätzbar als Kunstschriftsteller, vielseitig und gewandt wie irgend ein Künstler seiner Zeit, scheint sich am Meisten in der Malerei zugetraut zu haben. Unser Urtheil und unser Gefühl sind aber seinen Gemälden fast durchgängig abhold, während von seinen Gebäuden wenigstens zweie zu den besten seiner Zeit gehören.

a Von der Vigna di Papa Giulio war eben die Rede. Wir übergehen auch die Gebäude am Platz der Stephansritter in Pisa: den unbedeutenden Palast und die in auffallend unangenehmen Verhältnissen erbaute Kirche, sowie den von Vasari grossentheils erneuten
b Innenbau des Pal. vecchio in Florenz; er selber spricht mehr als genug von den Treppen und besonders von dem grossen Saal, dessen beide Schmalseiten allerdings perspectivisch treffliche Abschlüsse sind.
c Die ganze Tüchtigkeit des Meisters zeigt erst das Gebäude der Uffizien, nach seinem Entwurf 1560 von ihm selbst begonnen, von Parigi, Buontalenti u. A. vollendet. Zur richtigen Beurtheilung ist es wesentlich zu wissen, dass schon vorhandene Mauern benützt werden mussten, dass der Verkehr zwischen Piazza del Granduca und dem Arno nicht gehemmt werden durfte und dass die „Uffizj", d. h. Bureaux, die verschiedensten Bestimmungen hatten (Verwaltung, Kassen, Tribunale, Archive), also kein Motiv zu einer mehr geschlossenen, centralen Composition gegeben war. Das Erdgeschoss bildet eine der schönsten Hallen von Italien; in Harmonie mit allen übrigen Formen des Baues gab ihr Vasari ein gerades Gebälk und sparte die Bogen für die hintere Verbindungshalle, wo sie denn auch ihre imposante Wirkung thun. Beim Organismus der obern Stockwerke ist zu erwägen, dass es sich nicht um einen fürstlichen Palast, sondern um einen engen, hohen Nutzbau mit sehr bestimmten Zwecken handelte. Auch bei der Anlage der Treppen, welche noch ziemlich steil sind, war Vasari nicht frei; doch that er das Mögliche, um auch hier und in den Vestibulen schöne Räume zu schaffen. Einzelne Barockformen an Thürgiebeln etc. fallen vielleicht nicht ihm zur Last.

Endlich ein origineller, höchstens an Venezianisches (Seite 328, f)
d erinnernder Kirchenbau Vasari's: Die Abbadia de' Cassinensi zu Arezzo, aussen roh gelassen, wie leider so viele zumal toscanische Kirchen; innen ein Tonnengewölbe der Länge nach, durchkreuzt von zwei Querschiffen ebenfalls mit Tonnengewölben; über den Kreuzungen niedrige Kuppeln (deren eine in der Folge von dem bekannten Meister der Perspective, dem Jesuiten Pozzo, mit der täuschenden Innensicht einer Hochkuppel ausgemalt worden ist); die vier niedrigern Nebenräume, welche so entstehen, sind durch Säulenstellungen gegen das Hauptschiff geöffnet, die in der Mitte einen Bogen tragen;

ihre Wölbung bildet jedesmal eine kleine Flachkuppel. Die Abwesenheit jeglicher Decoration lässt diesem graziösen Bau seine volle, ungestörte Wirkung.

Die Vorliebe für den Säulenbau, welche sich in diesen Werken gegenüber dem römischen Pfeilerbau behauptet, ist auch später in Florenz heimisch geblieben. Die nächsten Gründe sind: das grosse und stets verehrte Beispiel Brunellesco's, der Besitz einer geeigneten Steinart (Pietra serena), besonders aber die Bescheidenheit in dem florentinischen Palastbau zur Zeit der mediceischen Grossherzoge. Auch die reichsten Geschlechter in Florenz dürfen nicht auftreten, wie z. B. päpstliche Nepotenfamilien in Rom.

Den florentinischen Privatpalästen giebt in dieser Zeit *Bartolommeo Ammanati* (1511—1586) einen neuen und mehr hausartigen Charakter; im Innern bleibt der Säulenhof der Frührenaissance, nur mit freudloserem Detail; die Fassaden, mit energisch barocken Fenster- und Thüreinfassungen und Rustica-Ecken, sind zum Theil auf Bemalung mit Arabesken und Historien (vgl. Seite 294) berechnet.
Beispiele: Pal. Ramirez und Pal. Vitali, beide in Borgo degli Albizzi a
zu Florenz u. s. w. Ammanati ist allerdings berühmter durch einen
der grössten Pfeilerhöfe, denjenigen des Pal. Pitti, dessen drei Reihen b
von Bogen auf Pfeilern mit Rusticahalbsäulen der drei Ordnungen
bekleidet sind, ein in Form und Verhältnissen hässliches Gebäude;
— sein Pfeilerhof mit einfachen Pilastern im Collegio romano zu Rom c
zeigt, dass er sich in ähnlichen Aufgaben ein anderes Mal glücklicher
zu bewegen wusste. — Rom besitzt auch Ammanati's beste Fassade, d
die des Pal. Ruspoli (Caffè nuovo), an welcher nur die Höhe des
Erdgeschosses (sammt Kellergeschoss) getadelt wird. (Die einst berühmte Treppe von parischem Marmor, hinten rechts, ist viel später, vom jüngern Martino Lunghi erbaut.) — Von Ammanati's Klosterhöfen
in Florenz hat der zweite bei S. Spirito, auf Säulen mit origineller e
Abwechslung von Bogen und geraden Gebälken, den Vorzug vor dem
öden hintern Pfeilerhof bei den Camaldulensern (agli Angeli) etc. f
Allein dieses und die nüchterne Jesuitenkirche S. Giovannino und so g
vieles Andere darf man vergessen über Ammanati's reinstem Meister-

a werk: der Dreieinigkeitsbrücke. Die edel, für das Auge
überaus wohlthuende Spannung der drei Bogen, welche mit dem denkbar angemessensten Detail bekleidet sind, soll nach Ansicht derer,
welche den Arno kennen, zugleich die technisch zweckmässigste sein.

Eine ganze tüchtige Generation von Architekten schloss sich an
die beiden genannten an und hielt die schlimmern Excesse des Barockstyls längere Zeit von Florenz ferne. Giov. Antonio Dosio
(geb. 1533) wurde bereits erwähnt (S. 318). — Von dem Bildhauer
b Giov. da Bologna (1524—1608) ist die S. Antoninscapelle in S.Marco
(links), eingeleitet durch zwei einfache Bogen auf Säulenstellungen,
eine der besten Bauten dieser Art (vgl. S. 290, d). — Bern. Buonta-
c lenti (1536—1608), bisweilen überaus nüchtern, wie z. B. am gross-
herzoglichen Palast in Siena, erhebt sich doch z. B. in der Fassaden-
d halle des Spitals S. Maria la nuova in Florenz zum Grossartig-Leichten;
das Obergeschoss, dessen Fenster zu nahe an das Gesimse stossen,
e ist später so verändert worden. Am Unterbau des Palazzo non finito
(1592) führt er den beginnenden Barockstyl mit einem eigenen pla-
f stischen Ernst ein, während sein Pal. Ricardi (Via de' Servi N. 6280),
g vom Jahre 1565, noch der Spätrenaissance angehört. — Matteo Ni-
h getti († 1649) hat zwar die sehr barocke Fassade von Ognissanti,
aber auch den niedlichen Säulenhof vorn links bei den Camaldulensern
i geschaffen; was an SS. Michele e Gaetano (1604—48) Gutes ist, gehört gewiss eher ihm als seinem Mitarbeiter Don Giovanni Medici; an
k der Capella Medicea bei S. Lorenzo (wovon unten) ist freilich gar
nichts Gutes; und hier wird der Prinz wohl das Übergewicht gehabt
haben. — Der Maler Luigi Cigoli (1559—1613) begann in Vasari's
l Geist den perspectivisch trefflich beabsichtigten Säulenhof des Pal. non
finito, und noch ganz spät hat Gherardo Silvani (1579—1675) in
m seinem Seminar bei S. Frediano den alten Styl der Klosterhöfe getreulich
n nachgeahmt. Von ihm ist auch der stattliche Säulenhof bei den Camaldulensern vorn rechts; wie er im Fassadenbau den Ammanati repro-
o ducirt, zeigen Pal. Fenzi (Via S. Gallo N. 5966) und der einst durch
p seine (jetzt veräusserte) Galerie berühmte Pal. Rinuccini.

Allerdings war gleichzeitig mit den Bemühungen der Genannten

der Barockstyl schon stellenweise in seiner vollen Thätigkeit. In der abgelegenen Via del Mandorlo bemerkt man ein hohes, schmales, ver- a
rücktes Gebäude: unten statt der Rusticabekleidung gemeisselte Felsflächen und Relieftrophäen, eingefasst von regelrechten glatten Gliederungen, oben Backstein und Pietra serena in wüster Zusammenstellung. Es ist das Atelier, welches sich schon 1579 der damals weltberühmte Maler Federigo Zucchero zu bauen wagte. Anderes der Art bei Anlass des Barockstyls. — Wie lange aber auch im einzelnen Fall das Gute und Tüchtige nachwirkt, zeigt z. B. das Innere von S. Felicita in tröstlicher Weise, ein Nachklang der bessern b
Zeit des XVI. Jahrhunderts und zwar vom Jahr 1736, das Werk des Architekten Ruggieri.

Ausserhalb Florenz ist mir zufällig Pal. Coltroni zu Lucca in die c
Augen gefallen, mit einem einfachen aber malerischen Treppenhof, der dem toscanischen Säulenbau um 1600 alle Ehre macht.

Zu Bologna sind aus dieser Zeit die etwas nüchternen aber gut disponirten Bauten des Pellegrino Tibaldi (1522—1592) und seines Sohnes Domenico zu bemerken: der Chor von S. Pietro, die jetzige d
Universität, der Hof des erzbischöflichen Palastes; vorzüglich und im e
Verhältniss zu dem kleinen Raum grossartig: Pal. Magnani. — Dieser f
Pellegrino Tibaldi ist identisch mit dem Architekten Pellegrini, welcher in Mailand zur Zeit des Carlo Borromeo viel beschäftigt wurde. Als Baumeister des Domes schuf er die moderne Fassade, g
wovon später nur die Thüren und die nächsten Fenster beibehalten worden sind, prächtige und für den Styl dieser Zeit bezeichnende Decorationsstücke, die ich, offen gestanden, der Gothik dieses Gebäudes vorziehe. — Die Kirche S. Fedele, ebenfalls von ihm, mit Doppelordnung h
am ganzen Äussern und einfacher vortretender Ordnung im Innern, hat lange als classisches Muster gegolten und grossen Einfluss ausgeübt. — Die sehr barocke Rundkirche S. Sebastiano erbaute er in Folge i
eines städtischen Gelübdes an den Pestheiligen vom Jahr 1576. — Im erzbischöflichen Palast ist der vordere Hof mit seiner hohen Doppel- k
halle von Rustica ein weit besseres Gebäude als Ammanati's dreistöckiger Hof im Pal. Pitti (Seite 345, b); hier wird endlich mit der

mürrischen Rustica Ernst gemacht, sei es dass der Baumeister oder dass San Carlo selber für diesen Hof den Charakter einer düstern Majestät verlangte; nur ein unteres und ein oberes Stockwerk, aber von enormer Höhe; die Bauglieder (Schlusssteine, Consolen, Gebälktheile etc.) nicht classisch, sondern in angemessener barocker Umbildung gegeben. Der hintere Hof und die Fassade gegen Piazza Fontana später, ebenfalls tüchtig.

a Aus derselben Zeit ist der Hof des erzbischöflichen Seminars, von Giuseppe Meda, eine schöne, unten dorische, oben ionische Doppelhalle, mit geradem Gebälk, deren Säulen abwechselnd enge und
b weite Intervalle haben. — Vincenzo Seregno's Collegio de' nobili (auf Piazza de' mercanti), vom Jahr 1564, erinnert in der Behandlung der untern Stützen schon sehr an Galeazzo Alessi, dessen mailändische Bauten nun im Zusammenhang mit den genuesischen zu besprechen sein werden.

In dieser Zeit (1540—1600) setzte sich nämlich auch der Typus der genuesischen Paläste, hauptsächlich durch oberitalienische Baumeister fest, welchem dann Alessi seine volle Ausbildung gab.

c Noch ausserhalb der Linie steht gewissermassen der grosse Palast, den Gio. Angelo Montorsoli (seit 1529?) für den berühmten Andrea Doria baute. Von Architektonischem ist hier nur das Nothwendige gegeben, indem die Hauptwirkung der (jetzt aussen fast durchgängig verlorenen und durch gelben Anstrich ersetzten) Bemalung mit Figuren und Historien vorbehalten war. Die dünnen Fenstereinfassungen, der Mangel an Pilasterwerk und die mässige Profilirung überhaupt geben jetzt dem Gebäude einen Anschein von Frührenaissance. Als freier Phantasiebau ohne strenge Composition wird es mit seinen luftigen Hallen an beiden Enden und mit den in den Garten vortretenden Altanen auf Portiken immer einen so bezaubernden südlichen Eindruck machen, wie kaum ein anderer grosser Palast Italiens. Die mit Hallen bedeckten Treppen am Ende des Gartens und die Brunnen mit Ausnahme eines sind aus derselben Zeit[1]).

* [1]) Gleichzeitig: Pal. Mari, ehemals Odero, nicht die Fronte gegen Str. nuovissima, sondern der obere Hof, in welchen man von der Salita del Castelletto gelangt; die Halle mit etwas schweren Säulen und lauter kleinen Kuppelgewölben.

Auf Montorsoli folgte der Bergamaske Gio. Batt. Castello. Sein Pal. Imperiali (Piazza Campetto), erbaut 1560, giebt einen voll- a
ständigen Begriff von der gemischten Compositionsweise der auf Hochbau in engen Strassen berechneten genuesischen Paläste; Reichthum der Ausstattung muss hier die strengern Verhältnisse ersetzen, die man von unten doch nicht gewahr würde. (Bemalung mit bronzefarbenen und colorirten Figuren, Putten und Laubwerk in Relief etc.) Die untere Halle, der Hof und die malerisch seitwärts angelegte Treppe offenbaren zuerst ohne Rückhalt die Herzlosigkeit der genuesischen Säulenbildung und Profilirung, die nach Florenz und Rom das Auge empfindlich berührt. — An Pal. Carega (jetzt Cataldi, Str. nuova) b
versuchte Castello noch einmal eine durchgängige Pilasterbekleidung, und bei den nicht allzuschmalen Fensterintervallen ging es damit noch ziemlich glücklich; Spätere wagten bei den lichtbedürftigen, hochfenstrigen Fassaden dasselbe nicht ungestraft; ihre Pilaster wurden eine magere Decoration, die überdiess sinnlos ist, weil der enge Mauerpfeiler schon an sich wie ein Pilaster wirkt. Das Vestibül, von sehr schöner Anordnung, ist eines der frühesten von denjenigen, welche die beiden Anfänge der Doppeltreppe zum Hauptmotiv haben. An vielen andern Palästen dauert indess die einfache seitwärts, etwa neben oder hinter dem Hof angebrachte Treppe fort. — Als glücklichen Decorator (in Verbindung mit Montorsoli) erwies sich Castello bei der zierlichen innern Ausschmückung von S. Matteo; eine der we- c
nigen mittelalterlichen Kirchen, welche bei solchen Anlässen gewonnen haben.

Von Rocco Pennone, ebenfalls einem Lombarden, sind die ältern Theile des Pal. Ducale, hauptsächlich die (ehemals stattlichen) d
Doppelhallen der Seitenhöfe, die hintere Fronte und, wie man annimmt, auch die berühmte Treppe. Darf man sie in der That in die Zeit bald nach 1550 setzen, so ist sie die erste von den ganz sanft geneigten, ungeheuer breiten; sie hätte dann auch vorzugsweise die Begeisterung der Genuesen (und des Auslandes) für diesen Theil des Palastbaues geweckt.

Alle Treppen Bramante's und der Florentiner sind daneben steil und schmal. Genua suchte fortan wie schon früher in den Vestibülen und Treppen den Ersatz für die Kleinheit der Höfe; man unterbrach willig jede vordere Verbindung der untern Stockwerke, um dieser Partie auf jede Weise Nachdruck und Majestät zu geben; der perspectivische Durchblick zwischen den Säulen der Treppenhalle oder des Hofes wurde selbst bei den engsten Dimensionen eine Hauptsache; wo möglich kam hinten als Schlusspunkt eine Brunnennische zu stehen. An der Strada nuova thaten einander die Besitzer den Gefallen, gemeinschaftliche Hauptaxen mit den je gegenüberliegenden Gebäuden anzunehmen, sodass die Durchblicke durch die Portale sich verdoppeln.

Gleichzeitig etwa mit Castello war in Genua der Peruginer Galeazzo Alessi (1500—1572) aufgetreten, der in Rom mit Michelangelo in Verkehr gestanden hatte, seinem Wesen nach aber mit dem nur wenig jüngern Vignola parallel erscheint. Sein Verdienst ist demjenigen der meisten grossen Baumeister dieser Zeit analog: wenig bekümmert um den organischen Specialwerth des Details, jeder Aufgabe durch Anordnung und Verhältnisse eine grosse Physiognomie abgewonnen zu haben. Wo es darauf ankam, wo Raum und Mittel (und guter Wille des Bauherrn) vorhanden waren, konnte er auch im Detail reich und elegant sein, wie kein anderer Baumeister des
a beginnenden Barockstyls; der schöne Pal. Marini in Mailand, sowohl Fassade als Hof, übt in den ausartenden Einzelformen noch den Zauber der Frührenaissance[1]). Von seinen genuesischen Bauten im Ganzen gilt diess weniger; er fügte sich in die wirklich vorhandenen und in die bloss angenommenen Verhältnisse; auch sein Säulenbau ist kaum edler als der der Andern. Allein er behandelte, was er gab, grossartig und besonnen, und wo man ihm Licht und Raum gönnte, schuf er Werke, die in dieser Art kaum mehr ihres Gleichen haben.

b Am Dom gehört ihm nur die einfache achteckige Kuppel und die Pilasterstellung darunter (1567); die Chorverkleidung soll ihm der

---

* 1) Die Kirche S. Vittore daselbst ist, wenn ich mich recht erinnere, innen mit neuerer
** Stucchirung versehen; die Fassade von S. Celso auffallend barock.

genannte Pennone verdorben haben. Dagegen ist die berühmte Kirche a
S. Maria di Carignano wesentlich sein Werk.

Sie muss uns jetzt hauptsächlich die Bauzeit vergegenwärtigen, da an S. Peter nach Michelangelo's Plan gearbeitet wurde, da die Kuppel über dem griechischen, d. h. gleicharmigen Kreuz als die für den Kirchenbau erhabenste Form galt. Die Lage auf steilem Vorgebirg über die Stadt erhöht den Werth des Gebäudes ungemein, und seine Umrisse wirken schon von Weitem sehr bedeutend. Bei den so ungleich kleinern Dimensionen gab Alessi seiner Kuppel mit Recht nicht vier Arme, sondern ein grosses Quadrat zur Unterlage, und flankirte sie nicht mit vier Nebenkuppeln, welche hier ganz klein ausgefallen wären, sondern mit vier (in der That zwei) Eckthürmen. (Die vier Kuppeln sind wohl im Innern vorhanden, aussen jedoch nur durch Lanterninen angedeutet.) — Aber das Einzelne des Aeussern durchgängig dem Alessi selber zuzutrauen, erscheint fast unbillig. Auch wenn die hässlich hohen Giebel in der Mitte der Fronten unentbehrlich wären wegen des Lunettenfensters, das sie enthalten, so könnte doch der Meister nicht diese Thürme mit ihren glatten Pilastern über das so viel zartere und reichere Erdgeschoss gesetzt haben. Auch die Kuppel zeigt sehr willkürliche, barocke Formen. (Das Hauptportal neuer.) Das Innere dagegen, glücklicher Weise und hoffentlich absichtlich farblos, ist ein wunderbar harmonischer Bau, der den Sinn mit dem reinsten Wohlgefallen erfüllt. Vier Tonnengewölbe, eine Mittelkuppel, vier Eckkuppeln und eine Tribuna, alles auf Pfeilern mit einer Ordnung von (leider zu schwer gebilderen) korinthischen Pilastern ruhend; die höchste Verbindung von Reichthum und Einfachheit; der Raum scheinbar grösser, als er wirklich ist. — Das Ganze im Grunde ein Bau der rein ästhetischen Begeisterung für die Bauformen als solche, und für jede andere ideale Bestimmung eben so geeignet als für den Gottesdienst.

Das Thor, welches zum Molo vecchio führt, charakterisirt recht b
die Mitte des Jahrhunderts; auf der Stadtseite fast bramantisch einfach, auf der Seite des Molo consequent und absichtlich barock. (Rusticasäulen etc.) — Die stattliche Loggia de' Banchi ist erst viel später c
nach einem Entwurf Alessi's ausgeführt.

Galeazzo's Paläste sind zum Theil Engbauten, an welchen nur
a durch energisches Detail zu wirken war; so Pal. Centurione an Piazza Fossatello etc. — An der Strada nuova, die mit ihren 20—24' Breite
b etwas mehr Spielraum gewährte, giebt Pal. Cambiaso den Durchschnitt dessen, was er unter solchen Umständen für thunlich hielt; ohne Pilasterbekleidung, dafür durchgängige Rustica, mit strengem Mäandersims über dem Erdgeschoss; die Höhenabwechselung der Stockwerke
c vortrefflich wirksam. — Pal. Lercari (jetziges Casino), vor dem
d Säulenhof ein (ehemals) luftiger Loggienbau. — Den Pal. Spinola, welcher zunächst folgt, überliess er, was das Äussere betrifft, der Bemalung; innen ist Vestibül, Treppe, Oberhallen, Hof und Garten von imposanter Gesammtdisposition. — Auf der andern Seite ist Pal.
e Adorno der geringste Bau Alessi's; — viel besser Pal. Serra, an welchem er, mit Ausnahme des Kellergeschosses in Rustica, nur eine glatte Mauer, an dieser aber Thür, Fenster, Balcon und Gesimse von Marmor in den wohlthuendsten Verhältnissen anbrachte; das Vestibül jetzt farblos, aber ebenfalls schön gedacht. — Andere Paläste hat der Verfasser nicht Zeit gehabt, auszumitteln; Manches, das die Baugeschichte dem Alessi zuschreibt, ist wohl durch Umbau zu Grunde gegangen oder entstellt.

Auf Piazza delle Vigne wäre der ehemalige Palast de Amicis N. 422 Alessi's nicht unwürdig.

f Von seinen Sommerpalästen und Villen war Pal. Sauli (Borgo S. Vincenzo) unvergleichbar schön. Der Verfasser sah bei frühern Reisen diess Gebäude in seiner tiefsten Entwürdigung, doch noch im Wesentlichen erhalten. Im März 1853 fand er es im Beginn des Abbruches und weidete seine Blicke zum letztenmal an dem wunderbaren Hallenhof, in welchem mit ganz einfachen Mitteln auf beschränktem Raum durch die blosse Disposition der höchste Phantasieeindruck hervorgebracht war. Zu Anfang des folgenden Jahres hatten die neuen Besitzer den Palast bereits zu einem Scheusal umgestaltet. Die sardinische Regierung ist ausser Schuld; die Stadtbehörde des sich allgemach americanisirenden Genua hätte das Unglück verhindern müssen.

g Es bleibt noch ein Sommerpalast übrig: Villa Pallavicini, zwischen Acquasola und dem sog. Zerbino, an der Salita a San Bartolommeo. (Jetzt an der Inschrift: Collegio italiano kenntlich und als Dameninstitut im Innern unzugänglich.) Isolirt auf hohen Gartenterrassen, mit einwärts tretenden Bogenhallen in der Mitte, und prachtvoller durchbrochener Balustrade oben, macht das Gebäude die glänzendste Wirkung, von der man nicht sogleich inne wird, dass sie auf der weisesten Oeconomie der Mittel beruht, auf der schönen und schlichten Flächeneintheilung, auf der sorglichen Handhabung der Pilaster beider Ordnungen (ionisch und korinthisch), welche nur an den Hauptfronten cannelirt und nur an den Haupttheilen derselben reichlich angebracht sind. (Die dorische Ordnung für eine Grotte an der Hauptterrasse verspart.)

Was von den Villen der Umgebung erhalten ist, vermag der
Verfasser nicht anzugeben. (In S. Pier d'Arena: Villen Spinola, Ler- a
cari, Doria, Grimaldi, Imperiali). In S. Martin d'Albaro hat er Villa b
Giustiniani vergebens zu erfragen gesucht. Das sog. Paradiso, über
der Strasse dahin, soll ebenfalls von Alessi sein. — Am See von Perugia ist das Schloss von Castiglione ein, wie es heisst, ausgezeich- c
neter Bau von ihm.

Wiederum von einem Lombarden des XVI. Jahrhunderts, Rocco
Lurago, ist der berühmte Pal. Doria-Tursi (jetziges Muni- d
cipio, Str. nuovo). Hier zum erstenmal tritt jene gänzliche Verwilderung des decorativ misshandelten Details ein, in der Absicht auf Effect im Grossen. (Hässliche und rohe Pfeiler und Gesimse, colossale Fratzen als Masken über den Fenstern etc.) Allein die Composition ist vorzüglich wirksam; die Fassade setzt sich rechts und links in durchsichtigen Altanhallen fort; innen ist die Unebenheit des Bodens zu einer prächtigen Treppenwirkung mit Ausblick in den Hallenhof hinauf benützt, an dessen Ende dann die Haupttreppe, vom ersten Absatz an in zwei Armen, emporsteigt.

Doch die höhere, veredelte Stufe desselben Hofbaues gewährt erst
der Palast der Universität (Str. Balbi), von dem Lombarden Bar- e
tolommeo Bianco (als Jesuitencollegium begonnen 1623). Auf die sehr ausgeartete Fassade folgt hier unerwartet ein Hofraum, den die Phantasie kaum reicher und schöner denken kann; durch Verdoppelung

der Säulen bekommen die Intervalle durchgängig ein leichteres, das Ganze ein reicheres Ansehen; die untere Vorhalle ist mit Seitenhallen versehen und nicht so lang wie dort, der Aufblick in den Hof freier; die Doppeltreppe hinter dem Hof scheint sich in luftige Höhen zu verlieren. Mit besonnener Benützung der Mauer hinter dem obern Garten liesse sich die Wirkung noch steigern.

Andere Paläste aus verschiedenen Zeiten, an welchen wenigstens die Disposition der untern Theile den Architekten interessiren wird:

a An Strada S. Caterina (von der Piazza delle Fontane amorose nach der Acquasola) Pal. Fransoni N. 22; — Pal. Pessagno N. 306, einer von den ältern, mit Aussendecoration von Andrea Semini; — Pal. Spinola N. 13, einer der wichtigsten von den ältern, der Hof mit schöner Doppelhalle, die Treppe noch seitwärts. (S. 287, 293, h.)

b Auf Piazza dell' Annunziata: Pal. Negrotto, die Halle eine Nachahmung derjenigen von Pal. Carego, das Äussere mit unglücklicher neuerer Pilasterverzierung.

c An Strada nuova: Pal. Raggio, mit ovalem Vestibul und einem sehr glücklich im Barockstyl gedachten Brunnen im Hofe, wo Licht und Wasser gemeinschaftlich von oben einfallen (sollten), während vorn eine schattenwerfende Balustrade herumgeht. Die Stuccobildwerke sind allerdings in solchem Zustande, dass man darin schwer Phaetons Fall erkennen wird. — Die beiden Pal. Brignole baulich nur durch Grösse ausgezeichnet.

d An Strada Balbi hauptsächlich Bauten der spätern Zeit, mit einem Platzaufwand, den man einem Galeazzo noch nicht gegönnt hatte: Pal. Balbi (der zweite links, von unten kommend), mit Durchblick durch Säulenhallen in den Orangengarten; — Pal. Durazzo (der dritte)
e mit einfachem Säulenhof; — Pal. Reale (ehemals Marcello Durazzo, der vierte) mit reicher, aber in den Verhältnissen ganz schlechter Fassade, mit Rusticapilastern zwischen eng gedrängten Fenstern und einem zu den letztern doppelt unpassenden Riesenthor; auf der Seeseite mit prächtigen Altanbauten, deren mittlere Verbindung als Bogen
f mit einer Fontaine drüber den Hauptprospect bildet. — Pal. Filippo Durazzo (der erste rechts), von Bartol. Bianco, mit gewaltigem Thor, Balcon und Altanhallen; die schöne Treppe (hinten, links) von Tagliafico zu Ende des vorigen Jahrhunderts erbaut.

Strada de' Giustiniani: Pal. Negrotto (jetzt Consulat von Buenos- a
Ayres), mit einer trotz aller Vermauerung noch interessanten Disposition. — Erst aus dem vorigen Jahrhundert: Pal. Balbi (Str. nuovissima b
N. 16) von Gregorio Petondi, merkwürdig durch den auf unregelmässigem und sehr unebenem Terrain um jeden Preis erstrebten perspectivischen Effect der Halle und Treppe, welche als Brücke quer über den Hof geht; — Pal. Penco, nahe hinter S. Pietro in Banchi, mit trefflich perspectivisch gedachtem Vestibul und einer stattlichen Treppe, welche nahezu den Hof ausfüllt; — Pal. Salvagi (jetzt Pinelli) bei Croce di Malta; — Pal. Defornari (Piazza S. Domenico); — Pal. Casanova (Via Luccoli) mit malerisch wirkendem Hofe; u. s. w.

Den Beschluss dieser Reihe bildet der grosse A n d r e a P a l l a d i o von Vicenza (1518—1580). Kein Architekt des XVI. Jahrhunderts hat dem Alterthum eine so feurige Hingebung bewiesen wie er, keiner auch die antiken Denkmäler so ihrem tiefsten Wesen nach ergründet und dabei doch so frei producirt. Er beinahe allein hat sich nie an einen decorativen Einzeleffect gehalten, sondern ausschliesslich von der Disposition und von dem Gefühl der Verhältnisse aus seine Bauten organisirt. Michelangelo, von welchem dasselbe in gleichem Umfange gilt, steht bei vielleicht höherer Anlage und bei grossartigern Aufgaben, wie z. B. die St. Peterskirche, doch unter der Botmässigkeit seiner eigenen Grillen; Palladio ist durch und durch gesetzlich. Er wollte in vollstem Ernst die antike Baukunst wieder ins Leben rufen, während Michelangelo nichts weniger im Auge hatte, als eben diess.

Die antiken Reste gaben freilich keine Gesammtvorbilder gerade für das, was die Zeitgenossen von Palladio verlangten: für Kirchen und Paläste; letztere zumal mussten einen von allem römischen Privatbau weit abweichenden Charakter tragen: den des Schlosses, der adlichen Residenz. Was Palladio bei seinem wiederholten Aufenthalt in Rom sich Fruchtbringendes aneignen konnte, bestand daher weniger in dem Frontenbau, als in den innern Dispositionen und in der Gliederung der Wände, hauptsächlich der innern. Er widmete vor Allem den damals noch wohl erhaltenen Thermen das emsigste Studium;

keiner seiner Vorgänger hat die Grundrisse der antiken Trümmer so gekannt wie er. Die Frucht hievon war, dass er das Ganze und die wirksame Aufeinanderfolge der einzelnen Glieder des antiken Binnenraumes (Säulenstellungen, Pilaster, Nischen u. s. w.) mit einer Sicherheit und Originalität für jeden einzelnen Fall neu und anders reproduciren konnte wie kein Zeitgenosse. — Im Detail hielt er sich fern von der ornamentalen Pracht der Kaiserbauten; sei es, dass er eine Verdunkelung des Hauptgedankens durch dieselbe fürchtete, oder dass er die vorhandenen Mittel lieber auf die Grossartigkeit der Anlage wandte, oder dass er dem frühren Alterthum auf diese Weise näher zu kommen hoffte. Seine Capitäle, Gesimse u. s. w. sind meist einfach, das Vegetabilische möglichst beschränkt, die Consolen ohne Unterblätter u. s. w. Oft entsteht dadurch ein Eindruck des Nüchternen und Kalten, wie er gerade auch den frühern Römerbauten mag eigen gewesen sein; allein das Detail wird wenigstens nie verachtet und barock gemisshandelt, wie bei den Spätern; ein hoher Respect vor dem Überlieferten schützte den Meister vor den Abwegen.

Er ist der letzte und vielleicht höchste unter denjenigen Architekten des XVI. Jahrhunderts, welche in der Kunst der Proportionen und Dispositionen gross und eigenthümlich gewesen sind. Was bei der Einleitung zu dieser Periode gesagt wurde, kann hier mit ganz besonderer Beziehung auf ihn zum Schlusse wiederholt werden: die Verhältnisse sind hier nicht streng organischen, nicht constructiven Ursprunges und können es bei einem abgeleiteten Styl nicht sein; gleichwohl bilden sie ein echtes künstlerisches Element, das seine sehr bestimmte Wirkung auf den Beschauer äussert und das ausgebildetste Gefühl im Künstler selbst voraussetzt. Wir dürfen bei unserer jetzigen Kenntniss der echten griechischen Bauordnungen die copirten römischen Einzelformen Palladio's völlig verschmähen, aber derjenige Baumeister muss noch geboren werden, welcher ihm in der Raumbehandlung — sowohl der Grundfläche als des Aufrisses — irgendwie gewachsen wäre. Allerdings liess ihm bei den Palästen der vicentinische Adel eine Freiheit, wie sie jetzt Keinem mehr gegönnt wird; die Bequemlichkeit wurde der Schönheit des Grundrisses, der Fassade und des Hofes mannigfach aufgeopfert. Um diesen Preis erhielt Vicenza und die Umgegend eine Anzahl von Gebäuden, welche

in bescheidenen Dimensionen grossartig gedacht, mit vollkommener
Consequenz durchgeführt und alle von einander unabhängig sind.

Palladio's erstes grosses Gebäude war die sog. Basilica in a
Vicenza, d. h. die Umbauung des mittelalterlichen Palazzo della ragione
mit zwei ringsumgehenden Stockwerken von offenen Bogenhallen,
wobei er auf die Wandeintheilung (Fenster u. dgl.) des alten Baues
eine lästige Rücksicht zu nehmen hatte. Gleichwohl — und trotz
einzelnen empfindlichen Ungeschicklichkeiten seines eigenen Details
— kam eines der grossartigsten Werke des XVI. Jahrhunderts zu
Stande, das z. B. in Venedig Sansovins Biblioteca vollkommen in den
Schatten stellen würde. Ernst und in hohem Grade monumental, wie
es sich für ein öffentliches Gebäude ziemt, hat diese Aussenhalle doch
das reichste Grundmotiv, welches in seiner durchgehenden Wiederholung
(oben wie unten) ganz mächtig wirkt: die Räume zwischen
den mit vortretenden Säulen bekleideten Pfeilern enthalten nämlich
innere Bogen, welche zu beiden Seiten auf je zwei Säulen einer kleinern
Ordnung ruhen. — Im Bau seit 1549.

(Das Motiv dieser Halle fand eine allgemeine Bewunderung und
wurde auf verschiedene Weise neu verwerthet. In dem Teatro Farnese b
zu Parma brauchte es der Baumeister, Giambatt. Aleotti,
1618, für zwei obere Reihen von Logen. Der Hof des Palazzo Ducale c
zu Modena erhielt durch Anwendung desselben den Charakter
eines der schönsten Höfe von Italien, während an der Fassade der
nämliche Baumeister, Bartol. Avanzini, 1634, seine eigene klägliche
Originalität offenbarte.)

Welche Vorgänger Palladio in der Anlage von Privatpalästen
vorfand, wurde oben (S. 224) erörtert. Das Vorbild Giulio Romano's
und seiner mantuanischen Paläste mag für diese Gegenden besonders
wichtig gewesen sein; man erkennt z. B. Giulio's Vorliebe für bloss
Eine Ordnung von Halbsäulen oder Pilastern (über einem Rustica-Erdgeschoss)
in dem Pal. Trissino dal vello d'oro (am Thor gegen d
Monte Berico hin), einem in dieser Art recht schönen vorpalladianischen
Gebäude vom Jahr 1540, auch in der Fassade des bischöflichen e
Palastes (1543? welches wenigstens das Datum des Hofes ist); und
wenn Pal. Annibale Tiene (jetzt Bonini, am Anfang des Corso) eine f
reiche vollständig Doppelordnung hat, so ist vielleicht nicht ausser

Acht zu lassen, dass er das Werk eines Dilettanten aus Palladio's Zeit ist (des Marcantonio Tiene) und sich in der Hofhalle deutlich als solches verräth. Palladio selbst hat an Palästen sowohl, als, wie wir sehen werden, an Kirchen fast immer nur Eine Ordnung angewandt, mochten es Pilaster, Halbsäulen oder freistehende Säulen sein, mochten sie einer oder zweien Fensterreihen zur Einfassung dienen; das Erdgeschoss behandelte er nur als Basis, mit derber Rustica. Die wenigern Formen konnten um so grösser und grossartiger gebildet werden.

a Mit zwei Ordnungen versah er in Vicenza nur den Pal. Barbarano und den Pal. Chieregati. Ersterer, vom Jahre 1570, ist sein reichstverziertes Gebäude, nicht ohne Rücksicht auf die etwas enge Gasse so entworfen. (Von dem Obergeschoss entlehnte Scamozzi sein Motiv für dasjenige der Procurazien in Venedig, S. 327, a). Eine gewölbte Säulenhalle führt in den Hof, dessen einer ausgeführter Flügel das Lieblingsmotiv Palladio's aufweist: eine obere und untere Halle mit enger Säulenstellung und geraden Gebälken, Alles nur Backstein und
b Mörtel. — Zu Pal. Chieregati (vor 1566), einem seiner schönsten Gedanken, könnte er durch das Septizonium Severi angeregt worden sein; die Fassade besteht mit Ausnahme des mittlern Theiles des Obergeschosses aus lichten Säulenhallen, einer dorischen und einer ionischen, erstere mit steinernen, letztere mit hölzernen Gebälken; nach dem (unvollendeten) Hofbau hin eine grossartige Loggia; das Bewohnbare verhältnissmässig sehr gering. (Jetzt Eigenthum der Stadt.)

Unter den Palästen mit Einer Ordnung ist wohl der schönste Pal.
c Marcantonio Tiene 1556, jetzige Dogana, ausgezeichnet durch die nur unvollständig ausgeführte Säulenhalle des Hofes, welche sich über einer Rusticahalle erhebt. (Der Hinterbau, gegen Pal. Barbarano, von
d hübscher Frührenaissance.) — Pal. Porto (1552), ion. Ordnung, mit einer Attica, welche die Fenster eines obern Stockwerkes enthält. — Pal. Val-
e marana, zwischen den Composita-Pilastern (1566) je ein oberes und ein unteres Fenster, über letzterm ein Relief; eine dritte Fensterreihe in der Attica; kein glückliches Ganzes. Vom Hinterbau nur eine untere ionische Halle ausgeführt. (Ein zweiter Pal. Valmarana, unweit Pal. Chieregati, ist ganz unbedeutend.) — Pal. Schio, die Loggia in einem Garten Valmarana und andere Gebäude hat Verfasser dieses nicht ge-

sehen und weiss nicht, ob sie noch vorhanden sind. — Bei Pal. Cal- a
dogni, vom Jahr 1575, wird Palladios Urheberschaft nur vermuthet.
— Pal. Ercole Tiene am Corso, von Jahr 1572, scheint einem ältern, b
hinter der Zeit zurückgebliebene Architekten anzugehören. Auch
Pal. Gusano, jetzt Gasthof (Hôtel de la ville) ist nicht von Palladio.
— Das köstliche kleine Häuschen unweit Pal. Chieregati, welches als c
die eigene Wohnung des Meisters gilt, baute er 1566 für einen gewissen
Pietro Cogolo unter besonders lästigen Raumbedingungen. Wer
heut zu Tage so viel Luxus aufwendet, verlangt mehr Platz. (Das
mittlere und obere Stockwerk offenbar auf Malereien berechnet.)

Von öffentlichen Gebäuden wird dem Palladio ausser der
Basilica das Fragment auf Piazza del Castello mit ziemlicher Wahr- d
scheinlichkeit zugeschrieben. (Jetzt als „altes Seminar" bezeichnet,
eigentlich ein angefangener Palast für die Familie Porto.) Eine untere
Fensterreihe ist nicht eben glücklich zwischen die Piedestale der
Compositasäulen verwiesen; doch würde die Fassade, fortgesetzt und
vollendet gedacht, wohl imposant wirken. (Fruchtschnüre von Capitäl
zu Capitäl; kleine Fenster oben im Fries.) — An der Loggia del e
Delegato, gegenüber der Basilica, hat Palladio mit Unrecht seine
grossen Formen an eine kleinräumige Aufgabe gewandt; dergleichen
gelang der Frührenaissance besser. Die Seitenfassade, wo er den
Säulen nur die Höhe des untern Stockwerkes gab und das Ganze
mehr decorativ behandelte, lässt vermuthen, dass er den Fehler erkannt
habe (1571). — Von dem einfachen Triumphbogen, welcher den f
Stationenweg nach dem Monte Berico eröffnete, weiss ich nicht, ob
er die Ereignisse des Jahres 1848 überdauert hat; er war erst nach
Palladio's Tode, aber vielleicht nach seiner Zeichnung errichtet und
entsprach in den Verhältnissen am ehesten dem Titusbogen.

Auch das berühmte Teatro olimpico, nächst der Basilica der g
Stolz Vicenza's, wurde erst nach dem Absterben des Meisters ausgeführt
(1580). Am ehesten hat man sich bei der Säulenhalle über der halbelliptischen
Stufenreihe für die Zuschauer an seine Zeichnung gehalten;
die schwere Doppelordnung und Attica der Scena selbst kann
kaum so von ihm entworfen sein. Die fünf (eigentlich sieben) perspectivisch
ansteigenden und sich verengenden Gassen, in welche man
von der Scena aus gelangt, sind noch wohl erhalten. — Dieser merk-

würdige Versuch eines Theaterbaues in der Art der Alten ist in jener Zeit lange nicht der einzige; wir dürfen z. B. bei vielen Theaterbauten des Augenblickes, deren Vasari eine ganze Anzahl erwähnt, eine ähnliche Anlage voraussetzen. Allein des Erhaltenen ist ausserordentlich wenig; das oben (S. 357, b) genannte Teatro Farnese in Parma erscheint bereits als ein Mittelding zwischen antiker und moderner Anlage; die Scena ist schon ein auf Verwandlungen berechneter Tiefbau.

a Von den Villen Palladio's geniesst die Rotonda der Marchesi Capra, eine Miglie von der Stadt, mit ihrem runden Mittelbau und ihren vier ionischen Fronten den grössten Ruhm. Es ist wohl auffallend, dass weder er noch seine Bauherrn jemals sich von der Idee eines schloss- oder tempelähnlichen Prachtbaues mit bedeutender Centralanlage haben losmachen können, dass trotz der in der Hauptsache klaren Schilderungen der antiken Schriftsteller vom Landbau und des Plinius Niemand eine echte antike Villa, d. h. ein Aggregat von niedrigen, nicht symmetrisch geordneten Einzelbauten hat bauen oder besitzen mögen, dass z. B. auch Palladio's nächster Nachfolger Scamozzi die Villa Laurentina des Plinius so grundfalsch restauriren konnte. — Die übrigen Villen Palladio's kennt der Verfasser nur aus
b ziemlich alten Abbildungen; ausser der nahe bei Vicenza befindlichen Villa Tornieri sind es nach der damaligen Bestimmung der Orte und Besitzer hauptsächlich folgende: Villa Sarego, in Collogneso la Miga (Gebiet von Vicenza); Villa Pisani bei Montagnana (Gebiet von Padua); Villa Tiene in Cicogna; Villa Barbaro in Masera (Gebiet von Treviso); Villa Emo in Fanzola (dasselbe Gebiet); Villa Repetta in Campiglia (Gebiet von Vicenza); Villa Pisani in Bagnolo (dasselbe Gebiet); Villa Badoer in la Fratta (Polesina); Villa Valmarana in Lisiera (Gebiet von Vicenza); Villa Sarego in S. Sofia (5 Miglien von Verona); Villa Tiene in Quinto (Gebiet von Vicenza?); endlich Villa Trissino zu Meledo (Gebiet von Vicenza), wo das Motiv der Rotonda, mit grossen Vorhallen vermehrt, wiederholt ist — vieler andern zu geschweigen. Der Mittelbau, hier öfter mit doppelter, als offene Loggia behandelter Ordnung, pflegt die Anbauten und die mit Portiken umzogenen Öconomiegebäude völlig zu beherrschen. Im Innern ein grosser Reichthum an originellen und schönen Dispositionen, auch der Trep-

pen. Die Ausführung ohne Zweifel sehr einfach, die Säulen aufgemauert. (Noch soll nahe bei Vicenza, zu Cricoli, die schöne vorpalladianische Villa der Trissini wohl erhalten existiren.) a

---

In seinen Kirchenbauten, deren wichtigste sich sämmtlich zu Venedig befinden, ist Palladio — zunächst in Betreff der Fassaden — gegenüber dem bisherigen vielgliedrigen System der Venezianer, welchem sich noch Jacopo Sansovino anbequemt hatte, ein grosser Neuerer. Sein Beispiel, das in Venedig mehr bewundert wurde als völlig durchdrang[1]), hat dafür in andern Gegenden eine starke Nachfolge gefunden. Seit seinen Kirchenbauten war unter den strengern Architekten nur Eine Stimme darüber, dass die Fassade nur aus Einer Säulenordnung, nicht aus zweien oder gar dreien bestehen solle, welches die Übung der frühern Renaissance gewesen war. Erst in Verbindung mit den grossen Halbsäulen schien nun auch der Giebel seinen wahren Werth zu erhalten; man wusste jetzt, dass er sich auf das Ganze, nicht bloss auf das obere Stockwerk bezog, und konnte ihm die gehörige Vorragung und Schattenwirkung geben. Die Fronten der Seitenschiffe wurden dann in Halbgiebeln abgeschlossen, die sich an die Fassade auf beiden Seiten anlehnen. (Gleichzeitig nahm auch Michelangelo für das Äussere von S. Peter nur Eine Ordnung an.)

Offenbar glaubte man mit dieser Annäherung an die Art antiker Tempelfronten einen grossen Fortschritt gemacht zu haben. Und gegenüber der ausartenden Frührenaissance war es wirklich so. Einen viel bedeutendern monumentalen Eindruck machen Palladio's Fassaden gewiss; sie bereiten würdiger auf ein Heiligthum vor als die meisten Kirchenfronten seiner nächsten Vorgänger. Im Grunde gehen sie aber weiter und willkürlicher von dem Zweck der Fassade ab: ein baulicher Ausdruck des Ganzen zu sein. Jede Form entspräche baulich dem Innern eher als gerade diese Tempelhalle. Ausserdem hat sie besondere Übelstände; ihren vier Säulen, wenn sie die antiken Verhältnisse beibehalten und doch dem Höhenverhältniss des Mittelschiffes entsprechen sollen, muss mit Piedestalen nachgeholfen werden; ihre

---

[1]) S. Pietro di Castello, 1596 von Smeraldi begonnen, soll nach einem Entwurf Palladio's, vom * Jahr 1557, erbaut sein.

Intervallflächen harmonisch zu verzieren ist unmöglich, weil dieselben durch die Schwellung der Säulen eine nicht-winkelrechte Form haben und im Grunde doch nur ein Ersatz sind für den freien Durchblick einer offenen Säulenhalle[1]). Palladio musste ihnen Nischen mit Statuen geben. Endlich ist das Anlehnen der Halbgiebel mit ihrem schiefen und ihrem wagerechten Sims (der dann über dem Portal wieder zum Vorschein kömmt) nie ganz schön zu bewerkstelligen.

Als grosser Künstler brachte freilich Palladio eine Art von Harmonie hinein. Die strenge Einfachheit seines Details, die beständige Berechnung der Theile auf das Ganze bringt bei ihm immer einen zwingenden Eindruck hervor.

In Betreff des Innern belebt er die Anordnung der frühern Renaissance durch einen imposanten Organismus von kräftigen Gliedern, namentlich Halbsäulen, und durch Verhältnisse, welche die einzig wahren scheinen, so lange man sie vor Augen hat. Auch hier herrscht Eine Ordnung. Durch ausdrückliche Verfügung des Meisters oder durch einen glücklichen Zufall blieben diese Kirchen ohne Vergoldung und Bemalung. (Irgend eine decorative Gliederung der Gewölbe möchte Palladio doch wohl beabsichtigt haben.)

a Die Kirche S. Giorgio maggiore in Venedig, herrlich isolirt der Piazzetta gegenüber gelegen, ist das frühste dieser Gebäude (begonnen 1560). Schon von aussen bilden Kirche, Querschiff, Thurm und Kloster eine malerische Gruppe. Der Eindruck des Innern ist besonders schön und feierlich. Die Hauptordnung hat, wie gesagt, Halbsäulen; die von ihr eingefassten Bogen ruhen auf Pilastern; unter der ganz einfachen Kuppel treten dann auch in der Hauptordnung Pilaster hervor; in den Seitenschiffen eine kleinere Ordnung von Halbsäulen. Die Querarme schliessen im Halbrund. Der Durchblick in den hintern Mönchschor durch eine schöne Säulenstellung mit geradem Gebälk ist durch die darüber gesetzte Orgel verdorben. — Das Kloster mit seinem vielbewunderten Refectorium ist gegenwärtig als Caserne schwer zugänglich.

b Die Fassade von S. Francesco della Vigna (1568) wiederholt das

---

* [1]) Wesshalb die Alten sie klüglich unverziert liessen. Siehe z. B. den Tempel der Fortuna virilis in Rom.

Motiv derjenigen von S. Giorgio; nur treten die Gesimsstücke der Halbgiebel und dasjenige über der Thür hier weiter hervor als die Wandsäulen selbst. (Das Innere von I. Sansovino.)

Es folgt die Kirche del Redentore in der Giudecca (1576), a Palladio's vollkommenster Kirchenbau; einschiffig mit nicht sehr tiefen Seitencapellen, sodass an der Fassade die Hauptordnung — diessmal 2 Säulen zwischen 2 Pilastern — mehr über die untern Halbgiebel vorherrschen konnte; statt der Postamente eine herrliche Treppe mit Balustraden, aber nur in der Mitte und zwar absichtlich so angeordnet, dass man den Sockel zu beiden Seiten sehe; über dem Hauptgiebel eine horizontale Attica, an welche sich obere Halbgiebel — der Ausdruck für die Strebepfeiler des Tonnengewölbes — anlehnen. Bei einem etwas entferntern Gesichtspunkt steigt die Kuppel vortrefflich über die Fassade empor. Das Innere (mit Tonnengewölbe) von grosser perspectivischer Schönheit, bei den einfachsten Formen; reizvoller Einblick in die Capellen mit ihren Nischen, in die lichtreichen abgerundeten Querarme, in die einfache Pilasterordnung der Kuppel; endlich der erhabene Durchblick in den hintern Mönchschor durch eine Säulenstellung im Halbkreis. Das organische Gerüst besteht theils aus Halbsäulen, theils aus Pilastern, welchen Palladio dieselbe Schwellung und Verjüngung zu geben pflegte, wie den Säulen. (Das Kloster höchst einfach, für Mendicanten.)

Erst nach des Meisters Tode wurde (1586) die kleine Kirche des b Nonnenklosters delle Zitelle, ebenfalls in der Giudecca ausgeführt, mit ungenauer Benützung seines Entwurfes. Ich weiss nicht, ob das Auge, das sich in Venedig an Zierbauten wie die Scuola di S. Marco, S. M. de' Miracoli u. dgl. gewöhnt hat, für diese einfache Fassade mit zwei Pilasterordnungen, einem Halbrundfenster und einem Giebel noch einige Aufmerksamkeit übrig haben wird; vielleicht ist aber nirgends mit so wenigen Mitteln Grösseres errichtet, und nicht umsonst wurden und werden diese Formen und Verhältnisse noch fortwährend mehr oder weniger treu nachgeahmt. Im Innern ruht die Kuppel auf einem Quadrat mit abgestumpften Ecken; ein Vorraum und ein Chor; über den Seitenaltären die vergitterten Nonnenplätze — Alles zeugt von Raumersparniss. (Die Vereinigung von je zwei

Pilastern unter Einem Capitäl gehört ohne Zweifel zu den Veränderungen.)

a Noch später (1609) benützte man einen Entwurf Palladios für eine andere Nonnenkirche, S. Lucia (beim Bahnhof). Die raumsparende und dabei grossartig originelle Anlage des Innern (das Äussere unbekleidet) ist nicht leicht zu beschreiben, wer aber die wenige Schritte entfernte Kirche der Scalzi und deren empfindungslosen Pomp damit vergleicht, wird in S. Lucia die Hand des hohen Meisters erkennen.

Ausser diesen Kirchen hinterliess Palladio in Venedig unvollendet b (auf immer) das Kloster der Carità (1561), in welchem sich jetzt die Academie befindet. Man sieht das kleinere dreiseitige Erdgeschoss einer Pfeilerhalle mit Pilastern, und die eine Seite eines grossartigen Hofbaues — zwei Geschosse mit Pfeilerhallen und Halbsäulen, und ein Obergeschoss mit Mauer und Pilastern. Es ist das Gebäude, von welchem Göthe mit so vieler und gerechter Begeisterung spricht. Kein weisser Marmor, fast nur Backsteine, für welche Palladio eine Vorliebe hatte, weil er wohl wusste, dass die Nachwelt kein Interesse hat, sie abzureissen wie die Quaderbauten.

Der gerechte Stolz, womit Vicenza und das östliche Oberitalien überhaupt aut Palladio hinblickten, gewährte diesen Gegenden auch die beste Schutzwehr gegen die Excesse des Barockstyls. Während der schlimmsten borrominesken Zeit verdunkelte sich wohl Palladio's Ruhm zu einer mehr bloss historischen Anerkennung, aber mit dem XVIII. Jahrhundert wurden seine Gebäude von Neuem als Muster anerkannt, nachgeahmt, ja wiederholt. Das Ausland, hauptsächlich England, mischte sich in die Frage und nahm für ihn auf das Nachdrücklichste Partei. Wie Vignola für die Bildung des Details, so war Palladio für die Composition das Orakel und Vorbild der strengern Architekten seit 1700: ja er herrscht in der classischen Schule Oberitaliens bis auf den heutigen Tag.

Die Schattenseiten dieses grossen Einflusses sind nicht zu verhehlen. Unvermeidlich brachten die Nachfolger die entlehnten Motive auch da an, wo sie nicht hinpassten, bloss um des Effectes willen;

die palladianischen Formen der Palastfronten, Höfe, Kircheninterieurs u. s. w. wurden äusserlich gehandhabt, als grossartigste Decoration, die sich vorbringen liess, und zwar oft in ganz knechtischer Nachahmung bestimmter Bauten; umsonst lehrten die Urbilder, dass der Meister jede einzelne Aufgabe anders und immer neu zu lösen gewusst hatte.

Dennoch überwog der Vortheil. Unläugbar blieb man auf dieser Fährte den wahren und ewigen Gesetzen der Architektur näher, als wenn man dem Barockstyl folgte. Bei der grossen Einfachheit des Details in diesem System erhielt sich auch eher der Sinn für die Wirkung der Verhältnisse, welche nun einmal die Seele der modernitalienischen Baukunst sind. Jeden Augenblick kann sich dieser Styl wieder der echten wenigstens römischen, wenn nicht griechischen Bildung nähern; es ist, so zu sagen, noch nicht viel an ihm verdorben.

Ja, wenn sich Auge und Sinn darüber Rechenschaft geben, wie sehr schon das Einfach-Grossräumige — in wenigstens nicht unedeln Formen — auf die Stimmung wirkt, wie sehr das Gefühl „im Süden zu sein" davon bedingt ist, so lernt man diese Nachfolge Palladio's erst vollkommen schätzen. Ihr verdankt das moderne Oberitalien, hauptsächlich Mailand, jene Bauphysiognomie, die man kalt und herzlos, aber niemals kleinlich schelten kann. Sie hat das Bedürfniss nach dem Grossen und Monumentalen wach gehalten und damit für jede höhere Entwicklung in der Baukunst einen günstigen Boden vorbereitet. Ein grosser Gedanke trifft wenigstens in jenen Gegenden auf keine meschine Baugesinnung.

In Vicenza selbst war und blieb Palladio „das Palladium", wie Milizia in seinen Briefen sagt, und wie man aus Goethe's italienischer Reise noch deutlicher ersieht. Schon ein (nicht sehr dankbarer) vicentinischer Zeitgenosse, Vincenzo Scamozzi (1552—1616), zeigt sich in seinem bedeutendsten Gebäude, Pal. Trissino am Corso, wesent- a
lich von Palladio abhängig. (Von ihm auch Pal. Trento unweit vom Dom, und in Venedig der schon genannte Ausbau der Procurazien, b
sowie ein Pal. Cornaro am Canal grande, dann mehrere Villen u. s. w. c
Scamozzi ist durch sein grosses Werk „Architettura universale" bekannter als durch seine eigenen Bauten). Aber noch viel später galt Palladio in der Heimath als Vorbild. Theils nach vorhandenen Zeich-

nungen von ihm, theils wie gesagt mit Nachahmung seiner Bauten wurden eine ganze Anzahl von Villen und Palästen errichtet, bis die französische Invasion den Wohlstand der venezianischen Landstadt tief
a erschütterte. Dahin gehört Pal. Cordellina, jetzige Scuola elementare etc., mit schöner Doppelordnung an der Fassade und im Hof, um 1750
b von Calderari erbaut; Pal. Losco am Corso, mit nur zu zahmer Rustica am Erdgeschoss u. A. m.

c In Verona sind die Dogana (1753, von Pompei) und das Museo
d lapidario (1745, von demselben) sehr unmittelbare Zeugnisse der Begeisterung für den palladian. Hallenbau mit geraden Gebälken und
e echt antiken Intervallen; S. Sebastiano (von unbekanntem Urheber) ist ein relativ classisches Gebäude aus der Zeit, da sonst überall der
f Barockstyl herrschte. — In Brescia der Hof des Pal. Martinengo.

Wir hören mit den 1580er Jahren auf, die Künstler einzeln zu charakterisiren. Statt dessen mag hier ein Gesammtbild des seitdem aufgekommenen Barockstyls folgen, so gut wir es zu geben im Stande sind.

Man wird fragen: wie es nur einem Freunde reiner Kunstgestaltungen zuzumuthen sei, sich in diese ausgearteten Formen zu versenken, über welche die neuere Welt schon längst den Stab gebrochen? Und woher man nur bei der grossen Menge des Guten in Italien Zeit und Stimmung nehmen solle, um auch an diesen späten Steinmassen einige mögliche Vorzüge zu entdecken? Hierauf ist zu antworten, wie folgt. Wer Italien nur durchfliegt, hat vollkommen recht, wenn er sich auf das Allerbeste beschränkt. Für diejenigen, welche sich einige Zeit gönnen, ist es bald kein Geheimniss mehr, dass der Genuss hier bei weitem nicht bloss in dem Anschauen vollkommener Formen, sondern grössentheils in einem Mitleben der italienischen Culturgeschichte besteht, welches die schönern Zeiten vorzieht, aber keine Epoche ganz ausschliesst. Nun ist es nicht unsere Schuld, dass der Barockstyl ganz unverhältnissmässig vorherrscht und im Grossen den äussern Eindruck wesentlich bedingt, dass Rom, Neapel, Turin und andere Städte mit seinen Gebilden ganz angefüllt sind. Wer sich irgend eines weitern Gesichtskreises in der Kunst rühmen will, ist auch dieser Masse einige Aufmerksamkeit schuldig. Bei dieser Beschäftigung des Vergleichens wird man vielleicht auch dem wahren Verdienst gerecht werden, das manchen Bauten des fraglichen Styles gar nicht abzusprechen ist, obwohl es ihnen bisweilen in Bausch und Bogen abgesprochen wird. Diese Verachtung wird man bei gebildeten Architekten niemals bemerken. Dieselben wissen recht wohl Intention und Ausdruck zu unterscheiden und beneiden die Künstler des Barockstyles von ganzem Herzen ob der Freiheit, welche sie genossen und in welcher sie bisweilen grossartig sein konnten.

Noch weniger aber als ein allgemeines Verwerfungsurtheil liegt uns eine allgemeine Billigung nahe.

Unsere Aufgabe ist: aufmerksam zu machen auf die lebendigen Kräfte und Richtungen, welche sich trotz dem meist verdorbenen und conventionellen Ausdruck des Einzelnen unverkennbar kund geben. Die Physiognomie dieses Styles ist gar nicht so interesselos, wie man wohl glaubt.

Die einflussreichsten Architekten waren: znuächst ein vielbeschäftigter Schüler Michelangelo's: Giacomo della Porta; dann jene Colonie von Tessinern, welche Rom seine jetzige Gestalt gab: Domenico Fontana (1543—1607) nebst seinem Bruder Giovanni und seinem Neffen Carlo Maderna (1556—1639), welchen noch der Nebenbuhler Bernini's, Francesco Borromini (1599—1667) und der späte Carlo Fontana (1634—1714) beizuzählen sind. Dann einige Lombarden: die drei Lunghi (der Vater Martino, blühte um 1570, der Sohn Onorio 1569—1619, der Enkel Martino † 1657); Flaminio Ponzio († unter Paul V); Cosimo Fansaga 1591—1678, meist in Neapel thätig; die Bolognesen Domenichino (1581—1641) und Alessandro Algardi (1602—1654), jener sonst mehr als Maler, dieser als Bildhauer berühmt; die Römer Girol. Rinaldi (1570—1655), sein Sohn Carlo (1611—1641) und Giovanni Antonio de' Rossi (1616—1695); ferner der bekannte Maler Pietro da Cortona (1596—1669); gleichzeitig mit diesen und Allen überlegen: Giov. Lorenzo Bernini von

Neapel (1589—1680); alle Spätern von ihm abhängig: Guarino Guarini von Modena (1624—1683), der das jetzige Turin begann; der Decorator Pater Andrea Pozzo (1642—1709); die drei Bibbiena von Bologna, deren Blüthe nach 1700 fällt; die Florentiner Aless. Galilei (1691—1737) und Ferdinando Fuga (geb. 1699); endlich die beiden mächtigsten Architekten des XVIII. Jahrhunderts Filippo Juvara oder Ivara von Messina (1685 bis 1735), und Luigi Vanvitelli von niederländischer Herkunft zu Neapel geboren (1700—1773)[1]. — Das Locale verliert hier fast alle Bedeutung; einige der Genannten führen ein kosmopolitisches Wanderleben, Andere liefern wenigstens Zeichnungen und Pläne für weit entfernte Bauten.

Innerhalb des Styles, welchen sie gemeinsam repräsentiren, giebt es natürlich während der zwei Jahrhunderte von 1580—1780 nicht nur Nuancen, sondern ganz grosse Veränderungen, und bei einer vollständigen methodischen Besprechung müsste mit Bernini unbedingt ein neuer Abschnitt beginnen. Für unsere rasche Übersicht ist eine weitere Trennung um so weniger räthlich, als die Grundformen im Ganzen dieselben bleiben.

Die Barockbaukunst spricht dieselbe Sprache, wie die Renaissance, aber einen verwilderten Dialekt davon. Die antiken Säulenordnungen[2], Gebälke, Giebel u. s. w. werden mit einer grossen Willkür auf die verschiedenste Weise verwerthet; in ihrer Eigenschaft als Wandbekleidung aber wird ihnen dabei ein viel stärkerer Accent gegeben als vorher. Manche Architekten componiren in einem beständigen Fortissimo. Säulen, Halbsäulen und Pilaster erhalten eine Begleitung von zwei, drei Halb- und Viertelpilastern auf jeder Seite; eben so viele Male wird dann aber das ganze Gebälk unterbrochen und vorgeschoben; je nach Umständen auch der Sockel. In Ermanglung einer organischen Bekleidung verlangt man von Dem, was zur Zeit der Renaissance doch wesentlich nur Decoration war, dass es Kraft und

[1]) Der Verfasser bekennt, Juvara's Hauptbau, die Superga bei Turin, gar nicht, und Vanvitelli's Schloss von Caserta nur von aussen gesehen zu haben.

[2]) Die Capitäle insgemein in gefühllos schwülstiger Umbildung. S. 17, Anm.

Leidenschaft ausdrücke; man will sie erreichen durch Derbheit und Vervielfachung. Von der perspectivischen Nebenabsicht, die sich damit verbindet, wird bei den Fassaden die Rede sein.

Eine nahe Folge dieser Derbheit war die Abstumpfung des Auges für alle feinern Nuancen. Auf eine merkwürdige Weise tritt diess zu Tage, sobald der Ausdruck der Pracht verlangt wird. Man sollte erwarten, dass die Baukunst der römischen Kaiserzeit all ihren vegetabilischen und sonstigen plastischen Reichthum hätte herleihen müssen, die Cannelirungen ihrer Säulen, die ornamentirten Basen, die Blätterreihen ihrer Architrave, den Prachtschmuck der Friese, endlich jene plastische Detailfülle ihrer Kranzgesimse, zumal Consolen und Rosetten. Diess Alles kommt aber nur stellenweise und kaum je vollständig zur Anwendung, meist dagegen nur in dürftigem Excerpt. In ganz andern Dingen wird *der* Reiz für das Auge gesucht, welcher der Pracht entsprechen soll: die Bauglieder selbst, ohne ornamentales Detail, aber mit durchgehenden, oft sinnlosen Profilirungen aller Art überladen, kommen in Bewegung; hauptsächlich die Giebel beginnen seit *Bernini* und *Borromini* sich zu brechen, zu bäumen und in allen Richtungen zu schwingen. An einzelnen besondern Prachtstücken, wie Altäre u. s. w., werden gewundene Säulen beinahe zur Regel. Wie die Farbigkeit der Steine und Metalle zur Mitwirkung benützt wurde, soll weiter erörtert werden. Endlich bringt um 1700 der Pater *Pozzo* diese ganze neue Art von Decoration in ein System, das, im Zusammenhang mit jener durchgehenden perspectivischen Absicht vorgetragen, wahrhaft lehrreich ist, obschon die Mittel, einzeln genommen, zum Theil abscheulich heissen müssen.

Wo dann eine wahre bauliche Function deutlich markirt werden soll, weiss dieser Styl sich natürlich nur noch in unverhältnissmässig massiven Formen auszusprechen. Man vergleiche, um mit einem kleinen Beispiel zu beginnen, die colossalen Deckenconsolen in S. Maria a
in via lata zu Rom mit den so mässigen, welche in alten Basiliken den Dachstuhl tragen.

Selten aber ist es mit dem Ausdruck von Functionen ernstlich gemeint. Vielmehr bekommen die einzelnen Formen ein von allem Organismus unabhängiges, später ein krankhaftes Leben. Man findet z. B. bei Pozzo eine Sammlung von Thür- und Fensteraufsätzen, wie sie um 1700 für classisch galten und oft genug wirklich ausgeführt wurden; es sind Fieberphantasien der Architektur. — Allein auch die schlimmsten dieser Formen haben eine Eigenschaft, die für den ganzen Styl wichtig und bezeichnend ist: nämlich ein starkes Relief und somit eine starke Schattenwirkung. Untauglich zum Ausdruck des wahrhaft Organischen, des Constructiven, sind sie im höchsten Grade wirksam zur Eintheilung von Flächen, zur Markirung bestimmter Stellen. Sie können diejenige lebendig gebliebene Seite der Architektur darstellen helfen, welche als das Gebiet der Verhältnisse zu bezeichnen ist.

Der Hauptschauplatz, auf welchem diese Frage der Verhältnisse durchgefochten wird, sind in dieser Zeit unläugbar die Kirchenfassaden. Ich weiss, dass man leicht in Versuchung geräth, keine einzige auch nur recht anzusehen. Sie sind schon in der Renaissancezeit, ja in der italienischen Gothik blosse vorgeschobene Decorationen und werden jetzt vollends rein conventionelle Zierstücke, die mit dem Ganzen gar keinen Zusammenhang haben. Ihre Verhältnisse, ob schön oder hässlich nach damaligem Massstab, dürften uns gleichgültig sein. Allein als reine Fiction ergreifen sie den Beschauer doch bisweilen, trotz der oft so verwerflichen Ausdrucksweise, und nöthigen ihn, der Absicht des Baumeisters nachzugehen, seine Rechnung — nicht von Kräften und Lasten, wohl aber von Massen und Formen — nachzurechnen. Man entsinnt sich dabei, dass es zum Theil die Zeitgenossen der grössten Maler des XVII. Jahrhunderts waren, welche so bauten, ja Maler wie Domenichino, Bildhauer wie Bernini selbst.

Seit Palladio werden die Fassaden mit Einer Ordnung (Seite 361) häufiger, ohne jedoch im Ganzen das Übergewicht zu gewinnen. Für Rom z. B., welches den Ton im Grossen angab, mochte die wider-
a wärtige Fassade von S. Carlo al corso eher zur Abschreckung, als zur Empfehlung dieser Bauform dienen. (Angeblich von Onorio Lunghi, in der That vom Cardinal Omodei.) Auch diejenige Madernas
b an S. Francesca Romana steht weit unter Palladio. Der überwiegende Typus, welchen seit etwa 1580 Giac. della Porta, Dom. Fontana, Mart. Lunghi d. ä. etc. geschaffen hatten, blieb immer derjenige

mit zwei Ordnungen, und zwar früher eher von Pilastern, später eher von Halbsäulen und vortretenden ganzen Säulen. Das breitere untere Stockwerk und das schmalere obere werden auf die bekannte Weise vermittelt, durch Voluten oder durch einfach einwärts geschwungene Streben; doch ist der Abstand zwischen beiden nicht mehr so bedeutend, wie zur Zeit der Renaissance, indem jetzt die Anlage der Kirchen überhaupt eine andere und die Nebenschiffe zu blossen Capellenreihen von geringer Tiefe geworden sind (wovon unten). Hie und da wird die Strebe ganz graziös gebildet, mit Fruchtschnüren geschmückt etc. (S. M. in Campitelli zu Rom, von Rinaldi); andere a
Architekten geben der obern Ordnung dieselbe Breite wie der untern, lassen jedoch den Giebel bloss dem Hauptschiff entsprechen.

Innerhalb dieser gegebenen Formen bemühen sich nun die Bessern, in jedem einzelnen Fall die Verhältnisse und das Detail neu zu combiniren. Die Harmonie, welche sie nicht selten erreichen, ist eine rein conventionelle, wie die Elemente, aus welchen sie besteht, wirkt aber eben doch als Harmonie. Das mässige Vor- und Zurücktreten einzelner Wandtheile, die engere oder dichtere Stellung der Pilaster oder Säulen, die Form, Grösse und Zahl der Nischen oder Fenster wird im Zusammenhang behandelt und bildet ein wirkliches Ganzes. Dass die gedankenlosen Nachtreter und Ausbeuter in der Majorität sind, kann auf Erden nicht befremden, nur darf man nach ihnen nicht die ganze Kunst beurtheilen. Ich möchte die Behauptung wagen, dass die Bessern dieser Fassaden in der Gesammtbehandlung consequenter sind, als diejenigen der Renaissance.

Die römischen vom Ende des XVI. und Anfang des XVII. Jahrhunderts erscheinen in der Gliederung noch einfach und mässig; blosse Pilaster, meist noch ohne Nebenpilaster; Halbsäulen nur am Erdgeschoss, ja selbst nur an den Portalen. Von Giac. della Porta:
Il Gesù, S. Caterina de' Funari; S. Luigi de' Francesi, letztere be- b
sonders nüchtern. — Von Mart. Lunghi d. ä.: S. Girolamo de' c
Schiavoni; S. Atanasio. — Von Vincenzo della Greca: SS. Do- d
menico e Sisto, seiner Zeit viel bewundert. — Von Carlo Maderna:
S. Susanna und S. Giacomo degli Incurabili, beide weit besser als die e
Fassade von S. Peter (Seite 337), für welche seine Kräfte nicht hinreichten. — Von Gio. Batt. Soria: S. Carlo a' Catinari, die tüchtige f

24*

a Vorhalle von S. Gregorio u. a. m. — In Neapel konnte schon vor
b 1600 eine Missform entstehen, wie die Fassade des Gesù nuovo, mit ihrer facettirten Rustica, und um 1620 eine so gedankenlose Marmorwand, wie die der Gerolomini; beide wären in Rom unmöglich gewesen. (Schon der Travertin nöthigte die Römer zu gleichmässiger Behandlung, während Neapel zwischen Marmor und Mörtel schwankt.)

c Mit Algardi's Fassade von S. Ignazio und Rinaldi's säulenreicher Fronte von S. Andrea della Valle zu Rom beginnt die derbere Ausdrucksweise der Fassade von S. Peter ihre Früchte zu tragen: das Vor- und Rückwärtstreten der einzelnen Flächen, die stärkere Abwechslung der Gliederungen nebst der entsprechenden Brechung der Gesimse. (Diejenige von S. Ignazio ist immer eine der besten dieser
d Classe.) An Rinaldi's sehr interessanter Fassade von S. M. in Campitelli hat das untere Stockwerk Säulen und Halbsäulen von vielerlei verschiedenem Rang auf eben so vielen Axen. Hier offenbart sich besonders deutlich das Vorwärts- und Rückwärtstreten der Mauerkörper als ein malerisches Princip; Abwechslung in den Linien und starke Schattenwirkung werden leitende Rücksichten, im geraden Gegensatz zu aller strengern Architektur.

e Reine Prahlerei ist dagegen eine Fassade wie die von S. Vincenzo ed Anastasio bei Fontana Trevi, mit ihren gegen das Portal hin en échelon aufgestellten Säulen. (Von Mart. Lunghi d. j.)

Um die Mitte des XVII. Jahrhunderts, mit dem Siege des berninischen Styles, tritt dann jene eigentliche Vervielfachung der Glieder, die Begleitung der Pilaster und Halbsäulen mit zwei bis drei zurücktretenden Nebenpilastern vollständiger ein.

Der Zweck derselben war nicht bloss Häufung der Formen; vielmehr treffen wir hier auf einen der durchgreifendsten Gedanken des Barockstyles: die scheinbare perspectivische Vertiefung. Das Auge geniesst die wenn auch nur flüchtige Täuschung, nicht bloss auf eine Fläche, sondern in einen Gang mit Pfeilern auf beiden Seiten hinein zu sehen.

Theilweise denselben Zweck, nur mit andern Mitteln erstrebt, darf man auch in der verrufenen Biegung der Fassaden erkennen. Auch hier wird eine Scheinbereicherung beabsichtigt, wenn die Wand sammt all ihrer Decoration rund auswärts, rund einwärts oder gar in Wellenform[1]) geschwungen wird. Das Auge hält, zumal beim Anblick von der Seite, die Biegung für stärker als sie ist und setzt die ihm durch Verschiebung unsichtbaren Theile reicher voraus als sie sind. Sodann ist auch hier ein *malerisches* Princip thätig: dasjenige, die homogenen Bauglieder, z. B. alle Fenstergiebel, alle Capitäle desselben Ranges dem Beschauer auf den ersten Blick unter ganz verschiedenen Gesichtspunkten vorzuführen, während die strengere Architektur ihre Wirkung im geraden Gegentheil sucht. Ich weiss nicht, war es nothwendige Consequenz oder nicht, dass die Giebel ausser der Schwingung nach aussen auch wieder eine nach oben annahmen, sodass ihr Rand eine doppelt bedingte, meist ganz irrationelle Curve bildet; so viel ist sicher, dass diese Form zu den abschreckendsten der ganzen Baukunst gehört, zumal wenn die Giebel gebrochen sind. — Es wird damals theoretisch zugegeben, dass die runde Form unter allen Umständen die schönste sei[2]); ohne darauf zu achten, welche Vorbedingungen die wahre Baukunst macht und machen muss.

Francesco Borromini ist für diese geschwungenen Fassaden der berüchtigte Name geworden, obschon die übelsten Consequenzen erst von der missverstehenden Willkür der Nachahmer gezogen wurden. Sein Kirchlein S. Carlo alle quattro fontane (1667) enthält in a
der That weder innen noch aussen andere gerade Linien als diejenigen an den Fensterpfosten etc. — An S. Marcello am Corso ist die b
Fronte von *Carlo Fontana*; S. Luca von *Pietro da Cortona*; S. Croce unweit vom Pantheon aus dem XVIII. Jahrhundert. — Eine Seite kann man diesen Fratzengebilden immerhin abgewinnen: sie sind wenigstens wirkliche Architektur, können schöne und grossartige Hauptverhältnisse darstellen und stellen sie bisweilen wirklich dar. Dies wird man am Besten inne beim Anblick gleichzeitiger *venezianischer* Kirchenfassaden (S. Moisè, Chiesa del Ricovero, S. Maria c
Zobenigo, Scalzi), welche zwar geradlinig, aber keine Architektur mehr,

---

[1]) Ein werther Freund, den ich aus der Ferne herzlich grüsse, pflegte zu sagen, solche Fassaden seien auf dem Ofen getrocknet.

[2]) Es ist hier noch einmal hinzuweisen auf Bernini's Colonnaden von S. Peter (S. 338), als deren Caricatur etwa die Halle von S. Micchele in Mailand (von Francesco Croce) zu nennen wäre, welche a
aus vier grössern und vier dazwischen vertheilten kleinern Kreissegmenten besteht.

sondern marmorne Schreinerarbeit sind. Die kleinlichsten Gedanken der venezianischen Frührenaissance spuken hier in barocken Wulst gehüllt fort; es ist die Fantasie jener Schränke von Ebenholz, Elfenbein und Email (Studioli), die damals mit schwerem Aufwand für die Paläste der Grossen beschafft wurden. Der Platzmangel nöthigte wohl zu einer concentrirten Pracht, allein diese konnte sich auch im Barockstyl würdiger ausdrücken als durch solche Puppenkasten.

Übrigens war die Herrschaft dieser Fassadenform in Italien keine
lange und keine durchgehende; im XVIII. Jahrhundert sind die wichtigsten Fassaden wieder alle geradlinig; so die sehr colossale von S.
a Pietro in Bologna und die sich schon dem neuern Classicismus nähernde
b am neuen Dom von Brescia; in Rom diejenige von S. Giovanni de'
c Fiorentini, welche Aless. Galilei in Ermangelung der durch
Nachlässigkeit verlorenen Zeichnungen Michelangelo's entwarf, ohne
sich in die der ältern Zeit angehörige Anlage mit breiten Nebenschiffen wieder hineinfinden zu können. Von ihm ist auch die Fassade
d des Laterans[1]), wo das vorgeschriebene Motiv einer obern Loggia
über einem untern Vestibül wahrhaft grossartig von einer riesigen
Halle Einer Ordnung eingefasst ist, die sich oben in fünf Bogen, unten
in fünf Durchgängen mit geradem Gebälk öffnet. (Lehrreiche Parallele
mit der in jeder Beziehung schlechtern Fassade von S. Peter.) Fuga,
e welcher einige Jahrzehnte später (1743) nach einem ähnlichen Programm die Fassade von S. Maria maggiore baute, kehrte zu dem
System zweier Ordnungen zurück und schuf ein Werk, welches zwar
durch reiche Abwechslung und durch den Einblick in Loggia und
Vestibul malerisch wirkt, aber selbst abgesehen von den sehr ausgearteten Einzelformen kleinlich und durch die Seitenbauten gedrückt
erscheint. Gleichzeitig entstand freilich noch viel Schlechteres, z. B.
f die gewundene Fassade und Vorhalle von S. Croce in Gerusalemme
(von Gregorini). Und doch hatte für kleinere Kirchen mit Vorhalle und Loggia schon Pietro da Cortona um 1680 ein so
g tüchtiges Muster aufgestellt wie S. Maria in via lata (am Corso).

Ausser jenen geschwungenen Fassaden kommen übrigens noch

---

1) Die hintere Fassade gegen den Obelisken, wo früher die Benedictionen ertheilt wurden, ist eine gute Doppelhalle aus der Zeit Sixtus V.

viel kühnere Mittel der Scheinerweiterung vor. Derselbe Pietro da Cortona wusste der kleinen und übel gelegenen S. M. della Pace ein majestätisches Ansehen zu geben, indem er vor die Fassade eine kleine halbrunde Vorhalle, um die hintere Hälfte der Kirche aber eine grosse, hohe, decorirte Halbrundmauer hinstellte, deren vordere Abschlüsse durch reichmotivirte Zwischenbauten mit der Kirche verbunden sind. Das Auge setzt nicht nur hinter dieser Mauer ein grösseres Gebäude voraus, sondern es würde auch von den beiden contrastirenden Curven und der schönwechselnden Schattenwirkung auf das angenehmste berührt werden, wenn die Einzelformen etwas reiner wären. a
— Bernini, als er um die Kirche von Ariccia ebenfalls eine Halbrundmauer anlegte, brauchte die List, dieselbe nach hinten hin allmälig niedriger werden zu lassen, damit das Auge ihr eine weitere Entfernung und grössere Ausdehnung zutraue; er rechnete nicht darauf, dass nach 200 Jahren eine Brücke über das Thal würde geführt werden, von welcher aus sein Betrug sich durch die Seitenansicht verräth. Wir werden ihn noch auf andern Erfindungen dieser Art betreten. b

---

Die Seitenfassaden, wie überhaupt das ganze Äussere mit Ausnahme der Hauptfassade und Kuppel, sind in der Regel blosse Zugabe. Nicht nur wurden die vorhandenen Mittel durch möglichste Grossräumigkeit (und Pracht) des Innern und durch möglichsten Hochbau in Anspruch genommen, sondern die Kunst hat, auch wo das Geld ausreichte, auf eine höhere Durchbildung dieser Theile beinahe verzichtet. Höchstens werden die beiden Ordnungen der Fassade, zu Pilastern ermässigt, so gut es geht zur Einrahmung und Theilung der Mauerflächen benützt. Wo Strebepfeiler an die Mauer des Oberschiffes hinansteigen, sind sie meist von todter oder sehr barocker Gestalt. Die tüchtigste Physiognomie zeigen die Aussentheile einiger oberitalischen Kirchen, vermöge des Backsteines, der hier ungescheut zu Tage tritt; so z. B. an S. Salvatore in Bologna (von Magenta). c
Der blosse Mörtel dagegen offenbart die ganze Formlosigkeit. Von den römischen Kirchen bietet nächst S. Peter der Hinterbau von S. Maria maggiore wenigstens eine grosse und malerisch gut disponirte d
Travertinmasse dar.

Die Thürme sind in diesen Zeiten am leidlichsten, wo sie nur als kleine, schlanke Campanili von anspruchsloser, leichter Bildung neben die Kirche hingestellt werden. Man gewöhnt sich bald daran, diesen durchsichtigen Pfeiler als Trabanten der Kuppel hübsch zu finden, und vermisst ihn ungern, wo er fehlt. — Sobald dagegen diese Naivetät wegfällt, sobald der Thurm als solcher etwas bedeuten soll, geht der hier ganz entfesselte Barockstyl in die unglaublichsten Phantasien über. Borromini baut in Rom Thürme von ovalem Grund-
a plan (S. Agnese in Piazza navona), mit zwei convexen und zwei concaven Seiten (Kloster der Chiesa nuova), mit spiralförmigem Oberbau (Sapienza) u. s. w.; endlich giebt er gleichsam ein Manifest aller
b seiner Stylprincipien in dem Thurm von S. Andrea delle Fratte. Wenn in diesem Wahnsinn Methode und künstlerische Sicherheit ist, so fehlt dieselbe ganz in dem (vielleicht) grössten Barockthurm Italiens: dem-
c jenigen an S. Sepolcro in Parma. Neben diesem abscheulichen Gebäude kann selbst die Nüchternheit mancher andern Thürme willkommen sein.

Viel grössere Theilnahme wurde dem Äussern der Kuppeln zugewandt, welche das Vorbild der Peterskuppel nach Kräften reproduciren. Ein wesentlich neues Motiv kommt wohl kaum vor, obwohl sie unter sich äusserst verschieden sind in den Verhältnissen und im Detail des mit Halbsäulen umgebenen Cylinders und in dem Wölbungsgrad der Schale. Ich glaube nicht, dass eine in Italien vorhanden ist, welche dem ungemein schönen, beinahe parabolischen Umriss von Mansards Invalidenkuppel gleichkömmt; doch haben die meisten spätern mit dieser genannten die bedeutendere Höhe und Schlankheit gemein. Auch hier offenbart sich der principielle Hochbau des Barockstyles. In Neapel ist die verhältnissmässige Niedrigkeit der Kuppeln durch die vulcanische Beschaffenheit der Gegend vorgeschrieben.

Die wichtigsten Neuerungen erfuhr die Anlage des Innern. Zunächst muss von dem weitern Schicksal der bisher üblichen Formen die Rede sein.

Säulenkirchen kommen zwar noch vor, aber nur als Ausnahme und nach 1600 kaum mehr; nicht nur war die ganze ange-

nommene Gliederung auf Mauermassen und Pfeilerbau berechnet, wobei Säulen nur als vorgesetzter Schmuck zur Anwendung kamen, nicht nur verabscheute man jetzt im Ganzen die Bogenstellungen auf Säulen, sondern auch das Raumgefühl des Barockstyls fand bei engen Intervallen jeglicher Art seine Rechnung nicht mehr. Dennoch gehören gerade die paar Basiliken zu den bessern Gebäuden des Styles; die Gerolomini (oder S. Filippo) in Neapel (von Giobatt. Cavagni a
1597); die Annunziata in Genua (von Giac. della Porta), bei b
welcher man sich durch die schwere Vergoldung und Bemalung des Oberbaues nicht darf irre machen lassen, u. a. m. In S. Siro und in c
Madonna delle Vigne zu Genua (1576 und 1586) stehen je zwei Säulen zusammen, wobei der Baumeister durch Anbringung eines Gebälkstückes und durch grössere Zwischenweiten sein Gewissen beruhigen konnte; ein Motiv, das damals auch bei allen Säulenhöfen befolgt oder wenigstens verlangt wurde.

Sodann musste das griechische Kreuz, wie Bramante es für S. Peter beabsichtigt, Michelangelo schon so viel als durchgesetzt hatte, einen grossen Eindruck auf alle Architekten machen. Mehr als ein halbes Jahrhundert hindurch (bis 1605) wusste man von nichts Anderem, als dass diese Kirche aller Kirchen ein griechisches Kreuz werden und bleiben solle, welches von seiner Kuppel nach allen Seiten hin beherrscht worden wäre. In dieser Gestalt kannten die grossen Baumeister von 1550—1600 S. Peter; auch wir können uns den Eindruck vergegenwärtigen, sobald wir uns innen an das eine Ende des Querbaues stellen, oder aussen in die Gegend neben der Sacristei. — Damals entlehnte hier Galeazzo Alessi, wie wir sahen (S. 351), die Grundform für seine Madonna di Carignano; später, nach 1596, wurde die Madonna della Ghiara in Reggio ent- d
worfen, deren schönes Innere nur durch die vollständige Bemalung der Gewölbe und Kuppel über dem hellfarbigen Unterbau schwer erscheint. Beide Gebäude schliessen allerdings nicht in halbrunden, sondern in lauter geradlinigen Fassaden, letzteres mit Ausnahme des Chores. In Rom ist das Innere von S. Carlo a' Catinari (1612, von e
Rosati) ein schöner Bau dieser Art. Noch in ganz späten Redactionen, wie S. Agnese in Piazza navona zu Rom (Inneres von Carlo Rinaldi) und S. Alessandro in Zebedia zu Mailand wirkt f

wenigstens die nicht zu verderbende Raumschönheit eines so gestal-
a teten Innern. An dem besten derartigen Bau des vorigen Jahrhunderts, an dem herrlichen Dom von Brescia, von welchem noch weiter die Rede sein wird, ist jener Hauptvortheil, die Herrschaft der Kuppel über das ganze Äussere, ohne Noth Preis gegeben, und zwar bloss zu Gunsten jener ungeheuern vorgesetzten Fassade (S. 374, b). Allerdings ist die Kuppel das späteste, allein sie war von jeher beabsichtigt. Von den Armen des griechischen Kreuzes ist hier der hinterste (Chor) beträchtlich verlängert. (Ferrara, vgl. S. 211, d und e.)

Für einzelne besonders angebaute Prachtcapellen wurde das griechische Kreuz die beinahe allein übliche Form, nur dass die Kuppel sehr die Hauptsache ausmacht, und die vier Arme mit ihren Tonnengewölben ihr nur als Stützbogen dienen. Capellen wie diejenigen
b Sixtus V und Pauls V in S. Maria maggiore zu Rom wurden schon durch ihre Pracht mustergültige Vorbilder; ein wahrhaft schöner Bau
c ist aber die eben so reiche, nur weniger bunte Cap. Corsini im Lateran. (Die Cap. Corsini im Carmine zu Florenz, 1675 von Silvani erbaut, gehört ebenfalls zu den bessern dieser Art.) Die ausgeschweiften Grundpläne borrominesker Capellen, die meist auf Ellipsen zurückzuführen sind, zeigen erst den wahren Werth des griechischen Kreuzes.

Allein der Gottesdienst war so sehr an Langbauten und auch an deren Verbindung mit Kuppeln über der Kreuzung gewöhnt, dass eine Art von mittlerem Ausweg für längere Zeit zur Regel wurde. Es ist hier wieder an Vignola und an seine Kirche del Gesù in Rom zu erinnern (S. 343, e). Wenn schon einer der nächsten Schüler Michel-
g angelo's, Giacomo della Porta, beim Bau von S. Maria a' monti sich diesem Vorbild im Ganzen anschloss, wenn dann Maderna's vorderes Langhaus von S. Peter mit einer (trotz der Nebenschiffe) analogen Anlage das natürliche Muster für hunderte von Kirchen nothwendig werden musste, so kann die grosse Verbreitung dieses Systemes nicht mehr befremden.

Das Innere der Barockkirchen wird, wie schon vorläufig angedeutet, vorzugsweise 1) ein Weitbau und 2) ein Hochbau,

Das Hauptziel des Barockstyls ist: möglichst grosse Haupträume an Einem Stücke zu schaffen. Dieselben Mittel, mit welchen die Renaissance lange, mässig breite Hauptschiffe, geräumige Nebenschiffe und Reihen tiefer Capellen zu Stande gebracht, werden jetzt darauf verwandt, dem Hauptschiff und Querschiff die möglichste Breite und Höhe zu geben; die Nebenschiffe werden entweder stark reducirt oder ganz weggelassen; die Capellen erhalten eine oft bedeutende Höhe und Grösse, aber wenig Tiefe. (Natürlich mit Ausnahme der zu besondern Cultuszwecken eigens angebauten.) — Man sieht, dass es sich wieder um eine Scheinerweiterung handelt: das Auge soll die Capellen, obschon sie blosse Nischen geworden sind, für Durchgänge zu vermuthlichen Seitenräumen ansehen.

Der Breitbau zog den Hochbau nach sich. Man findet fortan über dem Hauptgesimse fast regelmässig eine hohe Attica, und über dieser erst setzt das Tonnengewölbe an.

Nun tritt auch jene Vervielfachung der Gliederungen (S. 368) in ihr wahres Licht. Ausser der perspectivischen Scheinbereicherung liegt ihr das Bewusstsein zu Grunde, dass der einzelne Pilaster bei den oft ungeheuern Entfernungen von Pfeiler zu Pfeiler nicht mehr genügen würde. (D. h. dem Auge, und nur als Scheinstütze, denn constructiv hat er ohnehin keine Bedeutung.)

Ferner ergiebt sich nun noch ein letzter und entscheidender Grund gegen den Basilikenbau. Die Säulen hätten bei den Verhältnissen, die man jetzt liebte, in enormer Grösse errichtet werden müssen. Kein Wunder, dass jetzt auch die Halbsäulen, welche noch Palladio so gerne zur Bekleidung der Pfeiler verwandte, im Ganzen selten werden. Es setzt sich der Gebrauch fest, die Säulen überhaupt nur noch zur Einfassung der Wandaltäre anzuwenden, in welcher Function sie dann gleichsam das bewegliche Element des Erdgeschosses ausmachen. Ihr möglichst prächtiger Stoff (bunter Marmor und, wo die Mittel nicht reichten, Stuckmarmor) löst sie von der Architektur des Ganzen ab, doch wollen sie vor der Zeit Bernini's die Linien des Gebäudes noch nicht ohne Noth stören; ja der Hauptaltar richtet sich bisweilen mit seinen Freisäulen nach der Hauptpilasterordnung der Kirche, und ebenso die Altäre der Capellen nach der Pilasterordnung der letztern a (S. Ambrogio in Genua); erst seit der Mitte des XVII. Jahrhunderts hören alle Rücksichten dieser Art auf, wovon unten Mehreres.

Der vordere Arm der Kirche ist im Verhältniss zum Ganzen selten lang[1]); er überschreitet in der Regel nicht drei Pfeilerintervalle;
b fünf sind schon sehr selten. (Chiesa nuova in Rom, 1599 von Mart. Lunghi d. ä.) Man wünschte schon sich von der Kuppel nicht zu weit zu entfernen, abgesehen davon, dass die Kirche auch ohne ein langes Hauptschiff gross und kostbar genug ausfiel. Den mittlern Typus dieser Art vertreten nächst dem Gesù in Rom: das Innere von
c S. Ignazio (von Domenichino), S. Andrea della Valle (von Maderna) u. s. w., nebst unzähligen Kirchen der ganzen katholischen Welt. Schon diese Anlage gewährt, Hauptschiff, Querschiff und Chor zusammengerechnet, einen verhältnissmässig grössern ununterbrochenen Freiraum als irgend ein früherer Baustyl. Zwar ragen die Querschiffe nur wenig hervor, meist nur so weit als die Capellen des Hauptschiffes, allein der Beschauer wird über diese geringe Tiefe wenigstens so lange getäuscht, bis er in die Nähe der Kuppel gelangt und anderweitig hinlänglich beschäftigt ist.

Und auch diese Anordnung ist dem Barockstyl noch nicht interessant genug. Er unterbricht oft das Hauptschiff mit einem vorläufigen kleinern Querschiff, das eine flache Kuppel oder auch nur ein sog. böhmisches Gewölbe trägt. — Schon die Renaissance hatte stellenweise etwas ähnliches versucht (Dom von Padua S. 320, a, S. Sisto in Piacenza S. 204, a), aber in unschuldigern Absichten; sie wollte nur Räume von bedeutendem Charakter schaffen; der Barocco dagegen offenbart hier eine ihm (zumal nach 1600) eigene Scheu vor grossen herrschenden Horizontalen ohne Unterbrechung, und zieht es vor, das Langhaus zu negiren. Auch seine Neigung zur Scheinerweiterung kommt dabei in Betracht; das Auge leiht den durch das Vortreten der Pfeiler abgeschnittenen Armen dieses vordern Querbaues wiederum eine Grösse die sie nicht haben. Endlich ist das rein malerische Princip der möglichsten Abwechselung in Formen und Beleuchtungen mit jener Scheu vielleicht eins und dasselbe.

[1]) Es versteht sich, dass hier blosse Umbauten, welche sich an die Form älterer Kirchen anzuschliessen haben, eine durchgängige Ausnahme machen. So das von Borromini umgebaute * Innere des Laterans etc.

Die bessern Kirchen dieser Art bieten eine prachtvolle Aufeinanderfolge verschiedenartiger, sich steigernder Coulissen dar (sit venia verbo), welchen der Chor zur Schlussdecoration dient[1]). Man betrachte
z. B. ohne Vorurtheil das Innere von S. Pietro in Bologna (vom Pater a
M a g e n t a , nach 1600); das Hauptschiff ist trotz schwerer Ungeschicklichkeiten von grandiosem Effect; hauptsächlich aber bieten die Nebenschiffe eine Abwechselung grosser und kleiner, hellerer und dunklerer Räume auf einer und derselben Axe dar, deren Durchblick das Auge mit Entzücken erfüllt. Von demselben Meister ist S. Salvatore ebenda. Kleiner, später und überladener: Corpus Domini (oder la Santa). Ein ziemlich würdiges Interieur dieser Art ist auch dasjenige
des Domes von Ferrara (1712, von M a z z a r e l l i). b

War man einmal so weit gegangen, gab man zudem das ganze Äussere mit Ausnahme der Fassade und etwa der Kuppel Preis, so blieb das Feld für noch viel kühnere Combinationen offen. Namentlich wurden in der borrominesken Zeit R u n d r ä u m e, runde Abschlüsse mit Halbkuppeln, ja Verbindungen von elliptischen, halbrunden und irrationell geschwungenen Räumen beliebt. Dieser Art sind in Rom
B o r r o m i n i ' s eigene verrufene Interieurs von S. Carlo alle 4 fon- c
tane und von der Kirche der Sapienza; in Genua mag man bei Gelegenheit einen wundersamen Excess dieser Art in der kleinen Kirche d
neben S. Giorgio beobachten. B e r n i n i hat sich nie so tief eingelassen; seine elliptische Kirche S. Andrea in Rom (Via del Quirinale) e
zeigt eine sehr deutlich festgehaltene Hauptform, welcher sich die Capellen gleichmässig unterordnen. Das ansprechendste Interieur dieser freieren Art hat wohl unter den römischen Kirchen S. M. in f
Campitelli (von R i n a l d i 1665); auf einen Vorderraum in Gestalt eines griechischen Kreuzes folgt ein Kuppelraum und eine Chornische; durch sinnreiche Vertheilung vortretender Säulen und Oekonomie des Lichtes ist ein grosser perspectivischer Reiz in dieses (gar nicht sehr

---

[1]) Das Gleichniss vom Theater ist kein unbilliges. In dem Werke des Pozzo wird aus der Identität der Principien des Innenbaues und derjenigen der theatralischen Decoration kein Hehl
gemacht. — Ganz etwas Anderes ist es, wenn der bizarre Tacca in SS. Stefano e Cecilia a
zu Florenz den blossen Chorraum als eine Theaterscene im ältern Sinn (ohne Coulissen) behandelt.

ausgedehnte) Ganze gebracht. — In kleinern Kirchen findet man überhaupt die originellsten Ideen, freilich oft im allerbarocksten Ausdruck.

Übrigens wünschte man auch in dem gewöhnlichern Typus, wie
er seit dem Gesù in Rom sich festgestellt hatte, immer neu zu sein.
So suchte der Barockstyl z. B. für das Aufstützen der Kuppel auf
die vier Hauptpfeiler oder Mauermassen unablässig nach einem leichtern und elegantern Ausdruck als ihn etwa S. Peter darbot. Es wurden
vor den Pfeiler nach beiden Seiten hin Säulen mit vorgekröpftem Gebälk — doch nur als Scheinträger — aufgestellt, u. s. w. Eine der
a geistvollsten Lösungen des Problems bietet der Dom von Brescia,
wo in den Pfeiler zwei Winkel hineintreten, vor welchen freistehende
Säulen angebracht sind; keine Kuppel scheint leichter und sicherer
zu schweben als diese.

Die Beleuchtung der Kirchen ist, rein vom baulichen Gesichtspunkt aus, fast durchweg eine glückliche: bedeutendes Kuppellicht (wenn die Vorhänge nicht geschlossen sind!), Fenster im Tonnengewölbe des Hauptschiffes, grosse und hoch angebrachte Lunettenfenster in den Querschiffen, kleinere in den Capellen; also lauter Oberlicht, gesteigert je nach der Bedeutung der betreffenden Bautheile. Aber die Altargemälde kommen dabei erstaunlich schlecht weg; von denjenigen in den Seitencapellen ist kein einziges auch nur erträglich beleuchtet. — Wo Seitenschiffe angebracht sind, erhalten sie womöglich eigene Kuppelchen, welche ihnen durch Cylinderfenster und Lanterninen wenigstens so viel Licht zuführen, dass die anstossende Seitencapelle nicht ganz dunkel bleibt.

Dieses ganze Formensystem offenbart sich am vollständigsten und
von der günstigsten Seite in solchen Kirchen, welche entweder farblos oder doch nur mässig decorirt sind. Wie in der nächstvorher-
gehenden Epoche S. Maria di Carignano in Genua, so verdient in
b dieser der oftgenannte Dom von Brescia — hell steinfarbig von unten
bis zu den einfachen Cassetten der Kuppelschale hinauf — den Vorzug der Schönheit vor mehrern Kirchen, die in der Anlage eben so
c trefflich, dabei aber überladen sind. Der Dom von Spoleto (um 1640)
verdankt seine Wirkung sogar einzig der Farblosigkeit. Einzelne vor-

nehmere Orden, die ihren Gottesdienst so zu sagen nur für sich halten und keine Gemeinde um sich zu sammeln suchen, bauten sich wohlräumige, weisse Kirchen, in welchen nur der Marmorboden und die Ausstattung der Altäre den Reichthum verrathen. So in Rom S. Gre- a
gorio (Camaldulenser), SS. Giovanni e Paolo (ehemals Jesuaten) etc. Die Carthäuser dagegen scheinen für ihre noch grössere Abschliessung einen Ersatz in der vollen Pracht der Kirche zu suchen. Die Jesuiten endlich sind für die bunte Überladung der ganzen Decoration sprichwörtlich geworden. Es ist nicht zu leugnen, dass manche ihrer Kirchen hierin wahre Extreme sind und dass der Pater Pozzo ihrem Orden angehörte. Nur darf man diess nicht so verstehen, als hätte es eine speciell jesuitische Kunst gegeben. Je nach den Baumeistern (die nur geringsten Theiles vom Orden waren) sind ihre Kirchen sehr verschieden und selbst die buntesten sind mit einer consequenten Solidität verziert, welche andern Kirchen oft fehlt.

Das malerische Grundgefühl des Barockstyls, welches so viel Abwechselung in Haupt- und Nebenformen verlangte, als sich irgend mit der unentbehrlichen Bedingung aller Architektur (der mechanischen Wahrscheinlichkeit) vereinigen liess, musste in der Decoration sein volles Genüge und seinen Untergang finden. Das Übel ist nicht die Buntheit an sich, denn diese könnte ein strenge geschlossenes System bilden, sondern das Missverhältniss der einzelnen Decorationsweisen zu einander.

Schon in dem architektonischen Theil zeigt sich die Rastlosigkeit, welche kein Stückshen Wand mehr als blosse Wand existiren lässt. Was neben den Altären übrig bleibt, wird zu Nischen verarbeitet, deren Grösse und Gestalt zu der umgebenden Pilasterordnung — sei es die des Hauptschiffes oder die der Capellen — in gar keinem rationellen, nothwendigen Verhältniss steht. Wesshalb denn auch grössere und kleinere abwechseln. Oft klemmen zwei Pilaster eine obere und eine untere Nische in ihre Mitte ein; es genügt, die Pfeiler des Schiffes von S. Peter mit einem Pfeiler Palladio's, z. B. im Redentore b
zu Venedig zu vergleichen, um zu sehen, wie eine Nische als blosser Lückenbüsser und wie anders sie als ernsthaftes Motiv wirkt. (Wobei wir die höchst bizarre Einfassung mancher Nischen nicht einmal in Betracht ziehen.)

Pilaster, Friese, Bogenleibungen u. s. w. hatten schon zur Zeit der Renaissance oft einen reichen ornamentalen Schmuck (gemalt oder stucchirt) erhalten, der nach strengern architektonischen Gesetzen wenigstens den erstern nicht gehörte, sich aber durch die naive Freude daran und durch den schönen Detailgeschmack entschuldigen lässt. Der Barockstyl beutet diesen Vorgang mit absichtlichem Missverstand aus, um bei solchem Anlass seine Prachtstoffe anbringen zu können. Er geräth wieder in diejenige Knechtschaft derselben, welche mit dem ersten Jahrtausend (Seite 77, 115) hätte auf immer beseitigt sein sollen. Es beginnen, namentlich in Jesuitenkirchen, die kostbarsten Incrustationen mit Marmoren aller Farben, mit Jaspis, Lapis Lazuli u. s. w. Ein glücklicher Zufall verschaffte den Decoratoren
a des Gesù in Rom jenes grosse Quantum des kostbarsten gelben Marmors, womit sie ihre Pilaster ganz belegen konnten; in andern Kirchen erschien gewöhnlicher Marmor zu gemein, und der kostbare Jaspis etc. war zu selten, um in grossen Stücken verwendet zu werden; man gab dem erstern vermeintlich einen höhern Werth und dem letztern eine glänzende Stelle, indem man beide zu Mosaikornamenten vermischte. Und dieselbe Zeit, die sonst so gut wusste, was Farbe ist, verfing sich nun hier in einer barbarischen Gleichgültigkeit, wo es sich um die Farbenfolge verhältnissmässig einfacher Formen und Flächen handelte.
b Die plumpe Pracht der mediceischen Capelle bei S. Lorenzo in Florenz (S. 275, a—d) steht ausserhalb dieser Linie; wohl aber kann man z. B.
c die Incrustation von S. Ambrogio in Genua als normal betrachten, d. h. als eine solche, wie man sie gerne überall angebracht hätte. Hier sind die Pilaster der Hauptordnung unten roth und weiss, oben schwarz und weiss gestreift, Capitäle und Gesimse weiss, nur der Fries hat weisse Zierrathen auf schwarzem Grund; an der untern Ordnung ist in Marmor aller Farben jenes kalligraphisch gedankenlose Cartouchenwerk angebracht. Einzelne besonders verehrte Capellen, auch die Chöre von Kirchen ganz mit spiegelblankem gelbem, gesprenkeltem, buntgeadertem Marmor zu überziehen, unter den Nischen vergoldete Bronzereliefs herumgehen zu lassen, die Trauer z. B. in Passionscapellen durch feinen dunkeln Marmor, ja durch Probirstein auszudrücken, wurde eine Art von Ehrenpunkt, sobald die Mittel ausreichten.
d (Chor von S. M. Maddalena de' Pazzi in Florenz; rechtes Querschiff

von S. Carlo in Genua; Capellen in allen reichern Kirchen Roms.) In a
S. Peter zu Rom füllte Bernini (S. 339) die untere Ordnung vollends mit Reliefzierrathen in Mosaik an.

Den reichsten Schmuck erhielten insgemein die Theile, welche dem Auge die nächsten waren, Sockel, Piedestale von Altarsäulen etc. (Mosaikwappen der Mediceischen Capelle in Florenz, in S. Ambrogio b
in Genua etc.; Capellenschranken in S. Martino zu Neapel). Wer aber die Stoffe nicht hatte, ahmte sie in Scagliola oder Stuckmarmor nach, wenn nicht an den Bautheilen selbst, doch wenigstens an den Altären. Welch undankbare Opfer man sich doch bisweilen auferlegte, lehrt z. B. die Jesuitenkirche in Venedig. Das Teppich- c
muster, grüngrau auf weiss, welches die Flächen zwischen den Pilastern, ja auch die Säulen im Chor deckt, wird Niemand beim ersten Blick für etwas Anderes, als für eine aufgemalte Decoration halten. Dann denkt man vielleicht an Stucco oder Scagliola, bis das Auge sich zuletzt überzeugt, dass es sich um ein unendlich kostspieliges Marmormosaik handelt.

Zu dieser Art von Polychromie wollte dann das Plastische nur noch im derbsten Ausdruck passen. Die antike Architektur hatte die Bogenfüllungen mit Relieffiguren, z. B. am Titusbogen mit Victorien beseelt, an welchen man nicht bloss den herrlichsten plastischen Styl, sondern die vollkommenste Harmonie der Anordnung und des Reliefmasses mit den Bauformen bewundert. Die Renaissance ahmte dergleichen zuerst schön und massvoll (Altar Alexanders VI. in der d
Sacristei von S. M. del Popolo), dann mit kecker Umwandlung des Reliefs beinahe in Freisculptur (Jac. Sansovino's Biblioteca, S. 326) nach. Der Barockstyl aber gab auch die Harmonie mit der Form der Bogenfüllung Preis und liess grosse allegorische Figuren in dieselbe hineinsitzen, so gut es ging. Mit ihrer naturalistischen Auffassung empfindet das Auge um so peinlicher ihren Anspruch, wirklich da zu sitzen, wo kein menschliches Wesen sitzen kann. (S. Peter in Rom; e
S. Ambrogio in Genua etc.) Bloss gemalte Figuren desselben naturalistischen Styles (z. B. diejenigen des Spagnoletto in S. Martino zu f
Neapel) sind an dieser Stelle erträglicher, weil sie wenigstens hinter dem Bogen sitzend gedacht sind und nicht herunter zu fallen drohen. — In der Folge überlud der Barockstyl noch alle Gesimse, nament-

lich die Altargiebel u. dgl. mit Heiligen und Putten von Marmor und Gyps. Von irgend einem Verhältniss zwischen diesen Decorationsfiguren und den Statuen der Nischen ist a priori nicht die Rede, da schon die Nischen selber kein bewusstes Grössenverhältniss mehr zum Gebäude haben.

Oberhalb der Gesimse beginnt endlich der Raum, in welchem die entfesselte Decoration ihre Triumphe, bisweilen auch wahre Orgien feiert. Seit der altchristlichen Zeit hatte die *Gewölbemalerei* in Italien nie ganz aufgehört, allein sie hatte sich entweder auf die Kuppeln und auf die Halbkuppeln der Tribunen beschränkt, oder (wie in der Schule Giotto's) sich der baulichen Gewölbeeintheilung strenge untergeordnet. Zur Blüthezeit der Renaissance hatten in den besten Gebäuden nur Kuppeln und Halbkuppeln figürliche Darstellungen; die übrigen Gewölbe waren cassettirt. Michelangelo, der das Gewölbe der Sistina ausmalte, zog doch für die Hauptgewölbe von S. Peter die vergoldete Cassettirung vor; Correggio malte nur Kuppeln und Halbkuppeln aus. Auch der Barockstyl begnügte sich noch bisweilen mit einfacher Ornamentirung seiner Tonnengewölbe, doch bald riss die Deckenmalerei Alles mit sich fort; vielleicht zum Theil, weil die handfesten Maler sie schneller und wohlfeiler lieferten als die Stuccatoren ihr sehr massives und kostspieliges Cassettenwerk. Es blieb noch immer der vergoldeten Stuccaturen genug übrig, in Gestalt von *Einrahmungen* aller Art um die Malereien, auch von Fruchtschnüren an Gesimsen, Archivolten u. s. w. Oft sind diese Theile das Beste der ganzen Decoration. (Festons mit besonderer Beziehung auf die Gärtner und Lebensmittelhändler als Stifter, in S. Maria dell'
a Orto zu Rom, Trastevere.) Es giebt Beispiele solcher Einrahmungen, in welchen die unbewegten architektonischen und die bewegten vegetabilischen Theile mit einem dritten Bestandtheil zusammen ein überaus glückliches Ganzes ausmachen; diese dritte ist die Muschel, ein organisches Gebilde und doch in festem Stoff, das gleichsam die Mitte einnimmt zwischen jenen beiden. Freilich entsteht noch öfter eine bombastische Fratze als ein schönes Ornament. Doch wir kehren zur Gewölbemalerei zurück.

Dieselbe drängt sich auf jede Weise ein. Zuerst in die Cassetten, an die Stelle der Rosetten; sie treibt die Cassette nach Kräften zum Bilde auseinander. In den Kirchen Neapels um 1600 sind die Gewölbe bereits in eine Anzahl meist viereckiger Felder getheilt, alle voll historischer und allegorischer Darstellungen. (Gesù nuovo u.s.w.; a als profanes Gegenstück: Vasari's Deckengemälde im grossen Saal des Pal. vecchio zu Florenz; alles je naturalistischer, desto unleidlicher.) Dann schafft sie sich bequemere grosse Cartouchen von geschwungenen Umrissen und füllt dieselben mit ihren Scenen an (Annunziata b in Genua). Endlich nimmt sie das ganze Gewölbe als Continuum in Anspruch. Auch jetzt noch besannen sich die bessern Künstler und suchten dem grossen Vorbild in der Sistina (S. d. Malerei) jene wundersame Abstufung von tragenden, füllenden und krönenden Figuren, von ruhigen Existenzbildern und bewegten Scenen abzugewinnen. (Domenichino: Chor von S. Andrea della Valle; als profanes Beispiel: c Galerie des Palazzo Farnese in Rom, von Annib. Caracci.) Im Ganzen aber schlägt Correggio's verführerisches Beispiel siegreich durch: schon hatte man die Kuppeln mit jenen in Untensicht gegebenen Glorien, Empyreen und Himmelfahrten anzufüllen sich gewöhnt; jetzt erhielten fast alle Gewölbe der Kirche solche Glorien, umrandet von Gruppen solcher Figuren, welche auf der Erde zu stehen censirt sind. Der Styl und die illusionäre Darstellungsweise wird uns bei Anlass der Malerei beschäftigen; hier constatiren wir nur die grosse Abtretung, welche sich die Architektur gefallen lässt. — Es war ein richtiges Bewusstsein, welches den Pater P o z z o dazu trieb, diesen Gestalten und Gruppen einen neuen idealen Raum zur Einfassung und zum Aufenthalt zu geben, welcher gleichsam eine Fortsetzung der Architektur der Kirche ist, eine möglichst prächtige Hofhalle, über welcher man den Himmel und die schwebenden Glorien sieht. Es gehörte dazu allerdings eine resolute Meisterschaft im perspectivischen Extemporiren von Figuren und Baulichkeiten, seine Herrschaft über die Nuancen des Tones und die ganze volle Sorglosigkeit in allen höheren Beziehungen. Sein Gewölbe in S. Ignazio zu Rom ist unerreicht geblieben; er selber hat in S. Bartolommeo zu Modena Geringeres geleistet. Andere Male begnügt er sich mit der blossen perspectivisch gemalten Architektur (Scheinkuppel in der Badia zu Arezzo; e

a Saal in der Pinakothek zu Bologna u. A. m.; umständliche Anweisungen in seinem Lehrbuch). Aus der spätesten Zeit des Styles
b ist das Gewölbe im Carmine zu Florenz (um 1780, von Stagi) eine nicht zu verachtende Arbeit, man glaubt aus einem tiefen Prachthof durch eine grössere und zwei kleinere Öffnungen in den Himmel zu schauen. — Gleichzeitig mit Pozzo arbeiteten Haffner und Colonna in vielen Städten Italiens die baulichen Theile der Deckenmalereien.

Natürlich konnten sich die Maler nie ein Genüge thun. Welche Kunstgriffe erlaubte man sich bisweilen, um die täuschende Wirkung auf das Äusserste zu treiben! — Die Maler, trotz ihrer „blühenden Palette", vermochten doch ihren Glorien natürlich nicht die Helle des Tageslichtes, geschweige denn den Glanz des Paradieses zu geben; man hatte die Fenster neben der Malerei zur Vergleichung. Es geschah nun das Mögliche, um sie zu verstecken und nur auf das bemalte Gewölbe, nicht auf die Kicrhe abwärts wirken zu lassen. Mansard in seinem Invalidendom baute zwei Kuppeln über einander, die obere mit Seitenfenstern, die untere mit einer Öffnung, welche gross genug war, um die Malereien der obern, nicht aber die Fenster sehen
c zu lassen. Am wunderlichsten half sich der Baumeister von S. Antonio zu Parma (der jüngere Bibiena, um 1714). Er baute im Langhaus zwei Gewölbe übereinander, gab dem obern starkes Seitenlicht, und liess im untern eine Menge barocker Öffnungen, durch welche man nun die himmlischen Personen und Engel an der obern Decke hell beleuchtet erblickt. Als Scherz liesse sich der Gedanke auf ansprechendere Weise verwerthen.

Die daneben noch immer, hauptsächlich in Venedig und Neapel üblichen, mit einem System von Einzelgemälden überzogenen Flachdecken erschienen als ein „überwundener Standpunkt" neben solchen Kühnheiten; der Ton dieser Ölgemälde war schwer und dunkel neben den fröhlichen Farben des Fresco. Als endlich in Venedig Tiepolo die Glorienmalerei in Fresco einführte, ging er mit kecker Übertreibung über alles Bekannte hinaus.

Die erstaunlichsten Excesse beginnen überhaupt erst mit dem XVIII. Jahrhundert. In der Absicht, das Raumverhältniss der himmlischen Schwebegruppen recht deutlich zu versinnlichen und den Beschauer von deren Wirklichkeit zu überzeugen, liess man die Arme,

Beine und Gewänder einzelner Figuren über den gegebenen Rahmen hervorragen (auf vorgesetzten ausgeschnittenen Blechstücken). Die Figuren der Kuppelpendentifs z. B. sind seitdem in der Regel mit solchen Auswüchsen behaftet. Ganz drollig wird aber die Prätension auf Täuschung, wenn einzelne Engelchen und allegorische Personen ganz aus dem Rahmen herausgeschwebt sind und nun, an irgend einem Pilaster weislich festgenietet, ihre blechernen Füsse und Flügel über die architektonischen Profile hinausstrecken. Wen dergleichen interessirt, der durchgehe die Kuppelchen der Nebenschiffe in S. Am- a
brogio zu Genua, einer der belehrendsten Kirchen im Guten wie im Schlimmen.

Von dieser Art und Massenhaftigkeit ist die Decoration, welche „zusammenwirken" soll. Es ist überflüssig, näher zu erörtern, wie hier Eines das Andere übertönt und aufhebt, wie die einzelnen Theile, jeder von besondern Präcedentien aus, ihrer besondern Entartung entgegeneilen und wie sie einander gegenseitig demoralisiren, die Farbe die bauliche und die plastische Form und umgekehrt. Keines nimmt Rücksicht auf die Mass- und Gradverhältnisse der andern.

Und doch sind Wohlräumigkeit und gedämpftes Oberlicht so mächtige Dinge, dass man in manchen dieser Kirchen mit Vergnügen verweilen kann. Selbst die decorative Überladung hat ihre gute Seite: sie giebt das Gefühl eines sorglosen Reichthums; man hält sie für lauter Improvisation höchst begabter Menschen, welche sich nur eben diessmal hätten gedankenlos gehen lassen. Die geschichtliche Betrachtung modificirt freilich diess Vorurtheil.

Die übelsten Eigenschaften des Styls culminiren allerdings in dem centralen Prachtstück der Kirchen: dem Hochaltar, und in den A l t ä r e n überhaupt. Der Wandaltar, zur Zeit der Renaissance so oft ein Kunstwerk hohen Ranges, verarmt hauptsächlich in Rom durch den Gebrauch äusserst kostbarer Steinarten zu einem colossalen, formlosen Rahmen mit Säulenstellungen. (Cap. Pauls V. in S. M. maggiore; b
linkes Querschiff des Laterans etc.) Gegen die Mitte des XVII. Jahrhunderts nimmt er dann die borrominesken Schwingungen des Grundplans, die Brechungen und Schneckenlinien des Giebels an, welche

schon an den Fassaden, nur gemässigter, vorkommen. — Noch schlimmer geberdet sich der isolirte Altar, welcher, von der Rücksicht auf die Wand entbunden, eine wahre Quintessenz aller übelverstandenen Freiheit enthält. Ohne Oberbau wird er ein ganz formloses Gerüst
a in Gestalt eines grossen Kreissegmentes (Hochaltar von S. Chiara in Neapel); mit einem Oberbau oder Tabernakel, als sog. Altare alla romana, bietet er vollends die abschreckendsten Formen dar. Bernini's Frechheit stellte mit dem ehernen Tabernakel von S. Peter die Theorie auf: der Altar sei eine Architektur, deren sämmtliche Einzelformen in Bewegung gerathen. Seine gewundenen und geblümten Säulen[1]), sein geschwungener Baldachin mit den vier Giebelschnecken haben grösseres Unheil gestiftet, als die Fassaden Borromini's, welche um Jahrzehnte später, ja vielleicht nur Weiterbildungen des hier zuerst ausgesprochenen Princips sind. — Ausserhalb Roms wird der Altare alla romana meist als Prachtgehäuse für eine Statue oder Gruppe behandelt. Und hier begegnen wir noch einmal dem Pozzo, welcher in der ganzen Altarbaukunst sein Äusserstes geleistet hat. Vier Säulen erschienen ihm viel zu mager; man muss in
b der Jesuitenkirche zu Venedig sehen, wie er zehn Säulen mit geschwungenen Gebälkstücken zu einer Art von Tempel verband; noch
c schrecklicher aber ist sein Hochaltar a' Scalzi ebenda. Unter seinen
d Wandaltären ist der des heil. Ignatius im linken Querschiff des Gesù in Rom berühmt durch ungemeine Pracht des Stoffes und Vollständigkeit des Schmuckes (Nebengruppen, eherne Communionbank etc.). Andere in S. Ignazio u. s. w.

Die Klöster der mächtigern Orden nehmen in dieser Zeit den Charakter einfacher Pracht, vor Allem der Grossräumigkeit an. Ausser den Jesuiten verstanden sich hierauf besonders die Philippiner (Padri dell' oratorio); an grossartigen Benedictinerabteien dieser Zeit möchte dagegen Deutschland beträchtlich reicher sein als Italien.

[1]) Die gewundenen Säulen des frühmittelalterlichen Altarraumes, wovon einige jetzt in der
* Capella del Sagramento, entschuldigen ihn nicht. Siehe Rafaels Fresco: die Schenkung Constantins.

Wer würdige, bequem geordnete Räume gerne besucht, wird in den Capitelsälen, Refectorien und Sacristeien dieser Klöster sein Genüge finden; das eichene, oft geschnitzte Getäfel der untern Theile der Wand, die hoch angebrachten Fenster, die Stuccaturen und die bisweilen werthvollen, oft brillanten Fresken der gewölbten Decke und des obern Theiles der Mauern geben den Eindruck eines Ganzen, welches in dieser Einfachheit, Fülle und Gleichartigkeit nur einer wohlgesicherten Corporation und zwar nur einer geistlichen angehören kann. Die Corridore sind gewaltig hoch und breit, die Treppen geben oft denjenigen der grössten Paläste nichts nach. Die *Hallen* der Höfe unterliegen, wie der meiste Hallenbau dieser Zeit, einer öden, interesselosen Pfeilerbildung; auch zeigt ihre übergrosse Einfachheit, dass ihnen lange nicht mehr derjenige Werth beigelegt wird, wie zur Zeit der Renaissance. Indess giebt es einzelne höchst glänzende Ausnahmen; und zwar sind es die wenigen Fälle, da der Barockstyl sich entschloss, Bogen und Säulen zu setzen. Im Einklang mit den übrigen Dimensionen wurden die Bogen gross und weit, mussten daher auf je zwei mit einem Gebälkstücke verbundenen Säulen zu ruhen kommen (S. 377, c). Wir fanden diese Hallenform bereits in dem herrlichen Universitätsgebäude zu Genua (S. 353, e); ein anderes Beispiel, ebenfalls ein früheres Jesuitencollegium, ist der Hof der Brera in Mailand, einer der mächtigsten des ganzen a
Styles, von *Richini*; mit der Doppeltreppe und den zahlreichen Denkmälern des untern und des obern Porticus einer der ersten grossartig südlichen Baueindrücke, welche den vom Norden Kommenden erwarten.

An den *Palästen* dieser Zeit ist, was zunächst die *Fassaden* anbelangt, das Gute nicht neu und das Neue nicht gut. Die bessern von denjenigen, welche nur die Traditionen aus der Zeit des Sansovino, Vignola, Alessi und Palladio wiederholen, sind zum Theil schon bei Anlass dieser ihrer Vorbilder genannt worden.

Im Allgemeinen haben diejenigen ohne Pilasterbekleidung das Übergewicht; bei der bedeutenden Grösse und Höhe der Gebäude war es aus ökonomischen und baulichen Gründen gerathen, darauf zu verzichten; auch waren die Pilasterordnungen nicht leicht in Einklang zu bringen mit den Fenstern der kleinen Zwischenstockwerke (Mezzaninen), welche zur Zeit der Renaissance entweder halb verhehlt, d. h. in die Friese verwiesen, oder doch ganz anspruchlos angebracht wurden, jetzt dagegen sich einer gewissen Grösse und Ausschmückung erfreuen sollten, sodass das Mezzanin ein eigenes Stockwerk wird. Paläste mit Einer Ordnung, wie die Nachfolger Palladio's sie entwarfen, passten z. B. für die pompliebenden römischen Fürstenfamilien nicht mehr. Die unschöne und leblose Einrahmung der Mauertheile in Felder, welche seit dem XVII. Jahrhundert häufig vorkömmt, soll eine Art von Ersatz bieten, da einmal das Auge die verticale Gliederung nicht gerne völlig entbehrt. Das Detail unterliegt theils einer reich barocken, theils einer wüsten und rohen, missverständlich von der Rustica abstrahirten Bildung; auch wo es verhältnissmässig rein bleibt, sieht man ihm die Theilnahmlosigkeit an, womit es, bloss um seine Stelle zu markiren, gebildet wurde. An den Kranzgesimsen tritt, während man vor demjenigen des Pal. Farnese in Rom (S. 331, d) noch immer die grösste Verehrung zu empfinden vorgab, eine erstaunliche Willkür zu Tage, indem Jeder neu sein wollte. — Eine wirkliche Neuerung waren, beiläufig gesagt, die grossen Portale; die Zeit des Reitens begann der Zeit des Fahrens Platz zu machen. — Der einzige mögliche Werth der Gebäude liegt natürlich nur in den Proportionen.

a Die beste römische Fassade dieser Zeit ist die des Pal. Sciarra,
von Flaminio Ponzio, vermöge der einfachen aber nachdrücklichen Detailbildung und der reinen Verhältnisse der Fenster zur Mauermasse, sowie der Stockwerke unter sich. Durch grossartige Behandlung des Mittelbaues in drei Ordnungen mit offenen Bogenhallen zeichnet
b sich Pal. Barberini aus (von Maderna und Bernini). Die
c Fassade des Quirinals gegen den Platz (von Ponzio) zeigt wenigstens eine grossartige, noble Vertheilung der Fenster.

Der berühmte Domenico Fontana ist gerade in dieser Beziehung niemals recht glücklich; seine Fenster stehen entweder zu

eng oder sie haben einen kleinlichen Schmuck, der zu den ungeheuren Fassaden in keiner Beziehung steht. (Pal. des Laterans in Rom; a
Museum — einst Universität — und Palazzo reale in Neapel.) Sein Werth liegt in den Dispositionen.

Die meisten übrigen römischen Paläste dieser Zeit sind als grosse Herbergen des hohen Adels und seiner obern und niedern Dienerschaft erbaut; Zahl und Ausdehnung der Stockwerke sind Sache der Convenienz, und damit auch die Composition im Grossen. Die eine Fassade ist besser als die andere, allein keine mehr eine freie künstlerische Schöpfung, obwohl die Grösse des Massstabes und die Solidität des Baues immer einen gewissen Phantasieeindruck hervorbringen. — Die Fassaden Neapels stehen in jeder Beziehung um ein Bedeutendes tiefer; in Florenz, Venedig und Genua herrschen die aus der vorhergehenden Periode ererbten Typen weiter. (Seite 327, 345, 354.)

Die Höfe der Paläste werden jetzt häufiger geschlossen als mit Hallen versehen und haben dann eine ähnliche Architektur wie die der Fassade, oder ihre Hallen zeigen einen nicht bloss schlichten, sondern gleichgültigen Pfeilerbau. Wo aber Säulenhöfe verlangt werden, kommt es gerade wie in jenen Jesuitencollegien zu einzelnen, leichten, prächtigen Bogenhallen auf gedoppelten Säulen. So im Pal. Borghese zu Rom (von Mart. Lunghi d. ä.); oft erhält wenigstens b
die eine Seite eine hohe, gewaltige Loggia; so im Pal. Mattei (von c
Maderna). Der grosse Hof des Quirinals (von Mascherino) d
wirkt ganz imposant durch die einfache durchgehende Pfeilerhalle, welche an der Seite der päpstlichen Wohnung sich zu einer offenen Loggia steigert. Wo der Zweck des Gebäudes einfache Säulen mit Bogen rechtfertigte, entstand auch wohl noch eine Halle im Sinne der frühern Renaissance, wie z. B. der grosse Hof im Ospedale e
maggiore zu Mailand (von Richini); ein trotz manchem barocken Detail schönes und majestätisches Bauwerk.

Bei dem so grossen perspectivischen Raffinement des Barockstyles konnten auch die Höfe nicht leer ausgehen. Der Durchblick vom Portal her sollte jenseits des Hofes womöglich nicht nur auf einen bedeutenden Gegenstand, etwa Brunnen mit Statuen, sondern auf eine Architektur auslaufen, welche wenigstens scheinbar in weite Tiefe hineinführte. Auch wo die Hinterwand des Hofes nur eine schlichte

Mauer ist, wird irgendwie für ein solches Schaustück gesorgt, und wenn man es auch nur hinmalen müsste. Wo ein hinterer Durchgang ist, wird er mit grossartigen Formen umgeben und auf diese Weise irgend eine bedeutende Erwartung geweckt. Der Hof der
a Consulta beim Quirinal (von Fuga) giebt, vom vordern Portal aus gesehen, ein solches Scheinbild, dem das Ganze des Hofes gar nicht
b entspricht. In Pal. Spada zu Rom hat Borromini von der linken Seite des Hofes aus nach einem Nebenhof einen Säulengang angelegt, dessen wahre Länge das Auge nicht gleich erräth. — Wie schon in der vorigen Periode, z. B. in den Palästen von Genua, auf solche Durchblicke hingearbeitet wurde, ist oben (Seite 350) nachzulesen. —
c Am Palast von Monte Citorio in Rom (von Bernini und Carlo Fontana) ist der ganze halbrunde Hof mit der Brunnenschale in der Mitte nur auf den Durchblick aus dem Vestibül berechnet.

Der Stolz der damaligen Paläste sind aber vorzugsweise die Treppen. Wer irgend die Mittel aufwenden kann, verlangt breite, niedrige Stufen, bequeme Absätze, steinerne (selten eiserne) Balustraden und eine reiche gewölbte Decke. Als das Ideal der Treppenbau-
d kunst galt Bernini's Scala regia im Vatican mit ihren ionischen Säulenreihen und ihrer kunstreich versteckten Verengerung. Man wird in der That zugeben müssen, dass auf einem so geringen Raum nichts Imposanteres denkbar ist. In den Palästen der neuen Nepotenfamilie
e Corsini zu Rom (von Fuga) und zu Florenz sind dagegen den Doppeltreppen eigene grosse Gebäude gewidmet; es war das einzige, wodurch man die Paläste vor denjenigen des ältern Adels ganz ent-
f schieden auszeichnen konnte. Die Treppe des Pal. Lancellotti in Velletri (von Mart. Lunghi d. ä.) ist schon um der Aussicht willen, die
g von ihren Bogenhallen eingefasst wird, einzig auf Erden. — In einigen Palästen von Bologna (z. B. Pal. Fioresi) erblickt man durch eine Öffnung des Plafonds die hellbeleuchtete, mit einem Frescobilde versehene Decke eines obern Raumes. Wiederum eines jener Mittel, durch welche der Barockstyl die Voraussetzung einer viel grössern Ausdehnung und Pracht zu erwecken weiss, als wirklich vorhanden ist. (Vgl. Seite 380, u. m. a. Stellen.)

Was an obern Vestibülen, Vorsälen u. s. w. Gutes ist, beruht meist auf der Wiederholung früherer Motive.

Die Gemächer und Säle des Innern zeigen zweierlei Gestalt. Die frühere (etwa 1580—1650 herrschende) hat folgende Elemente: eine flache geschnitzte oder mit Ornamenten (zweifarbig, mit etwas Gold) bemalte Sparrendecke: unterhalb derselben ein breiter Fries mit Historien oder Landschaften in Fresco; über dem Kamin ein grösseres Frescobild; der Rest der Wand entweder vertäfelt oder (ehemals) mit Tapeten, etwa gemodelten Ledertapeten, bezogen. Die spätere Gestalt zeigt Säle mit verschalten Gewölben, an welche die Fresken verlegt werden; die Wand entweder ganz mit Tapeten bedeckt, oder auch mit grossen Perspectiven bemalt. — In den Palästen von Bologna herrscht der erstere Typus vor; in denjenigen von
Genua mischen sich beide Gattungen; in Rom enthält z. B. Pal. Cos- a
taguti ausgezeichnete Beispiele beider, Pal. Farnese aber ausser dem b
grossen Saal (S. 296, c) die berühmte Galeria des Annibale Caracci, welche eines der wenigen ganz architektonisch und malerisch durchgeführten Prachtinterieurs dieser Zeit ist.

Phantasiereiche Prachtsäle wird man durchschnittlich eher in den Villen zu suchen haben, wo das doppelte Licht, von vorn und von der Rückseite, benützt wurde und wo das Erdgeschoss nicht durch
die Einfahrten in Anspruch genommen war. In dem Casino der Villa c
Borghese (von Vasanzio) kömmt noch ein Luxus der Incrustation hinzu, welcher dem hintern Saal einen wahrhaft einzigen Stoffwerth giebt. (Die Verwendung der Steine besonnener und geschmackvoller als in irgend einer Kirche.)

Das Prachtstück der Paläste war jetzt nicht der grosse, mittlere, quadratische, sondern ein schmaler länglicher Saal, etwa mit Säulenstellungen und bemaltem Gewölbe, la galeria genannt. Sehr stattlich im Palazzo reale zu Genua, im Pal. Doria zu Rom und im Pal. d
Colonna ebenda (von Antonio del Granie). — Von eigentlichem Rococo findet man in Italien nicht eben viele Proben, da die plastische Durchführung der Wanddecoration, wo sie versucht wurde, zu viele inländische Vorbilder fand; doch ist der berühmte Saal des
Pal. Serra in Genua (Str. nuova), von dem Franzosen de Wailly, e
auch nach Versailles noch sehr sehenswerth als eine der schönsten und ernsthaftesten Schöpfungen dieses Styles, schon mit einem Anflug des wiedererwachenden Classicismus.

Die G e s i m s e machen nicht selten einen phantastischen Übergang zu den gemalten Gewölben, durch barocke Steigerung, Schwingung und Unterbrechung; die Stuccofiguren, welche aus ihrem Laubwerk hervorkommen, werden schon in die am Gewölbe gemalte Handlung gleichsam mit hineingezogen. Weit das Bedeutendste dieser Art a sind die von P i e t r o d a C o r t o n a angegebenen Gesimse in den von ihm gemalten Sälen des Pal. Pitti zu Florenz. Wenn diese ganze Decorationsweise ein Irrthum ist, so wird wohl nie ein Künstler mit grösserer Sicherheit geirrt haben. Andere Rahmen als diese Gesimse darbieten, lassen sich zu diesen Malereien gar nicht ersinnen.

Wie die damalige Baugesinnung im Grossen zu rechnen gewohnt war, zeigt sich besonders an einigen Bauten in Rom, welche ausserhalb Italiens und vollends in unserm Jahrhundert kaum denkbar wären. Die Architekten mögen sich z. B. fragen, in welcher Form b gegenwärtig eine grosse Treppe von Trinità de' Monti nach dem spanischen Platz hinab angelegt werden würde? und ob man es wohl wagen würde, Rampen und Absätze anders als in rechten Winkeln an einander zu setzen? S p e c c h i und D e S a n t i s, welche (1721 bis 1725) die jetzt vorhandene Treppe bauten, wechselten beneidenswerth leichtsinnig mit Rampen und Absätzen der verschiedensten Grade und Formen und sparten die interessantern Partien, nämlich die Terrassen, für die obern Stockwerke[1]. Sie fanden eine Vorarbeit in c der 1707 erbauten Ripetta, welche vielleicht praktischer, aber nicht leicht malerischer hätte angelegt werden können. — Wiederum eine d ganz einzige Aufgabe gewährte F o n t a n a d i T r e v i. Einst hatten Domenico Fontana die Acqua Felice bei den Diocletiansthermen, Giovanni Fontana die Acqua Paolina aus geistlos decorirten colossalen Wänden mit Nischen hervorströmen lassen und dem Wasser erhöhte Becken gegeben. N i c c o l ò S a l v i dagegen ersetzte das Architektonische durch das Malerische; um das Wasser in allen möglichen Functionen und Strömungsarten und doch überall mächtig (nicht in kleinlichen Künsten) zu zeigen, liess er es aus einer Gruppe von Felsen

[1]) Auf diese Weise liess sich auch am ehesten die bedeutend schiefe Richtung der Treppe (aufwärts nach links) verdecken.

entspringen und legte das Becken in die Tiefe, als einen See. Die Sculpturen und die das Ganze abschliessende Palastfassade sind wohl blosse Decorationen, letztere aber mit dem triumphbogenartigen Vortreten ihres Mittelbaues, wodurch Neptun als Sieger verherrlicht wird, giebt doch dem Ganzen eine Haltung und Bedeutung, welche jenen beiden andern Brunnen fehlt.

Die Brunnen auf öffentlichen Plätzen und in Gärten (s. unten)
haben meist sehr barocke und schwere Schalen (Bernini's Bar- a
caccia, auf dem spanischen Platz etc.). Doch giebt es einige, in welchen
die einfache Architektur mit dem springenden und ablaufenden Wasser
ein vortreffliches Ganzes ausmacht; so die beiden unvergleichlichen
Fontainen vor S. Peter (von Maderna), diejenigen im vordern b
grossen Hof des Vaticans, im Hof des Palastes von Monte Giordano u. s. w. Von solchen, deren Hauptwerth auf plastischen Zuthaten beruht, wird bei Anlass der Sculptur die Rede sein.

Endlich ein Vorzug, wonach die bessern Baumeister aller Zeiten gestrebt haben, der aber damals besonders häufig erreicht wurde.

Schon abgesehen von den perspectivischen Reizmitteln am Gebäude selbst ist nämlich anzuerkennen, dass der Barockstyl sehr auf eine gute Wahl des Bauplatzes achtete. In tausend Fällen musste man natürlich vorlieb nehmen mit dem Raum, auf welchem eine frühere Kirche, ein früherer Palast wohl oder übel gestanden hatte. Wo aber die Möglichkeit gegeben war, da wurden auch bedeutende Opfer nicht gescheut, um ein Gebäude so zu stellen, dass es sich gut ausnahm. Man wird z. B. in Rom bemerken, wie oft die Kirchen den Schluss und Prospect einer Strasse bilden; wie vorsichtig
die Jesuiten den Platz vor S. Ignazio so arrangirt haben, dass er ihrer c
Fassade zuträglich war; wie vieles geschehen musste, um der Chorseite von S. Maria maggiore die Wirkung zu sichern, die sie jetzt d
(wahrlich nicht Styleshalber) ausübt; wie geschickt die Ripetta
(1707) zu der schon früher vorhandenen Fronte von S. Girolamo hinzu- e
geordnet ist u. dgl. m. Auch in dem engen Neapel hat man um jeden Preis den wichtigern Kirchen freie Vorplätze geschaffen, ja selbst in Genua. Der Hochbau wird selbst bei geringen Kirchen da ange-

wendet, wo man damit einen bedeutenden Anblick hervorbringen, einen Stadttheil beherrschen konnte. Wie schmerzlich würde das Auge
a z. B. in Florenz S. Frediano, in Siena Madonna di Provenzano vermissen, die doch vermöge ihres Styles keinerlei Theilnahme erwecken.
b In Venedig hat schon P a l l a d i o sein schönes Inselkloster S. Giorgio maggiore so gewendet, wie es der Piazzetta am besten als Schlussdecoration dienen musste. Vollends sind die Dogana di mare (1682)
c und die Kirche della Salute (1631) mit aller möglichen perspectivischen Absicht gerade so und nicht anders gestaltet und gestellt worden. L o n g h e n a, der die Salute baute, wusste ohne Zweifel, wie sinnwidrig die kleinere Kuppel hinter der grössern sei, aber er schuf mit Willen die prächtigste Decoration; ausser den beiden Kuppeln noch zwei Thürme; unten ringsum Fronten, die theils von S. Giorgio, theils von den Zitelle (Seite 363, b) geborgt sind; überragt von ungeheuern Voluten und bevölkert von mehr als 100 Statuen. Wie sich der so vielgebrochene Umgang des Achtecks im Innern ausnehmen würde, kümmerte den Erbauer offenbar wenig. (Das Achteck selbst ist innen ganz nach S. Giorgio stylisirt; dahinter folgt ausser dem zweiten Kuppelraum noch ein Chor.) Und wie grundschlecht die ganze Decoration von hinten, von der Giudecca aus sich präsentiren müsse, war ihm vollends gleichgültig.

Seit der Mitte des vorigen Jahrhunderts werden zuerst Anläufe, dann ernstliche Versuche zur Erneuerung des echten Classicismus gemacht. Es sind für Italien weniger die Stuartschen Abbildungen der Alterthümer von Athen, als vielmehr neue ernstliche Studien der römischen Ruinen, welche im Zusammenhang mit andern Bewegungen des italienischen Geistes den Ausschlag geben. Ganz speciell war das Detail des Barockstyls dermassen ausgelebt, dass der erste Anstoss ihm ein Ende machen musste; schon etwa seit 1730 hatte man lieber ganz matte, leere Formen gebildet, als jenen colossalen Schwulst wiederholt, zu welchem seit Pozzo und den Bibiena Niemand mehr die erforderliche Leidenschaft und Phantasterei besass. Der Cultus Palladio's in Oberitalien (Seite 364) kam der neuen Regung nicht wenig zu Hülfe.

Bisweilen zeigt sich dieses Neue in wunderlicher Zwittergestalt. Die Kirche und der Vorplatz des Priorato di Malta in Rom geben a
vollständig denjenigen Haarbeutelstyl wieder, welchen man um 1770 in Frankreich „à la grecque" nannte; ein Werk desselben Piranesi, der um die genaue Kenntnis des echten römischen Details sich so grosse Verdienste erwarb. — Der grösste italienische Baumeister dieser Zeit ist wohl Michelangelo Simonetti, welcher unter Pius VI im Vatican u. a. die Sala delle muse, Sala rotonde und Sala a croce b
greca nebst der herrlichen Doppeltreppe errichtete; edle und für Aufstellung von Antiken auf immer classische Räume, welche die Stimmung des Beschauers leise und doch mächtig steigern. (Eine nicht unwürdige Nachfolge aus unserm Jahrhundert: der Braccio nuovo, von Raffaelle Sterni). — Die Familie Pius VI baute durch Morelli den Pal. Braschi, welcher die Compositionsweise der vorigen c
Periode merkwürdig in classisches Detail übersetzt zeigt, vorzüglich aber durch seine prächtige Treppe berühmt ist.

Ausserhalb Rom ist nicht eben vieles von diesem Styl vorhanden, oder das Bessere ist dem Verfasser entgangen. In Bologna wird man mit Vergnügen den Pal. Ercolani besuchen, welcher zwar seine Ga- d
lerie eingebüsst, aber Venturolli's herrliches grosses Treppenhaus mit Pfeilerhallen oben ringsum beibehalten hat. In Genua ist ausser dem schon genannten Treppenhaus Tagliafico's im Pal. Filippo e
Durazzo (S. 345, f) die jetzige Fronte des Dogenpalastes, ein schönes f
Werk des Tessiners Simone Cantoni, zu erwähnen; der Saal des ersten Stockwerkes entspricht freilich seinem Ruhm nicht ganz.

Seit 1796 wurde Italien in Weltschicksale hineingezogen, welche seinen Wohlstand vorläufig zernichteten und einen starken Riss in seine Geschichte machten. Wir versagen uns die Schilderung seiner Kunst im laufenden Jahrhundert.

Im XVII. Jahrhundert bildete sich der italienische Gartenstyl zu seiner höchsten Blüthe aus, dem wir hier als wesentlicher Ergänzung zur modernen Architektur eine besondere Betrachtung schuldig sind.

(Der Verfasser ersucht um Nachsicht wegen seiner mangelhaften
Kenntniss des Gegenstandes.)

Die Anfänge dieses Styles sind unbekannt. Man liest wohl von
einzelnen prächtigen Anlagen aus dem XV. Jahrhundert und die
a Hintergründe damaliger Malereien (Benozzo Gozzoli im Campo santo
zu Pisa etc.) geben auch eine Art von Phantasiebild, allein keine
dieser Anlagen ist irgend kenntlich erhalten.

Im XVI. Jahrhundert möchte Bramante's ursprünglicher Ent-
b wurf zu dem grossen vaticanischen Hof (Seite 306) eine bedeutende
Anregung zu grandioser künstlerischer Behandlung der Gärten gegeben
haben, besonders durch die Doppeltreppe mit Grotten, deren Stelle
jetzt die Bibliothek und der Braccio nuovo einnehmen. Der jetzige
c grosse Garten hinter dem Vatican rührt auch noch aus dem XVI. Jahrhundert her und giebt wenigstens einen Begriff von den Haupt-
principien der spätern Gartenkunst: Anlage in architektonischen Linien,
welche mit den Gebäuden in Harmonie stehen; ein tiefliegender wind-
geschützter Prunkgarten mit figurirten Blumenbeeten und Fontainen;
umgeben durch hochliegende Terrassen (als stylisirten Ausdruck des
Abhanges) mit bedeutender immergrüner Vegetation, besonders Eichen.
Vielleicht hat gerade die Villa Pia ihre echte alte Umgebung nicht
mehr (Seite 316, e).

Das reichste, durch Naturvorzüge ewig unerreichbare Beispiel eines
d Prachtgartens bietet dann die schon 1549 angelegte Villa d'Este
in Tivoli. Der steile Abhang und die vom Gewaltigen bis ins Niedliche unter allen Formen benützte Wassermasse des Teverone waren
Elemente, die anderswo sich nicht wieder so zusammenfanden. Das
zu Grunde liegende Gefühl ist übrigens noch ganz das phantastische
des XVI. Jahrhunderts, welches steile Absätze und den Abschluss
der Perspective durch wunderliche Gebäude und Sculpturen liebte.
e Als kleinere Anlage aus nicht viel späterer Zeit ist der schöne Garten
des Pal. Colonna in Rom zu nennen. Die drei bedeutendsten
römischen Gartenanlagen des XVI. Jahrhunderts sind freilich untergegangen (bei Villa Madama, bei Vigna di Papa Giulio und die Orti
Farnesiani auf dem Palatin, eine Schöpfung Vignola's), sodass ein
Durchschnittsurtheil kaum zu geben ist. Der Garten an der Farnesina
im Trastevere hat keinen höhern Zusammenhang mit dem Gebäude.

In Genua ist der Garten des Pal. Doria eine ziemlich alte a Anlage (seit 1529); die Treppen zum Theil mit Bogenhallen bedeckt; die Gestalt der Hauptfontaine (mit der Statue des Andrea Doria als Neptun) vielleicht der älteste erhaltene Typus dieser Art.

In Florenz entstand der Garten Boboli unter der Leitung des b Bildhauers Tribolo und später des Architekten Buontalenti, schon zur Zeit Cosimo's I. Die Wasserarmuth des Hügels, welche nur wenige Fontainen und ein Becken in der Tiefe gestattete, wird vergütet durch die Schönheit der Aussicht; das Motiv des Circus an der Stelle des Prunkgartens, mit der Umgebung von Eichen-Terrassen, ist grossartig und glücklich als Fortsetzung der Seitenflügel des Hofes ins Freie gedacht; zu den hintern, tiefliegenden Theilen mit Gian Bologna's Insel führt jene steile Cypressenallee, die als solche kaum mehr ihres Gleichen hat, während es anderwärts viel schönere einzelne Cypressen giebt. Sie ist ein wahrhaft architektonischer Gedanke.

Prachtgärten wurden eine mediceische Leidenschaft und der schon genannte Buontalenti legte für Cosimo und Francesco deren mehrere an, worunter der berühmte von Pratolino. Die ganze Gattung c blieb, beiläufig gesagt, fortwährend ein Zweig der Baukunst und eine Sache der Architekten, welchen sie auch von Rechtswegen gehörte. (Wenn auch Ludwig XIV. seinen besondern Gartenmeister Le Nôtre hatte, so sind doch dessen Anlagen so architektonisch als irgend welche jener Zeit; in Rom gehört ihm Villa Ludovisi, s. unten.)

Die berühmten Anlagen der letzten Herzoge von Ferrara sollen sämmtlich untergegangen oder unkenntlich geworden sein.

Vom Ende des XVI. Jahrhunderts an bildet sich das System der italienischen Gartenkunst vollständig aus. Das Bunte und Kleinliche verschwindet oder wird versteckt und dann oft in grosser Masse angewendet; die Wasserorgeln, Windstösse, Vexirstrahlen und was sonst von dieser Art die Besitzer glücklich machte, bekommen ihre besondern Grotten, der Garten aber wird harmonischer als früher den grossen Linien und Perspectiven, den möglichst einfachen Contrasten gewidmet. Auch in den Wasserwerken herrscht das Barocke nicht so vor, wie man wohl annimmt, und einzelne davon sind so schön und ruhig componirt, so zur Umgebung gedacht, dass sich nichts Vollkommneres in dieser Art ersinnen lässt. Das Ganze hat nun einen Zweck, welcher demjenigen des sog. englischen Gartens geradezu entgegengesetzt ist. Es will nicht die freie Natur mit ihren Zufälligkeiten künstlich nachahmen, sondern die Natur den Gesetzen der Kunst dienstbar machen. Wo man krumme Wege, Einsiedeleien, Chinoiserien, Strohhütten, Schlossruinen, gothische Capellen u. dgl. antrifft, da hat modernste Nachahmung des Auslandes die Hände im Spiel gehabt[1]). Der Italiener theilt und versteht die elegische Natursentimentalität gar nicht, wovon diess die Äusserungen sind oder sein sollen. Das Wesentliche des italienischen Gartens ist vor Allem die grosse, übersichtliche, symmetrische Abtheilung in Räume mit bestimmtem Charakter. Zunächst ist der genannte Prunkgarten und seine Umgebung von Terrassen mit Balustraden und Rampentreppen der reichsten architektonischen Ausbildung fähig, durch halbrunden Abschluss (als sog. Teatro), durch Abstufung, durch Grotten und Fontainen; insgemein steht er im nächsten Zusammenhang mit dem Gebäude der Villa. Dann werden Thäler und Niederungen stylisirt durch Absätze, und das in stets gerader Linie durchfliessende Wasser zu Bassins erweitert und womöglich zu Cascaden aufgesammelt, deren mässiges Träufeln durch architektonischen und mythologischen Schmuck motivirt wird und daher nicht lächerlich erscheint, wie der künstliche Naturwasserfall des englischen Gartens bei ähnlicher Armuth. Oder es wird eine Niederung als Circus gestaltet (und sogar als solcher gebraucht). Oder ein ganzes Thal, eine ganze Gegend wird auch einer bestimmten Vegetation überlassen, doch nicht bis zum vollen Eindruck des Ländlichen; den Pinienhain der Villa Pamfili z. B. wird Niemand für einen wild gewachsenen Pinienwald halten. Sodann erhalten die (sämmtlich geradlinigen) Gänge, die womöglich auf bedeutende Ausblicke, auch auf Brunnen und Sculpturen gerichtet sind, entweder eine blosse Einfassung oder eine Überwölbung von immergrünen Bäumen; im erstern Fall

* [1]) Man versäume nicht, sich zur Villa Torlonia vor Porta Pia Einlass zu verschaffen. Sie enthält den ganzen Cursus der romantischen Gartenkunst gegenüber der classischen in den ältern Villen.

dichte Cypressenhecken und Lorbeern, im letztern vorzugsweise Eichen. Diese Einfassung macht zugleich die der Öconomie überlassenen Stücke des Gartens unsichtbar.

Es wird hier durchaus im Grossen gerechnet; indess ist nicht zu läugnen, dass ohne die Mitwirkung des Irrationellen, der Bergfernen, der ländlichen oder städtischen Ansichten, auch wohl des Meeres und seiner Küsten der Eindruck vielleicht ein schwerer und drückender sein würde. Ein solcher ist (mindestens für mein Gefühl) der des Gartens von Versailles, dessen letzte Perspectiven sich in die unbedeutendste aller Gegenden verlaufen. Auch die vollkommenste Ebene, wenn sie nur durch Berglinien beherrscht wird, kann sich zum italienischen Garten eignen, während hier das so bedeutend behandelte Terrassenwerk die mangelnde Aussicht nicht ersetzt. Der Contrast der freien Natur oder Architektur, welche von aussen in den italienischen Garten hereinschaut, möchte geradezu eine Grundbedingung des Eindruckes sein.

Wir beginnen diese zweite Reihe mit der einst herrlichen Villa a
Montalto-Negroni auf dem Viminal und Esquilin, angelegt seit etwa 1580, noch in ihrem verwilderten und zum Theil ausgeholzten Zustande schön und ehrwürdig. Das untere Casino ein Bau Domenichino's; sonst im Ganzen mehr das Ländliche als das Bauliche vorherrschend; bedeutende Mitwirkung der Kirche S. Maria maggiore; vom Cypressenhügel aus eine grandiose Aussicht auf die Campagna.

Villa Aldobrandini bei Frascati (der Garten wahrscheinlich b
mit dem Palast von Giacomo della Porta angelegt) ist dagegen ein prächtiges, durch hohe natürliche Vorteile begünstigtes Hauptbeispiel des strengen Styles. Der Prunkgarten auf hoher Terrasse, zu welcher Rampen emporführen; an dessen Rückseite der Palast, an Masse und Styl sehr verschieden von den Casini römischer Stadtvillen, welche blosse Absteige- und Fest-Hallen sein wollen. Dahinter das mächtige Teatro mit Grotten und Fontainen, und über demselben die Eichen, durch deren Mitte die von einer obern Fontaine herunterkommende Cascade fliesst; einer Menge Nebenmotive nicht zu gedenken.

(Villa Mattei auf dem Cölius, 1582, ist gegenwärtig und auf c
längere Zeit unzugänglich.)

a Villa Medici auf Monte Pincio, jetzige Académie de France, ebenfalls vom Ende des XVI. Jahrhunderts; das Gebäude, von Annibale Lippi, zeigt wenigstens auf der Rückseite den Charakter der römischen Casini schon ziemlich vollendet: luftige Hallen und Bekleidung der Wandflächen mit antiken Reliefs. Der Prunkgarten (und seine Fortsetzung in grossen einfachen Laubgängen) ist überragt von einer hohen Eichenterrasse, aus welcher eine Stufenpyramide (nicht etwa ein Hügel mit Spiralgängen nach Art englischer Gärten) als Belvedere emporsteigt.

b Der Garten des Quirinalischen Palastes, einfach und grossartig, wahrscheinlich von Carlo Maderna (nach 1600), welcher wenigstens die Grottenpartie mit den Spielwassern etc. entwarf und sie in eine Ecke links unter der Terrasse des Prunkgartens verwies. Das Casino (von Fuga) ist spät und für seine Bestimmung schwer und meschin.

c Villa Mondragone bei Frascati, der Riesenbau Pauls V. und seiner Familie, einst (wenigstens dem Entwurf nach) eines der vollständigsten Specimina des strengen Styles, ist gegenwärtig in traurigem und unschönem Verfall und lohnt den Besuch auch wegen der (von andern Punkten aus reichern) Aussicht kaum.

d Villa Borghese vor Porta del Popolo; der ältere Theil mit dem Casino des Vasanzio (S. 395, c), an welches sich der Prunkgarten seitwärts anschliesst, umfasst ausser den mehr ländlichen Theilen und dem (in neuerer Zeit angelegten) Circus auch noch einen besondern architektonisch angelegten Eichenhain, dessen Aesculaptempel, inmitten eines kleinen Sees, indess von neuerem Datum ist. Der zwecklose Vandalismus des Jahres 1849 hat die Hälfte des Hains gefällt. — Die neuern Theile der Villa, bei demselben Anlass verheert, waren in einzelnen Partien mehr mit Absicht auf malerisch landschaftliche Wirkung im Sinn der Schule Poussins angelegt.

e Auch Villa Pamfili vor Porta S. Pancrazio hat 1849 stark gelitten, doch glücklicher Weise nicht in den wesentlichen Theilen. Die Anlage von Algardi (nach 1650) war durch die grossartigsten Vortheile, durch herrliche hohe Lage und den Wasserreichthum der Acqua Paolina unterstützt. Ein System von Eichenhallen, rings um eine Wiese, fasst den Blick auf das Casino ein, welches mit antiken Sculpturen fast bedeckt ist. Hinter demselben, von Eichenterrassen umgeben, folgt der tiefliegende Prunkgarten und dann eine noch tiefere Fläche, welche ehemals in dichter Laubnacht eine wunderbare Fülle von springenden Wassern längs einer Terrasse und eines Teatro enthielt, gegenwärtig aber durch eine höchst unglückliche englische Partie ersetzt wird. Zu beiden Seiten dieser Hauptanlage, namentlich rechts, dehnen sich die mehr ländlichen, aber noch immer in einfachen architektonischen Gesammtlinien gegebenen grossen Nebenpartien aus: die Anemonenwiese und das Thal mit dem Laghetto; den Abschluss macht jener berühmte Pinienhain, der an gleichartiger Macht der Bäume und Kronen in Italien wohl seines Gleichen sucht.

Villa Conti (jetzt Torlonia) bei Frascati macht vielleicht von a
allen den reinsten und wohlthuendsten Eindruck, während sie an Ausdehnung und Zahl der Motive von vielen andern Gärten übertroffen wird. Nur eine obere (dichte) und eine untere (lichte) Eichenterrasse, aber von den herrlichsten Wasserwerken belebt und mit der schönsten Aussicht.

Villa Ludovisi auf Monte Pincio, von Le Nôtre angelegt, b
mit einzelnen grandiosen Partien (vorn) und angenehmen Schattengängen. Die neuern Theile von buntestem sog. englischem Styl.

Der Garten des Pal. Barberini in Rom, ehemals herrlich. c

Aus dem XVIII. Jahrhundert stammt zunächst der Garten Cor- d
sini am Abhang des Janiculus; nur Ein Motiv ist von strengerm Styl, dieses aber erhaben schön, nämlich die Cascade mit Fontaine zwischen den Ahornbäumen.

Villa Albani vor Porta Salara, Gebäude und Garten angelegt e
von Carlo Marchionne unter der Leitung des Cardinals Alessandro Albani; direktes Übergewicht der architektonischen Linien und der Architektur selbst, unter bedeutender und hier einzig durchgängiger Mitwirkung antiker Sculpturen; die Eichen nur als Abschluss und Hintergrund; Einzelnes schon mit rein malerischer Absicht angelegt; der Blick auf das Sabinergebirge sehr mit in Rechnung gebracht, und desshalb die vordern Theile ganz licht mit blossen Cypressenhecken.

Der Garten des Priorato di Malta auf dem Aventin mit einem f
einfachen Laubgang, der direkt auf die Kuppel von S. Peter gerichtet ist. Vielleicht von Piranesi, der wenigstens die Gebäulichkeiten angab.

Eine Menge kleinerer Villen verdanken einen bisweilen unbe-
schreiblichen Reiz wesentlich ihrer Lage und Aussicht. (Die ruinirte
a Vigna Barberini bei S. Spirito; die ebenfalls ganz vernachlässigte
Villa Spada hinter der Acqua Paolina, nebst den übrigen Villen des
b Janiculus; Villa Spada oder Mills auf dem Palatin, deren erbärmliches
jetziges Casino diese Stelle nicht ewig verunzieren wird; der Garten
der Passionisten auf dem Coelius u. a. m.) Andere, auch in wenig
bevorzugter Lage, enthalten doch einzelne Elemente von grossem
Reiz oder erwecken durch ihren Charakter dieselbe Stimmung, welche
jene grössern und berühmtern Anlagen hervorrufen. (Mehrere ganz
c anspruchlose an der Strasse von den Diocletiansthermen nach Porta
S. Lorenzo, andere an der Strasse von S. Maria maggiore nach dem
d Lateran; in der Nähe des letztern Villa Massimi und Villa Altieri,
letztere mit schönen Laubgängen und einer grossen Pinie, sowie auch
Villa Wolkonski, deren Hauptwirkung auf den Trümmern des Aquä-
ductes beruht.)

Nicht eine Anlage, sondern nur ein wonnevoller Ort war der
e Cypressenhain der Villa Poniatowski, nutzlos dem Boden
eben gemacht im Jahr 1849. Die Baumfeindschaft ist im heutigen
Italien ein populärer Zug.

Von den neapolitanischen Villen reicht keine bedeutende
über das vorige Jahrhundert hinauf. Die zum Theil ältern Anlagen
auf dem Vomero sind im Gartenstyl den römischen auf keine Weise zu
f vergleichen, auch ganz wasserlos, allein so gelegen, dass die Aussicht
g auch die prächtigste Einrahmung würde vergessen machen. Flori-
diana ist völlig modern, Belvedere zum Theil; Villa Patrizi
und Villa Ricciardi (diese mit doppeltem Blick, gegen das Meer
und gegen Camaldoli) sind älter; die traumhafte Herrlichkeit der Aussicht haben sie mit dem ganzen Höhenzug gemein. Von den Bour-
h bonenvillen des vorigen Jahrhunderts nimmt der Park von Caserta
nicht durch Aussicht, allein durch die Anlage, den ersten Rang ein.
Ausserdem Capodimonte, Quisisana bei Castellamare, Portici u. s. w.
i — Als moderne Gründung ist der hintere Theil der Villa reale in
Neapel seiner vielartigen tropischen Vegetation gemäss mit Recht in
landschaftlichem, nicht in architektonischem Sinne angelegt.

In Genua hemmen die starken Winde den edlern Baumwuchs,

und die Wasserarmuth der Höhen ringsum fügt eine weitere Einschränkung hinzu. Der Garten des Pal. Doria ist, wie bemerkt, a
eine alte Anlage; wirksames Terrassenwerk mit Grotten bietet wohl dieses und jenes Landhaus, doch die Gartenanlagen sind vegetabilisch ganz gering. Die kleine Villa des Marchese di Negro ist mehr ein entzückender Punkt als ein wichtiger Garten. Das Schönste, was mir bekannt ist, gewährt der Garten des schon genannten Pal. Palla- b
vicini ausserhalb Aquasola, welcher eine obere und eine untere Terrasse mit Grotten etc. bildet. Hinter dem Palast sind es aber doch eben nur magere Cypressen statt der römischen Eichen (S. 352, g). Eine sehr ansehnliche Terrassenanlage verspricht (wenigstens von aussen) die Villa Durazzo, jetzt Grappallo, al Zerbino. — Die Villen der Um- c
gebung, unter welchen sich sehr prachtvolle befinden sollen, sind mir nicht hinlänglich aus eigener Anschauung bekannt; die des Marchese Pallavicini in Pegli ist von modernem englischem Gartenstyl.

Auch über die alten venezianischen Villengärten an der Brenta und deren jetzigen Bestand vermag ich keine Auskunft zu geben.

Auf dem altvenezianischen Festland geniesst der Garten Giusti d
in Verona wegen seiner Cypressenterrassen einen gerechten Ruhm; im alten Herzogthum Mailand der ungeheure Park von Monza e
(voriges Jahrhundert) und vor Allem die borromeischen In- f
seln. (Die Anlagen seit 1671.) In Betreff der Isola bella lässt sich wohl nicht läugnen, dass die Aufgabe, wenn das Bauliche so vorherrschen durfte, sich phantasiereicher hätte lösen lassen, als durch zehnfache, immer kleiner werdende Wiederholung eines und desselben Motives, allein wer mag hier unter dem noch immer unwiderstehlichen Phantasieeindruck mit dem Erfinder rechten? — Isola madre mit ihrer mehr ländlich vertheilten, mit Durchblicken auf die Dörfer am See abwechselnden und dabei hochsüdlichen Vegetation wird je nach Stimmung und Geschmack mehr Gefallen erregen.

In den Villen am Comersee, welche fast sämmtlich durch steile g
Ufer bedingt sind, ruht das Hauptgewicht bei weitem mehr auf Architektur und Aussicht, als auf planmässigen Gärten. Das bedeutendste Terrassenwerk hat wohl Villa Sommariva, den schönsten Garten Villa Melzi.

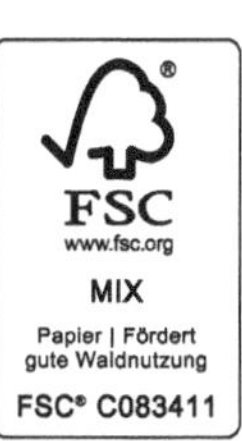

Zeitfracht Medien GmbH
Ferdinand-Jühlke-Straße 7
99095 Erfurt, Deutschland
produktsicherheit@kolibri360.de